BAEDEKER

ZÜRICH

www.baedeker.com

Verlag Karl Baedeker

Top-Sehenswertes

Zürichs Sehenswürdigkeiten sind nicht weltberühmt wie der Eiffelturm oder der Big Ben. Aber die Limmatstadt hat genügend spannende Highlights zu bieten, die man bei einem Aufenthalt nicht auslassen sollte:

❶ ★★ Einsiedeln

Barockarchitektur in all ihrer Pracht ist im Kloster Einsiedeln zu bewundern. Noch heute wird zu der berühmten Schwarzen Madonna in der Gnadenkapelle gebetet.

Seite 166

❷ ★★ Fraumünster

Mit seinem spitzen Turm bildet das Fraumünster eine leicht zu entdeckende Attraktion. Sehenswert sind die Fenster von Chagall und Giacometti. Einst fungierte die Klostervorsteherin sogar als Stadtregentin.

Seite 178

❸ ★★ Grossmünster

Das doppeltürmige Grossmünster liegt auf einer kleinen Anhöhe über der Limmat. Unter Huldreich Zwingli war es der Ausgangsort der Reformation. Seit 2009 sind in der Kirche eindrucksvolle Glasfenster von Sigmar Polke zu sehen.

Seite 184

❹ ★★ Kunsthaus

Für Kunstinteressierte ist das Kunsthaus Zürich ein Muss. Das Haus beherbergt eine der ganz wichtigen europäischen Gemälde- und Skulpturensammlungen.

Seite 191

5 ★★ Landesmuseum Zürich

Hier werden die Geschichte und die Kultur der Schweiz abgehandelt – in sehr gut gemachten Ausstellungen und in einem Gebäude, das aus einem Märchen stammen könnte.

Seite 194

6 ★★ Museum Rietberg

Eine einzigartige Sammlung außereuropäischer Kunst ist in diesem Museum zu Hause, außerdem werden spektakuläre Wechselausstellungen gezeigt.

Seite 208

7 ★★ Sammlung E. G. Bührle

Leider nur noch für Gruppen nach Anmeldung geöffnet: Die hervorragende Gemäldesammlung wird seit einem Kunstraub im Jahr 2008 wie ein Augapfel gehütet.

Seite 231

8 ★★ Uetliberg

Vom 871 m hohen Hausberg hat man einen sensationellen Blick über die Stadt und den See bis hin zu den Alpen.

Seite 241

9 ★★ Winterthur

Die Stadt nordöstlich von Zürich hat zahlreiche bedeutende Kunstmuseen zu bieten.

Seite 248

10 ★★ Zoo Zürich

Über 4000 Tiere in weitläufigen Gehegen, in denen ihr Lebensraum möglichst naturgetreu nachempfunden ist.

Seite 257

Lust auf …

… bedeutende Kunstsammlungen, moderne Architektur, Shoppingerlebnisse, Naturgenuss oder schöne Aussichtspunkte? Einige Anregungen für Ihren Aufenthalt in Zürich.

SCHÖNE AUSSICHTEN

- **Dolder**
  Beliebte Anlaufstelle für Wandervögel
  Seite 150
- **Lindenhof** ▸
  Keimzelle Zürichs mit Aussicht auf Grossmünster und Niederdorf
  Seite 204
- **Uetliberg**
  Zürichs Hausberg lockt mit Aussicht weit über den See.
  Seite 241
- **Zürichberg**
  Flaneure und Sonnenanbeter treffen sich auf dem Berg im Osten der Stadt.
  Seite 260

SHOPPING

- **Bahnhofstrasse**
  Die weltberühmte und nobelste Einkaufsstraße der Stadt
  Seite 157, 219
- **Niederdorf**
  Enge Gassen und viele kleine Läden: die Altstadt von Zürich
  Seite 211
- ◂ **Weinplatz und Wühre**
  Klein und exklusiv: die Läden zwischen Weinplatz und Rennweg
  Seite 235, 257
- **Josefstrasse**
  Jung, frech, ständig im Wandel. Die Ecke gilt als die beliebteste Shoppingmeile im Kreis 5.
  Seite 272

MODERNE ARCHITEKTUR

DAS NEUE ZÜRICH

AUSFLÜGE INS UMLAND

HINTERGRUND

ERLEBEN & GENIESSEN

Wasser, Berge, Himmel: Morgenstimmung am Zürichsee

Unweit der betriebsamen Bahnhofstrasse liegt die ruhige St. Peterhofstatt.

TOUREN

Hinweis
Gebührenpflichtige Servicenummern sind mit einem Stern gekennzeichnet: *0800....

REISEZIELE VON A BIS Z

PREISKATEGORIEN
Restaurants
(Preis für ein Hauptgericht)
€€€€ = über 50 CHF
€€€ = 25 – 50 CHF
€€ = 15 – 25 CHF
€ = unter 15 CHF
Hotels (Preis für ein DZ)
€€€€ = über 350 CHF
€€€ = 250 – 350 CHF
€€ = 150 – 250 CHF
€ = unter 150 CHF

Eine der schönsten Ansichten von Zürich: Grossmünster, Münsterbrücke mit Waldmann-Denkmal, darunter die rasch strömende Limmat

PRAKTISCHE INFORMATIONEN

CCC
BROOKLYN
GLOBAL GUTZ 2007

HINTERGRUND

Zürich gehört zu den beliebtesten Städten der Welt. In Sachen Lebensqualität steht die Stadt hoch im Kurs. Mit ihrer Lage am Zürichsee – die schneebedeckten Alpen nicht weit –, hat sie von Natur aus eindeutige Vorzüge. Aber auch die Zürcher selbst haben viel zu ihrem Glück beigetragen.

Züri lebt!

Was erwartet man von einer Stadt, der über Jahre die weltweit höchste Lebensqualität bescheinigt wurde? Kunst, Kultur, Geschäfte zum Shoppen, eine gute Lage. Dass sie handhabbar und menschlich ist, viele Freizeitmöglichkeiten bietet, dazu ein Verkehrssystem, in dem man keine Nerven lässt. Sicherheit, eine Essenskultur, cooles Nightlife und als i-Tüpfelchen Cafés, in denen man bis nachmittags frühstücken kann.

Alles das hat Zürich. Die Limmatstadt ist Lifestyle-Metropole ersten Ranges. Sie hat einiges dafür getan, denn die genannten Eigenschaften sind absolut nicht selbstverständlich für Zürich. Die Stadt, die alles andere als eine Weltmetropole ist, aber immer ein wichtiges **kulturelles und wirtschaftliches Zentrum der Schweiz** war, schrieb eine Zeitlang sogar Negativschlagzeilen: Stillstand, eine Stadt ohne Entwicklung, die behäbig, reich und sich selbst genug war, und dann Drogenprobleme und soziale Unruhen. »Züri brännt!« hieß es in den 1980er-Jahren. Zehn Jahre später begann man, das Ruder herumzureißen und eine Stadt mit einem völlig neuen Image auf die Beine zu stellen – mit einem einfach schönen Ergebnis! Innerhalb weniger Jahre entwickelte sich Zürich zu einer der angesagtesten Großstädte in Europa. Als Besucher der Stadt merkt man sofort, warum: Zürich ist lebendig, quirlig, inspirierend und hat auch etwas Gemütliches. Man fühlt sich augenblicklich wohl, wenn man hier am Zürichsee ankommt, verspürt sofort Lust, alle Ecken der Stadt zu erkunden, durch die Altstadtviertel zu bummeln, über die Limmatbrücken zu flanieren, am Seeufer entlangzuspazieren, Cafés, Restaurants und Loungebars auszuprobieren.

Global City an der Limmat

KUNSTSTADT VON WELT

Und dann ist da noch die viele Kunst: Zürich hat Museen mit Sammlungen, die zu den bedeutendsten in Europa gehören. Das Kunsthaus Zürich mit seinen zahllosen Kunstklassikern des 20. Jh.s ganz obenan und das Museum Rietberg mit ungewöhnlichen außereuropäischen Kunstexponaten im nächsten Atemzug genannt. Dazu kommen in Zürich-West, dem Stadtviertel, das momentan total im Umbruch ist, das migros museum für gegenwartskunst im Löwenbräu-Areal und das Museum für Gestaltung. **Reichlich Kunst** gibt es auch im öffentlichen Raum. Und schließlich die vielen Galerien, etwa 100 sind es – Zürich ist eine Kunsthandelsmetropole, die weltweit mitmischt. Wer gerne shoppen geht, bekommt einen guten Eindruck von dem breiten Spektrum, das diese Stadt ausmacht. Einkaufsklassiker ist die Bahnhofstrasse, die in ihrem südlichen Abschnitt zum See hin immer noch horrend teuer ist, in Bahnhofsnähe aber mittlerweile auch durchsetzt von den gängigen Billigketten. In der Altstadt kauft man sehr individuell und schick ein, und in Zürich-West, im Industriequartier, ist nicht nur alles im Umbruch, sondern hier sind auch viele Kreative zu finden – wie die Firma der Gebrüder Freitag, die sich mit Taschen aus alten LKW-Planen einen Namen gemacht haben.

In der »Badi«: morgends Bad, abends Bar

QURILIGE NIGHTLIFE-METROPOLE

Züri lebt, und das nicht nur am Tag. Seit Mitte der 1990er-Jahre das Gastgewerbegesetz liberalisiert wurde, tobt das Nachtleben an der Limmat. Und auch das mit einer ungeheuren Vielfalt. Man kann ganz traditionell ausgehen und wunderbare Abende in den Kneipen, Bars und Lounges im Niederdorf verbringen. An warmen Sommerabenden scheint die gesamte Stadt zu einer großen Open-Air-Location zu werden. Wo auch immer man Stühle und Bänke rausstellen kann, stehen welche – und sei es dort, wo tagsüber gebadet wird: in Zürichs beliebten Badeanstalten, den »**Badis**«. An der Seepromenade lässt man sich auf Stufen und Bänken nieder und bringt sein Getränk gleich selbst mit. Allein wird man da nicht sein, meist sind Musiker oder Straßenkünstler in Aktion und ziehen die Flanierenden an. Und exzessives Partyleben gibt es auch. Clubs und Diskos öffnen um 22 oder 23 Uhr und schließen irgendwann zwischen vier und acht. Kein Wunder, dass man dann ein spätes Frühstück braucht. Aber auch dafür ist in Zürich – wie schon erwähnt – gesorgt. Lebensqualität also auch für Partygänger.

Fakten

Bevölkerung · Politik · Wirtschaft

Für viele ist sie die eigentliche Hauptstadt der Schweiz. Tatsächlich stellt Zürich Bern in mehrerlei Hinsicht in den Schatten: Ein Großteil der Schweizer Wirtschaft ist hier angesiedelt, Zürich ist der wichtigste Finanzplatz des Landes, die Stadt mit der besten Lebensqualität und den meisten Touristen.

Größte Stadt der Schweiz

Zürich steht gemäß einer internationalen Studie ganz oben auf der Liste der Städte mit der weltweit höchsten Lebensqualität. Jahrelang war sie auf **Platz eins**, seit 2009 wurde sie dann von Wien auf den zweiten Platz verdrängt. Zum Vergleich: München steht in diesem Ranking im Jahr 2012 auf Platz 4, Düsseldorf und Frankfurt/Main auf den Plätzen 6 und 7. Die Metropole am Nordufer des Zürichsees ist die größte Stadt der Schweiz, Hauptstadt des Kantons Zürich und gilt als **inoffizielle Hauptstadt der Schweiz**. Sie ist ein bedeutender Weltfinanzplatz und das wichtigste Wirtschaftszentrum der Eidgenossenschaft. Seit Ende der 1990er-Jahre wird die Stadt als eine der trendigsten Metropolen Europas gehandelt und ist zum Lifestyle-Mekka avanciert. Das Freizeitangebot ist riesig, und kulturell ist Zürich mit seiner Tonhalle, der renommierten Oper, dem Schauspielhaus und rund 50 Museen und über 100 Galerien in der Schweiz führend.

> **? BAEDEKER WISSEN**
>
> *Das verlorene »i«*
>
> Auch wenn auf vielen Speisekarten in Deutschland »Züricher Geschnetzeltes« geboten wird, macht das die Sache nicht richtiger: Das »i« muss weg. Der sprachwissenschaftliche Hintergrund: Im südlichen deutschen Sprachraum sind unbetonte Vokale in vielen Umgebungen ausgefallen, z. B. in »Zür(i)ch-er«, nicht aber in »Zürich«, oder analog in »Münch(e)n-er« und »München«. Im nördlichen deutschen Sprachraum gibt es diesen Vorgang nicht. Daher heisst es »Jülich« und »Jülicher«, nicht »Jülcher«.

Den landschaftlichen Rahmen bildet der **Zürichsee**. Die 408 m hoch gelegene Stadt erstreckt sich am Nordufer des Sees und an den Ufern der Limmat, die an dieser Stelle nach Norden aus dem Zürichsee hinausfließt. Zudem ist Zürich eingebettet zwischen den 871 m hohen **Uetliberg** im Westen und den 676 m hohen **Zürichberg** im Osten.

Zürcher und Zugezogene

Rund 398 000 Menschen wohnen in Zürich, in der Agglomeration ca. 1,2 Mio. Menschen. Der Metropolitanraum, zu der u. a. Winterthur, Schaffhausen und Orte am Züricher See gehören, zählt gut 1,8 Mio.

Der Finanzplatz Zürich wird auch durch die Börse symbolisiert.

Zürich auf einen Blick

Lage:
Nordost-Schweiz

Fläche: **91,88 km²,**
davon **4,1 km²**
Wasserfläche
und **21,8 km²** Wald
Nord-Süd
-Ausdehnung:
12,7 km
Ost-West
-Ausdehnung:
13,4 km

Einwohner:
ca. **400 000**
(Stadt Zürich)
1,2 Mio.
(Agglomeration)
1,83 Mio.
(Metropolraum)

zum Vergleich
Stadtgebiete:

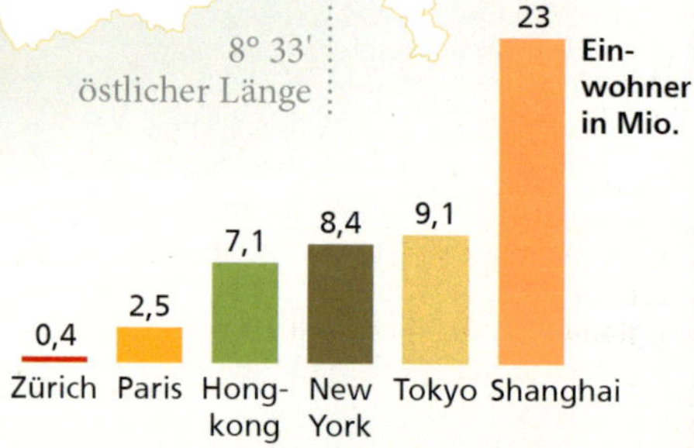

▸ Wappen

Das Wappen der Stadt Zürich besteht aus einem Schild, der schräg geteilt ist in eine blaue und eine silberne Hälfte. Es entstand vermutlich in Anlehnung an das Wappen des **Hofgerichts von Rottweil**, an dem sich der Zürcher Gerichtshof anfangs orientierte. Seit **1434** sind blau-weiße Zürcher Fahnen nachgewiesen.

Im Vollwappen tragen Löwen den Schild, der **»Zürileu«** ist das **Wappentier** der Stadt. Kanton und Stadt Zürich haben dasselbe Wappen. Im Vollwappen der Stadt Zürich ist anders als im Vollwappen des Kantons zusätzlich eine **fünfzinnige Mauerkrone** über dem Schild abgebildet.

▸ Partnerstädte

San Francisco (USA),
Kunming (China),
Vinnytsya (Ukraine)

▸ Geografische Daten

Höhe: **408 m ü. M.**
Wasserspiegel Zürichsee:
406 m
Höchste Erhebung:
871 m (Uetliberg)
Tiefster Punkt:
392 m (Limmatufer)

Religion

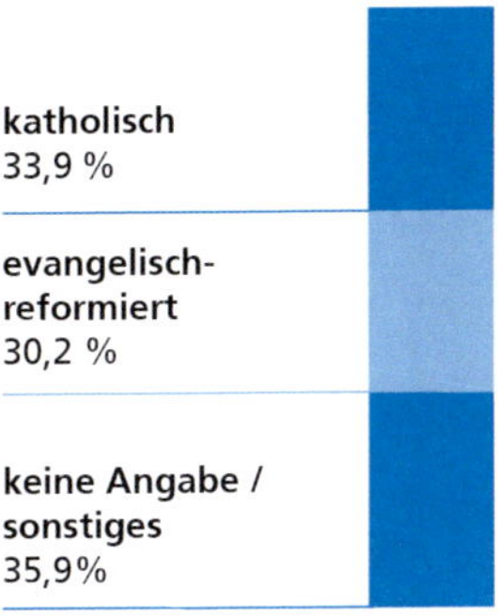

Verwaltung

Hauptstadt des Kantons Zürich
Stadtkreise: **12**
Stadtquartiere: **34**
Agglomeration Zürich: **Stadt Zürich plus 130 Gemeinden**
Metropolraum Zürich: **10 Agglomerationen** plus Stadt Einsiedeln (238 Gemeinden)

Klimastation Zürich

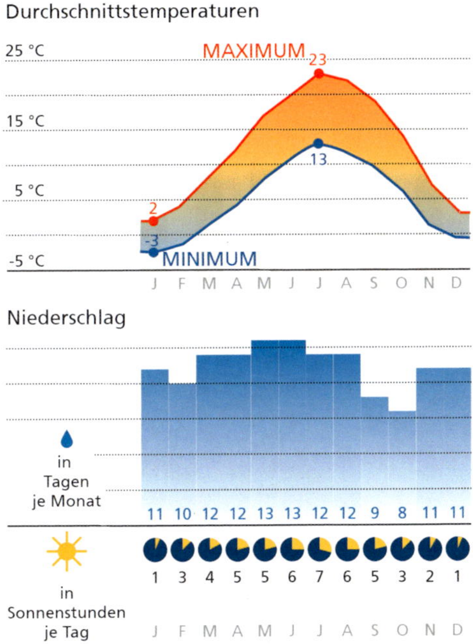

Wem gehört der Wald?

Ein Viertel des Zürcher Stadtgebiets ist bewaldet.

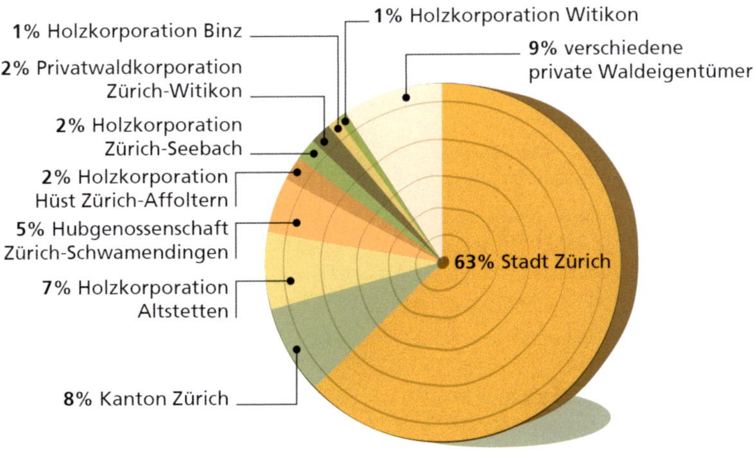

2500 Gemeinden, 26 Kantone, ein Bund

Die Schweiz ist geprägt durch die Kombination von repräsentativer und direkter Demokratie, durch ihre föderalistische Struktur – die Kantone sind im Prinzip autonome Staaten, die einen Teil ihrer Souveränität an den »Bund« delegieren – und die ausgeprägte Kultur der Volksabstimmung. In Initiativen und Referenden können neue Gesetze auf den Weg gebracht bzw. Parlamentsentscheide korrigiert oder abgelehnt werden.

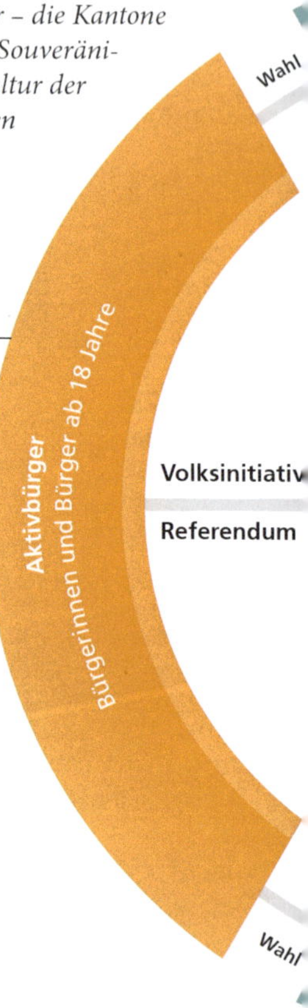

Das Volk
Die Bürger wählen auf allen politischen Ebenen ihre Vertreter und stimmen seit 1874 über Parlamentsentscheide (Bundesgesetze, Staatsverträge etc.) und seit 1891 über Volksinitiativen ab. Das geschieht meist auf dem Postweg, in Zukunft wohl auch via Internet.

▶ **Föderalismus**
Jeder Kanton hat eine Verfassung, eine Regierung und eigene Gerichte. Bildung, Gesundheit, Steuern, Baurecht u.a. liegen ganz oder z.T. in seiner Hand.

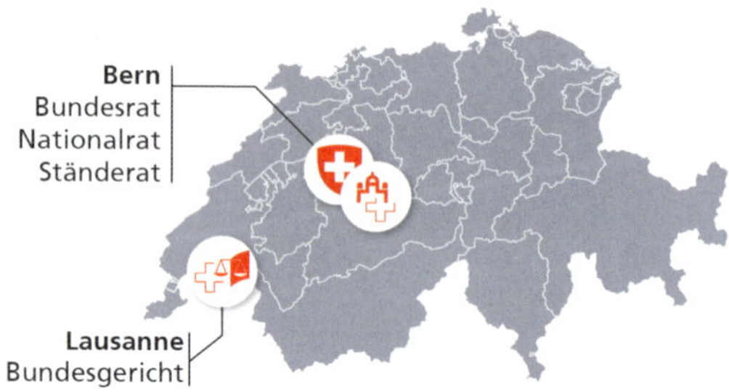

▶ **Die wichtigsten Parteien**

- **Sozialdemokratische Partei der Schweiz** (SP) – klassisch sozialdemokratisch, gewerkschaftsnah und ökologisch, für starken Sozialstaat und EU-Beitritt
- **Christlichdemokratische Volkspartei** (CVP) – bürgerlich-konservativ, von links der Mitte bis rechts (urspr. katholisch-antiliberal)
- **FDP.Die Liberalen** (FDP) – klassisch liberal (für freies Unternehmertum und niedrige Steuern, wenig Staat und Regulierung); Mitte-rechts
- **Bürgerlich-Demokratische Partei** (BDP) – bürgerlich-konservativ, wirtschaftsliberal (Abspaltung von SVP)
- **Schweizerische Volkspartei** (SVP) – nationalkonservativ-rechtspopulistisch, isolationistisch, z. T. wirtschaftsliberal
- **Die Grünen** (GPS) – ökologisch, pazifistisch; von links über liberal bis konservativ

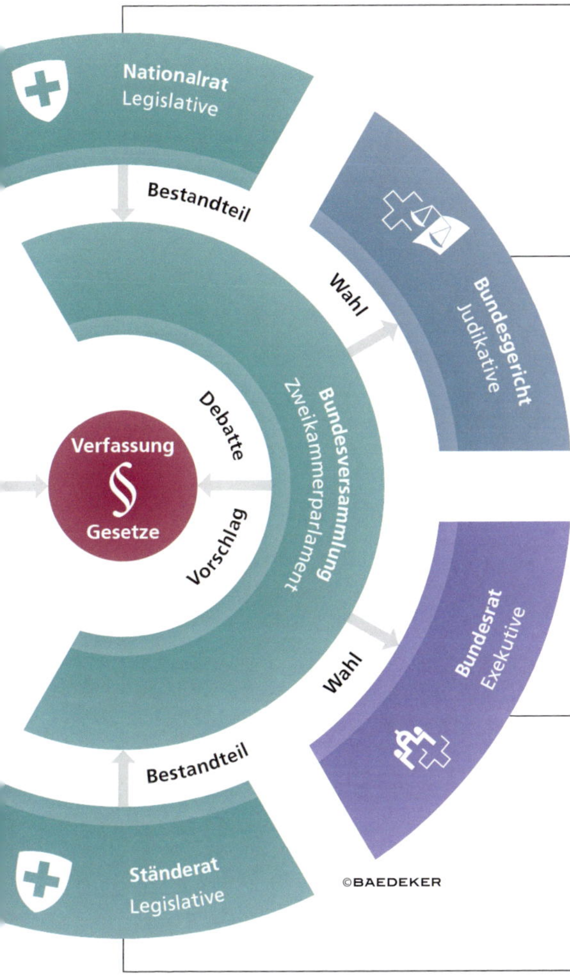

Nationalrat
Die große Kammer des Parlaments besteht aus 200 Mitgliedern. Jeder Kanton ist mit mindestens einem Abgeordneten vertreten.

Bundesgericht
Die oberste Instanz im öffentlich-rechtlichen und zivilrechtlichen Bereich. Sie entscheidet auch bei Streitigkeiten zwischen Kantonen oder einem Kanton und dem Bund.

Bundesrat
Die siebenköpfige Bundesregierung wird alle vier Jahre gewählt. Unterstützt wird sie von der Bundeskanzlei, die für die Organisation der politischen Abläufe zuständig ist.

Ständerat
Die kleine Kammer des Parlaments besteht aus 46 Kantonsvertretern. Sie sind aber nicht an Weisungen der Kantone gebunden.

Die »Zauberformel«
1959 wurde im Bundesrat (Kabinett) eine »permanente große Koalition« gemäß der Wähleranteile im Verhältnis 2 : 2 : 2 :1 festgelegt. Die Wahlen 2003 und 2008 haben die Kräfteverhältnisse und damit die Formel verändert.

Stadtkreise und Quartiere

Einwohner. Im Stadtbereich leben mehr als 123 000 Ausländer aus insgesamt 169 Ländern, darunter über 32 000 Deutsche, ansonsten überwiegend Italiener. Darüber hinaus ist Zürich als **wirtschaftlicher Magnet** Arbeits- und Wohnort vieler Schweizer aus anderen Kantonen. Amtssprache ist Deutsch, Umgangssprache ist Schweizerdeutsch bzw. das lokale Zürichdeutsch. Außerdem werden Italienisch, Französisch, Spanisch und Sprachen des ehemaligen Jugoslawien gesprochen.

Verwaltung Regiert wird die Stadt Zürich von einem Stadtrat, der aus neun Personen besteht, die jeweils für ein Departement zuständig sind, und dem außerdem in beratender Funktion ein Stadtschreiber und ein Rechtskonsulent angehören. Das **Stadtparlament**, der Gemeinderat, besteht aus 125 Mitgliedern. Der Gemeinderat kommt jeden Mittwoch spätnachmittags im Rathaus zusammen, die Sitzungen sind öffentlich. Stadtrat und Gemeinderat werden alle vier Jahre gewählt. Repräsentant der Stadt Zürich ist jeweils der Stadtpräsident oder die **Stadtpräsidentin**, derzeit bekleidet **Corine Mauch** von der sozialdemokratischen SP dieses Amt. Sie ist die erste Frau in diesem Amt und wurde im März 2010 wiedergewählt.

WIRTSCHAFT

Wirtschaftsmetropole

Zürich ist das wirtschaftliche Zentrum der Schweiz. Nahezu zehn Prozent aller Arbeitsplätze der Schweiz sind in der Stadt Zürich zu finden. In der Agglomeration Zürich wird etwa ein Fünftel des gesamten Schweizer Volkseinkommens erwirtschaftet. Wohlgefüllte Banktresore verbindet man mit Zürich – die Stadt gehört zu den **bedeutendsten Finanzplätzen** weltweit. Verschiedene internationale Konzerne haben ihren Sitz in Zürich, wobei u. a. die hohe Lebensqualität in der Stadt und Umgebung und die günstigen Steuersätze eine Rolle spielen. Wegen ihrer internationalen wirtschaftlichen Bedeutung gilt die Stadt auch als eine der »Global Cities«. Drei von fünf Schweizer Großbanken und etliche Versicherungen haben ihren Hauptsitz an der Bahnhofstrasse. Daneben haben Tourismus und Industrie eine gewisse Bedeutung. Mit der Universität und der Eidgenössischen Technischen Hochschule (ETH) besitzt Zürich **weltweit renommierte Ausbildungs- und Forschungsinstitute**.

Ausbildung, Forschung

In den Hochschulen von Zürich sind insgesamt rund 50 000 Studierende eingeschrieben, die Stadt ist ein traditioneller und der wichtigste Schweizer Universitäts- und Hochschulstandort. International bedeutend sind die 1855 gegründete **ETH**, die **Eidgenössische Technische Hochschule** mit gut 17 000 Studenten und die **Universität Zürich** von 1833, die mit über 26 000 Studenten größte Schweizer Universität. Neben den beiden alteingesessenen Hochschulen gibt es die Zürcher Fachhochschule mit der Hochschule der Künste und Hochschulen für Technik, Wirtschaft, Pädagogik und Angewandte Wissenschaften.

Finanzplatz

In Zürich spielt das Finanzwesen, also Banken und Versicherungen, eine herausragende Rolle. Relativ gesehen ist es für die gesamte Region wichtiger als an den Finanzplätzen New York, London oder Frankfurt. Der Finanzsektor sorgt für zehn Prozent der Arbeitsplätze des Kantons Zürich. Rund 40 Prozent aller Schweizer Arbeitsplätze im Kreditwesen und rund 25 Prozent im Versicherungswesen sind in der Agglomeration Zürich zu finden. Von den 270 Schweizer Banken haben 74 in Zürich ihren Sitz. Rund 60 Prozent aller Steuern, die Un-

Über 45 000 Angestellte beschäftigt die Credit Suisse weltweit. Der Hauptsitz der Bank befindet sich am Paradeplatz in Zürich.

ternehmen in der Stadt Zürich bezahlen, stammen aus dem Finanzsektor. Als Basis für den Erfolg des Zürcher Finanzwesens werden die politische, wirtschaftliche und soziale Stabilität der Eidgenossenschaft, die gute Infrastruktur im Kanton und (noch) das Schweizer Bankgeheimnis angesehen. Dazu kommt die Mehrsprachigkeit.

Tourismus Die Bedeutung des Tourismus hat erst in letzter Zeit zugenommen. Im Schweizer Tourismus spielt Zürich mit ca. 11 000 Betten und 144 Hotels und Pensionen inzwischen die Hauptrolle. Etwa **16 Mio. Tagesgäste** werden pro Jahr gezählt und 2,75 Mio. Übernachtungen. 77 Prozent der Übernachtungsgäste kamen aus dem Ausland, davon ca. 20 Prozent aus Deutschland. Gründe für die Zunahme des Tourismus sieht man u. a. in der Kulturvielfalt der Stadt. Zu den Übernachtungsgästen zählt aber auch ein großer Anteil an Geschäftsreisenden.

Industrie Die Hauptzweige der Zürcher Industrie sind die Lebensmittel- und Elektroindustrie. ABB hat seinen Hauptsitz in Zürich, Siemens hat eine Niederlassung in der Stadt. Wichtige Firmen sind außerdem der Lebensmittelkonzern Migros und der weltweit größte Schokoladenproduzent Barry Callebaut.

Money, money, money

Klein, aber global. Kaum einer der internationalen Finanzplätze hat so wenige Einwohner und ist so gemütlich wie Zürich. Wenn es aber um den weltweiten Finanzmarkt geht, wird die Stadt in einem Atemzug genannt mit London, Paris, New York, Tokio, Hongkong, Shanghai.

Geradezu sprichwörtlich ist der Reichtum der Schweiz. Und dass Zürich bei diesem Reichtum eine Hauptrolle spielt, ist auch bekannt. Wohlhabend wurde die Schweiz mit dem Beginn des industriellen Zeitalters, mit einer bestens aufgestellten Maschinen-, Textil- und Uhrenindustrie. Bereits in den Jahren vor dem Ersten Weltkrieg erlebte das weltweite wirtschaftliche Engagement von Schweizer Unternehmen durch internationale Produktionsstandorte und Exporte einen Höhepunkt. Heutzutage ist die Schweizer Wirtschaft wiederum – wenn auch anders als vor 100 Jahren – im großen Stil global vernetzt, und das Schweizer Zentrum, in dem alle Fäden zusammenlaufen, ist Zürich. Und hier insbesondere die Bahnhofstrasse, das Sinnbild für den Schweizer Wohlstand.

Geschätzte Akteure

Die **Bahnhofstrasse** ist der Ort, an dem das Geld regiert, an dem man seit ihrem Bestehen nach dem schnöden Mammon strebt. Prall gefüllte Geldtresore werden mit der Bahnhofstrasse assoziiert, Geldmassen, in denen man schwimmen kann wie Dagobert Duck in seinen 336 Trillionen Talern.

An der Bahnhofstrasse bzw. am Paradeplatz haben mehrere **Schweizer Großbanken** ihren Sitz, unter anderem die Credit Suisse, die UBS und die Zürcher Kantonalbank. Die Zürcher Kantonalbank gehört dem Kanton Zürich, ihre Finanzdienstleistung ist auf den Wirtschaftsraum Zürich beschränkt. Die beiden anderen Banken haben dagegen weltweit Firmen- und vermögende Privatkunden, denen sie ihre Finanzdienstleistungen anbieten.

Die **Credit Suisse** wurde 1856 als Schweizerische Kreditanstalt gegründet, und zwar zu einem Zeitpunkt, als für den Aufbau der Schweizer Eisenbahn Kapital benötigt wurde. Die Finanzierung wollte man selbst in die Hand nehmen und keiner ausländischen Bank überlassen. Mit ihrer Gründung begann die Geschichte des Finanzplatzes Zürich. Die Schweizerische Kreditanstalt beteiligte sich unter anderem auch an der Gründung der Schweizerischen Rückversicherung und der Zürich Versicherung. 1880 wurde die **Börse** eröffnet, und der Finanzstandort, der sich schnell etablierte, zog andere Banken an.

Ende der 1990er-Jahre waren auch in der Schweiz Fusionen und Übernahmen gang und gäbe. Die **UBS** ist 1998 aus der Fusion der Schweizerischen Bankgesellschaft (SBG) mit Hauptsitz in Zürich und dem Schweizerischen Bankverein (SBV) mit Hauptsitz in Basel hervorgegangen. Wobei die SBG ihrerseits 1912 aus der bereits 1862 gegründeten Bank von Winterthur entstanden war. Neben diesen großen Banken haben in Zürich weitere etwa **80 Banken** ihren Hauptsitz; das ist gut ein Viertel der rund 240 Banken in der Schweiz, die nach Übernahmen, Fusionen und Liquidationen im Jahr 2008 heute noch verblieben sind.

Arbeit für Tausende

Zusammen mit den Banken bilden Vermögensverwaltungen, Fondsanbieter, Börsen und Versicherungen den Finanzplatz Zürich. Gut 103 000 Beschäftigte sind in dem Metier tätig. Die Finanzakteure sind selbstverständlich allesamt international ausgerichtet. Neben politischer und wirtschaftlicher Stabilität des Landes und der Stabilität des Schweizer Franken gelten vor allem die Top-Qualität der Finanzdienstleister, die zentrale Lage der Schweiz und ihre Neutralität und Unabhängigkeit als wichtige Gründe für den Erfolg des Schweizer Finanzwesens. Auch Diskretion und Bankkundengeheimnis werden als Standortvorteil angesehen. Insbesondere die Vermögensverwaltung gilt als einer der Hauptfaktoren für den Aufstieg Zürichs zu einem der international bedeutendensten Finanzplätze.

Geschützte Vermögen

Wobei die Schweizer Vermögensverwaltung nicht ohne Tücken ist – Stichwort **Bankgeheimnis**. Dieses war immer wieder ein heikles The-

Starke Währung, starke Banken

ma. So legten Schweizer Banken im Zweiten Weltkrieg Gelder von Opfern und Tätern des deutschen Naziregimes auf anonymen Konten an. Als 1996 in den USA eine öffentliche Diskusion darüber einsetzte und mit einem Boykott von Schweizer Finanzprodukten gedroht wurde, zahlten die Credit Suisse und die UBS 1,25 Milliarden US-Dollar an Hinterbliebene des Naziterrors.

Auch in jüngster Vergangenheit ist die Vermögensverwaltung der Schweiz in Misskredit geraten. Das eine ist das Bankkundengeheimnis. Dazu kommt die Tatsache, dass die Schweiz zwischen Steuerbetrug und Steuerhinterziehung unterscheidet; Steuerhinterziehung ist kein Straftatbestand. Und hier setzt die Kritik des Auslands an: Die Schweiz schütze ausländische Steuerhinterzieher, indem sie das Verstecken von hohen Kapitalvermögen erleichtere.

Druck aus dem Ausland

2009 geriet die **UBS** ins Trudeln, nachdem die Steuerbehörde der USA Einblick in nicht gemeldete Konten von **US-Kunden** der UBS gefordert hatte. Die UBS berief sich auf das Schweizer Bankkundengeheimnis. Es ging um 52 000 Bargeld- und Aktienkonten und eine Summe von umgerechnet zwölf Milliarden Euro.

Die FINMA, die Schweizer Finanzaufsicht, sah bei diesem Streitfall nicht nur die Existenz der UBS, sondern die Stabilität des gesamten Schweizer Finanzsystems gefährdet. Argumentiert wurde damit, dass die wirtschaftlichen Interessen der Schweiz und ihre Verpflichtung, völkerrechtliche Absprachen einzuhalten, vorrangig seien vor den Interessen der US-Kunden der UBS. Die Schweiz schütze keine Steuerbetrüger, hieß es aus dem Finanzministerium außerdem.

Doch auf den massiven Druck aus den USA hin kam Bewegung in die Angelegenheit. Die Schweiz gewährt nun **Amtshilfe** auch bei schwerer Steuerhinterziehung und nicht nur – wie bisher – bei Steuerbetrug. Hatten doch nicht nur die USA, sondern auch verschiedene europäische Länder gefordert, das Bankkundengeheimnis für Kunden aus ihren Ländern aufzugeben. In mehreren europäischen Ländern wurden **CDs mit geklauten Kundendaten** angeboten, Überlegungen über deren Ankauf sorgten zusätzlich für Sprengstoff im Steuerkonflikt. Zwar hat die Schweiz die Datenherausgabe bei begründeten Anfragen in Einzelfällen zugesagt, einen automatischen Austausch von Informationen lehnt sie bisher aber ab.

Mittlerweile gibt es erste Banken und Versicherungen, die das Ende des Bankgeheimnisses einkalkulieren und Angebote ersinnen, mit denen Vermögen durch Transaktionen in Lebensversicherungen geschützt und optimiert werden sollen. Die Kreativität der Schweizer Finanzakteure ist derzeit umso mehr gefragt, der kleine große Finanzplatz Zürich wird so schnell nicht untergehen. Die Zürcher Börse etwa stand 2013 mit einem Handelsumsatz von ca. 1000 Milliarden CHF als weltweiter Finanzplatz an sechster Stelle nach den Weltstädten New York, London, Hongkong, Singapur und Tokio.

Willkommen im Alltag!

Zürich abseits der Touristenpfade erleben und ganz normale Leute treffen – das kann durchaus Aha-Effekte hervorrufen. Hier einige Tipps für Alltagsbegegnungen.

LINDENHOF

Im Herzen Zürichs liegt der Lindenhof. Kelten, Römer und Könige standen hier oben, später sprach man an dieser besonderen Stätte Recht und feierte christliche Feste. Heute erklimmen viele Touristen den kleinen Berg der berühmten Sicht auf die Stadt wegen. Viele Zürcher hingegen verbringen gerne so manche Mußestunde auf dem Lindenhof. Eine gute Gelegenheit, den Zürcher Alltag jenseits der Bahnhofstrassen-Quirligkeit zu erleben und ins Gespräch zu kommen. Vielleicht darf man sogar eine Partie Schach mitspielen?

Lindenhof, Kreis 1

BED & BREAKFAST

Selbstgebackene Spezialitäten, eigene Konfiture und familiäre Ansprache erwünscht? Eine gute Möglichkeit, den Zürcher Alltag kennenzulernen, kann der Aufenthalt in einer Bed & Breakfast-Unterkunft sein. Viele Gastgeber kümmern sich engagiert um ihre zeitweiligen Mitbewohner und haben zudem jede Menge Tipps für den gelungenen Aufenthalt in ihrer Stadt auf Lager.

www.bnb.ch

www.airbnb.ch

MARKTBUMMEL

Blumenmarkt, Gemüsemarkt, Flohmarkt, Weihnachtsmarkt: In Zürich werden Freunde des Markttreibens nicht enttäuscht. Zürcher erledigen ihre Einkäufe und von Bauern und Händlern erfährt man hier das wichtigste rund um Blumenkohl, Kürbisse und die jüngste Apfelernte. Tiefe Einblicke ins materielle Alltagsleben hingegen ergibt ein Bummel über den Flohmarkt.

Gemüse- und Blumenmarkt:
►Bürkliplatz/Stadthausanlage
Flohmarkt: ►Bürkliplatz/Stadthausanlage; Helvetiaplatz (►Aussersihl)

FRAU GEROLDS GARTEN

Mitten im trendigen Zürich-West, überragt vom Prime-Tower und vom Verkehrslärm umtost, hat Katja Weber eine eindrucksvolle Gartenlandschaft geschaffen. 80 Hochbeete liefern Grünzeug für ihr Restaurant, und viele der Beete werden von Nachbarn bewirtschaftet. Beim Kaffee auf der Terrasse mit Blick auf die Gleise kommt man rasch ins Gespräch mit den urbanen Gärtnern. An einem fixen Tag pro Woche darf man auch selber mitmachen, Unkraut jäten, Kopfsalat ernten und an einer Möhre knabbern.

Frau Gerolds Garten
Geroldstrasse 23/23a
8005 Zürich, www.fraugerold.ch

Stadtgeschichte

Aufbruch an der Limmat

Zürich ist als eine selbstbewusste, stolze Stadt durch die Jahrhunderte gegangen. Im Mittelalter war sie Reichsstadt mit einer starken Bürgerschaft, die sich in repräsentativen Zünften zusammenschloss, im 17. Jh. wurde sie Stadtrepublik. Religionsgeschichte schrieb die Limmatstadt im 16. Jh.: Zwingli machte sie zum Zentrum der Reformation in der deutschsprachigen Schweiz.

FRÜHZEIT UND RÖMER

4.–2. Jt. v. Chr.	Pfahlsiedlungen an flachen Uferabschnitten des Zürichsees
15 v. Chr.	Römer erobern das keltische Oppidum Lindenhof.
4. Jh. n. Chr.	Ansiedlung von Burgundern, Alamannen und Langobarden im Schweizer Raum

Frühzeit

In der Jüngeren Steinzeit (4000 – 2000 v. Chr.) gab es an den Schweizer Seen kleine Ansiedlungen von **Pfahlbauten**. Wie 1853 nachgewiesen werden konnte, existierten ins Wasser gebaute Holzhäuser auch in den flachen Uferbereichen des Zürichsees. Die Anhöhe des heutigen **Lindenhofs** war damals vermutlich noch von Wasser umspült oder zumindest von Sumpfland umgeben. In der späten La-Tène-Zeit (Eisenzeit, 5. – 1. Jh. v. Chr.) wurde auf dem Lindenhof ein Oppidum, eine keltische Siedlung, angelegt. Im Jahr 15 v. Chr. drangen die Römer bis hierher vor und besetzten das Oppidum.

Römer

In der jahrhundertelangen Friedenszeit unter römischer Hoheit entwickelten sich in der Schweiz viele Städte. Kastelle, Straßen, Wasserleitungen, Thermen, Bäder, Foren mit repräsentativen Gebäuden, Mietskasernen ebenso wie vornehme Villen und stattliche Gutshöfe entstanden unter den Römern. Im Bereich der heutigen Zürcher Innenstadt gab es an einer römischen Brücke eine Siedlung an beiden Ufern der Limmat mit dem Namen **Turicum**, die aber keine Stadt war wie beispielsweise das damalige Genava (Genf) oder Lusonna (Lausanne). In spätrömischer Zeit erhielt der Bereich des heutigen Lindenhofs wieder zunehmende Bedeutung, da die Anhöhe gut verteidigt werden konnte. Im 4. Jh. wurde auf dem Lindenhof eine römische Burganlage u. a. zur Sicherung einer römischen Zollstation errichtet. Zürich gehörte damals zur römischen Provinz Germania

Wie kaum kein anderer hat Alfred Escher die Stadt im 19. Jahrhundert geprägt. »Zar von Zürich« und »Eisenbahnkönig« nannte man ihn.

Superior und lag an der Grenze zur östlich angrenzenden römischen Provinz Raetia. Ab dem 4. Jh. n. Chr. organisierte sich die **Kirche** auch in diesem Teil des Römischen Reichs.

ZÜRICH IM FRÄNKISCHEN REICH

Um 400	Zürich wird von den Alamannen erobert.
843	Zürich ist Teil des Ostfrankenreichs.
853	Ludwig der Deutsche gründet das Fraumünster.

Alamannen, Burgunder, Langobarden

In den letzten 50 Jahren römischer Herrschaft hatten sich im Westen der Schweiz Burgunder, im nordöstlichen Teil **Alamannen** angesiedelt. Der Süden gelangte Ende des 6. Jh.s unter den Einfluss des Langobardenreichs in Italien. Die wichtigste Hinterlassenschaft dieser Stämme sind die heutigen Sprachen der Schweiz. Die Burgunder verbreiteten das Frankoprovenzalische in der heutigen Westschweiz, den Langobarden ist die italienische Sprache im Süden des Landes zu verdanken, die deutschsprachigen Alamannen drängten die Romanisch sprechenden Räter immer mehr zurück. Die Anfang des 5. Jh.s nach Zürich vordringenden Alamannen erhielten die römische Verteidigungsanlage auf dem Lindenhof, wie sie war.

Zwischen dem 6. und 8. Jh. wurden Burgunder, Alamannen, Räter und Langobarden dem **Fränkischen Reich** einverleibt. In der fränkischen Epoche liegen die Anfänge der Entwicklung des städtischen Zürichs. Das Gebiet Zürich gehörte seit der Teilung des Fränkischen Reichs 843 zum östlichen Teil von König Ludwig dem Deutschen, einem Enkel Karls des Großen, und war dem Herzogtum Schwaben lose angegliedert. Die königliche Herrschaft über die Stadt übte in Vertretung jeweils ein Reichsvogt aus.

? BAEDEKER WISSEN

Der Name Zürich

Der Name »Turicum« ist wahrscheinlich vorrömischen Ursprungs und steht möglicherweise in Verbindung mit dem keltischen Personennamen »Turos«. Erstmals genannt wurde er im 2. Jh. auf einem römischen Grabstein (S. 205). Die älteste dokumentarische Nennung stammt aus dem Jahr 610: In den Aufzeichnungen von seiner Missionsreise durch Europa erwähnt der irische Mönch Columban ein »Castellum Turegum«. Im 7. Jh. wird in einer frühen Geografie ein Ort »Ziurichi« im alemannischen Gebiet genannt.

Klostergründungen

In diese Zeit fallen zwei Stiftungen, die für die Entwicklung der Stadt Zürich von größter Bedeutung waren. 853 gründete Ludwig der Deutsche das **Fraumünster**, indem er seinen Töchtern Hildegard und Berta ein bereits existierendes Frauenkloster übereignete. In der Stiftungsurkunde ist Zürich erstmals urkundlich erwähnt. Durch den dazugehörigen großen Landbesitz und eine eigene Gerichtsbarkeit erhielt das Fraumünster eine relativ starke Machtposition. Im 11. Jh. wurde der Klostervorsteherin zudem das Zoll-, Markt- und Münzrecht zugesprochen, womit sie politisch ungeheuer einflussreich wurde – bisweilen wird sie sogar als eigentliche Stadtregentin bezeichnet. Berühmtheit erlangte im 15./16. Jh. die letzte Äbtissin des Fraumünsters, Katharina von Zimmern (▶ Berühmte Persönlichkeiten).

Auch das **Grossmünster** soll die Stiftung eines deutschen Königs sein: Der Legende nach soll Karl der Große – man vermutet allerdings, dass die Legende eigentlich mit Karl III. in Verbindung gebracht werden muss, der des Öfteren in Zürich war – einen Hirsch von Aachen bis nach Zürich verfolgt haben, als sein Pferd an der Stelle niedersank, an der die Gebeine der Märtyrer **Felix und Regula** ruhten. Die beiden Stadtheiligen Felix und Regula sollen, da sie zum Christentum übergetreten waren, nach Zürich geflohen und dort enthauptet worden sein. Mitunter wird auch Exuperantius als ein dritter Märtyrer genannt, der aber bis heute als Stadtheiliger keine so große Rolle spielt wie Felix und Regula. Auf einer Insel in der Limmat, auf der angeblich die Hinrichtung stattgefunden hat, wurde zu ihren Ehren die **Wasserkirche** errichtet. Die Stelle, an der sie begraben wurden, hat Karl der Große der Legende nach bei seiner Hirschjagd erst Jahrhunderte später wiederentdeckt.

Das Grossmünster verfügte im Raum Zürich über große Ländereien, entsprechende Einkünfte und entsprechenden Einfluss. Das Carolinum des Grossmünsters, Ausbildungsstätte junger Theologen, gilt als ein früher Grundstein der heutigen Universität Zürich.

ZÜRICH ALS REICHSSTADT

1219	Zürich wird Reichsstadt.
1336	Rudolf Brun wird Bürgermeister und stärkt durch die Zunftverfassung die Position der Handwerker.
1351	Zürich tritt der Eidgenossenschaft bei.

Reichsfreiheit

Nach dem Niedergang des Herzogtums Schwaben und dem Tod des letzten Zähringers und Reichsvogts von Zürich erhielt die Stadt 1219 von Kaiser Friedrich II. die Reichsfreiheit. Die letzten verbliebenen Lehen der Reichsvogtei unterstellte der Kaiser ebenfalls der Krone. Der **Reichsvogt** durfte nun von den Zürchern selbst gewählt werden, sein Amt wurde jeweils für einen vorgegebenen Zeitraum von Zürcher Bürgern ausgeübt. Auch das **Fraumünster** war dem Kaiser direkt unterstellt. 1234 wurde die Klostervorsteherin in den Reichsfürstenstand erhoben, was ihren politischen Einfluss auf Zürich für kurze Zeit nochmals stärkte. Das **Grossmünster** wurde Reichsstift und dem Kaiser ebenfalls direkt unterstellt.

Neben Fraumünster und Grossmünster entwickelte sich eine zunehmend **erstarkende Bürgerschaft** mit einem Stadtrat, der verschiedene Rechte des Fraumünsters übernehmen und so Mitte des 13. Jh.s schließlich eine größere Unabhängigkeit von dem mächtigen Kloster ausbauen konnte. 1262 wurde die Reichsfreiheit der Bürgerschaft durch König Richard von Cornwall bestätigt. Ein **Rathaus** und eine Stadtmauer wurden gebaut, die Stadt hatte um die 8000 Einwohner, zu denen Adelige, Bürger, Kaufleute sowie quasi rechtlose Handwerker und Leibeigene gehörten.

Erster Bürgermeister

Eine zentrale Figur in der ersten Hälfte des 14. Jh.s war **Rudolf Brun**. Als innerhalb des Stadtrats die reichen Handwerkszünfte und Kaufleute fast die gesamte Macht übernommen und den Adel zurückgedrängt hatten, gingen Stadtadelige gemeinsam mit den kleinen Handwerkern auf die Barrikaden. Rudolf Brun war nicht nur Anführer des Aufstandes, er richtete für sich selbst das Bürgermeisteramt ein und kam so in eine Spitzenposition in der Stadtverwaltung. In der nach ihm benannten **Zunftverfassung** legte er eine neue Zusammensetzung des Rats fest, in dem jetzt auch die Handwerker vertreten waren. Zürich wurde von nun an von dem Stadtrat und einem Bürgermeister regiert. Die bisherigen Ratsmitglieder wurden der Stadt verwiesen, sie suchten Schutz beim Adel der benachbarten Stadt Rapperswil. Zeitgleich startete Brun eine Kampagne gegen die in Zürich lebenden Juden, ließ sie vertreiben oder verbrennen und die Synagoge zerstören. 1350 organisierten sich die verbannten Ratsmitglieder und versuchten, mit Unterstützung der Grafen von Rapperswil, die ihrerseits mit den Habsburgern verbündet waren, die Macht in der Stadt zurückzuerobern. Die sogenannte **Mordnacht von Zürich** scheiterte an einer gut aufgestellten Truppe von Handwerkern, die die Stadt verteidigten. Brun ließ die Angreifer einkerkern und Rapperswil und den Adelssitz zerstören.
Kurz darauf suchte Brun – um sich Unterstützung gegen die Habsburger zu sichern – das **Bündnis mit der Eidgenossenschaft**, in der sich mehrere Schweizer Kantone zum Zweck der Friedenssicherung und Verteidigung vornehmlich gegen die Habsburger zusammengeschlossen hatten. In der zweiten Hälfte des 15. Jh.s erhielt das mittlerweile militärisch und wirtschaftlich wichtige Zürich als sogenannter Vorort den Vorsitz innerhalb der Eidgenossenschaft.

Waldmanns Schicksal

Hans Waldmann (1435 – 1489) zählte ebenfalls zu den bekannten Zürcher Bürgermeistern. Von 1483 an führte der in den Burgunderkriegen erfolgreiche Heerführer die Geschicke der Stadt. Selbst aus einfachen Verhältnissen stammend, stärkte er die Zünfte, fiel jedoch einer Intrige zum Opfer und wurde 1489 mit dem Schwert hingerichtet. An der Münsterbrücke (►Münsterhof) hat die Stadt dem umstrittenen Bürgermeister ein ebenso umstrittenes Denkmal gesetzt.

REFORMATION

1519	Ulrich Zwingli kommt nach Zürich ans Grossmünster.
ab 1523	Zwingli führt nach und nach die Reformation in der Stadt durch.
1529	Der Erste Kappelerkrieg wird friedlich beigelegt.
1531	Im Zweiten Kappelerkrieg fällt Zwingli.
1656	Im Ersten Villmergerkrieg können die katholischen Orte ihre Macht bestätigen.
1712	Der Zweite Villmergerkrieg endet mit einem Sieg der reformierten Städte.

Glaubensspaltung

Mit den Geschehnissen der Reformationszeit rückte Zürich in den Blickpunkt der europäischen Religionsgeschichte. Stärker als viele andere europäische Länder erlebte die Schweiz die Glaubensspaltung. Der Boden für reformatorische Ideen war schon seit dem Spätmittelalter bereitet. Vor allem in den Städten stießen erst Luthers

Zürich unterliegt in der Schlacht bei Kappel 1531 gegen die fünf katholischen Ortschaften. Zwingli fällt, doch die Reformation bleibt.

Thesen, dann die Lehren Ulrich Zwinglis und die des von Genf aus agierenden Reformators Jean Calvin auf ein großes Echo, bedeutete die Reformation doch für viele Gemeinden die Befreiung von geistlicher Oberherrschaft und die Etablierung eigener politischer und wirtschaftlicher Macht. 1519 wurde **Ulrich Zwingli** (►Berühmte Persönlichkeiten) an das Grossmünster geholt. Von hier aus führte er seine Reform der Kirche durch, die sich nicht nur auf die Kirche selbst auswirkte, sondern die städtische Ordnung wesentlich veränderte.

Kirchen entmachtet

Die **Säkularisierung** der mächtigen Klöster hatte für Grossmünster und Fraumünster weitreichende Folgen. Ihre Ländereien wurden der Stadt übereignet, die damit auch in den Genuss hoher **Einkünfte** kam – dadurch war sie bis hinein ins 19. Jh. nicht auf Steuereinnahmen angewiesen. Die Stadt erhielt auch die Aufsicht über Kirchen, Bildung und Sozialwesen, der reformierten Geistlichkeit kam jedoch eine beratende Rolle zu. Sie musste überprüfen, ob die Entscheidungen der Stadtpolitiker mit den Bibelinhalten vereinbar waren, hatte also einen erheblichen Einfluss. Im Rahmen der Veränderungen forderten die Bauern die Abschaffung der Leibeigenschaft und der Steuerzahlung, was ihnen teilweise bewilligt wurde.

Täuferbewegung

Als eine Abspaltung der Reformation entwickelte sich in Zürich die Täuferbewegung, der die Reformen nicht radikal genug waren und die sich in verschiedenen Ausformungen über weite Teile Europas ausbreitete. Die Auseinandersetzung zwischen den Täufern, Zwingli und dem Stadtrat führte zur Hinrichtung des Anführers Felix Manz, der in der Limmat ertränkt wurde, und zur massiven Verfolgung seiner Anhänger.

Religionskriege

In Folge der Reformation kam es zu erheblichen Differenzen innerhalb der Eidgenossenschaft. Die fünf katholischen Bergkantone drohten, die Verbindung zum »ketzerischen« Zürich aufzukündigen, wogegen die reformierten Orte der Eidgenossenschaft sich ihrerseits enger zusammenschlossen. Die katholischen Orte verbündeten sich mit Habsburg. Die Konflikte gipfelten in den ersten Religionskriegen Europas, dem **Ersten Kappelerkrieg** (1529), der durch Vermittlung friedlich beigelegt wurde, und dem **Zweiten Kappelerkrieg** (1531), in dem die Zürcher Truppen eine Niederlage erlitten und Zwingli ums Leben kam. Als Nachfolger Zwinglis trat **Heinrich Bullinger** sein Amt am Grossmünster an, unter ihm etablierte sich der reformierte Glaube weiter. In den beiden **Villmergerkriegen** (1656 und 1712) kämpften Zürich und die katholischen Orte nochmals um die Vormachtstellung innerhalb der Eidgenossenschaft. Im Zweiten Villmergerkrieg konnten sich die reformierten Städte endgültig durchsetzen.

STADTREPUBLIK ZÜRICH

1624	Eine dritte Stadtbefestigung wird gebaut.
1648	Zürich wird Stadtrepublik.
1712–1798	Die Stadt erlebt eine jahrzehntelange Friedensepoche.
1780	Die »Zürcher Zeitung« wird gegründet.
1798	Ende der Republik Zürich. Der Kanton Zürich wird Verwaltungsbezirk der Helvetischen Republik.

Zürich wird Republik

Anfang des 17. Jh.s hatte der Regierungsstil des aristokratischen Stadtrats zunehmend autoritäre Züge angenommen. Die Handwerkszünfte und die Bauern wurden an Entscheidungen nicht mehr beteiligt. Das Selbstbewusstsein der Stadtregierung wuchs. Mit den Bestimmungen des Westfälischen Friedens 1648 wurde die Schweiz vom Deutschen Reich unabhängig. Zürich benannte sich nun um und war nicht mehr Reichsstadt, sondern Republik Zürich. Sie hatte damit einen vergleichbaren Rang wie die mächtigen Stadtrepubliken Venedig und Genua und demonstrierte dies mit dem Bau eines repräsentativen Rathauses.

Frieden und Wohlstand

Zürich erlebte das 18. Jh. als ein ausgesprochen friedliches Jahrhundert, das dank politischer und wirtschaftlicher Stabilität von zunehmendem Reichtum geprägt war. Die günstigen Bedingungen ermöglichten solide und dauerhafte Wirtschaftsbeziehungen, durch die vor allem **Baumwoll- und Seidenfabrikanten** zu Wohlstand kamen und damit zu beträchtlicher Macht im Rat der Stadt und zu erheblichem Einfluss auf das Wirtschaftsleben. Ihre arrogante Stadtpolitik hatte in einer Zeit, in der anderswo in Europa der aufgeklärte Absolutismus Fuß fasste, geradezu mittelalterliche Strukturen, gegen die Bauern und Handwerker kaum etwas ausrichten konnten. In Folge der **Französischen Revolution** wurden dann Ende des 18. Jh.s die Forderungen der Bauern und einiger aufgeklärter Stadtbürger nach Reformen entsprechend französischem Beispiel laut. Unter anderem sollten das wirtschaftliche Monopol der Stadt und die steuerliche Belastung im Zürcher Umland abgeschafft und ein besseres Bildungssystem eingerichtet werden. Als 1798 die Franzosen einrückten, wurde der Stadtrat gestürzt, die Stadtrepublik Zürich aufgelöst. Der Kanton Zürich ging als Verwaltungsbezirk in der von den Franzosen ausgerufenen **Helvetischen Republik** auf.

»Athen an der Limmat«

Der Wohlstand des 18. Jh.s sorgte für ein ausgeprägtes Kulturleben in der Stadt. Die reiche Zürcher Gesellschaft kam in kulturellen Zirkeln zusammen, in denen ein reger Austausch gepflegt wurde. Zu den wichtigsten Personen des Zürcher Geisteslebens gehörten **Johann Jakob Bodmer, Johann Heinrich Pestalozzi** (▶Berühmte Persönlichkeiten) und **Johann Caspar Lavater**. Goethe kam mehrfach nach Zürich. Mehrere Wochenzeitungen wurden gegründet, und 1780 wurde die erste Ausgabe der »Zürcher Zeitung« herausgegeben, die sich 1821 in »Neue Zürcher Zeitung« umbenannte, wie sie auch heute noch heißt.

19. JAHRHUNDERT

1803 – 1813	Mediationszeit
1833	Gründung der Universität Zürich
1847	Sonderbundskrieg
1848	Der Bundesstaat Schweiz wird gegründet.
1877	Nach der Gründung der Börse 1877 steigt Zürich zum Weltfinanzplatz auf.
1893	Durch Eingemeindung erhöht sich Zürichs Einwohnerzahl auf rund 120 000.

Mediation Mit Napoleons Mediationsakte im Jahr 1803 wurden Jahre der Unruhe beendet und die alten Verhältnisse weitgehend wiederhergestellt. 19 Kantone wurden gebildet, die Städte erhielten gegenüber ihrem Umland und dem übrigen Kantonsgebiet deutliche politische Macht, so auch Zürich. Die wohlhabenden Stadtbürger konnten eine **aristokratische Ordnung** annähernd wiederherstellen, sie kehrten in ihre Ämter zurück und übernahmen politische Macht nach altem Muster. Oppositionelle Aufstände wegen hoher finanzieller Belastungen erstickte man im Keim. Säkularisierte Klöster wurden wieder eingerichtet, 1807 wurde erstmals wieder eine katholische Gemeinde genehmigt.

Das Jahr 1830 ist geprägt durch Aufstände in allen Kantonen, die sich gegen die Vorherrschaft der Städte zur Wehr setzten. Auch in Zürich erarbeitete die Stadtregierung eine moderne Verfassung, mit der die politische Vorherrschaft der Stadt gegenüber dem Umland endete. Als deutliches Zeichen wurden die Stadtmauern abgerissen, Stadt und Land sollten nicht mehr zwei getrennte, einander bekriegende Systeme darstellen. Die Stadt hatte etwa 27 000 Einwohner, woran sich auch in den folgenden drei Jahrzehnten nicht viel änderte – obwohl es keine Stadtmauer mehr gab, vergrößerten sich die Stadtfläche Zürichs und die Einwohnerzahl

? BAEDEKER WISSEN

Eine Uni dank Volksabstimmung

Die 1833 gegründete Universität von Zürich ist die erste Universität Europas, die durch eine Volksabstimmung ins Leben gerufen wurde. Eine Inschrift über dem Portal erinnert daran: »Durch den Willen des Volkes«. Die vielen deutschen Wissenschaftler, die in diesen von Aufständen geschüttelten Zeiten aus ihrer Heimat in die Schweiz emigriert waren, machten einen wesentlichen Teil des Lehrkörpers aus.

Schon 1950 war auf dem Paradeplatz viel los. Aus der »Kreditanstalt« im Hintergrund wurde die »Credit Suisse«; der Sitz blieb unverändert.

zunächst kaum. Das Bildungswesen wurde verbessert und 1833 die Universität Zürich gegründet.
Im 19. und auch im 20. Jh. war Zürich ein Hort liberaler Gesinnung, in dem sich u. a. Gottfried Keller, C. F. Meyer (beide ▶ Berühmte Persönlichkeiten), Georg Büchner, und später James Joyce, Lenin (beide ▶ Berühmte Persönlichkeiten), August Bebel, C. G. Jung und viele andere niederließen. Ab 1830 konnten sich die Liberalen allmählich im ganzen Land durchsetzen.

Gründung der Schweiz

1848 ging als Folge des Sonderbundskriegs aus einem lockeren Bund der Kantone der **Bundesstaat Schweiz** mit einer neuen, an die amerikanische angelehnte Verfassung hervor; Hauptstadt wurde Bern (▶Baedeker Wissen S. 20).

Wirtschaftswachstum

Die rasante wirtschaftliche Entwicklung Zürichs, die mit der aufstrebenden Baumwoll- und Seidenfabrikation im 18. Jh. begonnen hatte, setzte sich im 19. Jh. fort. Die Stadt wurde zum **wirtschaftlichen Zentrum der Schweiz**. Zahlreiche Banken und Versicherungen entstanden. Eine zentrale Rolle bei der Etablierung Zürichs als Wirtschaftsmetropole der Schweiz spielte der liberale Politiker Alfred Escher (▶Berühmte Persönlichkeiten), der mit seinem **»System Escher«** wirtschaftliche und politische Macht in der Stadt zusammenführte, eine umfassende Infrastruktur aufbaute und für die Gründung der Eidgenössischen Technischen Hochschule (ETH), zahlreicher Banken und Versicherungen und deren Förderung verantwortlich zeichnete. Neue Arbeitsmöglichkeiten zogen zahlreiche Menschen aus der Schweiz an, und die Einwohnerzahl wuchs im Verlauf des Jahrhunderts rapide.

Bauboom

Ab 1860 setzte dann ein massiver Ausbau der Stadt ein. Zunächst wurde die **Bahnhofstrasse** quasi als Boulevard und gesellschaftliches und ökonomisches Zentrum angelegt. Das Bahnhofsgebäude, das 1847 gebaut worden war, wurde großzügig umgestaltet. 1893 wurden elf umliegende Gemeinden eingemeindet, die Einwohnerzahl stieg schlagartig auf etwa 120 000 an.

20. JAHRHUNDERT UND GEGENWART

1920er-Jahre	Das »Rote Zürich« etabliert sich.
1931, 1939	Durch Eingemeindungen wächst die Einwohnerzahl auf 300 000 an.
1939	In Zürich wird die »Landi« veranstaltet.
ab 1968	Studentenunruhen und Jugendproteste
1990	Die S-Bahn wird eröffnet.

Das »Rote Zürich«

Längere Phasen des 20. Jh.s waren geprägt von Auseinandersetzungen zwischen Großbürgertum und den Tausenden von Arbeitern, die in den Industriebetrieben in und um Zürich beschäftigt waren. Der Aufenthalt Lenins 1916/1917 in Zürich verstärkte die entgegengesetzten Positionen sicher zusätzlich. Ende der 1920er-Jahre etablierte sich für etwa zwei Jahrzehnte das **»Rote Zürich«**, die Stadt galt als Zentrum der Schweizer Sozialdemokratie. 1928 hatten die Sozialdemokraten erstmals eine Mehrheit im Stadtrat und im Gemeinderat, und bis 1949 blieben sie führend.

Zürich als Zufluchtsort

Durch **Eingemeindungen** (1931 und 1934), gegen die sich die reicheren Gemeinden am Ufer des Zürichsees aus Angst vor dem »Roten Zürich« erfolgreich zur Wehr setzten, wuchs die Einwohnerzahl auf 300 000 an. 1939 fand in Zürich die **»Landi«** statt, eine Landesausstellung, die weithin Beachtung fand als ein Zeichen des Widerstandswillens der Schweiz gegen Hitlerdeutschland. Viele Flüchtlinge aus Nazideutschland und dem faschistischen Italien waren bereits nach Zürich gekommen. Die Stadt profitierte von den Fähigkeiten und Vermögen der Exilsuchenden.

Zeit des Aufbaus

Nach dem Zweiten Weltkrieg ging es der Stadt vergleichsweise gut. Sie verfügte über finanzielle Mittel, überall wurde gebaut, an Arbeit herrschte kein Mangel, das Verkehrsnetz wurde erweitert. 1946 beschloss man Großprojekte wie den Bau des internationalen Flughafens Zürich-Kloten, 1948 – 1953 wurde der Zürichsee reguliert.

Unruhige Zeiten

In den 1960er-Jahren begann eine Zeit politischer Unruhen in der Stadt: 1968 kam es zum sogenannten **Globuskrawall**, der den Beginn der 68er-Bewegung in der Schweiz darstellte. Eine Demonstration, bei der Jugendliche die Einrichtung eines autonomen Jugendzentrums in den leerstehenden Räumen des Kaufhauses Globus forderten, eskalierte; es gab Verletzte, mehrere Personen wurden verhaftet. Die Diskussion um ein autonomes Jugendzentrum sorgte in den 1980er-Jahren nochmals für Unruhen, die sich 1980 bis 1982 in den **Opernhauskrawallen** entluden. Die Stadt hatte 62 Millionen Franken für die Renovierung des Opernhauses genehmigt, nicht aber für das seit langem diskutierte Jugendzentrum. Auch bezahlbarer Wohnraum wurde in dem Zusammenhang gefordert. Schließlich machten Zürich in den 1980er- und 1990er-Jahren massive **Drogenprobleme** zu schaffen, in der Stadt gab es Anfang der 1990er-Jahre die größte offene Drogenszene Europas. Mit der gesetzlich geregelten Heroinabgabe durch den Staat wurde die Situation wesentlich entschärft.

Zürich gewinnt

Mitte der 1990er-Jahre begann ein rasanter Prozess, der Zürichs Attraktivität innerhalb weniger Jahre steigerte. Ausschlaggebend waren 1996 eine neue Bauordnung und 1997 die Liberalisierung des Gastgewerbegesetzes. Die Umfunktionierung und Neugestaltung ehemaliger Industriegelände in Zürich-West und Oerlikon wurde begonnen, und das Nachtleben fing an zu boomen. In kürzester Zeit entwickelte sich Zürich zu einer der angesagtesten Städte in Europa mit einem völlig neuen Image. Bewarben die Touristiker Zürich anfangs als »Downtown Switzerland« heißt der Slogan seit 2011 »Zürich – World Class. Swiss Made«.

Baustelle Bahnhof

2014 nahmen die Zürcher Abschied von der größten innerstädtischen Baustelle der Schweizerischen Bundesbahnen (SBB): Die »Durchmesserlinie« im Hauptbahnhof konnte plangemäß im Juni für die S-Bahn eröffnet werden, Ende 2015 erfolgt die Freigabe für den Fernverkehr. Damit erhöht sich die Kapazität des größten Bahnhofs der Schweiz beträchtlich, da nun ein Teil der Züge den viergleisigen Durchgangsbahnhof »Löwenstrasse« nutzt. Der alte Kopfbahnhof bleibt nach wie vor erhalten. Die »Durchmesserlinie« führt in 16 Metern Tiefe unter dem Kopfbahnhof hindurch.

Kunst und Kultur

Städtebau und Architektur

Im Stadtbild zeigt sich der Charakter der Bewohner durchaus deutlich: gepflegte Kirchen, Türme und Zunfthäuser, Bauten von Gottfried Semper, Santiago Calatrava und anderen Stararchitekten – doch gegen Hochhäuser hat man sich lange gewehrt. Heute kämpft Zürich mit exorbitant hohen Mieten, auf die der Städtebau reagiert und Industriebrachen umbaut.

DIE ANFÄNGE

Römerzeit

Schon zu römischer Zeit gab es in Zürich eine Brücke und einen Jupitertempel, von denen heute jedoch keine Spuren mehr auszumachen sind. In der Thermengasse in der Altstadt sind aber noch die Reste von römischen Thermen zu sehen, außerdem kann man die Fundamente des Kastells aus dem späten 4. Jh. besichtigen. Ein weiteres Zeugnis jener Zeit ist eine **Grabplatte** aus dem späten 2. Jh., die für den mit eineinhalb Jahren verstorbenen Sohn eines Zürcher Zöllners angefertigt wurde und auf der die früheste Ortsbezeichnung für Zürich – »Turicum« – zu finden ist. Eine Kopie des römischen Grabsteins ist auf dem Lindenhof erhalten, wo er auch gefunden wurde, das Original befindet sich im Schweizerischen Landesmuseum.

Romanik

Zürichs große Kirchen, Fraumünster, Grossmünster und Wasserkirche, gehen auf romanische Ursprünge zurück; sie stehen alle in Verbindung mit den Stadtheiligen Felix und Regula, die als Märtyrer verehrt werden. Felix und Regula sollen zum Christentum übergetreten, nach Zürich geflohen und dort auf einer Insel in der Limmat geköpft worden sein. An der Stelle, an der die Märtyrer enthauptet wurden, baute man ihnen zu Ehren die Wasserkirche. Über den Gräbern legte man das Grossmünster an, im Fraumünster wurden Reliquien aufbewahrt. Die drei Kirchen hatten große Bedeutung bei den Heiligenprozessionen des Mittelalters. Der heutige Bau des auf das 12. Jh. zurückgehenden **Grossmünsters** zeigt noch eine spätromanische Anlage: Er wurde als Emporenbasilika mit Rundbögen und schönen Figurenkapitellen konzipiert; der erhöhte Chor befindet sich über einer eindrucksvollen zweigeteilten Hallenkrypta, die 1107 geweiht wurde. Das Hauptportal ist mit romanischen Figuren geschmückt. Im **Fraumünster** ist noch der spätromanische Chor erhalten.

Wo einst eine Papierfabrik stand, erhebt sich in der »Sihlcity« heute eine Shopping-Mall.

BAUEN IM ZEICHEN DER GOTIK

Kirchen

Das **Fraumünster** ist ansonsten von der Hochgotik des 14. Jh.s geprägt. Der gotische Baustil mit seinen fein gegliederten Türmen, Figurenportalen, Spitzbögen und Maßwerkfenstern, Chorumgängen und dem Strebewerk zur Ableitung der Gewölbelasten hielt um 1200 von Frankreich kommend Einzug in die Westschweiz. Die Rippen der Kreuzgewölbe wurden in der Spätgotik immer dekorativer zu Stern- und Netzgewölben gestaltet. Im Fraumünster ist das Querhaus aus der Frühgotik erhalten, das hochgotische Langhaus entstand in der zweiten Hälfte des 14. Jahrhunderts. Eine später eingefügte Attraktion im Fraumünster sind die von **Marc Chagall** 1970 und 1978 entworfenen **Fenster**.

Mit der **Augustinerkirche** hat Zürich eine weitere gotische Pfeilerbasilika aus dem 14. Jh., die sich im Innern sehr schlicht ausnimmt – abgesehen von einigen wenigen Resten von Wandmalereien aus dem 15. Jahrhundert.

Die Fassade des **Grossmünsters** wurde im 15. Jh. aufgebrochen und mit einem großen gotischen Maßwerkfenster versehen. Gotischer Figurenschmuck ist mit dem Bildnis Karls des Großen aus den Jah-

Die großen Drei: Fraumünster (spitzer Turm), Sankt Peter (Riesenuhr) und jenseits der Limmat das Grossmünster (Doppeltürme).

ren um 1460 erhalten, dessen Original in der Krypta zu sehen ist. In der Krypta des Grossmünsters sind zudem Reste gotischer Wandmalereien aus dem frühen 15. Jh. auszumachen.
Die **Wasserkirche** wurde auf einer romanischen Vorgängerkirche Ende des 15. Jh.s im spätgotischen Stil neu errichtet. Wandmalereien aus jener Zeit sind nur noch bruchstückhaft erhalten. Die **Kirche St. Peter** – die älteste Pfarrkirche Zürichs – wurde auf einem römischen Kultplatz erbaut. Ältester Bauteil ist der Sockel des Kirchturms, er stammt aus spätromanisch-frühgotischer Zeit.

Profanbauten

Auch einige Profanbauten der Gotik sind noch erhalten. Im 13. Jh. wurde eine neue Stadtmauer errichtet, die die alte Befestigung aus dem 11./12. Jh. quasi ersetzte. Teil der Stadtbefestigung war der in der zweiten Hälfte des 13. Jh.s gebaute **Hardturm** an der Limmat, der der bedeutenden Zürcher Familie Manesse gehörte, die jahrhundertelang großen Einfluss im Stadtrat und im Grossmünster hatte; er ist heute Wohnhaus. Innerhalb der Mauer entstanden zahlreiche Häuser, von denen einige, wie das **Haus zum Rech** am Neumarkt, noch stehen. Der **Grimmenturm** aus dem 13. Jh., ebenfalls am Neumarkt, gilt als der am besten erhaltene Adelsturm jener Zeit. Mehrfach umgebaut, aber ebenfalls noch erhalten ist der **Brunnenturm** oder auch **Lamparterturm**, ein Adelsturm aus dem 13. Jahrhundert. Spätgotische Fensterrahmungen, die von einem älteren Gebäude stammen, lassen sich im **Zunftsaal** im barocken Zunfthaus zur Waag besichtigen.

RENAISSANCE, BAROCK UND ROKOKO

Renaissance

Die Renaissance, die ab 1420 in Italien entstand, fasste in der Schweiz erst Anfang des 16. Jh.s. Fuß und verband sich hier mit der Formensprache der Spätgotik zum Manierismus. Vor dem Hintergrund tiefgreifender Erschütterungen des Weltbildes durch Entdeckungen, Reformation und Bauernkriege entwickelte sich ein übertrieben künstlicher, fast unnatürlicher Formwille. Auffallend ist insbesondere die Ornamentfülle. Sprenggiebel, Figurennischen, Beschlagwerk und illusionistische Fassadenmalerei schmückten vor allem Bürgerbauten und Rathäuser. Das repräsentative Zürcher **Renaissance-Rathaus** wurde zwischen 1694 und 1698 direkt an der Limmat gebaut. Ein schönes Bürgerhaus der Renaissance ist das 1616 errichtete **Haus zum Napf**.

Barock und Rokoko

Nur in den katholischen Kantonen sorgte die Geistlichkeit für prächtige Sakralbauten im Stil des Barock (ab Mitte des 17. Jh.s) und Rokoko (ab etwa 1730). In Zürich entstand 1614 der Innenraum der Predigerkirche im frühbarocken Stil, von einer barocken Üppigkeit ist dabei noch nicht viel zu merken. Die Bürgerhäuser wurden in der Barockzeit mit Erkern und Malereien fantasievoll ausgestattet. In der Augustinergasse stehen zahlreiche erkergeschmückte Häuser, die oft noch auf das 17. Jh. zurückgehen; am bekanntesten ist der Strauhof (Nr. 9), der 1772 in seiner jetzigen Form gebaut wurde. Mehrere **Zunfthäuser** aus jener Zeit sind in Zürich noch erhalten. Das 1636/1637 erbaute Zunfthaus zur Waag (Am Münsterhof 8) betritt man durch ein schönes Barockportal. Am Limmatquai stehen weitere barocke Zunfthäuser (Nr. 40, 42 und 54), am Haus Nr. 40 (Zimmerleute) kann man einen der typischen Erker des Barock sehen. Im 18. Jh. wurde am Neumarkt das Zunfthaus der Schuhmacher errichtet, in dem Haus hat heute das Theater am Neumarkt seinen Sitz. Das Zunfthaus zur Meisen (1757) am Münsterhof ist ein außen wie innen eindrucksvoller Rokokobau. Am Hirschengraben 40 wurde in der zweiten Hälfte des 18. Jh.s das Haus zum Rechberg für einen Zunftmeister gebaut.

BAUBOOM IM 19. JAHRHUNDERT

Klassizismus

Als Antwort auf den schwelgerischen Prunk des Barock griff der Klassizismus nach der Französischen Revolution 1789 auf das Kunstideal der Antike zurück. Eine schöne klassizistische Kirche in Zürich ist die Neumünsterkirche (1839) von Leonhard Zeugherr in Riesbach mit ionischer Säulenvorhalle und einem viergeschossigen Turm. Obwohl die Stadtmauer 1830 abgerissen wurde, gab es in den Jahrzehnten danach zunächst keine größeren Bauprojekte im Stadtgebiet und in den neu hinzugekommenen Flächen.

Industrieanlagen entstanden ab Anfang des 19. Jh.s an der Limmat nördlich des Stadtzentrums, und im Verlauf des 19. Jh.s wurden in den Arbeitervororten im Norden und Westen große Wohnblöcke hochgezogen.

Historismus

Nach der Gründung des Schweizer Bundesstaates 1848 setzte in den Schweizer Städten eine rege Bautätigkeit ein. Ab Mitte des 19. Jh.s wurde historistisch gebaut – frühere Stile von der Romanik bis zum Barock wurden wiederbelebt. In Zürich gab es mit dem wirtschaftlichen Aufschwung ab 1860 einen regelrechten Bauboom, der initiiert wurde durch den Wirtschafts- und Infrastrukturpolitiker **Alfred Escher** (▶Berühmte Persönlichkeiten) und geplant und realisiert von **Arnold Bürkli**, dem damaligen Stadtbaumeister. Große Teile der Altstadt wurden niedergerissen und im Stil des Historismus neu aufgebaut. Die Bauten jener Zeit prägen auch heute noch das Bild der Zürcher Innenstadt.

Der seit 1847 existierende Bahnhof wurde erheblich erweitert – das heutige Bahnhofsgebäude war 1871 fertiggestellt. Ab 1864 wurde die

Bahnhofstrasse als Boulevard mit monumentalen Neubauten angelegt. Zu den interessantesten Bauten gehören das Modehaus Feldpausch (Nr. 88), das Geschäftshaus Weber (Nr. 75) und das Kaufhaus Jelmoli (1897, Ecke Seidengasse) mit einer Konstruktion aus Glas und Eisen unter der »alten« Schale. Am Paradeplatz, der mit dem Bau der Bahnhofstrasse und der Verbindung zum Bahnhof an Bedeutung gewann, entstanden 1859 das spätklassizistische Gebäude, das Sprüngli als Firmensitz bezog, und 1873 – 1877 das prunkschlossartige Gebäude der Credit Suisse, das Neobarockes mit Elementen der Neorenaissance vereint.

1848 schrieb die Schweizerische Eidgenossenschaft einen Wettbewerb für ein Polytechnikum in Zürich aus. Gottfried Semper sollte die eingereichten Entwürfe begutachten; er befand keinen für gut und entwarf das Polytechnikum, die spätere **Eidgenössische Technische Hochschule (ETH)**, selbst. 1855 zog Semper nach Zürich und begleitete den Bau des Gebäudes, das zwischen 1858 und 1864 entstand. Im Innern befindet sich die »Semper-Aula«, die heute für Konzerte genutzt wird.

Weitere **Prunkstücke des Historismus** in Zürich sind das Opernhaus (Fellner & Helmer, 1890/1891), die Tonhalle von denselben Architekten, das Landesmuseum (G. Gull, 1898) und das Kunsthaus (K. Moser, 1910).

Jugendstil

Ein bekannter Jugendstilbau ist das Hotel Eden au Lac, das 1909 eröffnet wurde. 1914 wurde das Hauptgebäude der Universität an der Rämistrasse bezogen, es war nach Plänen von Karl Moser und Robert Curjel errichtet worden. Bis zum Ersten Weltkrieg gab es in Zürich allerorten Baustellen, mit Kriegsausbruch endete die jahrzehntelange intensive Bauphase.

VOM BAUHAUS ZUM HOCHHAUS

1930er-Jahre

Im Zentrum wurde – insbesondere im Talacker, der vom Paradeplatz aus in nordwestlicher Richtung verläuft – im Bauhausstil und im Stil der Klassischen Moderne gebaut. 1928 – 1930 errichteten die Zürcher Architekten Henauer und Witschi an der Ecke Talstrasse/Bleicherweg westlich des Paradeplatzes das **Börsengebäude** (Alte Börse) mit dem auffälligen zylinderförmigen Treppenhaus. Umfassend restauriert und gut erhalten ist das **Hotel Rigihof** im Universitätsviertel, das 1931 im Bauhausstil entstand.

1939 fand die legendäre **Schweizerische Landesausstellung**, die »Landi«, in Zürich statt (►S. 262). Aus diesem Anlass sollte das **Kongresshaus** nach Entwürfen von Max Ernst Haefeli, Werner Moser und Rudolf Steiger gebaut werden. Einer zu knappen Zeitkalkulation ist es zu verdanken, dass in diesen Bau die beiden 1895 eingeweihten

Centre Le Corbusier: ein Klassiker der Architekturmoderne

Säle der Tonhalle integriert wurden und damit entgegen der Planung erhalten blieben. Aufgrund ihrer Akustik sind sie bis heute hochgelobt und unter Musikern und Musikliebhabern weltweit bekannt. In den 1930er-Jahren entstand mit dem **Kirchgemeindehaus Wipkingen** am rechten Limmatufer das erste Hochhaus Zürichs.

Nachkriegszeit bis 1990

Mit dem wirtschaftlichen Aufschwung nach dem Zweiten Weltkrieg wurde in Zürich wieder verstärkt gebaut. Einige Gebäude aus den 50er- und 60er-Jahren stehen in den Straßen zwischen der Bahnhofstrasse und dem Schanzengraben an der Sihlporte. Ein architektonischer Klassiker ist das **Centre Le Corbusier**, das die Kunstmäzenin Heidi Weber nach dem Entwurf von Le Corbusier 1967 bauen ließ. Noch im Nachhinein wird die Tatsache diskutiert, dass es in Zürich lange Zeit kaum **Hochhäuser** gab – was deutlich in Verbindung mit einem nicht besonders ausgeprägten Bedürfnis nach urbanem Lebensgefühl der Zürcher gesehen wird. Noch heute hat die Stadt verglichen mit anderen Städten von Zürichs Größe und Bedeutung auffallend wenige Hochhäuser. In den 30er-Jahren gab es lediglich zwei, und in den 40er-Jahren entstand in Zürich kein einziges privates Hochhaus. Gründe waren über einen langen Zeitraum zum einen, dass man auf jeden Fall ein »Manhattan« – Inbegriff der »unwirtlichen Stadt« – vermeiden wollte, und zum anderen nicht wollte, dass die Stadt zu stark anwuchs. In den 50er- und 60er-Jahren nahmen die Hochhäuser im Stadtbild zu, ab Mitte der 70er-Jahre aber wurde das Bauen in die Höhe als Zeichen des Fortschritts und des Unwohnlichen wiederum abgelehnt. Ein großstädtisches Ambiente und Leben galt den Zürchern nicht viel, und in den 80er-Jahren entstanden gerade einmal drei Hochhäuser.

Zürich ist gebaut

»Die Stadt ist gebaut« – so lautete ein legendär gewordener Ausspruch der Vorsteherin des Hochbaudepartements Ursula Koch, der die Städtebaupolitik Ende der 80er-Jahre und in der ersten Hälfte der 90er-Jahre ganz allgemein gut beschreibt. Dennoch wurde auch in dieser »baumüden« Zeit Neues errichtet. Zwischen 1983 und 1990 entstand als ein frühes Werk von **Santiago Calatrava**, der kurz zuvor an der ETH promoviert hatte, der **Bahnhof Stadelhofen**. Nach Entwürfen der Schweizer Architektin **Tilla Theus** wurden das Hotel Widder, das Hotel Bellerive au Lac, das Gebäude der Schweizer Rück und das Kaufhaus Jelmoli saniert bzw. umstrukturiert.

DAS NEUE GESICHT DER STADT

Industriequartiere

Ein schlagartiger Wandel der städtischen Bauplanung setzte in der zweiten Hälfte der 1990er-Jahre ein, in deren Folge frühere Industrieareale umgestaltet und umfunktioniert wurden: In erster Linie betraf dieser Prozess Gebiete in **Zürich-West**, und in Enge/Wiedikon entstand auf dem Areal der »Zürcher Papierfabrik an der Sihl« die **Sihlcity** (2003 – 2007). 1997, also etwa zeitgleich mit den Änderungen im Baudepartement und damit einhergehend, wurde das Gaststättengesetz gelockert. Man hatte das urbane Großstadtfeeling entdeckt, und illegale Kneipen und Lokale sprossen aus dem Boden, in denen gesetzliche Bestimmungen und Öffnungszeiten für Gastronomiebetriebe eher locker gehandhabt wurden. Was zur Folge hatte, dass die Öffnungszeiten schließlich per Gesetz liberalisiert wurden. Speziell im **Industriequartier** in Zürich-West etablierte sich zunehmend eine alternative und kreative Szene. Durch zahlreiche Bauprojekte erhält dieses Stadtviertel momentan ein komplett neues Gesicht. Die Entwicklungen im Industriequartier tragen wesentlich zu der rasanten Entwicklung der Stadt – und ihres Images – bei, die ihr die Trendbezeichnung »Downtown Switzerland« einbrachte.

> **? BAEDEKER WISSEN**
>
> *Freibad des Schriftstellers*
>
> Eine der bekanntesten Persönlichkeiten Zürichs verbinden die wenigsten mit Architektur: Schriftsteller Max Frisch (▶ Berühmte Persönlichkeiten) arbeitete vor seinem Durchbruch in seinem erlernten Beruf als Architekt. Das einzige Bauwerk in Zürich von ihm ist das Freibad Letzigraben im Landi-Stil, heute Max-Frisch-Bad, erbaut zwischen 1947 und 1949.

Architekten von Rang

Mit dem Boom entstanden teilweise spektakuläre Bauten namhafter Architekten. 2004 wurde nach langer Entstehungszeit der Neubau

der Bibliothek im Innenhof der Universität fertiggestellt und eröffnet, der Architekt war wiederum **Santiago Calatrava** – mittlerweile deutlich bekannter als noch in den 1980er-Jahren. 2009 wurde das im Innern von Calatrava gestaltete Alumni-Haus für Studenten in der Sophienstrasse bezogen. 2007 wurde das nach Plänen der Zürcher Architekten **Frei & Ehrensperger** neugebaute **Stadion Letzigrund** eingeweiht, das Architektenbüro zeichnet auch für zahlreiche weitere Um- und Neubauten in Zürich verantwortlich. Seit 2007 steht auf dem Zürichberg der Neubau der **Fifa-Zentrale**, der nach dem Entwurf der Architektin Tilla Theus errichtet wurde, und **Norman Foster** wurde mit dem Umbau bzw. dem Erweiterungsbau des **Dolder Grand Hotel** beauftragt, der 2008 eingeweiht wurde.
Auch Hochhäuser werden wieder errichtet, und bezeichnenderweise gleich das höchste der Schweiz: der 126 m hohe **Prime Tower** mit 36 Etagen, gebaut im Industriequartier an der Stelle, an der zuvor der Maag-Turm der Maag-Zahnräder & -Maschinen AG stand. Die Architekten sind Gigon/Guyer aus Zürich, und der Prime Tower wird ganz im Zeichen der neuen Zeit als neues Wahrzeichen der Stadt ausgegeben.
Die Stadtentwicklung ist im vollen Gange; vor allem die Suche nach bezahlbarem Wohnraum treibt an. Zürich-West, -Nord und das Areal zwischen Hauptbahnhof und Langstrasse sind aktuelle Brennpunkte des Städtebaus. Ganz vorne liegt jedoch **Neu-Oerlikon**, eines der größten innerstädtischen Entwicklungsgebiete der Schweiz. Seine kühle Architektur mit ihrer Mischung aus Wohn- und Dienstleistungsgebäuden, die im krassen Gegensatz zur bieder-gemütlichen Innenstadt steht, soll urbanes Publikum locken.

Kulturstadt Zürich

Zahlreiche bekannte Künstler, Schriftsteller und Musiker prägen und prägten das lebendige Zürcher Kulturleben. Die Stadt hat bedeutende Kunstmuseen und ist Galerien- und Kunsthandelsstadt, die unter Kennern einen ähnlichen Stellenwert wie London und New York hat.

Zürich ist für Künstler, Kulturschaffende und kulturell Interessierte eines der ganz wichtigen Zentren in der Schweiz. Das Kulturangebot ist nicht nur vielfältig, sondern auch hochrangig. Mehr als 50 Museen mit teils erstklassigen Sammlungen und Ausstellungen, über 100 Galerien, Oper, Schauspiel und die Tonhalle genießen einen hervorragenden Ruf. Schon im 18. Jh. galt die damals wohlhabende Stadt als das **»Athen an der Limmat«**, das auch Goethe mehrmals be-

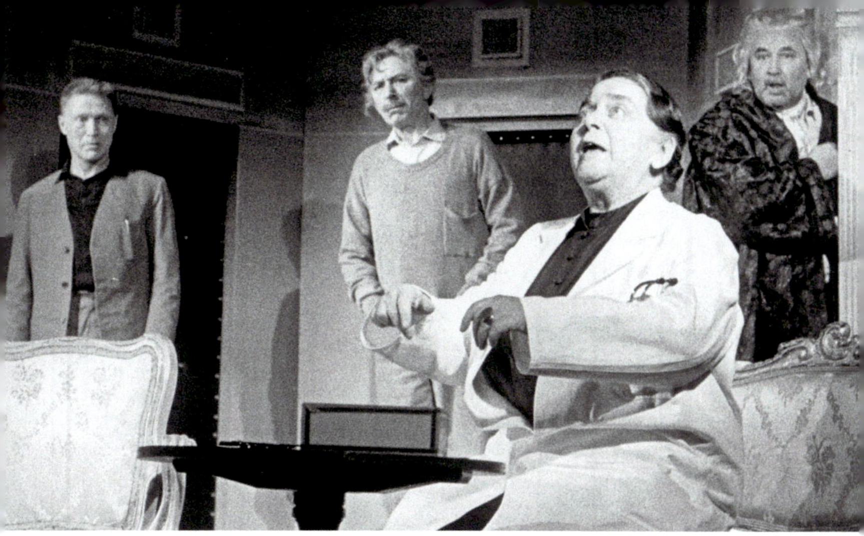

Therese Giehse 1962 in »Die Physiker«. Szenenfoto mit Hans Christian Blech, Theo Lingen und Gustav Knuth (von links)

suchte. Er und andere Geistesgrößen tauschten sich lebhaft aus, in Gesellschaftskreisen bildeten sich kleine Zirkel. Das liberale Zürich des 19. und 20. Jh.s zog viele Maler, Schriftsteller und Komponisten an, die längere Zeit in der Stadt wohnten oder sich vorübergehend hier aufhielten.
Richard Wagner, der 1849 – 1858 **in Zürich im Exil** lebte, gab 1853 an vier Abenden eine erste öffentliche Lesung der Ring-Dichtung im Hotel Baur au Lac, außerdem führte er Teile seiner Opern in Zürich auf, die begeistert aufgenommen wurden. Nicht wenige kamen als **Flüchtlinge** vor der Nazidiktatur in Deutschland in die neutrale Schweiz und konnten dort unbehelligt weiterarbeiten. Gerade dadurch hat manche Zürcher Kulturinstitution einen guten Ruf erworben und bis heute erhalten.

Musiktheater, Schauspiel

Es gibt in Zürich ausgesprochen viele Theater und kleine unabhängige Bühnen. Die künstlerische Arbeit des **Zürcher Opernhauses** hat international einen sehr guten Ruf, Cecilia Bartoli, Renée Fleming, Plácido Domingo und Rolando Villazón oder Dirigenten wie Nikolaus Harnoncourt, Christoph von Dohnanyi und Carlo Rizzi werden immer wieder zu Aufführungen geholt. International bekannt ist auch das **Schauspielhaus Zürich** mit seiner traditionellen Spielstätte Pfauen und der neuen im Schiffbau. Das Schauspielhaus Zürich, das bis 1938 ein Privattheater war, bot zahlreichen jüdischen oder politisch gegen das Hitlerregime gerichteten Schauspielern aus Deutschland die Möglichkeit, hier zu arbeiten. Unter anderem kam in dieser Zeit auch Therese Giehse (►Berühmte Persönlichkeiten) nach Zürich. Das Schauspielhaus ist für mehrere Uraufführungen

Dada an der Limmat

Sie wollten vor allem eines nicht: in der Gesellschaft und der Kunst ihrer Zeit einfach mitlaufen. Sie waren jung, waren Künstler, Musiker, Literaten und alles auf einmal. Sie waren in Bewegung, und sie waren eine Bewegung. Ein großes Anti und eine Provokation. Und alles, nur keine Stilrichtung. Für die Idee, dass aus ihrem Dada einmal ein Dadaismus werden würde, hätten sie nur ein spöttisches Lachen übrig gehabt.

Dada muss in der Luft gelegen haben. Fast zeitgleich kam es an mehreren Orten dieser Erde zu Dada – in New York, in Berlin, in Paris, in Hannover, in Köln und eben in Zürich. In Zürich gab es ein ganzes Nest von Dada-Leuten. **Hugo Ball** war als erster da. Als er mit 29 Jahren ankam, hatte er schon einiges hinter sich: ein Philosophiestudium in Berlin, eine abgebrochene Dissertation über Nietzsche, den Bruch mit seinen pietistischen Eltern in Pirmasens, eine Ausbildung an der Schauspielschule von Max Reinhardt in Berlin, die Beschäftigung mit Anarchismus, Kontakte mit avantgardistischen Literaten, seine Einstufung als kriegsuntauglich zu Beginn des Ersten Weltkriegs. Er hatte in Plauen und München auf der Bühne gestanden, Regie geführt, Musik gemacht und geschrieben.

1915 zog er mit der Kabarettistin und Schriftstellerin **Emmy Hennings** nach Zürich. Gemeinsam mit ihr mietete er im Februar 1916 Räume in der Spiegelgasse 1 an und gründete das **Cabaret Voltaire**. Sie sang, er spielte Klavier, es gab ein mehr oder weniger normales

Das berühmte Cabaret Voltaire existiert heute noch.

Kabarettprogramm, aber mit unüberhör- und unübersehbaren Einsprengseln von Protest, Provokation und Exzentrik.
Nur ein paar Wochen, und ein weiteres Künstlerpaar machte mit: **Hans Arp** aus dem Elsass und die Schweizerin **Sophie Täuber** – er Maler und Schreiber, sie in fester Stellung an der Kunstgewerbeschule. Dann stießen der agile rumänische Schriftsteller **Tristan Tzara** und **Richard Hülsenbeck**, Mediziner, Psychoanalytiker und Schriftsteller, der in die Schweiz emigriert war, um dem Kriegsdienst zu e ntgehen, zu ihnen. Und schließlich kam noch der Maler und Architekt **Marcel Janco**, ebenfalls in Rumänien geboren.

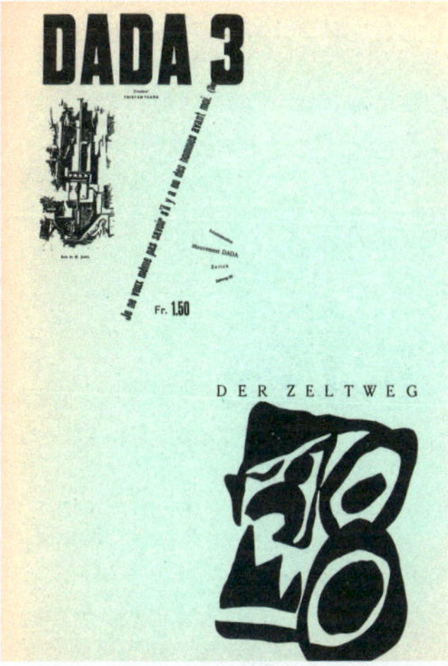

Titelblatt der Zeitschrift »Dada 3«, 1918 in Zürich erstellt

Was bedeutet »Dada«?

Im selben Jahr gab Tristan Tzara eine **Zeitschrift »Dada«** heraus. Wie es zu dem Wort Dada kam, ist eher unklar. War es einfach eine dahingesagte Lautmalerei des Banalen, ein Wort aus der Kindersprache oder tatsächlich das französische »Steckenpferd«? War es das andauernde rumänische »Da, da«, das »Ja, ja« in den Gesprächen von Tzara und Janco, oder war es am Ende das DADA-Shampoo, mit dem man sich damals in Zürich die Haare wusch?
Lautmalerei spielte eine Hauptrolle bei Dada, Hugo Ball kreierte **Lautgedichte**, Klanggedichte, die nichts, aber doch alles sagten, die aus einer Art Ursprache mit Urlauten bestand. Er arbeitete mit Synästhesien, die er aus den Werken seines Freundes Wassily Kandinsky kannte. Mit den Lautgedichten trat Ball im Cabaret Voltaire auf. Außerdem wurden **Dada-Gesamtkunstwerke** veranstaltet. Schließlich beschwerten sich Anwohner, das Cabaret Voltaire wurde geschlossen, und man machte in Räumen in der Bahnhofstrasse weiter. Von Sophie Täuber-Arp heißt es, sie sei vollkommen verhüllt zu den Dada-Veranstaltungen gekommen, da sie ihre Anstellung an der Kunstgewerbeschule nicht riskieren wollte.

Späte Ehren

So wenig Zürichs Dada-Leute damals zu schocken waren – ihnen wären selbst ihre Lautgedichte im Halse stecken geblieben, wenn sie gewusst hätten, dass eine aus ihrem rebellischen »Anti-Kreis« es einmal bis auf einen Geldschein schaffen würde: Ausgerechnet eine Dadaistin, nämlich Sophie Täuber-Arp, ist auf dem 50-Franken-Schein abgebildet.

von Bertolt Brecht – u. a. »Mutter Courage« und »Herr Puntila und sein Knecht Matti« –, Max Frisch und Friedrich Dürrenmatt bekannt. Unter Christoph Marthaler war das Schauspielhaus in den Jahren 2002 und 2003 »Theater des Jahres«.

Musik In der renommierten **Tonhalle** sind die international bekanntesten Orchester und Solisten zu hören. Das 1868 gegründete Tonhalle-Orchester ist das älteste Sinfonieorchester in der Schweiz. Es hat sich international einen Namen gemacht. **Dirigenten** wie Gerd Albrecht und Christoph Eschenbach hatten die Leitung des Orchesters, **Gastdirigenten** waren u. a. Wilhelm Furtwängler, Otto Klemperer, Rafael Kubelik und Bruno Walter.

Manessische Liederhandschrift Auch das Interesse an Musik und Dichtung und die Förderung eines Kulturlebens hat es in Zürich schon vor Jahrhunderten gegeben: Um 1300 machten sich Mitglieder der Zürcher Adelsfamilie Manesse daran, Dichtungen in mittelhochdeutscher Sprache zu sammeln und in einer 426 Seiten umfassenden Liederhandschrift zusammenzustellen. Auf den Pergamentblättern sind die Strophen von 140 Dichtern festgehalten, Miniaturen illustrieren insgesamt 137 Sänger. Die als Codex Manesse bezeichnete Sammlung stellt die wichtigste Quelle **höfischer Lyrik** und des **Minnesangs** im Hochmittelalter dar. Sie wurde höchstwahrscheinlich von Rüdiger Manesse d. Ä. (▶ Berühmte Persönlichkeiten) und seinem Sohn Johannes initiiert und wird heute in der Universitätsbibliothek Heidelberg aufbewahrt.

Literatur Zu den bekanntesten Schriftstellern, die in der Stadt lebten, zählen Gottfried Keller, Conrad Ferdinand Meyer, Johanna Spyri, Thomas Mann, James Joyce, Thornton Wilder, Max Frisch, Elias Canetti (alle ▶ Berühmte Persönlichkeiten), Georg Büchner, Robert Walser, Friedrich Dürrenmatt.

Film Das **Zentrum der Schweizer Filmindustrie** liegt in Zürich. Mehr als 65 Prozent der Schweizer Filmproduktionsfirmen haben in der Limmatstadt ihren Sitz. Das Zürich Film Festival ist Forum für junge Filmemacher aus aller Welt, gezeigt wird ein exklusives Programm mit neuen Filmen, aber auch Klassikern.

Kunststadt Zürich In Zürich gab es im 20. Jh. **zwei Kunstströmungen**, die überall in Europa wahrgenommen wurden oder sogar wichtige Impulse für das Schaffen anderer europäischer Künstler waren: die Zürcher Konkreten und der Dadaismus (▶Baedeker-Wissen S. 50). Zürich war auch für bildende Künstler, die wegen des Nationalsozialismus Deutschland verlassen mussten, ein Zufluchtsort. Dass die konstruktiv-konkrete Kunst in Zürich eine gewisse Blüte erlebte, erklärt sich u. a. dadurch, dass das Bauhaus in Dessau von den Nationalsozialisten geschlossen wurde und viele dort arbeitende Künstler und Kunstprofessoren in die Schweiz gingen. In Zürich entwickelte sich in der damaligen Kunstgewerbeschule, der heutigen Hochschule der Künste, die **Zürcher Schule der Konkreten**. Paul Klee und Wassily Kandinsky übten nachhaltig Einfluss aus auf die Kunst der Zürcher Konkreten, zu denen Max Bill, der am Bauhaus studiert hatte, Johannes Itten, Richard Lohse, Camille Graeser, der aus Deutschland emigriert war, Verena Loewensberg u. a. gehörten. Für Max Bill hatte die konkrete Kunst, mit der er auch gesellschaftliche Zustände kritisieren wollte, durchaus eine politische Dimension, die den anderen Künstlern der Gruppe abging. Verbindend war aber der Anspruch, dass die Umwelt durch eigene Gestaltung – egal ob durch Grafik, Architektur oder Kunst – ästhetisch und funktional verbessert werden sollte.

Museen und Galerien

Die Kunststadt Zürich wird ihrem Namen auch im Hinblick auf ihre Kunstmuseen und die Galeriendichte gerecht. Es gibt im Zentrum mehr als zehn teils sehr namhafte **Museen**, in denen hochrangige Kunstwerke zu sehen sind, darunter das Kunsthaus, die Kunsthalle und das migros museum für gegenwartskunst. Als Galerienstadt hat Zürich in puncto zeitgenössische Kunst mittlerweile einen ähnlichen Stellenwert wie London oder New York. Mehr als 100 **Galerien** haben teilweise Spitzenkunst im Programm. Wichtige Künstler hat Zürich auch im öffentlichen Raum: Jean Tinguely und Henry Moore am Zürichhorn, Niki de Saint Phalle im Hauptbahnhof, Max Bill in der Bahnhofstrasse oder Marc Chagalls Chorfenster im Fraumünster.

Alternativkultur

Mit den Opernhauskrawallen und den politischen Unruhen in den 1980er-Jahren entwickelte sich eine Alternativkultur, die heute u. a. in den Räumen der **Roten Fabrik** weiterlebt. Das alternative Kulturzentrum ist Bühne für freie Theater- und Musikgruppen; die **Shedhalle** ist Ausstellungsforum für junge Künstler.

Junges Zürich

Durch die städtebauliche Umfunktionierung des ehemaligen Industriequartiers gibt es in Zürich-West Raum für eine **neue Kunst- und Kulturszene**. Anfangs waren hier durch das plötzliche große und günstige Raumangebot beste Bedingungen für alternative Projekte, kleine Musikbühnen, Clubs, auch illegale Bars, Subkultur. Namen ehemaliger Großindustrieller und Fabriken wie Maag, Escher, Schoeler, Löwenbräu wurden plötzlich vollkommen anders besetzt und mit Party, Musik, neuen Arbeits- und Lebensformen assoziiert. Mittlerweile ist das **Industriequartier** dabei, sich mit Orten wie Schiffbau und Löwenbräuareal zu etablieren und als Trendquartier mit einem gewissen Lifestyle zum touristischen Image der Stadt beizutragen und dafür genutzt zu werden. Subventionierte Kultur und im Wesentlichen mittellose alternative Projekte leisten inzwischen gleichermaßen ihren Beitrag zum Bild eines weltoffenen, kreativen Zürich.

Berühmte Persönlichkeiten

ELIAS CANETTI (1905 – 1994)

Schriftsteller

Elias Canetti wurde in Bulgarien geboren als Sohn einer jüdisch-sephardischen Kaufmannsfamilie. Seine Kindheit und Jugend verbrachte er in Bulgarien, England, Österreich, der Schweiz und Deutschland. Auch später wechselte er häufig seinen Wohnsitz: Ab 1924 lebte er in Wien, 1939 zog er nach London. 1972 ließ er sich in Zürich nieder – mit der Restauratorin Hera Buschor, die in Zürich arbeitete, verband ihn nach dem Tod seiner ersten Frau Veza eine Liebesbeziehung, 1971 heiratete er Hera, ein Jahr später wurde die Tochter Johanna geboren, und Canetti zog zu seiner Familie. Bereits von 1916 – 1921 hatte er in Zürich gelebt, in seinem unsteten Leben hatte er zu dieser Stadt ein besonderes Verhältnis entwickelt. 1981 erhielt er den **Literaturnobelpreis**. 1994 starb Elias Canetti in Zürich, sechs Jahre nach seiner 28 Jahre jüngeren Frau. Canettis Nachlass ist in der Zentralbibliothek Zürich erhalten. Sein Grab befindet sich auf dem Friedhof Fluntern.

GOTTLIEB DUTTWEILER (1888 – 1962)

Gründer der Migros

Als Sohn des Leiters einer Zürcher Konsumgenossenschaft begann Gottlieb Duttweiler eine Lehre im Lebensmittelhandel. Nach Spekulationen im 1. Weltkrieg und einem fehlgeschlagenen Versuch als Farmer in Brasilien gründete er 1925 in Zürich das Handelsunternehmen Migros (mi = halb, gros = altes Mengenmaß). Firmengrundsatz war, großen Umsatz mit erstklassiger Qualität zu erschwinglichen Preisen zu machen. Zunächst verkaufte Duttweiler mit fünf fahrenden Läden erfolgreich Zucker, Teigwaren, Reis, Kaffee und Seife. Ab 1928 stellte Migros eigene Produkte her, 1940 wandelte Duttweiler sein Unternehmen in eine Genossenschaft um, deren Betriebsverfassung wie die Eidgenossenschaft strukturiert war (2002 wurde von der Delegiertenversammlung eine »normale« Unternehmensstruktur eingeführt). Duttweilers soziales Engagement dokumentieren noch heute das Verkaufsverbot von Tabak und Spirituosen sowie das »Kulturprozent«, wonach 1 % des Umsatzes (!) für **soziale Zwecke und Kulturförderung** ausgegeben werden, heute engagiert man sich auch in biologischer Landwirtschaft, im Fairen Handel und im Umweltschutz. Mit einem Jahresumsatz von über 17 Mrd. Franken ist die Migros Marktführer im schweizerischen Einzelhandel. Zur Migros-Gruppe gehören u. a. die Globus-Warenhäuser, Tankstellen (Migrol), Baumärkte (Obi), Buchhandlungen (Ex Libris), die Migrosbank und verschiedene Veranstalter im Tourismusbereich.

Max Frisch, 1911 in Zürich geboren, gelang der schriftstellerische Durchbruch 1954 mit dem Roman »Stiller«.

ALFRED ESCHER (1819 – 1882)

»Eisenbahnkönig«

Johann Heinrich Alfred Escher vom Glas war im 19. Jh. ein großer Gestalter und Modernisierer der Stadt Zürich und der Schweiz. Der Sohn einer alteingesessenen Zürcher Familie war schon in jungen Jahren Mitglied im Parlament des Kantons Zürich und im Nationalrat, dort auch mehrfach Präsident; 1848 – 1855 war er Bürgermeister von Zürich. Als liberaler Politiker bündelte er politische und wirtschaftliche Macht in Zürich und machte die Stadt zu einem Zentrum in der Schweiz. Er initiierte die Eidgenössische Technische Hochschule, gründete 1856 die Credit Suisse und war deren Präsident. Escher hatte neben diversen politischen Ämtern auch eine Vielzahl hoher Ämter in Banken und Bahngesellschaften inne, was Missfallen erregte und ihm Beinamen wie »der Zar von Zürich« eintrug. Er machte sich für ein privat betriebenes Schweizer Eisenbahnnetz und den Bau der Gotthardbahn stark. Gegen dieses »System Escher«, in dem es auch massive Benachteiligungen gab, richtete sich eine demokratische Opposition. Aufgrund vehementer Kritik an den explodierenden Kosten bei seinem Gotthardbahnprojekt gab er 1878 das Amt als Präsident der Gotthardbahn-Gesellschaft auf. Ein halbes Jahr nach der Einweihung der Gotthardbahn starb Escher. Vor dem Zürcher Hauptbahnhof erinnert ein Denkmal an den Eisenbahnpionier.

MAX FRISCH (1911 – 1991)

Schriftsteller

Max Frisch, Sohn eines Zürcher Architekten, studierte zunächst Germanistik an der Universität Zürich und ab 1936 Architektur an der ETH. 1942 heiratete er die Architektin Trudy von Mayenburg, mit der er drei Kinder hatte. Sein einziges bekannteres Bauwerk wurde 1949 eröffnet: das Freibad Letzigraben, nach seinem Architekten auch Max-Frisch-Bad genannt und heute unter Denkmalschutz gestellt; in einer kleinen Ausstellung ist dort zu sehen, wie das Bad entstanden ist. 1955 gab Frisch die Arbeit als Architekt auf und widmete sich von nun an ausschließlich dem Schreiben. Durch seinen Kontakt zu dem damaligen Direktor des Schauspielhauses Zürich, Kurt Hirschfeld, hatte er schon Mitte der 1940er-Jahre erste eigene Theaterstücke auf die Bühne bringen können. Durch Hirschfeld kam es auch zu Begegnungen mit Carl Zuckmayer, Friedrich Dürrenmatt und Bertolt Brecht. Er begann, durch Schreiben mehr Geld zu verdienen als durch seine Arbeiten als Architekt. Mit der Veröffentlichung von »Stiller« 1954 kam der Durchbruch als Schriftsteller. Er verließ seine Familie und gab sein Architekturbüro auf. Ab 1958 verband ihn eine enge Beziehung mit Ingeborg Bachmann. 1968 heiratete er die 28 Jahre jüngere Marianne Oellers, mit der er in Küsnacht am Zürichsee wohnte; 1979 wurde ihre Ehe geschieden. Max Frisch starb 1991 in Zürich, die Trauerfeier fand in der Kirche St. Peter statt. Berühmt wurden seine Werke »Homo Faber« (1957), »Biedermann und die Brandstifter« (1958), »Andorra« (1961) und seine Tagebücher. 1976 erhielt Frisch den Friedenspreis des Deutschen Buchhandels. Seinen Nachlass beherbergt die Bibliothek der ETH.

BRUNO GANZ (GEB. 1941)

Schauspieler

Bruno Ganz wurde am 22. März 1941 in Zürich geboren und erhielt dort später an der Hochschule für Musik und Theater seine Ausbildung. Nach mehreren Stationen in Deutschland – u. a. an der Berliner Schaubühne – und der Arbeit unter Regisseuren wie Peter Zadek, Peter Stein, Dieter Dorn, Claus Peymann wurde er in den 1970er-Jahren für kurze Zeit festes Ensemblemitglied am Schauspielhaus Zürich.

In einer 21-stündigen Inszenierung von Goethes »Faust«, die Peter Stein anlässlich der Expo 2000 auf die Bühne brachte, spielte er den Faust. In den 1970er-Jahren begann parallel seine Karriere als Filmschauspieler, u. a. drehte er »Der Amerikanische Freund« und »Brot und Tulpen« und spielte 2004 in »Der Untergang« die Rolle des Adolf Hitler. Bruno Ganz lebt heute in Zürich, Berlin und Venedig.

THERESE GIEHSE (1898 – 1975)

Schauspielerin

Therese Giehse avancierte in Bertolt Brechts Berliner Ensemble zur bekannten Brecht-Interpretin und Charakterdarstellerin und wurde berühmt mit der Rolle der Mutter Courage. Therese Gift wurde als Tochter einer jüdischen Kaufmannsfamilie in München geboren. Mit zwanzig Jahren ließ sie sich zur Schauspielerin ausbilden und spielte bis 1933 an kleineren Provinztheatern, in Breslau und in den Münchener Kammerspielen. 1933 gründete sie zusammen mit ihrer Freundin und Geliebten Erika Mann, Klaus Mann und Magnus Henning **»die Pfeffermühle«**, ein Kabarett, dem Thomas Mann den Namen gab. Schon kurz nach der Gründung mussten die Mitglieder

der Pfeffermühle aus Deutschland emigirieren und konnten im Hotel Hirschen in Zürich ihre Arbeit weiterführen. 1933 und 1934 trat das Exilkabarett mit Programmen auf, in denen zunehmend Kritik an den Nationalsozialisten deutlich wurde. Als es 1934 Ärger mit Schweizer Nationalsozialisten gab, verließ die Pfeffermühle auch die Schweiz. Von 1937 bis 1966 war Therese Giehse Ensemblemitglied und zeitweilig Gastschauspielerin im Schauspielhaus Zürich und wirkte hier in den Uraufführungen von »Der Besuch der alten Dame« und »Die Physiker« mit – »Die Physiker« hatte Friedrich Dürrenmatt ihr gewidmet. »Die Giehse« starb in München, die Grabstelle wurde auf ihren Wunsch hin in Zürich auf dem Friedhof Fluntern angelegt.

GOTTFRIED KELLER (1819 – 1890)

Erzähler

Gottfried Keller versuchte sich als Landschaftsmaler, bis er sich seiner schriftstellerischen Begabung bewusst wurde. 1848 bis 1850 studierte er mit einem Stipendium des Kantons Zürich Geschichte, Philosophie und Literatur in Heidelberg. Dort machte er die Bekanntschaft von Ludwig Feuerbach, dessen Atheismus ihn nachhaltig prägte.

Von 1850 bis 1855 lebte Keller in Berlin, wo der stark autobiografisch geprägte Bildungsroman »Der grüne Heinrich« entstand, der an Goethes »Wilhelm Meister« anknüpft. Zurück in Zürich arbeitete Keller als **Staatsschreiber des Kantons Zürich** und als Schriftsteller. Ein großer Verehrer und Förderer Gottfried Kellers war der einflussreiche Zürcher Politiker ►Alfred Escher, auf dessen Tochter Lydia die Gründung der Gottfried-Keller-Stiftung zurückzuführen ist. Gottfried Kellers zweiteiliger Novellenzyklus »Die Leute von Seldwyla« umfasst zehn Novellen, von denen Teil II, also die fünf letzten, während seiner Zeit als Staatsschreiber in Zürich entstanden sind. Die bekannteste dieses zweiten Teils ist »Kleider machen Leute«, die fiktive Stadt **Seldwyla** trägt **Merkmale der Stadt Zürich**.

WLADIMIR ILJITSCH LENIN (1870 – 1924)

Als Exilant in Zürich

Lenin, der durch die Schaffung Sowjetrusslands maßgeblich die Weichen für die Weltpolitik des 20. Jh.s gestellt hat, wurde am 10. April 1870 in Simbirsk an der Wolga geboren. Sein Geburtsname war Wladimir Iljitsch Uljanow, den Decknamen »Lenin« nahm er in sibirischer Verbannung an. Seine Untergrundarbeit für eine kommunistische Revolution brachte ihm mehrere Verhaftungen ein, mehrfach tauchte er in Westeuropa unter, meistens in der Schweiz. 1916/1917 kam er nach Zürich und wohnte dort für kurze Zeit in der Spiegelgasse 14. In der Zentralbibliothek schrieb er an mehreren Werken, u. a. schloss er die Arbeiten an seinem Buch »Der Imperialismus als höchstes Stadium des Kapitalismus« in Zürich ab. In dieser Zeit wurde **Zürich** zum **Mittelpunkt einer linksradikalen Bewegung** in der deutschsprachigen Schweiz. Als Lenin im April 1917 nach Russland zurückkehrte und dort die Oktoberrevolution anführte, ließ er in Zürich etliche Sozialisten zurück, die von der Notwendigkeit einer Revolution auch in der Schweiz überzeugt waren.

ERIKA MANN (1905 – 1969)

Kabarettistin, Publizistin

Erika Mann, die älteste Tochter von Katia und Thomas Mann, wuchs in München auf und lebte als Kabarettistin während des Dritten Reichs in Zürich und in den USA im Exil. Nach dem Krieg kehrte sie in die Schweiz zurück und starb in Zürich. Auf dem Friedhof in Kilchberg befindet sich ihre Grabstelle in dem Familiengrab. Erika Mann war als Kabarettistin **Mitbegründerin der »Pfeffermühle«** (▶Therese Giehse). Als die Nationalsozialisten die Macht übernahmen, tauchten sie und die anderen Mitglieder unter und nahmen ihr Kabarettprogramm in Zürich wieder auf. Die Nationalsozialisten stuften das Programm und seine Initiatorin Erika Mann als deutschfeindlich ein, ihre **Staatsangehörigkeit wurde aberkannt**. Erika Mann heiratete daraufhin den homosexuellen englischen Schriftsteller Wystan Hugh Auden, den ihr Bruder Klaus kannte, sie aber nicht, und erhielt auf diese Weise die britische Staatsangehörigkeit. In erster

Ehe war sie knapp drei Jahre mit Gustaf Gründgens verheiratet gewesen. Erika Mann lebte zunächst von Engagements in Theater und Film, später von Vortragsreisen durch die USA, wo sie über die Nationalsozialisten referierte. Zudem arbeitete sie als Kriegskorrespondentin in London und New York und als Berichterstatterin der US-Army in Nordafrika, Palästina, Belgien und in der Normandie, zu dem Zeitpunkt, als die Alliierten landeten. Vom politischen Nachkriegsklima in den USA enttäuscht und in ihrer Arbeit behindert, kehrte sie 1952 in die Schweiz zurück, wo sie Kinderbücher schrieb, an Drehbüchern für die Verfilmung von Romanen ihres Vaters arbeitete und seinen Nachlass verwaltete.

THOMAS MANN (1875 – 1955)

Schriftsteller

Thomas Mann, einer der bedeutendsten deutschsprachigen Schriftsteller des 20. Jahrhunderts, liegt auf dem Friedhof in Kilchberg am Zürichsee begraben. 1933 emigrierten die Manns aus Nazideutschland und ließen sich vorübergehend in **Küsnacht** bei Zürich nieder. 1938 siedelten sie nach Amerika über mit erster Station in Princeton. Als sich in der McCarthy-Ära der Nachkriegszeit das gesellschaftspolitische Klima in den USA verschlechterte und Thomas Mann sich vor dem Komitee für unamerikanische Umtriebe äußern musste, zogen die Manns wieder in die Schweiz, wo sie 1954 das Haus Alte Landstrasse 39 in **Kilchberg** kauften. Am 12. August 1955 starb Thomas Mann in Zürich im Kantonsspital. Zu seinem Begräbnis auf dem Kilchberger Friedhof kamen Gäste aus vielen Ländern Europas.

CONRAD FERDINAND MEYER (1825 – 1898)

Erzähler und Lyriker

Conrad Ferdinand Meyer stammte aus einer alten Patrizierfamilie aus Kilchberg bei Zürich. Bis zu ihrem Selbstmord 1856 hatte die streng calvinistische Mutter prägenden Einfluss auf ihren sensiblen Sohn, der ein Jurastudium absolvierte. 1852 musste er sich erstmals für ein Jahr in einer Nervenheilanstalt behandeln lassen. Zurück in Zürich, brachte ihm eine Erbschaft die wirtschaftliche Unabhängigkeit. Bei seinen Freunden François und Eliza Wille machte er die **Bekanntschaft von Richard Wagner, Franz Liszt und Gottfried Keller**. Erst um 1870 gelangte Meyer zu Selbstvertrauen im dichterischen Schaffen. Zweisprachig gebildet, entschied er sich für das Deutsche. Die letzten sechs Jahre seines Lebens verbrachte er in der Nervenheilanstalt von Königsfelden. Conrad Ferdinand Meyer zählt zu den großen Schweizer Dichtern des 19. Jh.s mit Werken wie »Das Amulett« (1873) »Jürg Jenatsch« (1882), »Die Richterin« (1885) und dem Gedicht »Der römische Brunnen«.

JOHANN HEINRICH PESTALOZZI (1746 – 1827)

Erzieher und Sozialreformer

Pestalozzi, in Zürich geboren, arbeitete nach seinem Theologie- und Jurastudium als Landwirt, bevor er 1769 im Aargau die Kolonie Neudorf gründete. Mit seiner Frau Anna führte er dort von 1775 bis 1780 einen Gärtnereibetrieb als Erziehungsanstalt für arme Kinder. Als das Unternehmen aus Mangel an ökonomischem Geschick scheiterte, wurde er Schriftleiter des »Helvetischen Volksblatts«. Später ging er nach Stans als Leiter eines Heims für Kriegswaisen. Von 1805 bis 1825 leitete er die berühmte Erziehungsanstalt in Yverdon. Hier entwickelte er, durch Rousseau angeregt, neue Erziehungsmethoden, die u. a. in seinem Werk »Leonard und Gertrud« festgehalten sind. Aufgrund seiner Bemühungen um die **Verbesserung des Elementarunterrichts** gilt Pestalozzi als Vater der Volksschule. Seine volkserzieherischen und sozialreformerischen Ansichten fanden bereits bei Zeitgenossen großen Anklang.

BARBARA SCHULTHESS (1745 – 1818)

Mäzenin

Barbara Schulthess, Mutter von vier Kindern und Ehefrau eines Seidenfabrikanten, war Mittelpunkt des kulturellen Zürcher Gesellschaftslebens im ausgehenden 18. Jahrhundert. Ihr Ehemann starb früh, sie blieb mit ihren Kindern allein. Der Schönenhof, in dem die Familie Schulthess seit 1772 wohnte, wurde zu einem Zentrum, in dem man zu Konzerten und Lesungen zusammenkam und das Künstlern als Arbeitsstätte zur Verfügung stand. Mit Johann Caspar Lavater verband sie eine langjährige Freundschaft, durch ihn kam sie mit den bedeutendsten Personen der Zürcher Kulturwelt in Berührung. Auf seiner ersten Zürichreise im Jahr 1775 war Goethe Gast im Schönenhof und gab dort den Kindern von Barbara Schulthess Klavierunterricht. Goethe und Barbara Schulthess blieben anschließend über Jahre in Briefkontakt. Goethe schickte ihr mehrere Entwürfe und Manuskripte seiner Arbeiten zu – so wurden nach ihrem Tod u. a. Teile der Urfassung des »Wilhelm Meister« gefunden, eine Kopie des Orginals, die Barbara Schulthess gemeinsam mit ihrer ältesten Tochter angefertigt hatte. Goethe selbst hatte diese Urfassung vernichtet. Wohl nicht zuletzt wegen Barbara Schulthess' Freundschaft mit Lavater, von dem Goethe sich mehr und mehr abwandte, ebbte seine Verbindung zur ihr schließlich ab.

JOHANNA SPYRI (1827 – 1901)

Johanna Spyri – in aller Welt berühmt durch ihre **»Heidi«-Romane** – wurde in Hirzel geboren, einem Dorf auf den Höhen südlich des

Zürichsees. Dort hatte sich ihr Vater, Dr. Heusser, als Landarzt niedergelassen und die dichterisch begabte Pfarrerstochter Meta Schweizer geheiratet. Ihre Jugend verbrachte Johanna Spyri z. T. in Zürich und am Genfer See, kehrte aber später in ihre Heimat zurück. 1852 heiratete sie den Rechtsanwalt Bernhard Spyri, der später Stadtschreiber von Zürich wurde. Als Witwe behielt Johanna Spyri ihren Wohnsitz in Zürich bei, wo sie bis zu ihrem Tod als Schriftstellerin tätig war.

Von ihren rund 30 Bänden Erzählungen sind mehr als die Hälfte Geschichten für Kinder (u. a. »Geschichten für Kinder und auch für solche, die Kinder liebhaben«, 1879 – 1895; darunter »Heidis Lehr- und Wanderjahre«, 1881; »Gritli«, 1887; »Heimatlos«, 1881). Die Geschichte von Heidi wurde in über 50 Sprachen übersetzt, mehrfach verfilmt sowie als Oper und Musical vertont.

KATHARINA VON ZIMMERN (1478 – 1547)

Äbtissin

Katharina wurde als Tochter der Adelsfamilie von Zimmern in Meßkirch in Baden-Württemberg geboren. Als es Ende des 15. Jh.s zu schweren Auseinandersetzungen zwischen benachbarten Adelsgeschlechtern in Süddeutschland kam, floh die Familie in die Schweiz. Katharina wurde Anfang der 1490er-Jahre im Fraumünster in Zürich aufgenommen und am 17. Juni 1496 als Äbtissin eingesetzt. Das Amt der Äbtissin des Fraumünsters war ausgesprochen einflussreich – das Kloster war direkt dem Kaiser unterstellt und die Klostervorsteherin zugleich Reichsfürstin.

Als Ulrich Zwingli im Grossmünster wirkte und mit seiner Reform der Kirche auch die Klöster säkularisiert werden sollten, entschloss sich Katharina von Zimmern – die Zeichen der Zeit erkennend und mit den Ideen Zwinglis sympathisierend –, die Rechte des mächtigen Fraumünsters samt großer Ländereien der Stadt zu übereignen. Am 8. Dezember 1524 war die »Schlüsselübergabe« – eine bemerkenswert friedliche Lösung in einem schwierigen Reformprozess, der Städte und Gemeinden von der massiven geistlichen Macht befreite.

Hätte die Äbtissin sich den reformatorischen Ideen verweigert, wäre ein Glaubenskrieg mit blutigen Auseinandersetzungen unausweichlich gewesen. 1525 heiratete Katharina Eberhard von Reischach, der ebenfalls aus Baden-Württemberg stammte und der Familie von Zimmern seit Jahren verbunden war. Nach Eberhards Tod erwarb sie das Haus »Zum Mohrenkopf« am Neumarkt 13, in dem sie noch sieben Jahre mit ihrer Tochter lebte. Im Kreuzhof zwischen Fraumünster und Stadthaus wurde 2004 ein Denkmal für die letzte Äbtissin des Fraumünsters aufgestellt.

ULRICH ZWINGLI (1484–1531)

Reformator

Der aus Wildhaus im Toggenburg stammende Ulrich (Huldrych) Zwingli war der bedeutendste Reformator in der deutschsprachigen Schweiz. Seine Theologie ist in den Hauptwerken »Schlussreden« und »De vera et falsa religione commentarius« (1525) zusammengefasst. Zunächst war er als Pfarrer in Glarus und Einsiedeln tätig, ab 1519 am Grossmünster in Zürich. Seit seiner Bekanntschaft mit Erasmus von Rotterdam 1515 forderte Zwingli eine Läuterung des Christentums, später kamen Gedanken Luthers hinzu. Zwinglis Weg zur Reformation begann mit der Schrift gegen das Fastengebot (1522) und zwei durch den Zürcher Rat gegen den Bischof von Konstanz durchgeführten Disputationen, die 1525 zur Annahme der Reformation in Zürich führten.

Der Versuch Zwinglis, die ganze Schweiz zu reformieren, nötigenfalls mit Gewalt, löste die Kappelerkriege gegen die katholischen Kantone aus. Im Zweiten Kappeler Krieg fiel Zwingli am 11. Oktober 1531, sein Leichnam wurde von den Feinden verbrannt, die Asche in alle Winde zerstreut. Nach dem Tod des Reformators setzten in Zürich Heinrich Bullinger und später Johann Calvin in Genf sein Werk fort.

OPEN
NOW

ERLEBEN UND GENIESSEN

Wo schläft man bequem? Welches sind typische Zürcher Gerichte? Wohin geht es an einem warmen Sommerabend, und was bietet Zürichs Nachtleben?

Am Abend

Stadt der Nachtschwärmer

Zürich gilt als die angesagteste Stadt für Nachtschwärmer in der Schweiz und hat mittlerweile in Sachen Nachtleben einen ähnlich guten Ruf wie London oder Barcelona. After Work Parties, Clubbing oder einfach einen netten Abend in einer Lounge? Das Angebot an Locations ist breit.

Ausgehviertel

Szenelokale schießen derzeit vor allem im Kreis 5 in **Zürich-West** wie Pilze aus dem Boden. Deren Halbwertszeit ist mitunter begrenzt, dennoch hat sich eine solide Ausgehbasis gebildet. Ehemalige Industrieanlagen wurden umfunktioniert, und eine kreative junge Szene ist an Wochenenden nördlich der Bahn zwischen Limmatplatz und Hardbrücke/Escher-Wyss-Platz unterwegs auf dem Weg zu zahllosen Partys, Clubs, alternativen Kulturlocations.

Bevor ihm Zürich-West den Rang streitig machte mit seinen kühl-urbanen Locations in alten Fabrikhallen, war das schnuckelige »Dörfli« das Ausgehviertel Nummer 1. Das Angebot im **Niederdorf** ist breit, es gibt jede Menge kleiner Lounges, schicke Jazzbars, große Bierschwemmen, intime Weinlokale – und manche Neppkneipe, wo Touristen in die Falle gehen. Im Sommer und bei schönem Wetter kommen die vielen Lokalitäten **unter freiem Himmel** dazu – man sitzt draußen, und am schönsten ist es an der Limmat und am Zürichsee. Kaum sind die Badegäste gegangen, verwandeln sich viele Freibäder in Open-Air-Bars.

? BAEDEKER WISSEN

Rauchverbot

Seit 2008 darf zum Schutze der Nichtraucher in Deutschland u.a. in der Gastronomie nicht mehr geraucht werden, 2009 verbot Österreich das öffentliche Gequalme. Und in Zürich wie in der ganzen Schweiz herrscht seit 2010 Rauchverbot in allen öffentlich zugänglichen Einrichtungen sowie in der Gastronomie. Also in Restaurants, Bars, Diskotheken, Nachtclubs, natürlich auch im Theater wie im Kino. Gastwirte können aber zum Rauchen abgetrennte Räumlichkeiten (sogenannte Fumoirs) betreiben.

Kino

Zürich hat eine hohe Kinodichte, und die Zürcher frequentieren die Lichtspielhäuser zuhauf. Für Cineasten gibt es ein paar gute Programmkinos. Montags ist **Kinotag**, Ausländische Filme werden im Original gezeigt, Untertitel sind entweder deutsch oder französisch. In den Sommermonaten wird am Zürichhorn ein Open-Air-Kino aufgebaut.

Das Odeon sah schon so manchen Promi, darunter Einstein und Lenin.

KNEIPEN / LOUNGES / BARS

❶ etc. s. Plan S. 70/71

❶ Cabaret Voltaire
Spiegelgasse 1
www.cabaretvoltaire.ch
Mo. 10.00 – 24.00,
Di.–Do. 12.30 – 24.00,
Fr., Sa. 12.30 –2.00,
So. 12.30 – 19.00 Uhr
Das berühmte Dada-Café. Die Einrichtung ist nicht mehr original, aber bis heute etwas »Dada«.

❷ 0815
Lintheschergasse 23
www.0815.dj
Mo.–Fr. 7.00 – 24.00,
Sa. 9.00 – 24.00 Uhr
Musiklounge, aber auch Coffeeshop und Snackbar. Morgens geht es mit Kaffee los, mittags gibt es Kleinigkeiten zu essen, abends gute Drinks. An Wochenenden Party – DJs legen House und Techno auf.

❸ Wings-Lounge
Limmatquai 54
www.wings-lounge.ch
Mo.–Do. 16.00 – 24.00, Fr. 16.00 – 2.00, Sa. 14.00 – 2.00 Uhr
Die Wings-Lounge hat keine gewöhnliche Entstehungsgeschichte: Ex-Piloten und -Angestellte der Swiss Air haben nach deren unsanfter Bruchlandung die Bar aufgemacht. Gelungen!

❹ Almodobar
Bleicherweg 68
www.almodobar.com
Mo. – Do. 8.00 – 24.00,
Fr. 8.00 – 4.00, Sa. 9.00 – 4.00,
So. 9.00 – 4.00 Uhr
Tagsüber Restaurant, abends Lounge. Es gibt Tapas, Weine und Cocktails.

❺ Kaufleuten Lounge
Pelikanplatz, www.kaufleuten.ch
Do. 17.30 – 2.00,
Fr., Sa. 21.30 – 2.00 Uhr
Gediegene, schöne Lounge, in der man es ohne Weiteres den ganzen Abend aushalten kann. Teilweise finden in den verschiedenen Räumlichkeiten auch kleine Konzerte, Lesungen oder Comedyveranstaltungen statt.

❻ Aubrey
Schiffbaustrasse 10
www.aubrey.ch
Mo.–Do. 11.00 – 24.00,
Fr. 11.00 – 4.00,
Sa. 17.00 – 4.00 Uhr
Kristallleuchtergeschmückte Räume in der Nachbarschaft ehemaliger Industrieanlagen. An Wochenenden wird hier bis spät getanzt, ansonsten tagsüber Speiserestaurant.

❼ Bar & Lounge 42
Neumühlequai 42
www.coolinary.ch
tgl. 9.00 – 0.30 Uhr
Weltstädtisch eingerichtet, große Auswahl an teilweise ungewöhnlichen Drinks

❽ Andorra Bar
Münstergasse 20
www.andorra.ch
So.–Do. 17.00 – 24.00, Fr.–Sa. 12.00 – 2.00 Uhr Gepflegte, stilvolle Bar im Niederdorf mit ruhiger Jazz-Lounge-Music. Diverse internationale Biere, mehr als 120 Cocktails, gute Weine.

Kaufleuten Lounge: genau richtig, um gediegen zu chillen

9 Babalu

Schmidgasse 6
www.babalubar.ch
Mo. – Fr. ab 17.00,
Sa. ab 16.00 Uhr bis open end
Lounge-Bar im Niederdorf, relaxtes Ambiente, gute Musik

10 Jules Verne

Uraniastrasse 9
www.julesverne.ch
Mo. – Do. 11.00 – 24.00,
Fr., Sa. 11.00 – 1.00,
So. 12.00 – 23.00 Uhr
Hoch über den Dächern von Zürich blickt man auf das Treiben der Stadt hinab.

11 James Joyce Pub

Pelikanstrasse 8
www.jamesjoyce.ch
Mo. – Fr. 11.00 – 0.30,
Sa. 11.30 – 18.00 Uhr
Teilweise ist das Interieur aus dem originalen Stamm-Pub von James Joyce hierher umgezogen. Große Weinkarte, 12 Biersorten.

12 Corazon

Zähringerplatz 11
www.corazon.ch
Mo.– Do. 8.00 – 24.00,
Fr. 8.00 – 2.00,
Sa. 10.00 – 2.00,
So. 14.00 – 24.00 Uhr
Gemütliche Bar für alle Lebenslagen – und das ab den Morgenstunden bis spät in die Nacht. Montags mit Livekonzerten.

13 Odeon

Limmatquai 2
www.odeon.ch
Mo. – Do. 7.00 – 2.00,
Fr., Sa. 7.00 – 4.00,
So. 9.00 – 2.00 Uhr
Alteingesessene Bistro-Café-Bar, die schon viele illustre Gäste gesehen hat: Lenin, Mussolini, Einstein. Auf der Terrasse des Jugendstil-Etablissements kann man ausruhen, ein »Cüpli«, also ein Glas Champagner, trinken, Mittagessen oder nachts sogar noch warme Mahlzeiten erhalten.

Ausgehen und Cafés

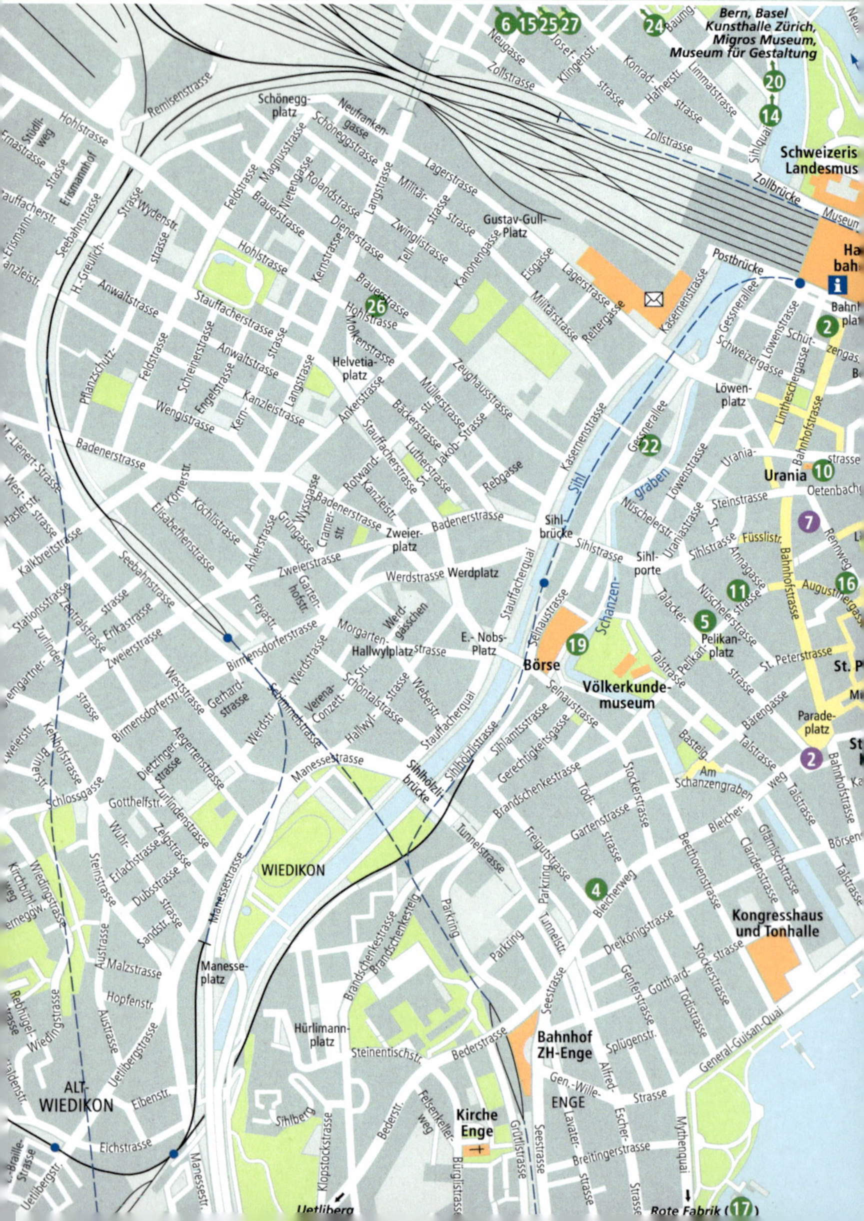

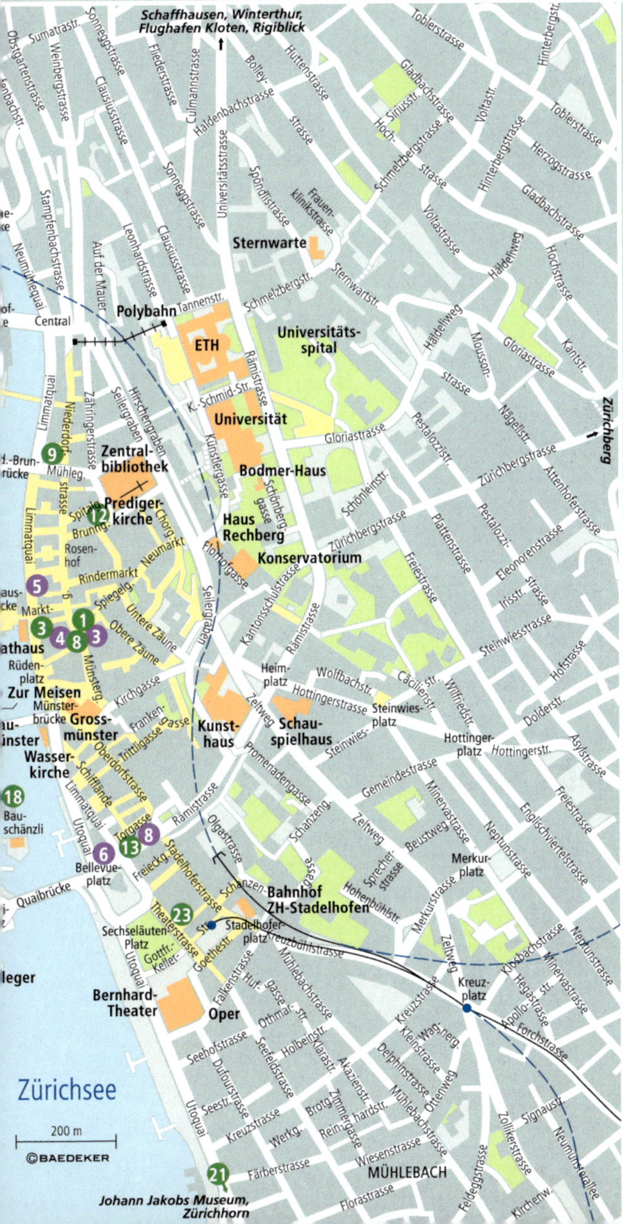

Ausgehen

1. Cabaret Voltaire
2. 0815
3. Wings-Lounge
4. Almodobar
5. Kaufleuten Lounge
6. Aubrey
7. Bar & Lounge 42
8. Andorra Bar
9. Babalu
10. Jules Verne
11. James Joyce Pub
12. Corazon
13. Odeon
14. Baroffen
15. Moods
16. Widderbar
17. Ziegel oh Lac
18. Barfussbar
19. Rimini Bar
20. Pier West
21. Citybeach
22. Stall 6
23. Mascotte
24. X-TRA
25. Komplex 457
26. La Catrina
27. Mehrspur Music Club

Cafés

1. Café Wühre
2. Sprüngli
3. Schober
4. Schwarzenbach
5. Gran Café Motta
6. Felix
7. Confiserie Honold
8. Cakefriends

An der Limmat gebaut: sommerliche After Work Party in der Barfussbar der Frauenbadi

⓮ Baroffen
Lettensteg (am Limmatquai)
Mo.–Fr. 16.00 – 24.00,
Sa.–So. ab 14.00 Uhr
Bar am ehemaligen Bahnhof Letten, eingerichtet in einem ausrangierten Waggon der Berliner S-Bahn

JAZZ
⓯ Moods
Schiffbaustrasse 6
www.moods.ch
Konzerte: Mo.–Sa. 20.30, So. bis 19.00, Late Night Fr., Sa. ab 23.00 Uhr
Fast jeden Abend Live-Music: Jazz, Funk, Soul, Worldmusic.

⓰ Widder Bar
Widdergasse 6
www.widderhotel.ch
So.–Do. 11.30 – 24.00,
Fr., Sa. 11.30 – 1.00 Uhr
In der Schweizer und auch in der internationalen Jazz-Szene sehr beliebtes Lokal, in dem man manche Jazzgröße live hören kann. Hier traten schon junge Musiker auf, die später Karriere machten.

OPEN AIR
⓱ Ziegel oh Lac
Seestrasse 407
www.ziegelohlac.ch
Di.–So. 11.00 – 24.00 Uhr
Einfaches Open-Air-Lokal auf dem Gelände der legendären Roten Fabrik direkt am Zürichsee. Ab und zu gibt es Veranstaltungen, Musik, Kino etc.

⓲ Barfussbar
► S. 181

⑲ Rimini Bar

Am Schanzengraben
(in der Männerbadi); Badweg 10
www.rimini.ch
Mai, Sept, Okt. tgl. 17.00–24.00, Juni–Aug. So.–Do. ab 19.15, Fr. ab 18.45, Sa. ab 17.00 Uhr, nur bei Schönwetter
Das Pendant zur Barfussbar – die Männerbadi ist abends und nachts beliebte Freiluftlocation.

⑳ Pier West

Flussbad Oberer Letten
Lettensteg 10
www.pierwest.ch
Mitte Mai–Mitte Sept. tgl. 18.00–24.00 Uhr, aber nur bei gutem Wetter
Party mit DJ und Cocktails in der Badeanstalt an der Limmat

㉑ Citybeach

Lakeside Zürich
Förrlibuckstrasse 151
www.city-beach.ch
Mo.–Fr. 17.00–24.00, Sa., So. ab 15.00 Uhr
Schönes Plätzchen am Zürichhorn. Mit Pools, Palmen und großer Bar direkt am See.

TANZEN / PARTY / LIVEMUSIC

㉒ Stall 6

Gessnerallee 8, www.stall6.ch
Die Bar hat täglich ab 17.00 Uhr geöffnet.
Abtanzen in einem ehemaligen Reitstall oder in der Bar gemütlich die Nacht einläuten.

㉓ Mascotte

Theaterstrasse 10
www.mascotte.ch
tgl. ab 23.00 Uhr
Eine Institution in Zürichs Nachtleben mit Blick auf den See: Chillen mit einem Aperitif in angenehmen Lounges, Tanzen zu Funk, House, Hip Hop – jeden Tag Programm mit Livemusic und DJs, Public Viewing, Lesungen etc.

㉔ X-TRA

Limmatstrasse 118, www.x-tra.ch
Mo.–Di. 6.30–23.00, Mi. 6.30 bis 24.00, Do. 6.30–1.00, Fr. 7.00–1.00, Sa. 7.00–11.00, So. 17.00–1.00 Uhr
Angesagter Club im Industriequartier. Party, Live-Konzerte, Lounge, Restaurant und Bar.

㉕ Komplex Klub / 457

Hohlstrasse 457
www.komplex457.ch
Klub Fr.–So. ab 22.00 Uhr
Konzertbeginn siehe Programm
Der Klub ist genau das Richtige für alle Freunde der Indie-Szene. Im Komplex 457 spielen Live-Bands.

㉖ La Catrina

Kurzgasse 4, www.lacatrina.ch
Mi. 18.00–1.00,
Di., Do. 19.00–1.00,
Fr., Sa. 20.00–3.00 Uhr
Unvergesslich: Klein, schräg, sehr mexikanisch. Mit 20 Sorten Tequila und jeder Menge Live-acts.

㉗ Mehrspur Music Club

Toni-Areal, Pfingstweidstrasse
www.mehrspur.ch
Mit Spannung erwarten die Stammgäste, wie sich der Club nach dem Umzug aus der Waldmannstrasse ins hippe Toni-Areal entwickelt. Beliebte Bühne für junge Musiker und Schauspieler.

Auch in Zürich beliebt: die St. Galler Bratwurst

ESSEN NACH MITTERNACHT

Odeon

► S. 69

Warme Küche Fr., Sa. bis 4.00, Mo.–Do., So. bis 2.00 Uhr

Hiltl

► S. 91

Vegetarische Küche bis 4.00 Uhr

Sternen Grill

Bellevueplatz, Theaterstrasse 22
www.sternengrill.ch
Die berühmten St. Galler Bratwürste bekommt man So.–Do. bis 24.00, Fr. u. Sa. bis 1.00 Uhr

SPÄTES FRÜHSTÜCK

Bar & Lounge 42

►S. 68

Sa. und So. Frühstück von 11.00 bis 17.00 Uhr

KINO

Riffraff

Neugasse 57
Tel. 044 444 22 00
www.riffraff.ch
Gutes Programmkino im Industriequartier mit schöner Bar und Bistro

Xenix

Kanzleistrasse 52
Tel. 044 242 04 11
www.xenix.ch
Alteingesessenes Programmkino, das ausgesuchte Filme zeigt. Im Sommer auch unter freiem Himmel.

Filmpodium

Nüschelerstrasse 11
Tel. 044 211 66 66
www.filmpodium.ch
Kommunales Kino, in dem oft Filme zu einem Themenschwerpunkt gezeigt werden.

Abaton

Heinrichstrasse 269
Tel. 0900 556 789
Großes Kino im Industriequartier

Kinoprogramm

www.cineman.ch
www.outnow.ch

CASINO

Swiss Casinos Zürich

►S. 233

Grand Casino Baden

Haselstrasse 2
5400 Baden
Tel. 056 204 07 07
www.grandcasinobaden.ch
So.–Do. 11.00–4.00, Fr., Sa. bis 5.00, Tischspiel tgl. ab 15.00 Uhr

Swiss Casinos Pfäffikon-Zürichsee

Seedammstrasse 3
8808 Pfäffikon
Tel. 055 416 30 30
www.swisscasinos.ch/pfaeffikon
So.–Do. 12.00–3.00,
Fr., Sa. bis 4.00 Uhr

THEATER UND MUSIK

Theater

Etablierte Theater wie kleine alternative Bühnen sind wichtige Kulturträger der Stadt. Sie alle tragen dazu bei, dass Zürichs Theaterlandschaft über die Stadt hinaus als ausgesprochen vielfältig und innovativ bekannt ist. Flaggschiff ist das staatliche Schauspielhaus Zürich, das weltweit einen hervorragenden Ruf genießt und neben der traditionellen Bühne im Pfauen drei weitere Bühnen im Schiffbau bespielt.

Festival

Das **Zürcher Theater Spektakel** hat als internationales Festival des zeitgenössischen Theaters einen hervorragenden Ruf. Bekannte Künstler aus aller Welt kommen jedes Jahr nach Zürich, Markenzeichen des Festivals ist aber auch, junge Künstler aus dem Off-Theater-Bereich zu holen, die in ihren Produktionen mehr und mehr Elemente aus Theater, Oper, Video, Tanz, Performance und Neuer Musik mixen.

Musik

Klassische Konzerte von Weltrang werden in der **Tonhalle** im Kongresshaus Zürich gegeben. Der Große Saal ist für seine Akustik weltberühmt. Eine weitere berühmte Spielstätte in Zürich ist die **Oper**. Das Opernhaus gehört zwar im internationalen Vergleich zu den kleinen der renommierten Opernhäuser, dennoch wartet es mit einem umfangreichen Programm auf, und alle internationalen Operngrößen haben hier schon auf der Bühne gestanden. Zur Oper gehört das Zürcher **Ballett** mit international sehr gutem Ruf.

! BAEDEKER TIPP

Theater mit Aussicht

Zum Theater Rigiblick in einer alten Villa auf dem Zürichberg kommt man mit der Seilbahn und kann dort mit einem tollen Blick und einem erstaunlich guten und vielfältigen Programm mit interessantem Musikanteil rechnen.
Germaniastrasse 99
Tel. 044 361 80 51
www.theater-rigiblick.ch

Livemusik wird u. a. im Exil, La Catrina, im Mehrspur Musik Club und im Klub 457 gespielt (►S. 73). Gute **Jazzkonzerte** kann man im Moods im Schiffbau, im Mehrspur Music Club und im Kaufleuten hören. Größere Jazzkonzerte finden im Kongresshaus und im Volkshaus statt.

Open-Air

Einmal im Jahr spielen beim **Stadtsommer** (www.stadtsommer.ch) sieben Zürcher Bands und Musiker an Orten, die sie sich selbst aussuchen dürfen, unter freiem Himmel – finanziert von der Stadt und fürs Publikum umsonst. Auf dem Areal der **Dolder** Eisbahn neben dem Grand Hotel Dolder finden im Sommer Open-Air-Konzerte statt.

Theater und Musik

INFORMATIONEN

www.kulturinfo.ch
Informationen zu Theater und Konzerten in Zürich

www.konzertkalender.ch
Klassik, Kirchenmusik, Jazz, Blues, Rock, Pop überall in der Schweiz

www.theaterspektakel.ch
Festival für zeitgenössisches Theater

Kinoprogramm
www.cineman.ch
www.outnow.ch

TICKETS

www.starticket.ch
www.ticketcorner.com
Großkonzerte, Großveranstaltungen und kleinere Konzerte

www.eventim.ch
Alle Art von Konzerten, viel Klassik und Oper

KONZERTE

Tonhalle Zürich
Claridenstrasse 7
Tel. 044 206 34 34
www.tonhalle.ch
Die erste Adresse, wenn es um klassische Konzerte geht. Mit berühmter Akustik.

Opernhaus
Falkenstrasse 1
Tel. 044 268 64 00
www.opernhaus.ch
Seit über 100 Jahren ein Haus von Weltrang: alle internationalen Operngrößen haben hier schon auf der Bühne gestanden.

Volkshaus Zürich
Stauffacherstrasse 60
Tel. 044 241 64 04
www.volkshaus.ch
Jazzkonzerte und mehr

Stadion Letzigrund
Badenerstrasse 500
www.stadionletzigrund.ch
Mit 50 000 Plätzen der größte Veranstaltungsort in Zürich

Hallenstadion
Wallisellenstrasse 45
Tel. 044 316 77 77
www.hallenstadion.ch
Die richtige Arena für die Auftritte von Stars wie Rolling Stones, Pink Floyd, Justin Bieber und Robbie Williams

THEATER

Schauspielhaus Zürich
Pfauen: Rämistrasse 34
Schiffbau: Schiffbaustrasse 4
Tel. 044 276 80 00
Zentrale: Tel. 044 258 70 70
Theaterkasse: Tel. 044 258 77 77
www.schauspielhaus.ch
Traditionelle Spielstätte ist der Pfauen. Im Schiffbau haben drei Theaterbühnen ihren Platz: die »Halle«, die »Box« und die »Matchbox«.

Theater am Neumarkt
Neumarkt 5
Tel. 044 267 64 64
www.theaterneumarkt.ch
Es bringt mit einem kleinen Ensemble ein breites Spektrum von Klassikern der Moderne bis hin zu avantgardistischen experimentellen Aufführungen auf die Bühne.

Das Opernhaus: 1891 mit Richard Wagners »Lohengrin« eröffnet

Sogar Theater

Josefstrasse 106
Tel. 044 271 50 81
www.sogar.ch
Zeitgenössische Stücke mit Witz und Tiefgang

Theater an der Winkelwiese

Winkelwiese 4
Tel. 044 261 21 79
www.winkelwiese.ch
Inszenierungen zeitgenössischer Autoren

Theaterhaus Gessnerallee

Gessnerallee 8
Tel. 044 225 81 10
www.gessnerallee.ch
Experimentelle Produktionen in erster Linie aus den Bereichen Theater und Tanz

Theater am Hechtplatz

Hechtplatz 7, Tel. 044 252 32 34
www.theaterhechtplatz.ch
Komödien, Kabarett und auch Kinder- und Jugendtheater

Theater Herzbaracke

Utoquai, Tel. 044 380 53 80
www.herzbaracke.ch
Schwimmendes Theater, das über den Zürichsee schippert. In den Wintermonaten Kleinkunstprogramm am Utoquai

KULTURZENTREN

Rote Fabrik

Seestrasse 395
Tel. 044 485 58 28
www.rotefabrik.ch
Weitgefächertes Kulturprogramm: Performances, Konzerte, Installationen, Ausstellungen, Diskussionen, Partys. Im Fabriktheater kommen interessante internationale Produktionen auf die Bühne.

Alte Kaserne

Technikumstrasse 8
8402 Winterthur
Tel. 052 267 57 80
www.altekaserne.winterthur.ch
Alternatives Kulturzentrum der Stadt Winterthur

Poesie der Nacht

Mit einem neuartigen Lichtkonzept möchte Zürich ausgesuchte Teile der Stadt nachts ins rechte Licht rücken. Der innovative Plan Lumière zielt nicht nur auf eine neue Ästhetik, sondern ist zudem auch umweltschonend.

Das Vorbild Lyon hat es Zürich angetan. Seit Jahren verfolgt die französische Stadt ein vollkommen neues Beleuchtungskonzept, das die Zürcher Stadträte zu einem eigenen »Plan Lumière« inspirierte. Stadt, Kanton, Institutionen, Forschungseinrichtungen und private Geldgeber sind an der Umsetzung beteiligt. Licht- und Städteplaner haben einen umfassenden Lichtplan entworfen, der seit 2005 umgesetzt wird. An ausgewählten Orten wurde bis 2014 eine völlig neuartige Beleuchtung installiert sein nach dem Motto: nicht **mehr** Licht, sondern **anderes** Licht.

Ein neues Gewand

Die Münsterbrücke und die Rudolf-Brun-Brücke gehören zu den 18 bereits realisierten Projekten. Die nach einem ausgeklügelten Konzept positionierten Leuchten lassen die Brücken bei Nacht wie **schwebende Konstruktionen** erscheinen, die sich im Wasser der Limmat spiegeln. Reflektoren und Leuchten werden präzise ausgerichtet und beim Beleuchten ein anderes Farbspektrum eingesetzt als zuvor.

Wie sich der Plan Lumière bei der Straßenbeleuchtung auswirkt, zeigt ein nächtlicher Gang über den **Limmatquai**, dessen gelb-orange Lampen gegen warmweiße ausgetauscht wurden. Auch einige Plätze und prägnante Bauten kommen in den Genuss der neuartigen Illumination: Die Stützpfeiler des **Hardturmviadukts** in Zürich-West werden mittels LED-Lampen so beleuchtet, dass das wuchtige Bauwerk wie auf **Lichtsäulen** zu ruhen scheint und in der Ausgehmeile Orientierung bietet.

Zielgenau beleuchten

Mit dem Plan Lumière, den sich die Stadt acht Millionen Franken kosten lässt, werden mehrere Ziele verfolgt: Diese Lichtgestaltung soll die wichtigen Sehenswürdigkeiten anders als bisher hervorheben, nachts mehr Sicherheit bieten, Strom sparen und Lichtverschmutzung vermeiden.

Bislang funktioniert eine hervorhebende Beleuchtung im öffentlichen Raum meist so, dass Sehenswürdigkeiten mit Scheinwerfern kräftig angestrahlt werden. Das Objekt selbst sticht auf diese Weise zwar hervor, doch die Umgebung verschwindet im Schwarz der Schlagschatten. Ähnliches geschieht bei Straßenlaternen: Der Lichtkegel verspricht Sicherheit, jenseits davon herrscht aber undurchdringliches Dunkel.

Eine gleichmäßige Ausleuchtung statt starker Hell-Dunkel-Kontraste ist eines der Werkzeuge, mit denen der Plan Lumière arbeitet. Bei der herkömmlichen Beleuchtung flutet zudem viel Licht ungenutzt in den Nachthimmel – eine Energiever-

Der Limmatquai wird bereits nach dem Plan Lumière energieeffizient und ansprechend beleuchtet.

schwendung, die außerdem auch Tieren, insbesondere Vögeln, schadet. Die neue Beleuchtung vermeidet Abstrahlung und **reduziert die Lichtverschmutzung,** Licht fällt nur auf die Fassade und nicht als ungewünschtes Streulicht daneben.

Sparsam im Verbrauch

Mit Hilfe einer neuen Technik können Fassaden interessanter und weit energieeffizienter ausgeleuchtet werden. Hierbei wird mit Hilfe einer Maske, die das Haus abbildet, Licht passgenau auf die Fassade projiziert. Zwei wesentliche Forderungen des Plan Lumière werden damit erfüllt: Lichtverschmutzung vermeiden und Energieverbrauch halten oder senken. Am **Utoquai** werden acht Gebäude, darunter die Hotels Eden au Lac und Steigenberger Bellerive au Lac, mit dieser neuen Technik seit Juli 2010 beleuchtet. Licht fällt präzise nur auf die Fassade, nicht in die Zimmer. Das kommt den Hotelgästen zugute und ist überdies sparsam. Laut Angaben der Stadt verbraucht die 300 Meter lange Fassadenbeleuchtung des Utoquais nicht mehr Strom als drei Staubsauger. Auch die Fassaden von **Stadthaus** und **Fraumünster** sind ins rechte Licht gerückt worden. Natürlich ruft solche Zierbeleuchtung auch Kritik hervor. Daher wird sie um Mitternacht abgeschaltet – und dann kann man die Dunkelheit als Kontrast erleben.

Essen und Trinken

Heimat des Geschnetzelten

Zürich steht für eine handwerklich solide, gute Schweizer Küche. Gepflegt Essen zu gehen ist jedoch recht teuer. Gastronomie mit Mittagstisch, Take-away und Buffet bieten preisgünstige Alternativen. Zwischen ehrwürdigen Zunftstuben in der City und experimentierfreudigen Restaurants im ehemaligen Industrieareal entfaltet sich eine bunte Gastro-Szene.

Zürcher Geschnetzeltes mit Rösti zählt zu den weltweit bekannten Klassikern der Schweizer Küche. Gleichzeitig ist Zürich ein Pflaster für Vegetarier: Hier eröffnete mit dem Hiltl das (nach eigenen Angaben) erste vegetarische Restaurant der Welt. Und 2013 hatte Hiltl mit der Eröffnung der »Vegi-Metzg«, der ersten vegetarischen Metzgerei der Schweiz, wieder die Nase vorn. Sogar das berühmteste Lokal der Stadt, die Kronenhalle, verschließt sich dem Trend nicht und bietet neben den fleischlastigen Klassikern auch vegane Speisen. Generell fällt auf, wie ausdrücklich Restaurants mit Biolebensmitteln und solchen aus regionaler Herkunft werben. Das Interesse an Lebensmitteln und der Art, wie und wo sie erzeugt werden, ist groß. Qualität zählt in Zürich auch beim Essen.

Essengehen in Zürich macht Spaß – und ist teuer. Das empfinden auch die Zürcher so, daher sind, wie überall in Europa, Fastfood und die italienischen Klassiker Pizza, Pasta und Risotto sehr beliebt. Neben Restaurants, in denen **traditionelle Schweizer Gerichte** serviert werden, gibt es im kosmopolitischen Zürich etliche **internationale Restaurants**. Wer nicht allzu viel Geld ausgeben möchte, kann in zahlreichen einfacheren Lokalen, Kneipen, Bistros, Cafés oder Biergärten meistens gut essen. Es gibt vergleichsweise viele gute und teure Restaurants, in denen tatsächlich auch Entsprechendes geboten wird – hervorragende Küche und ebensolche Weine.

! BAEDEKER TIPP

Floating Restaurant

Ein Erlebnis der besonderen Art sind die Schiffsrundfahrten auf dem Zürichsee mit speziellem kulinarischen Angebot: Man kann den Sonntag mit dem Zmorge-Schiff oder dem Sommer-Brunch-Schiff starten, in der kühleren Jahreszeit gibt es den »Langschläfer-Zmorge« auf dem Wasser, ansonsten fahren das Chäs-Fondue-Schiff, das Vegi-Schiff, das Feuer-Stein-Schiff mit Speisen vom heißen Stein und viele andere mehr. Tickets bekommt man auf dem Schiff, am Anleger Bürkliplatz oder an den ZVV-Verkaufsstellen. Info: www.zsg.ch

Zunfthaus zur Zimmerleuten: Speisen mit bestem Blick auf die Limmat und St. Peter

Tagesteller oder Menü? Für ein normales Hauptgericht à la carte muss man im Allgemeinen 20 – 50 CHF rechnen, in Luxusrestaurants sogar bis 100 CHF. Preiswerter isst man, wenn man unter den Tagesgerichten (Tagesteller) bzw. Tagesmenüs wählt. Häufig werden auch kleine Portionen angeboten, was die Zusammenstellung von Menüs erleichtert. Beachten: Bei **Tellerservice** wird der ganze Gang auf einmal auf einem Teller serviert, beim etwas teureren **Plattenservice** wird mehr Aufwand betrieben; aufgetragen wird in Pfannen, Schüsseln etc., die warm gehalten werden und aus denen mehrmals serviert wird.

Mahlzeiten Das **Frühstück** (»Zmorge«) ist wichtig, besonders sonntags wird es ausgiebig genossen. In vielen Cafés gibt es an Wochenenden Frühstück und Frühstücksbuffets, und überall schießen Kaffeebars nach italienischem Vorbild aus dem Boden. Für viele gehört morgens aber ein klassisches Bircher Müesli (►S. 84) unbedingt dazu. **Zu Abend** isst man in Zürich vergleichsweise früh – ab 18.00 Uhr –, und entsprechend sind etliche Restaurants schon zwischen 18.00 und 19.00 Uhr gut besucht. Da viele Zürcher gern essen gehen, ist eine Reservierung sehr zu empfehlen.

ZÜRICHS SPEZIALITÄTEN

Hauptspeisen Die traditionelle schweizerische Gastronomie ist ziemlich deftig. Es gibt viel Fleisch, und jede Stadt, jeder Kanton bietet eigene Spezialitäten. Züricher Geschnetzeltes (►S. 85) ist über die Schweizer Grenzen hinaus ein Begriff. Weniger bekannt ist die Zürcher Spezialität **Bürgermeister Gotlett**, ein mit Apfelstücken, Apfeldicksaft und in Weißwein getränkten Semmelwürfeln gefülltes und in Butter gebratenes Kotelett. Beim **Zürcher Zouftschriibertopf** werden verschiedene Fleischfilets – vom Kalb, vom Rind und vom Schwein – mit Kalbsnieren und -leber auf einer Platte mit dünnen Speckscheiben und Gemüse angerichtet.

Teigwaren Neben Rösti (►S. 85) werden Nudeln in der Schweizer Küche zubereitet. **Zürcher Topf** besteht aus Makkaroni in einer Soße aus Hackfleisch und Tomaten. Beim **Nudeltopf nach Zürcher Art** werden Bandnudeln mit einer Sauce aus Kalbsfleisch- und Kalbsnierenstreifen, Champignons und Emmentaler angerichtet.

Käse Die Schweiz ist berühmt für ihre köstlichen Käsesorten. In über 1000 z. T. handwerklich arbeitenden Käsereien wird mehr als die Hälfte der Milch, die die Bauern liefern, zu Käse verarbeitet. Zu den bekanntesten gehören Gruyère und Appenzeller. Ein Klassiker, der mitunter auch in den Zürcher Restaurants zu haben ist, ist das Fondue (►S. 85).

Süßes

Die Zubereitung von Gebäck und Süßspeisen liegt den Schweizern quasi im Blut. Wer Engadiner Nusstorte, Schweizer Croissants, Nougat, Schokolade oder von den frischen **Pralinen** probiert, die in den Confiserien Zürichs zu haben sind, wird lange schwärmen. Dass Sprüngli in Zürich groß wurde, kommt sicher nicht von ungefähr. Eine Apfelsüßspeise sind **Zürcher Öpfelbachis**. Die **Zürcher Ostertorte** besteht aus Mandeln, Haselnüssen und Möhren, ist mit einer Zitronenglasur überzogen und mit Marzipan-Osterhasen verziert.

GETRÄNKE

Wein

Von hervorragender Qualität ist das Zürcher Trinkwasser. Wer Wein bevorzugt, sitzt in Zürich auch hierfür an der Quelle. Mehr zum Wein im ▶ Baedeker Wissen S. 86.

Bier

Man bekommt verschiedene gute Biere in Zürich. Wenn es frisch gezapftes Bier gibt, bestellt man entweder ein »Grosses« (0,5 l) oder eine »Stange« (0,3 l). Das traditionelle **Hürlimann**, das sich als Zürichs Stadtbier bezeichnet, ist heute eine Marke von Feldschlösschen, die zum dänischen Carlsberg-Konzern gehört. Die Hürlimann-Brauerei in Zürich-Enge, einst die größte in der Schweiz, wurde 1997 geschlossen. Das berühmte **Samichlaus**, das bei Hürlimann zu Nikolaus (in der Schweiz »Samichlaus«) gebraut wurde und vor der Abfüllung 10 Monate lagerte, ist mit 14 % Alkohol ein extrem starkes Bier. Heute wird es in Österreich hergestellt. Unter anderem um die Tradition des Bierbrauens in Zürich zu erhalten, gründeten 1997 drei Zürcher die **TurbinenBräu AG** im Industriequartier. 2002 zog die Turbinenbräu in größere Räume in der Badenerstrasse um. Sie stellt Goldsprint, Start und Rekord her und ist heute die größte Brauerei im Kanton Zürich. Ein gutes **Bio-Bier** braut die Wädi-Brau-Huus AG in der Wädenswiler Brauerei am Westufer des Zürichsees. Außerdem werden in Zürich gern die regionalen Biere Züri-Hell, Goldküstenbräu, Oberländerbräu, Schwamendinger, Amboss Amber 5 und Bier Paul getrunken.

Spirituosen

Schweizer Schnäpse sind ausgezeichnet: Kirsch, Zwetschge, Birne, Grappa und Marc (Tresterschnaps), Bätzi (aus Äpfeln) u. a.; dazu kommen Enzian, Alpenbitter und Kräuterlikör (Chrüter). Wer mehr über die feinen Tropfen und ihre Urheber wissen will, sieht unter www.schnapsforum.ch nach.

Rivella

Ein bisschen kultig und ein ausgezeichneter kohlensäurehaltiger Durstlöscher ist die auf Milchserum basierende **Limonade** Rivella, die es in mehreren Sorten gibt: Rot, Blau (light), Grün (mit grünem Tee) und Gelb (basiert auf Soja statt auf Milchserum).

Typische Gerichte

Nicht unbedingt abschrecken lassen von den Preisen im Restaurant, um typische Zürcher Gerichte zu genießen: Ein Geschnetzeltes muss einfach sein, Muesli gibt's am Frühstücksbuffet und Käse oder Luxemburgerli sind vergleichsweise erschwingliche Mitbringsel.

Egli nach Zürcher Art: Hecht, Egli, Felchen, Forellen frisch aus dem Zürichsee stehen in einigen Restaurants auf der Karte. Beim Egli-Filet nach Zürcher Art werden die Fische in Weißwein und einer Butter-Ei-Sahne-Sauce gedünstet.

Luxemburgerli: Dieses Gebäck aus Eiweiss, Mandeln und Zucker ähnelt den französischen Macarons. Ein luxemburgischer Konditor soll bei Confiserie Sprüngli die zarte Köstlichkeit weiterentwickelt und verfeinert haben. Das pralinengroße Gebäck ist mittlerweile in allen Farben und Geschmacksrichtungen erhältlich. Während der Weihnachtszeit schwärmt Zürich für Tirggel aus Mehl und Honig, gewürzt mit Zimt und Ingwer.

Birchermüesli: Maximilian Oskar Bircher-Benner, Leiter des Sanatoriums »Lebendige Kraft« am Zürichberg und Verfechter der Vollwertkost, hat um 1900 das Müesli populär gemacht hat. Auf einer Wanderung durch die Alpen habe ihm eine Sennerin das Rezept für die leicht verdauliche, nahrhafte Speise gegeben. Das Original Birchermüesli besteht aus Haferflocken, Äpfeln, Nüssen, Zitronensaft und gezuckerter Kondensmilch. Mittlerweile beweist jedes Frühstücksbuffet die ungeheure Vielfalt an Variationsmöglichkeiten.

Zürcher Geschnetzeltes: Das berühmte »Züri Gschnätzlets« besteht aus bemehltem und in Stücke geschnittenem Kalbfleisch sowie Champignons und einer Wein-Sahnesauce. Ursprünglich gehörten auch gebratene Nieren dazu, doch diese Variante ist heute selten. Typische Beilage ist die knusprige Rösti (»röschti«), ein in der Pfanne gerösteter Fladen aus geraffelten Kartoffeln. Rösti-Rezepte sind eine Wissenschaft für sich, und die Zürcher streiten mit den Bernern über das Rösti-Nonplusultra: In Berner Küchen werden die Kartoffeln vor dem Rösten gekocht, in Zürich verwendet man sie dagegen roh.

Käsegerichte: Beim Zürcher Chachelimüs wird Greyerzer mit Eiern, Sahne und saurer Sahne zu einer Masse gemischt, mit Pfeffer, Salz und Muskatnuss gewürzt und im Ofen gebacken. Fondue ist zwar keine Zürcher Erfindung, aber dort sehr beliebt. Der Name kommt von franz. »fondre«: schmelzen und die Prozedur ist allgemein bekannt: Käse wird geschmolzen und mit Weißwein, Kirschwasser und Gewürzen abgeschmeckt. Man taucht Weißbrotstücke mit einer langen Gabel in die zähflüssige Käsemasse – und genießt.

Spitzengewächse vom Zürichsee

Die Sonnenterrassen der Goldküste, wie die rechte Seite des Zürichsees genannt wird, sind nicht nur für Millionärsvillen gerade recht, sondern sie eignen sich auch für den Weinanbau. Rings um den See und in Zürich selbst wird so mancher edle Tropfen gekeltert.

Schweizer Weine genießen bei Kennern einen guten Ruf, doch sind sie außerhalb der Schweiz schwer zu bekommen. Denn nur ein bis zwei Prozent der Erzeugung gehen in den Export, das meiste wird **im Land selbst konsumiert**. Es lohnt sich also, die Chance zu nutzen und sich bei einer Schweizreise auch dem Wein zu widmen. Zumal neben den gängigen Sorten jedes Anbaugebiet lokale, zum Teil **sehr alte Rebsorten** kultiviert.

Einst ein saurer Trunk

Angeblich sollen die **römischen Eroberer** die Kunst der Weinherstellung auch in die Züricher Region gebracht haben. Sicher ist, dass **christliche Mönche** sehr intensiven Weinbau betrieben haben, ausgehend von der Rheininsel Rheinau. Doch was vor vielen Hundert Jahren in die Gläser kam, dürfte uns heute wenig schmecken: Die Weine waren deutlich saurer und wurden durch **Zusatz von Kalk oder Senf** überhaupt erst genießbar gemacht. Das tat der Beliebtheit aber keinen Abbruch. Ein Blick auf das Stadtmodell im Haus zum Rech/ Baugeschichtliches Archiv zeigt, dass ein großer Teil der Hänge rund um Zürich mit Reben bebaut war. Um 1880 wuchsen im Kanton Zürich Reben auf rund 5500 Hektar. Doch viele Weinberge wurden aufgegeben oder, etwa in Zürich, **zu Bauland** umgewandelt; und heute stehen Weinstöcke nur noch auf rund 613 Hektar. Ein Bruchteil wächst im Stadtgebiet Zürich (ca. 13,5 ha), das Zehnfache am Zürichsee (ca. 136 ha). Stäfa am rechten Seeufer ist mit 50 Hektar die größte Weinbau-Gemeinde des Kantons. In Zürich selbst wachsen die Trauben am Sonnenberg, in Enge und in Höngg.

Qualität überzeugt

Seit einigen Jahren läuft für die Winzer das Geschäft blendend. Das ist einem guten Marketing und einer **Qualitätsoffensive** zu verdanken, die sich in vielen hochkarätigen Prämierungen niederschlägt. Zudem ändern sich die Wünsche der Kunden: Regionale Produkte ohne lange Transportwege, am besten **direkt beim Produzenten** gekauft, liegen im Trend. Auch im Restaurant genießen die Gäste gerne die Gewächse der Region, statt auf Allerweltsweine aus Übersee zurückzugreifen.

Eine Hefe von 1895

Die meistangebaute Rebsorte im Kanton Zürich ist bei den Weißweinen der **Riesling-Sylvaner** (entspricht Müller-Thurgau), bei den Roten setzen die Weinbauern zu 80 Prozent auf **Pinot noir**, auch als Blau- oder Spätburgunder bekannt. Insgesamt halten sich die Anbauflächen von Rot- und Weißwein die Waage.

Weinberge zieren die Halbinsel Au am südlichen Ufer des Zürichsees. Auch ein kleines Weinbaumuseum hat hier seinen Sitz.

Wer einen ganz typischen Wein der Region probieren möchte, sollte den **Räuschling** wählen, eine sehr alte autochtone Sorte. Cécile Schwarzenbach vom Weingut Schwarzenbach (Meilen) beschreibt ihn als »blumig im Geschmack, sehr frisch mit Zitrusaromen und einer prägnanten Säure – ein idealer Begleiter zum Fischessen. Hermann Schwarzenbach stellt gemeinsam mit den Weingütern Rütihof (Ürikon) und Lüthi in Männedorf den wohl ungewöhnlichsten Wein des Sees her: den **R 3**. Dieser Räuschling wird mit Naturhefe vergoren, die sich in einer Flasche aus dem Jahr 1895 fand und isoliert werden konnte. »Dies holt die Sortentypizität ganz besonders hervor; eine Hefe, ideal für die Zürichseeweine«, betont Cécile Schwarzenbach.

Einen Wermutstropfen gibt es bei den Weinen vom Zürichsee: Die meisten Weine der Region Zürich sind nur direkt beim Erzeuger zu beziehen (www.zuerichseewein.ch) und gehen **nicht in den Handel**. Eine kleine Auswahl führen das Kaufhaus Jelmoli und die Cave Rüden am Limmatquai. Aber in den meisten Restaurants mit guter Weinkarte wird man die Weine dieses kleinen, aber feinen Anbaugebiets finden. Und die Weine vor Ort zu genießen, ist sowieso am schönsten.

Ausgewählte Restaurants

❶ etc. s. Plan S. 126/127
Winterthur S. 249

Preiskategorien für ein Hauptgericht
€€€€: über 50 CHF
€€€: 25 – 50 CHF
€€: 15 – 25 CHF
€: unter 15 CHF

ZÜRICH

SCHWEIZER KÜCHE

❶ Kronenhalle €€€€
Rämistrasse 4
Tel. 044 262 99 00
www.kronenhalle.ch
Kein Ruhetag
Ein »soziologisches Biotop« Zürichs mit Stammpublikum aus Wirtschaft und Kultur. Restaurant, Café und Bistro in einem. Nicht alles ist vom Feinsten, aber das Geschnetzelte nicht umsonst weltberühmt.

❷ Zunfthaus zur Zimmerleuten €€€
Limmatquai 40
Tel. 044 250 53 63
www.zunfthaus-zimmerleuten.ch
Kein Ruhetag
Historische Gaststätte an der Limmat. Auf der Terrasse sitzt man direkt zur Limmat hin, in der Küferstuben trifft man sich zum Mittagessen oder Kaffee, das Restaurant im 1. Stock lockt mit Schweizer Küche in authentischer Umgebung (Foto S. 80).

Im »Dörfli« findet jeder das passende Restaurant.

3 Zunfhaus zur Waag €€€

Münsterhof 8, Tel. 044 2 16 99 66
www.zunfthaus-zur-waag.ch
Kein Ruhetag
Vom Speisesaal im Biedermeier-Stil blickt der Gast direkt auf den Münsterplatz. Wer Zürcher Spezialitäten und frischen Fisch aus dem Zürichsee genießen will, ist hier richtig.

4 Swiss Chuchi €€€

Rosengasse 10
Tel. 044 266 96 96
www.hotel-adler.ch
Kein Ruhetag
Typisch schweizerisches Restaurant im Hotel Adler, traditionell und gemütlich eingerichtet. Es gibt Spezialitäten der Schweizer Küche, deftige Fleischgerichte, aber auch Fisch, Vegetarisches, Raclette und Fondues.

5 Hotel Storchen €€€

Weinplatz 2, Tel. 044 227 27 27
www.storchen.ch
Kein Ruhetag
Gastliches, gediegenes Hotelrestaurant mit schöner Sommerterrasse in Traumlage direkt an der Limmat

6 Zeughauskeller €€

Bahnhofstrasse 28a
Tel. 044 20 15 15
www.zeughauskeller.ch
Kein Ruhetag
Zünftiges Traditionsrestaurant mit Holzbalkendecke. Die Küche ist gutbürgerlich und bietet Suppen, Salate, kleine kalte Gerichte oder Schweinshaxe und knuspriges Zanderfilet. Dazu trinkt man Wein oder eines der vielen Flaschenbiere. Oder ein frisch gezapftes.

10 Uto Kulm €€€

8143 Uetliberg/Zürich
Tel. 044 457 66 66
www.utokulm.ch
Kein Ruhetag
Gepflegtes Restaurant auf dem Uetliberg mit Top-Blick. Feine traditionelle Küche, große Weinkarte.

13 Gnüsserei €€€

Giessereistrasse 18, Im Puls 5
Tel. 044 4 40 00 01
www.gnuesserei.ch
Man speist neben den mächtigen Öfen der Gießerei, die einst in den Hallen installiert war. In der ehemaligen Gießerei hat sich die Gnüsserei perfekt auf das Flair von einst eingestellt mit einem in Rostrot, Braun und Schwarz gehaltenen Ambiente. Gutbürgerliche Schweizer Küche, Wild und anderen Spezialitäten, auch zum Mitnehmen eindecken.

INTERNATIONAL

7 Schipfe 16 €€

Schipfe 16, Tel. 044 211 21 22
Mo.–Fr. 9.30 – 16.00 Uhr
Ruhetag: Sa., So.
Altstadtrestaurant direkt am Ufer der Limmat unter dem Lindenhof. Mittagskarte mit drei oder vier leckeren Menüs. Nachmittags gibt es Kleinigkeiten. Bei schönem Wetter sitzt man auf der idyllischen Terrasse über dem Wasser.

8 Johanniter €€

Niederdorfstrasse 70
Tel. 044 253 62 00
www.johanniter.com
Kein Ruhetag
Uriges Restaurant, in dem viele gute Fleischgerichte, vegetarische

Gerichte (wie Zürcher Geschnetzeltes ohne Fleisch!) und Kleinigkeiten auf der Speisekarte stehen.

9 Fischstube Zürichhorn €€€
Bellerivestrasse 160
Tel. 044 422 25 20
www.fischstube.ch
April – Sept. tgl. 9.30 – 23.30 Uhr
Hier gibt es Fisch, Fleisch und vegetarische Gerichte und auch nur Kleinigkeiten. Die Lage ist nahezu unschlagbar: direkt am Seeufer.

12 Planet 5 €
Sihlquai 240, Tel. 044 278 10 66
www.planet5.ch
Mo. – Fr. 9.00 – 14.30 Uhr
Junges, einfaches Lokal, in dem man hervorragend eines der drei Mittagsmenüs essen kann, abends nur bei Veranstaltungen geöffnet.

14 Steinfels €€
Heinrichstrasse 267
Tel. 044 271 10 30
www.steinfels-zuerich.ch
Kein Ruhetag
Leicht chic und im Trend, Salate, Suppen, Sushi, Sashimi, Pizza, Pasta, Meeresfrüchte, Fisch und Fleisch. Dazu trinkt man einen Wein oder ein selbst gebrautes Hausbier – zu allen Gerichten wird eines der Biere empfohlen.

ASIATISCH

16 Sala of Tokyo €€€€
Limmatstrasse 29
Tel. 044 271 52 90
www.sala-of-tokyo.ch
Sa.mittag, So., Mo. geschl.
Einer der ganz großen Japaner in der Schweiz. Authentische Atmosphäre in jeder Hinsicht: Entweder man spricht Japanisch oder mit Händen und Füßen.

17 mishio €€
Sihlstrasse 9, Tel. 044 228 76 76
www.mishio.ch, Ruhetag: So.
Gute, frische asiatische Küche: Suppen, Salate, Gerichte aus dem Wok, Nudel- und Reisgerichte.

18 Negishi €€
Nägelihof 1
Tel. 044 252 05 10
www.negishi.ch, kein Ruhetag
Sehr japanisch und trendig im Niederdorf beim Rüdenplatz. Sushi und andere japanische Spezialitäten in bester Qualität.

19 Blue Monkey €€€
Stüssihofstatt 3
Tel. 044 261 76 18
www.bluemonkey.ch
Kein Ruhetag
Thai-Küche vom Feinsten. Schöne moderne Räume in der Altstadt. Im angeschlossenen Bistro speist man etwas preisgünstiger.

MEDITERRAN

15 Juan Costa €€
Brandschenkestrasse 130
Tel. 044 233 32 22
www.juancosta.ch
Ruhetag: So.
Pinchos und Tapas vom Feinsten: Im ehemaligen Areal der Hürlimann Brauerei wird heute spanisch-mediterran gekocht. Die Kantine im 1. Stock bietet täglich ein günstiges Mittagsmenü.

20 Ristorante Cooperativo €
Sankt Jakobstrasse 6
Tel. 044 241 44 75

www.cooperativo.ch
Kein Ruhetag
Das »Coopi« ist 100 Jahre alt – das einstige Lokal italienischer Arbeiter ist heute eine Institution als Zentrum linker Kultur. »Normale« Speisekarte, gute Qualität.

21 terrasse Restaurant €€
Limmatquai 3
Tel. 044 251 10 74
www.bindella.ch, kein Ruhetag
Restaurant und Bar in einem schönen Rundbau. Hervorragende italienische Küche und große Auswahl an guten Weinen. In der Bar bekommt man auch nur Kleinigkeiten zu essen.

22 Il Giglio €€€
Weberstrasse 14
Tel. 044 242 85 97
www.ilgiglio.ch, Ruhetag: Sa.
Versteckt in Aussersihl liegt dieser besondere, zuverlässige Italiener mit Tradition. Die Wirtin Andrea Russo ist auch berühmt für ihre Salsiccia (Macelleria Russo, Schöneggstrasse).

23 Spaghetti factory €€
Niederdorfstrasse 5
Tel. 044 251 94 00
www.bindella.ch, kein Ruhetag
Einfache, gute Spaghettigerichte, einige wenige Fleischgerichte und Salate. Eine zweite Spaghetti factory mit ähnlicher Speisekarte gibt es in der Schiffslände 6.

VEGETARISCH

11 Hiltl €€
Sihlstrasse 28, Tel. 044 227 70 00
www.hiltl.ch, kein Ruhetag
Zürichs vegetarisches Restaurant schlechthin. Exzellente kreative Küche, schöne Räume und sehr angesagt. Gleich daneben: die erste vegetarische Metzgerei der Schweiz, natürlich ebenfalls ein Hiltl-Ableger.

Das Hiltl: gelungene Mischung aus Restaurant, Lounge und gemütlichem Treff

EINSIEDELN

Bürgi's Burehof €€€€
Euthalerstrasse 29, 8844 Euthal
Tel. 055 412 24 17
www.buergis-burehof.ch
Ruhetag: Mo., Di.
Ein Bauernhaus von 1860 am Südende des Sihlsees. Trotz der Abgelegenheit ist das schöne Gourmetlokal meist gut besucht. Mit zwei stilvollen Zimmern (mittlere Preiskategorie)

Rund um den Zürichsee locken die Gartenrestaurants.

WINTERTHUR

㉔ Schloss Wülflingen €€€

Wülflingerstrasse 214
8408 Winterthur
Tel. 052 222 18 67
www.schloss-wuelflingen.ch
Kein Ruhetag

Feiner kulinarischer Genuss im Schloss Wülflingen 3 km westlich von Winterthur. Beim Schloss handelt es sich um das bedeutendste Winterthurer Herrenhaus.

㉕ Restaurant Taggenberg €€€

Taggenbergstrasse 79
8408 Winterthur
Tel. 052 222 05 22
www.restaurant-taggenberg.ch
Ruhetag: So., Mo.

Ein zauberhaftes Haus im Grünen nordwestlich des Zentrums in Winterthur-Wülflingen mit Blick auf Winterthur. Es gibt eine abwechslungsreiche ambitionierte Karte und dazu ein großes Weinsortiment.

㉖ Tibits €

Oberer Graben 48
8400 Winterthur
Tel. 052 202 73 33
www.tibits.ch
Kein Ruhetag

Von morgens an bis 23.00 Uhr wird hier ein köstliches vegetarisches Buffet angeboten. Viele Bioprodukte, kein Glutamat, keine Gentechnik, alles immer frisch.

㉗ Alte Kaserne €

Technikumstrasse 8
8402 Winterthur
Tel. 052 267 57 80
www.altekaserne.winterthur.ch
Mo. – Fr. 8.00 – 24.00,
Sa. 15.00 – 24.00 Uhr

Nettes Bistro mit kleiner Karte, darunter vegetarische Gerichte und selbst gemachter Kuchen. Man legt Wert auf Bioprodukte und solche aus der Region. Gleich gegenüber der Hochschule, daher besucht auch viel junges Publikum die Alte Kaserne.

ZÜRICHSEE

Wirtschaft zum Wiesengrund €€€€

Kleindorfstrasse 61
8707 Uetikon am See
Tel. 044 920 63 60
www.wiesengrund.ch
Ruhetag: So., Mo.
Ein regelrechter Gourmettempel oberhalb des Seeufers in rustikal-edlem Rahmen. Schattige Gartenterrasse.

Gasthof zum Löwen €€€

Seestrasse 595
8706 Meilen
Tel. 043 844 10 50
www.loewen-meilen.ch
Kein Ruhetag
Alter Gasthof zwischen Kirche und Schifflände. Hübsche Räumlichkeiten und schöne Terrasse.

CAFÉS IN ZÜRICH

1 etc. s. Plan S. 70/71

1 Café Wühre

Wühre 11, Tel. 044 221 08 98
Café an der Limmat mit Terrasse und Blick aufs Grossmünster.

2 Sprüngli

Bahnhofstrasse 21
Tel. 044 224 46 16
Ein Klassiker unter Zürichs Cafés. Hier gibt es hervorragende süße Spezialitäten und ein original Zürcher Bircher Müesli.

3 Schober

Napfgasse 4
Tel. 044 251 51 50
Kaffeehausklassiker in neuem Gewand. Vorzügliches Gebäck und kleine Speisen in Räumen.

4 Schwarzenbach

Münstergasse 19
Tel. 044 261 13 80
Das Kolonialwarengeschäft Schwarzenbach ist eine Zürcher Institution mit seiner Kaffeerösterei und dem einzigartigen Ambiente. Gleich nebenan liegt das Teecafé mit frisch gebackenem Kuchen und etliche Tee- und Kaffeesorten.

5 Gran Café Motta

Limmatquai 66
Tel. 044 252 31 19
Schönes Boulevardcafé unter italienischer Leitung, wo man auch Kleinigkeiten essen kann.

6 Felix

Bellevueplatz 5
Tel. 044 251 80 60
Klassisches Café mit sehr gutem Angebot an Kuchen und Gebäck, sowie kleinen Speisen.

7 Confiserie Honold

Rennweg 53
Tel. 044 211 52 58
Feine Patisserie zum Schwelgen, Konfekt, Torten, kleine Sandwiches und Canapés, auch Bircher-Müesli. Alteingesessener Zürcher Familienbetrieb.

8 Cakefriends

Torgasse 3
Tel. 044 2 52 22 11
Mo. – Sa. 10.00 – 22.00,
So. bis 20.00 Uhr
Frisch gebackene Kuchen ohne Konservierungsstoffe aus erstklassigen Zutaten. Auch mit salzigen Snacks wie Quiches und anderem mehr überzeugen die Cakefriends.

Feiertage · Feste · Events

Eine Stadt in Feierlaune

Rund ums Jahr steigen in Zürich und am Zürichsee etliche Veranstaltungen. Einige stützen sich auf ehrwürdige Traditionen, andere haben sich erst jüngst einen Platz im Veranstaltungskalender der Stadt erobert. Hauptspektakel: das Sechseläuten.

Tradtionsfeste

Wer behauptet, die Zürcher verstünden nicht zu feiern, war sicher die letzten 20 Jahre nicht in der Stadt. Längst beschränkt sich Globaliät nicht mehr nur aufs Big Business, sondern erstreckt sich auf eine internationale Festkultur. Die traditonellen Feste gehören natürlich immer noch zu den Höhepuntken im Festkalender. Allen voran das **Sechseläuten,** wie das große Fest der Zünfte heißt. (▶ Baedeker Wissen S. 100). Ebenfalls traditionellen Ursprungs ist das über 400 Jahre alte **Knabenschiessen**. Der Zeitgeist hat allerdings zugeschlagen: Heute dürfen auch Mädchen bei diesem Wettschießen mitmachen. Einen tiefen Einblick ins Schweizer Brauchtum bietet der **Nationalfeiertag** am 1. August.

Party

Das größte Fest Zürichs und der ganzen Schweiz ist das **Züri-Fäscht**, das alle drei Jahre gefeiert wird (▶ Baedeker Wissen S. 99). Als fest etabliert Teil der Zürcher Festkultur zeigen sich die Partys in den Badis. Während bei den Stadtfesten Zigtausende strömen, bieten die Partys in den Badeanlagen nur beschränkt Platz. Vor allem in den historischen **Badis** wird aus Brandschutzgründen der Einlass beschränkt. Tolle Tage erlebt Zürich in der **Fasnachtszeit**. Allerdings feiert man hier erst nach Aschermittwoch. Nicht weniger bunt geht es am Christopher-Street-Day zu, der im Juni unter dem Namen **»Zurich Pride«** gefeiert wird.

Kultur

Auch kulturell tut sich einiges an See und Limmat. Das **Zürcher Theater Spektakel** zählt zu den wichtigsten europäischen Festivals für zeitgenössisches Theater. Ebenfalls im Sommer steigen die **Festspiele Zürich**.

Sportevents

Riesenzulauf genießt die Seeüberquerung, bei der der Zürichsee durchquert wird. In Rapperswil gibt es jedes Jahr im August ein Volksschwimmen. Geschwommen werden 1,5 km von der Insel Lützelau in die Seebadi von Rapperswil. Das neue Jahr beginnt in Zürich mit dem **Neujahrsmarathon** genau um Mitternacht. Im April wird noch einmal gerannt. Die Besten aus aller Welt kommen zu Europas größtem Freestyle-Trendsportfestival Europas im September nach Zürich.

Sommer, Sonne, gute Laune: Partytime im Seebad Enge

FEIERTAGE

1. Januar: Neujahr
2. Januar: Berchtoldstag (Geschäfte sind geöffnet)
Karfreitag, Ostermontag
April: Sechseläuten (3. Mo. im April)
1. Mai (Tag der Arbeit)
Auffahrt (Christi Himmelfahrt)
Pfingstmontag
1. August: Nationalfeiertag
September: Knabenschiessen (2. Wochenende, Sa., So. u. Mo. vormittags; Geschäfte sind Mo. geöffnet)
25./26. Dezember: Weihnachten

EVENTS IM JANUAR

Mercedes-CSI

Ein großes Fest der Pferde. Dieses internationale Springreitturnier ist das höchstdotierte Hallenturnier der Welt und findet im Hallenstadion statt. www.mercedes-csi.ch

FEBRUAR/MÄRZ

Fasnacht

Die tollen Tage werden in Zürich immer am Wochenende nach (!) dem Aschermittwoch groß gefeiert. Auf dem Festprogramm stehen eine spektakuläre Carnevals-Parade, Maskenbälle und diverse multikulturelle Karnevals- und Musikgruppen an diversen Plätzen in der Innenstadt. www.zurichcarneval.ch

APRIL

Sechseläuten/Sächsilüüte

Traditionelles Frühlingsfest der Zünfte am 3. Mo. im April. Ab dem 14. Jh. verkündete im Sommerhalbjahr um sechs Uhr abends eine Glocke vom Grossmünster den Feierabend, und das erstmalige Läuten bot den Anlass zu einem Frühlingsfest. Höhepunkt des Fests ist der Zug mit rund 3600 Zunftmitgliedern in historischen Gewändern, der auf der Sechseläutenwiese am Opernhaus mit der Verbrennung des »Bööggs« endet, eines Watteschneemanns auf einem riesigen Reisighaufen. Je früher sein Kopf durch die darin verborgene Sprengladung zerrissen wird, desto schöner wird der Sommer.
▸Baedeker Wissen S. 100
www.sechselaeuten.ch

Zürichmarathon

42,195 Kilometer rund ums Zürcher Seebecken.
www.zurichmarathon.ch

JUNI

Zurich Pride

Anderswo wird die große Party der Gay-Szene mit Straßenfest und Bühnenshows unter dem Namen Christopher Street Day gefeiert. Höhepunkt ist die Parade – schrill, bunt und mit politischem Hintergrund: Auch in Zürich demonstrieren Schwule, Lesben, Bisexuelle und Transmenschen gegen Diskriminierung. Jährlich Anfang Juni auf dem Kasernenplatz unweit vom Hauptbahnhof. www.zurichpride.ch

Albanifest

In Winterthur wird immer am letzten Juniwochenende das »größte, jährlich stattfindende Stadtfest Europas« gefeiert.
www.albanifest.ch

Zum Sechseläuten gehört der traditionelle Umzug der Zünfte.

JUNI / JULI

Festspiele Zürich

Opernhaus, Schauspielhaus, Tonhalle-Orchester und Kunsthaus Zürich sowie weitere Museen und Theater bestreiten und gestalten das Programm mit klassischen Konzerten, Opern, Tanz, Theater, Kunst und Open-Air-Übertragungen auf dem Münsterhof.
www.festspiele-zuerich.ch

JULI

Caliente!

Das »Festival Tropical & Mercado Mundial« ist ein Riesenfestival im Kreis 4 mit südamerikanischer Livemusik und vielen heißen Tanzshows. Im Dreieck Volkshaus/Helvetiaplatz/Kaserne stehen auf dem »Mercado Mundial« kunterbunte Kunsthandwerkständen; es winken exotische Drinks und Snacks und überall sorgen die Sambagruppen für das unwiderstehliche Zucken in den Beinen.
www.caliente.ch

Live at Sunset

Großes Festival mit Zehntausenden Besuchern; Musiker wie Gilberto Gil, Diana Krall, Al Jarreau, Ben Harper, Foreigner, Nina Hagen waren schon zu Gast auf dem Gelände der Dolder Kunsteisbahn auf dem Adlisberg.
www.liveatsunset.ch

Züri Fäscht

Das größte Volksfest in der Schweiz mit Musik, verschiedensten Darbietungen und Feuerwerk.
▶Baedeker Wissen S. 99
www.zuerifaescht.ch

Seeüberquerung
Gestählte Athleten wie auch Freizeitschwimmer stürzen sich in die Fluten, um vom Strandbad Mythenquai aus 1,45 Kilometer bis zum Strandbad Tiefenbrunnen zu schwimmen. Ohne Wettkampfdruck, denn es wird keine Zeit genommen. Die Portion Risotto auf der anderen Seeseite erhält jeder. Hier gilt: Dabeisein ist alles. Findet Anfang Juli statt, es werden vorsichtshalber auch Ersatztermine benannt, sollte die Wassertemperatur noch keine 21°C betragen.
www.seeueberquerung.ch

AUGUST
Nationalfeiertag 1. August
Mit Alphörnerklang und viel Folklore, einem Umzug vom Werdmühleplatz durch die Bahnhofstrasse zum Bürkliplatz und einem Volksfest feiert Zürich den Schweizer Nationalfeiertag.
www.bundesfeier.ch

Zürcher Theater Spektakel
Internationales Theaterfestival auf der Landiwiese mit Theatergruppen und Straßenkünstlern. Auf 13 Bühnen werden rund vierzig aktuelle internationale Produktionen gezeigt.
www.theaterspektakel.ch

SEPTEMBER
Knabenschiessen
Bei diesem Traditionsfest, 1656 erstmals verbrieft, treten 13- bis 17-jährige Jungen und Mädchen auf dem Albisgüetli zum Wettschießen an; dazu gibt es drei Tage lang einen großen, beliebten Jahrmarkt, die »Chilbi«.
www.knabenschiessen.ch

freestyle Zürich
Mitte/Ende September findet diese dreitägige Trendsportfestival auf der Landiwiese statt. Zu Europas größtem Freestylesport-Treffen reisen Skateboarder, Snowboarder, Freestyle Motocrosser und andere an. Drei Tage Sport, Show und Party, dazu zeigen angesagte Labels und 80 Aussteller ihre neuen Kollektionen rund um den Freestylesport.
www.freestyle.ch

DEZEMBER
Weihnachtsmarkt
Im Niederdorf durften Zimt und Glühwein und die Stände bieten allerhand Weihnachtliches feil. Auch im Hauptbahnhof wird ein Christkindlimarkt abgehalten. Hingucker ist dort der 15 Meter hohe Weihnachtsbaum, an dem unzählige Swarovski-Kristalle mit der Weihnachtsbeleuchtung von 150 Ständen um die Wette glitzern. Und das vier Wochen lang von 1. Advent bis einschließlich Heiligabend.
www.christkindlimarkt.ch

EVENTKALENDER IM INTERNET
www.zueritipp.ch
www.usgang.ch
www.kulturinfo.ch
www.myzuri.ch

TICKETS
Zürich Tourismus
►Auskunft

online
www.ticketcorner.ch

Alle drei Jahre wieder

Das größte Fest der ganzen Schweiz steigt alle drei Jahre in Zürich: das Züri-Fäscht. Während beim Sechseläuten Traditionelles gezeigt wird, steht beim Stadtfest das Feiern, Staunen und Tanzen im Vordergrund – und zwei Feuerwerke der Spitzenklasse.

Die große Sause 2013 ist vorbei, Zürich fiebert nun dem Jahr 2016 entgegen. Für alle, die es kaum erwarten können, bietet www.zuerifaescht.ch einen sekundengenauen Countdown.

Seit 1951 feiert Zürich ein Stadtfest, zunächst in unregelmäßigen Abständen, 1991 etablierte sich der Dreijahresrhythmus für eine Feier, die am **ersten Juliwochenende** über zwei Millionen Menschen in die für drei Tage autofreie Innenstadt lockt.

Auf **60 Bühnen** in der Innenstadt und am See zeigen Kleinkünstler ihre Shows, Musiker aller Couleur sorgen für Partystimmung, die Karussells drehen sich. Auch an die Kinder richtet sich ein breites Programm. Über dem See werden waghalsige **Flugshows** gezeigt. Über 300 Foodstände ziehen alle kulinarischen Register. Im Schnitt fließen ungefähr 300 000 Liter Bier und eine Million sonstige Getränke, zudem verspeisen die Festgäste rund 400 000 Würstchen und 300 000 gebratene Fleischspieße.

Höhepunkte sind die beiden **Musikfeuerwerke**, die Freitag- und Samstagabend am See gezündet werden. Hier lassen sich die – im Übrigen privaten – Festveranstalter nicht lumpen und verwenden allen Ehrgeiz darauf, Feuerwerkskunst von Weltrang zu zeigen. Damit die dazugehörige Musik perfekt zu hören ist, installiert man eine neun Kilometer lange, mit 300 Boxen bestückte Soundarena.

Grün hat Vorfahrt

Wo sich solche Menschenmassen tummeln, geht das nicht ohne Müll und Energieverbrauch über die Bühne. Nur **Ökostrom** fließt durch die Leitungen, Geschirr wird nachhaltig recycelt. Die nächsten Festtermine sind 2016 und 2019.

Höhepunkt des Züri-Fäschts sind die beiden Feuerwerke überm See.

»Es schööns Sächsilüüte!«

So grüßt man sich Mitte April in Zürich. Denn dann zelebrieren die Zürcher Zünfte mit dem Sechseläuten einen alten Frühlingsbrauch. Zehntausende Zuschauer säumen die Straßen, wenn kostümierte Kinder und Trachtenträger ihre Umzüge veranstalten. Höhepunkt des viertägigen Fests: die Verbrennung des Böögg auf dem Sechseläutenplatz.

▶ Die Zürcher Zünfte
wurden gegründet als Versammlungen der verschiedenen Gewerke der Stadt Zürich. Ausnahme ist die Gesellschaft zur Constaffel, deren Mitglieder nicht Handwerker, sondern Adlige und Ritter waren.

▶ Wappen und Trachten
Jede Zunft führt ein eigenes Wappen und hat eine eigene Tracht, die auf ihren Ursprung hinweist. Die drei abgebildeten sind die Trachten der **»Gesellschaft zur Constaffel«**, der **»Zunft zu Wiedikon«** und der **»Stadtzunft«** (v.l.n.r).

▶ Das Sechseläuten-Wochenende

Freitag
17.00 Uhr
Offizielle Eröffnung auf dem Platz der Kantone (Lindenhof) mit Präsentation des Gastkantons

Samstag
In den Zunfthäusern finden die Zünftlerbälle statt. Hier werden historische Kostüme getragen.

Sonntag
14.30 Uhr
2000 bis 3000 Kinder zwischen 5 und 15 Jahren in historischen Kostümen und Tracht bilden den **Kinderumzug**.

▶ Brenndauer des Böögg

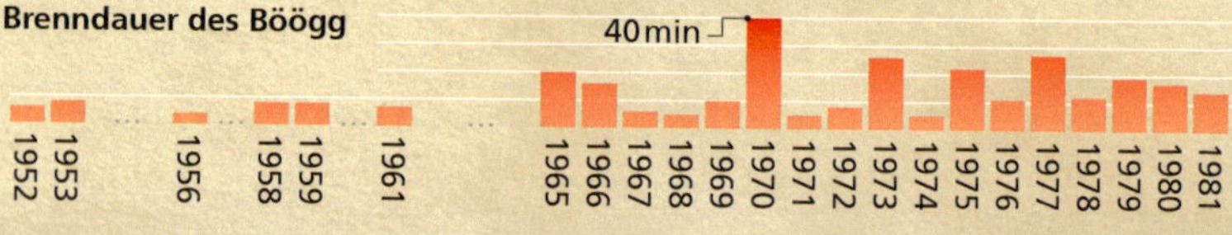

Der Böögg
Mitten auf dem Sechseläutenplatz steht der mit Feuerwerkskörpern gefüllte Böögg. Seine Verbrennung soll den Winter austreiben.

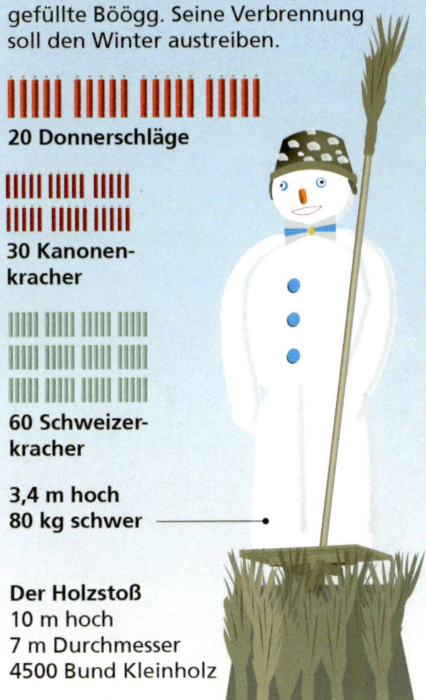

Montag
7.00 Uhr
21 Böllerschüsse
11.00 Uhr
Zunft zur Weggen wirft kleine Brötchen aus den Fenstern der Häuser am Grossmünsterplatz, die Zunft zur Saffran veranstaltet ein Mörserschießen, Langschiffe fahren auf der Limmat.
Ab 15.00 Uhr:
Zug der Zünfte zum Feuer
Einige zehntausend Zuschauer säumen den Streckenverlauf.
Ab 18.00 Uhr:
Verbrennung des Böögg
Während der Böögg brennt, umkreisen ihn die Reitergruppen. Je rascher der Kopf dieses künstlichen Schneemanns explodiert, desto schöner soll der Sommer werden.

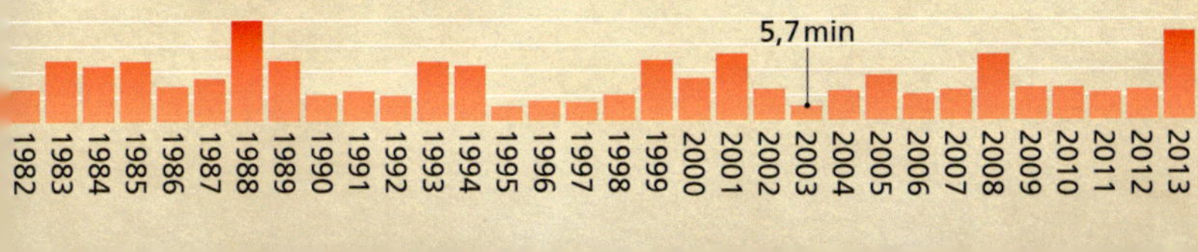

Mit Kindern unterwegs

Erlebnisse in und um die City

Für Familien mit Kindern bieten Zürich und vor allem die Umgebung viel. Draußen im Grünen und am See gibt es allerhand zu entdecken und zu erleben. Viele Museen sind auf junge Besucher eingestellt und bieten zum Teil ein eigenes Kinderprogramm.

Kinderermäßigungen bieten viele Sehenswürdigkeiten, und wer die Zürichcard (►Praktische Informationen) erworben hat, erhält teils Rabatt. Im Sommer zählt der Badebesuch in einem der Frei- bzw. Seebäder zu den preisgünstigsten Varianten der Freizeitgestaltung.

Tiere

Vieles, was Erwachsene an einem Städteaufenthalt interessant finden, ist für Kinder nicht so rasend spannend. Eine besonders große Überschneidung der gemeinsamen Interessen dürfte das Thema Tiere bilden. Selbst wenn man der Tierhaltung im Zoo kritisch gegenübersteht, lohnt ein Besuch der Familie im Zürcher Zoo. Dort werden Tiere so artgerecht wie möglich in einer Umgebung gehalten, die den natürlichen Lebensräumen der entsprechenden Arten möglichst nahe kommt. Wer gerne heimische Tiere beobachten möchte, besucht den Wildnispark Zürich im ►Sihlwald und schließt sich einer kleinen Safari an. In der Stadt selbst bietet sich der Besuch der **Volière** am Seeufer an. Dort kann man Vögel beobachten und erfährt viel Wissenswertes rund um die Vogelhaltung.

Wasser

An Wasserfreuden mangelt es in Zürich nicht: An warmen Sommertage bietet sich das **Strandbad** Mythenquai (►Enge) an, denn es ist, wie auch das Freibad Letzigraben, auch auf Familien ausgerichtet. Die historischen Badis bieten sich für Kinder weniger an. Den **►Zürichsee** kann man auf Bootstouren erkunden: Man mietet sich am Utoquai **Tretboote** oder **Ruderboote** und schippert auf eigene Faust über den See. In Pfäffikon am Südufer des Zürichsees gegenüber von Rapperswil lockt das Wasserparadies **Alpamare**.

Museen, Erlebnisparks

Viele Museen bzw. Abteilungen bieten ein umfangreiches Familien- und Kinderprogramm, z. B. das ►Landesmuseum, in dem Kinder bis 16 Jahre auch keinen Eintritt bezahlen müssen. Mit etwas Vorplanung ergattert man einen Platz bei den begehrten Kinder- und Familienaktivitäten im Haus Konstruktiv. Weitere Museen und Erlebnisparks auf den Folgeseiten.

Ein Zoo ist für Kinder immer interessant, nicht nur, wenn Bärenkinder klettern lernen. Und der Zoo in Zürich ist einer der besten der Welt.

TIERE

Voliere

Mythenquai 1, www.voliere.ch
Öffnungszeiten ▸Arboretum
Eintritt frei
Für alle, die mehr über ihren Wellensittich und die heimische Vogelwelt wissen wollen.

> ! BAEDEKER TIPP
>
> *Im Spieleparadies*
>
> **Als die Bahnhofstrasse noch lange nicht zur Exklusiv-Meile mutiert war, hatte die Spielwarenhandlung Franz Carl Weber hier bereits ihren Stammsitz. Heute bietet das Geschäft auf vier Stockwerken so ziemlich alles, womit Kinder spielen können. Witzig: die riesige Auswahl an Luftballons, grandios: die Kugelbahn.**
> **Bahnhofstrasse 62, Mo.–Fr. 9.00 bis 18.30, Sa. bis 18.00 Uhr, www.fcw.ch**

Zoo Zürich

Zürichbergstrasse 221
Tel. 044 254 25 05
www.zoo.ch
Öffnungszeiten ▸Zoo
Eintritt: Erw. 22 CHF,
Kinder (6–16 Jahre): 11 CHF,
Jugendl. bis 25 Jahre: 16 CHF,
Familien: 60 CHF
Tiere in Käfigen anzuschauen, ist hier völlig out. Vielmehr muss man Tiger, Löwen, die Seebären und Nashörner in ihren Gehegen überhaupt erst entdecken. Denn die haben ziemlich viel Auslauf und jede Menge Versteckmöglichkeiten. Damit es zu keinen Frustrationen kommt, bietet der Zoo regelmäßig Fütterungstermine. Selbst die heimlichste Raubkatze kommt aus ihrem Versteck, wenn man die entsprechenden Leckerbissen anbietet. Bei der Gelegenheit stellen die Tierpfleger »ihre« Tiere vor und erzählen allerhand spannende Geschichten.
Grandios: das neue Elefantenhaus Kaeng Krachan, die Steppenwelt Panatal sowie die Masoala-Regenwaldhalle mit dem nagelneuen Baumkronenpfad. Im Zoolino können kleine Kinder Tiere streicheln und füttern und sich auf dem Spielplatz austoben.

WASSER

Alpamare

Gwattstrasse 12
8808 Pfäffikon
Tel. 055 415 15 15
www.alpamare.ch
Öffnungszeiten ▸S. 270
Eintritt (gestaffelt nach Verweildauer und Tag): Erw. ab 39,50 CHF, Kinder ab 32 CHF,
Familien: 2 Erw. und 2 Kinder inkl. Wellness ab 161 CHF
Der riesige Fun- und Wasserpark zählt zu den tagesfüllenden Programmpunkten. Kleine und große Wasserratten mit Flussbad Rio Mare, Indoor-Wellenbad, zehn Rutschbahnen, Pommes und vielem mehr.

Ausflugsschiffe

Auf dem Zürichsee werden die Kleine Rundfahrt angeboten, die 1,5 Stunden dauert, und die Große Rundfahrt bis nach Rapperswil mit einer Fahrtzeit von vier Stunden. Mit Glück erwischt man einen der historischen Raddampfer: die »Stadt Zürich« und die »Stadt Rapperswil« drehen im Sommer ihre Runden über den See.
Preise ▸S. 121

MUSEEN UND ERLEBNISPARKS

Haus Konstruktiv

Öffnungszeiten ►Schanzengraben
Frühzeitig anmelden!
Eintritt: Erw. 16 CHF, Kinder und Jugendliche bis 18 J. gratis, Familien (2 Erw. mit Kindern bis 18 J.) 20 CHF
Das Museum bietet sehr interessante Angebote für Kinder: Im SonntagsAtelier lernen die Kinder einzelne Exponte kennen und experimentieren im Museumsatelier danach selbst (Kinder zwischen 5 und 10 Jahre). Bei den Kunst-Expedition (Familien mit Kindern ab 5 Jahren) nimmt eine Expertin die Familien mit auf eine Führung durchs Museum.

Indianermuseum

Seefeldstrasse 317
www.nonam.ch
Öffnungszeiten ►Nordamerika Native Museum
Kinder, die sich für Indianer interessieren, sind im NONAM gut aufgehoben. Prächtiger Federschmuck im Original, Kochgeräte, Pfeil und Bogen, flinke Boote aus Seehundfell und vieles mehr bringen Kindern die Welt der Indianer und Inuit näher.

Kindercity

Chlirietstrasse 12
8604 Volketswil
Tel. 043 204 30 60
www.kindercity.ch
Eintritt: Erw. 17,50 CHF, Kinder 14,50 CHF, Kino extra
In Volketswil gut 10 km östlich von Zürich können Familien auf Entdeckungstour gehen, spielen, experimentieren und lernen.

Landesmuseum Zürich

Museumstrasse 2
Tel. 044 218 65 11
www.nationalmuseum.ch
Öffnungszeiten ►Landesmuseum
Eintritt: Erw 10 CHF, Kinder bis 16 J. gratis
Alles über Heidi, Geldtresore und sonstiges Wissenswerte über die Schweiz.

Schweizer Kindermuseum

Ländliweg 7, 5400 Baden
Tel. 056 222 14 44
www.kindermuseum.ch
Eintritt: Erw. 12 CHF, Kinder 4 CHF
Wie spielten Kinder durch die Jahrhunderte? Was war ihr Spielzeug? Sehen und staunen!

Spielzeugmuseum

Fortunagasse 15
www.spielzeugmuseum.ch
Öffnungszeiten ►Rennweg
Spielzeug aus vergangenen Zeiten: alte Spiele, Puppen, Puppenstuben und Eisenbahnen. Die Sammlung reicht bis in die Anfänge des 20. Jahrhunderts.

Technorama

Technoramastrasse 1
8404 Winterthur
Tel. 052 244 08 44
www.technorama.ch
Öffnungszeiten ►Winterthur
Eintritt: Erw. 27 CHF, Kinder (ab 6 bis 15 J.) 16 CHF
Das einzige Science-Center der Schweiz ist für Kinder und Jugendliche aller Altersgruppen spannend. Dort erleben sie auf eindrucksvolle Weise anhand vieler Experimente, wie Wissenschaft funktioniert.

Museen · Sammlungen

Im Reich der Künste

Die Liste der Museen in Zürich und Winterthur ist lang. Wer nur wenig Zeit hat, muss sich beschränken, denn über 50 Museen, viele von Weltruf, und 100 Galerien können allein in Zürich besucht werden.

Museen

Ob Kunst, Architektur, Wissenschaft, (Kultur-)Geschichte, Ethnolgie oder Design, das Angebot ist immens. Neben den Sammlungen der öffentlichen Hand oder Privatpersonen zeigen die Intitute der ETH und der Universität kleine, exzellente Wissenschaftsschauen. In Zürich haben hochkarätige Sammlungen ihren Sitz mit einem Fundus von Weltruf, beispielsweise das Kunsthaus Zürich. Inspirierend ist der Besuch der Museen für zeitgenössische Kunst, die sich im Löwenbräuareal und anderen ehemaligen Industriearealen niedergelassen haben.

Die Öffnungszeiten der Museen und Sammlungen sind nicht ganz einheitlich. Wie so oft haben viele Museen montags geschlossen, andere aber auch samstags. Eine Übersicht über die Einrichtungen, die montags und nach Feierabend geöffnet haben, bietet der Verein Zürcher Museen unter www.museen-zuerich.ch. Inhaber einer **Zürich-Card** (►Preise · Vergünstigungen) kommen kostenlos in fast 40 Museen, manche kleinere Museen kosten sowieso keinen Eintritt. Ideal, um so vielen Museen wie möglich in kurzer Zeit eine Stippvisite abzustatten, ist die **Lange Nacht der Museen**, die jährlich am 1. Samstag im September stattfindet.

Galerien

In Zürich als einer der führenden Kunsthandelsstädte der Welt gibt es mehr als 100 Galerien, deren Programm ein breites Spektrum abdeckt. Zu sehen sind Klassiker der Moderne und der Gegenwartskunst, Werke junger, unbekannter Künstler sowie Arbeiten von Künstlern, die sich schon einen Namen gemacht haben. Ein Großteil der Galerien konzentriert sich im **Oberdorf** und in der **Rämistrasse**, eine jüngere Galerienszene findet man in den trendigen Stadtvierteln **Aussersihl** und **Industriequartier** und hier gehäuft im **Löwenbräuareal**. Einen guten Überblick über die aktuelle Galerien- und Kunstszene erhält man bei der Kunst Zürich, einer Messe, die jedes Jahr im November im Stadtteil Oerlikon veranstaltet wird. Etwa 80 Galerien überwiegend aus der Schweiz und aus Deutschland, aber auch aus dem asiatischen Raum stellen hier aus. Im August feiern die Zürcher Galerien die Saisoneröffnung und bieten drei Tage lang Rundgänge durch 63 Ausstellungen an.

Geheimnisvoller Eingang, fesselnde Objekte: Museum Rietberg

KUNSTMUSEEN

Kunsthaus Zürich
► Kunsthaus

Migros Museum für Gegenwartskunst
► Löwenbräuareal

Kunsthalle Zürich
► Löwenbräuareal

Museum Rietberg
► Museum Rietberg

Sammlung E. G. Bührle
► Sammlung E. G. Bührle

Shedhalle
► Wollishofen

Grafische Sammlung der ETH Zürich
► ETH

Haus Konstruktiv
► Schanzengraben

Helmhaus Zürich
► Wasserkirche

Atelier Hermann Haller
► Seefeld

KULTURHISTORISCHE MUSEEN

Landesmuseum Zürich
► Landesmuseum Zürich

Zürcher Spielzeugmuseum
► Rennweg

Archäologische Sammlung Universität Zürich
Rämistrasse 73
Tel. 044 634 28 11
www.archinst.uzh.ch
Di.–Fr. 13.00 – 18.00,
Sa.–So. 11.00 – 17.00 Uhr
Umfassende Ausstellung über antike Kulturen, neben den zahlreichen Originalen aus der ägyptischen, hellenischen und römischen Epoche sind auch die Abgüsse hochinteressant. Sonderausstellungen ergänzen das Angebot.

Haus zum Rech Baugeschichtliches Archiv
► Niederdorf

Johann Jacobs Museum
► Utoquai

Zunfthaus zur Meisen Zürich
► Münsterhof

Mühlerama
► Seefeld

Uhrenmuseum Beyer Zürich
► Bahnhofstrasse

Thomas-Mann-Archiv der ETH Zürich
► ETH

Zentralbibliothek Zürich
► Predigerkirche

ARCHITEKTUR UND DESIGN

Architekturforum Zürich
Brauerstrasse 16
Tel. 043 317 14 00
www.af-z.ch
Di., Mi., Fr. 12.00 – 18.00,
Do. 16.00 – 22.00,
Sa. 11.00 – 17.00 Uhr
Ausstellungen und verschiedene Veranstaltungen zu aktueller Architektur und Städtebau

»Wissen ist schwerelos – das wollte ich sichtbar machen«: Santiago Calatravas Formel für die Bibliothek des Rechtswissenschaftlichen Instituts

gta Ausstellungen ETH Zürich

Institut für Geschichte und Theorie der Architektur
Wolfgang-Pauli-Strasse 15
Tel. 044 633 29 36
www.ausstellungen.gta.arch.ethz.ch
Wechselnde Ausstellungen zu Fragen der zeitgenössischen Architektur als Schnittstelle zwischen Theorie und Praxis

Museum Bellerive

▸ Seefeld

Centre Le Corbusier

▸ Seefeld

Museum für Gestaltung Zürich

▸ Zürich-West

Max-Frisch-Ausstellungsraum

▸ Aussersihl

TECHNIK

Tram-Museum Zürich

Forchstrasse 260
Tel. 044 380 21 62
www.tram-museum.ch
Mi., Sa., So. 13.00 – 17.00 Uhr
Straßenbahnen von 1897 bis 1960, Uniformen von Tramlenkern und Schaffnern, Billettautomaten, Modellanlage u. v. m.

Zivilschutz-Museum
Habsburgstrasse 17
Zürich-Wipkingen
Tel. 044 411 22 12
Führungen von Zivilschutzprofis durch Bunkerluft und Zivilschutzgeschichte jeden 1. Sa. im Monat, 14.00 und 16.00 Uhr

AUSSEREUROPÄISCHE KULTUREN

NONAM – Nordamerika Native Museum
▶ Nordamerika Native Museum

Völkerkundemuseum der Universität Zürich
▶ Park zur Katz

NATURWISSENSCHAFTEN

focus terra
▶ ETH

Kulturama – Museum des Menschen
Englischviertelstrasse 9
Tel. 044 260 60 44
www.kulturama.ch
Di.–So. 13.00 – 17.00 Uhr
600 Mio. Jahre Evolution und Interessantes aus der Kulturgeschichte des Menschen. Gut gemachte Zeitreisen – auch für interessierte Kinder.

Moulagenmuseum
▶ Universität

Museum der Anthropologie
Winterthurerstrasse 190
Tel. 044 635 49 54
www.aim.uzh.ch
Di.–So. 12.00 – 18.00 Uhr
Ausstellungen zur Geschichte der Menschheit

Paläontologisches Museum
▶ Universität

Pharmakognostische Sammlung
▶ ETH

Medizinhistorisches Museum
▶ Universität

Zoologisches Museum
▶ Universität

BOTANISCHE SAMMLUNGEN

Botanischer Garten der Universität Zürich
▶ Botanischer Garten

Sukkulentensammlung
▶ Sukkulentensammlung

KUNSTMUSEEN IN WINTERTHUR

Museum Oskar Reinhart am Stadtgraben
▶ Winterthur

Sammlung Oskar Reinhart am Römerholz
▶ Winterthur

Kunstmuseum Winterthur
▶ Winterthur

Fotomuseum Winterthur und Fotostiftung Schweiz
▶ Winterthur

Villa Flora
▶ Winterthur

Museum Briner und Kern
▶ Winterthur, Rathaus

Galerien und Kunstmessen

VERBÄNDE

Verein Zürcher Galerien
Zwinglistrasse 36
Tel. 044 291 20 43
www.dzg.ch
Der Verein vertritt 63 der renommiertesten Zürcher Galerien im Bereich zeitgenössischer Kunst. Die Webseite bietet eine nach Stadtbezirken gestaffelte Übersicht, das aktuelle Programm sowie die vertretenen Künstler. Jährlich im August lädt der Verein zur großen Saisoneröffnung.

Verband Schweizer Galerien
Waisenhausplatz 30
Postfach 6259
3001 Bern
www.artgalleries.ch
Was sich jenseits des Zürcher Stadtgebiets tut, ist über den Verband der Schweizer Galerien zu erfahren.

GALERIEN (AUSWAHL)

Galerie Bruno Bischofberger
Weissenrainstrasse 1
8708 Männedorf (20 km von Zürich entfernt am Zürichsee)
Tel. 044 250 77 77
www.brunobischofberger.com
Werke u. a. von Jean-Michel Basquiat, Clemente und Andy Warhol

Hauser & Wirth
Limmatstrasse 270
Tel. 044 446 80 50
www.hauserwirth.com
Die Galerie vertritt viele Künstler der Spitzenklasse wie Pipilotti Rist und Paul McCarthy.

Peter Kilchmann
Zahnradstrasse 21 (Maagareal)
Tel. 044 278 10 10
www.peterkilchmann.com.
Die Galerie sticht durch avantgardistische Kunst hervor.

Kunstwarenhaus
Neumarkt 6
www.kunstwarenhaus.ch
Bezahlbare Kunst von jungen und etablierten Künstlern

Bob van Orsouw
Limmatstrasse 270
Tel. 044 273 11 00
www.bobvanorsouw.ch
Die Galerie zeigt auch junge Künstler, die sich noch einen Namen machen wollen.

Eva Presenhuber
Zahnradstrasse 21 (Maagareal)
Tel. 043 444 70 50
www.presenhuber.com
Schweizer Künstler wie Ugo Rondinone und Urs Fischer gehören hier zum Progromm.

KUNSTMESSEN

Kunst Zürich
www.kunstzuerich.ch
Kunst Zürich findet jährlich in der 2. Oktoberwoche im Stadtteil Oerlikon statt; rund 70 Galerien aus dem In- und Ausland sind vertreten. Mit Kinderprogramm.

Art International Zürich
ww.art-zurich.com
Diese internationale Messe für zeitgenössische Kunst steigt im Oktober im Kongresshaus.

Shopping

Von Luxuslabel bis Secondhand

Bummeln, stöbern, einkaufen – viele Gäste kommen genau aus diesem Grund nach Zürich. Teuerste Geschäfte wechseln hier mit kreativen Zürcher Designern ab, von denen die Gebrüder Freitag die bekanntesten, aber nicht die einzigen sind.

Wo gibt es was?

Die wichtigsten und größten Einkaufsstraßen liegen rund um den Bahnhof – allen voran die **Bahnhofstrasse**, die bekannteste und wohl auch teuerste Shoppingmeile mit mehreren großen Kaufhäusern, Filialen exklusiver Ketten und luxuriösen Modegeschäften. Shoppen, bei dem man nicht jeden Cent umdrehen muss, ist hier bestens möglich.
Viele kleinere Läden findet man in den Gassen im **Niederdorf**, Anspruchsvolle, die etwas Ausgefallenes suchen, werden sich hier gerne umsehen. Am **Limmatquai** gibt es schöne Geschäfte und Boutiquen, die allerdings nicht unbedingt besonders günstig sind. Viele kleine Lädchen in der **Altstadt** bieten Souvenirs an. Am linken Limmatufer in der Altstadt haben einige kleine Handwerksgeschäfte ihren Sitz.
Dann gibt es die **Langstrasse** in Zürich-West, in der fast alles zu bekommen und auch das eine oder andere Schnäppchen zu finden ist, oder die **Josefstrasse** mit individuellen kleinen Läden mit teilweise ziemlich originellem Angebot. In den Viaduktbögen in Zürich-West zwischen Viaduktstrasse und Limmatstrasse sind ebenfalls diverse interessante Läden eingezogen.

Öffnungszeiten

Die meisten Geschäfte öffnen zwischen 8.00 und 9.30 Uhr und schließen um 18.30 oder 19.00 Uhr, einige wenige haben bis 20.00 Uhr geöffnet. Bei ein paar Geschäften steht man montags vormittags vor verschlossener Tür. Donnerstags haben manche Geschäfte länger geöffnet, d. h. bis 20.00 Uhr. Alle Geschäfte im Bahnhof Stadelhofen haben an 365 Tagen im Jahr, also auch sonntags, geöffnet.

Schweizer Souvenirs

Wer ein typisches Mitbringsel aus der Region Zürich sucht, kann über lokales Kunsthandwerk nachdenken: Holzschnitzereien oder Textilien aus Spitze. Hintergrundinformationen zu einigen bekannten Souvenirs aus der Schweiz (►Baedeker Wissen S. 116).

Originelles

Das junge kreative Zürich hat viele ausgefallene Geschäfte, in denen jede Menge Ungewöhnliches angeboten wird. Im Übrigen sind viele Geschäfte in Zürich sehr inspirierend, und es macht Spaß, sich einfach umzuschauen, ob man nun etwas kauft oder nicht.

Ein Hort des Schweizer Handwerks: das Heimatwerk

Shopping-Adressen

KAUFHÄUSER

Jelmoli
Seidengasse 1
Kaufhaus mit bester Auswahl an Markenqualität

Globus
Schweizergasse 11
Theaterstrasse 12
globus.ch
»Savoir vivre« auf mehreren Etagen: Mode, Düfte, Wohnaccessoires, Delikatessen

KULINARISCHES

Kolonialwaren Schwarzenbach
Münstergasse 19
www.schwarzenbach.ch
Alteingesessenes Geschäft im Niederdorf. Jede Menge Tee- und Kaffeesorten, Gewürze, Essig und Öle. Das Geschäft selbst ist die reinste Augenweide: Hohe Regale voll der feinsten Spezialitäten aus aller Welt versetzen in Urgroßvaters Zeiten zurück, es duftet nach orientalischen Gewürzen, und wenn Kaffee frisch geröstet wird, dringt der Duft bis auf die Gasse hinaus.

Confiserie Sprüngli
Bahnhofstrasse 21
www.spruengli.ch
Die berühmten Luxemburgerli, Pralinés, Truffes – hergestellt nach traditionellen Rezepten

Teuscher Confiserie
Storchengasse 9
Bahnhofstrasse 46
Napfgasse 4
Feine Trüffel und Pralinen

BÜCHER

Sphères
Hardturmstr. 66
www.spheres.ch
Buch, Bar & Bühne in einem – eine Buchhandlung mit Bar, in der man Kaffee, Drinks und leckere kleine Snacks bekommt, und ab und zu gibt es Lesungen und Konzerte.

Orell Füssli
Kramhof, Füsslistrasse 4
books.ch
Zürichs größte Buchhandlung bietet ein umfangreiches Sortiment.

BESONDERE SOUVENIRS

Schweizer Heimatwerk
Uraniastrasse 1
www.heimatwerk.ch
Die Genossenschaft bietet Schweizer Kunsthandwerk und Souvenirs von höchster Qualität.

Zürichfoto.ch
Kirchgasse/Obere Zäune 3
www.zuerichfoto.ch
Mo. geschlossen
In der Altstadt: Fotos mit Zürcher Motiven, signiert und mit Prägestempel – ein schönes Souvenir aus der Limmatstadt!

MODE

Vestibule
St. Peterstrasse 20
www.vestibule.ch
Angesagte Marken, elegant und fein

Ida Gut
Ankerstrasse 112 (Innenhof)
www.idagut.ch

Klassisch-elegante, ausgefallene Mode, zurückhaltend und schön präsentiert

DINGS
Zollstrasse 12
www.dings.ch
Trendige junge Mode

SCHUHE

Wick Shoes
Fortunagasse 38
wickshoes.ch
Schuhe für den Herrn: Markenschuhe, rahmengenähte Schuhe, feine Lederaccessoires wie Taschen und Gürtel

Peter & Vreni
Langstrasse 225
schuhmode.ch
Große Auswahl an klassischen und modischen Schuhen in guter Qualität

UHREN / SCHMUCK

Bucherer
Bahnhofstrasse 50
www.bucherer.com
Traditions-Familienunternehmen. Schweizer Uhren, Bucherer Uhren, großes Schmucksortiment

Paul Gerber
Bockhornstrasse 69
Tel. 044 401 45 69
Paul Gerber fertigt nicht nur exklusive Uhren an, sondern entwickelt auch selber komplizierte Mechanismen.

Swatchstore
Bahnhofstrasse 94
shop.swatch.ch
Hier gibt's die berühmte und erfolgreiche Schweizer Plastikuhr.

DESIGN/ACCESSOIRES

Saus & Braus
Ankerstrasse 14
www.sausbraus.ch
Kaufhaus für Design: Mode, Schmuck, Taschen, Wohnaccessoires von mehr als 60 interessanten Schweizer Designlabels aus den Zürcher Stadtbezirken Kreis 5 und 4

Freitag
Geroldstrasse 17
www.freitag.ch
Im Freitag-Tower gibt es stapelweise Taschen des Zürcher Labels Freitag aus recyclten Lkw-Planen.

FLOHMÄRKTE UND BROCKENHAUS

Flohmarkt am Bürkliplatz
Mai – Okt. Sa. 6.00 – 16.00 Uhr
Trödel und Wertvolles

Flohmarkt am Helvetiaplatz
Sa. 8.00 – 16.00 Uhr
Großer Flohmarkt mit großem Angebot

Flohmarkt Kanzlei
Sa. 8.00 – 16.00 Uhr
Kanzleistrasse 56
Riesenflohmarkt, auf dem man fast alles finden kann

Arche Brockenhaus
Hohlstrasse 489
Hier können Zürcher alles Überflüssige, was noch gut und brauchbar ist, abgeben bzw. spenden. Mit dem Verkauf werden Sozialprojekte finanziert. Schön zum Stöbern, manchmal ist etwas Gutes dabei. Auch CDs, Vinyl und DVDs im Angebot.

Swissness – Schweiz zieht

Auf dem Schweizer Armeemesser leuchtet es unverkennbar: das weiße Kreuz auf rotem Grund als Markenzeichen, das als Inbegriff erstklassiger Qualität gilt. Auch Schweizer Uhren und Schokolade sind für ihre Qualität bekannt. Mittlerweile ist geregelt, wer das proftitträchtige Kreuz tragen darf.

Es ist nicht unerheblich, ob ein Produkt das weiße Schweizer Kreuz auf rotem Grund trägt oder nicht. Viele Kunden wählen gerne die solchermaßen aus der Masse hervorstechenden Produkte; »Swissness« bedeutet also einen klaren Wettbewerbsvorteil. Dem Wildwuchs, das Kreuz nach Belieben aufzubringen, trat das Schweizer Parlament entgegen. Im Juni 2013 war es nach mehrjährigem Ringen soweit: Die Politik einigte sich auf einen gesetzlichen Rahmen für die Herkunftsbezeichnung Schweiz/ Made in Swiss. Bei Industrieprodukten, also auch Uhren, müssen mindestens 60 Prozent der Herstellungskosten inklusive Forschung und Entwicklung in der Schweiz aufgelaufen sein. Geht es um Nahrungsmittel, zählt das Gewicht, das zu 80 Prozent Schweizer Erzeugnisse auf die Waage bringen müssen. Milchprodukte, also Käse & Co., müssen hingegen zu 100 Prozent aus der Schweiz stammen.

Berühmte Namen

Viele weltbekannte Marken stammen aus der Schweiz: Rolex, Omega, Tissot stehen für Uhren, Calida, Bally, Strellson, Mammut für Bekleidung, hinter Ovomaltine, Rivella, Lindt, Sprüngli und Toblerone stecken wohlbekannte Produkte. Etliche Firmen sind bereits über 100 Jahre auf dem Markt. Zum Beispiel **Victorinox**. Seit 1897 stellt die Firma das Schweizer Offiziersmesser her. Firmengründer Karl Elsener entwarf für die Schweizer Armee ein kompaktes Taschenmesser, das zwischen den roten Griffschalen zusätzlich Bohrahle, Dosenöffner und Schraubenzieher enthielt. Für

Made in Swiss: das Original Schweizermesser von Victorinox

die Zivilisten ließen sich die Messerschmiede allerhand Zusatzfunktionen einfallen: Zahnstocher über Pinzette hin zu Korkenzieher, Schere, Feile, Lupe, Nadelöhr, Laserpointer: insgesamt stehen heute 81 weitere Funktionalitäten zur Verfügung. Echt ist das »Schweizer Offiziersmesser« nur, wenn es entweder von Victorinox oder Firma Wenger stammt, wobei Wenger mittlerweile zu Victorinox gehört.

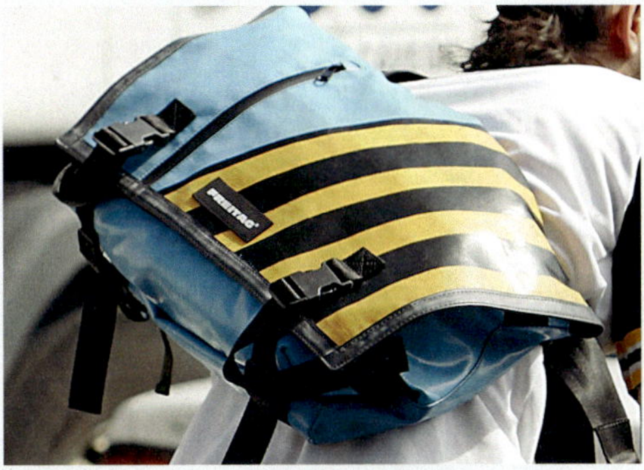

Haben Kultstatus: die Taschen von Freitag, gefertigt aus alten Lastwagenplanen

Auch die Feldflaschen von **Sigg,** ebenfalls verlässlich »swissmade«, baumeln in jedem Souvenir- und Outdoor-Laden. Zunächst stellte die 1908 in Biel gegründete Firma Bettflaschen aus Aluminium her, dann kamen die ersten Trinkflaschen: leicht, ohne Schweißnähte, schlicht in Form und Funktion, und jahrzehntelang nur naturfarben (also silbergrau) oder rot lackiert erhältlich. Die Flaschen sind unverwüstlich, kein Kratzer und keine Beule schaden ihnen. Seit 1980 bilden die mittlerweile in allen Farben lackierten Feldflaschen das Basisprodukt der Firma, die heute in Frauenfeld produziert und in 40 Länder exportiert.

Zürcher Input

Zürich hat seinen Anteil daran, wohlfeile Schweizer Marken zu bilden. Legendär ist die Geschichte der Uhrenmarke **Swatch** (der Name setzt sich zusammen aus »Swiss« und »Watch«), die in einer Zeit spielt, als die japanische Konkurrenz immer mehr Boden gewann. Zwar gelang den Ingenieuren die Fertigung einer besonders flachen elektronischen Uhr, doch die ersten Stücke floppten. Viel zu behäbig und unmodern. Erst als die Züricher Designer Jean Robert und Käti Robert-Durrer der Uhr einen frischen Anstrich mit quietschbunten Armbänder und verrückte Mustern auf dem Ziffernblatt verpassten, gelang 1983 der große Durchbruch, der heute als Rettung der Schweizer Uhrenindustrie gefeiert wird.

Auf eine Erfolgsidee der Zürcher Grafikdesigner Markus und Daniel **Freitag** gehen die Freitag Taschen zurück. Ihnen gelang 1993 mit aus alten Lkw-Planen hergestellten Umhängetaschen der große Wurf. Sie sind belastbar und funktionell, doch günstig zu haben sind diese Stücke nicht; der Kultstatus treibt den Preis nach oben.

Stadtbesichtigung

Spannende Einblicke

Zürichs Hauptsehenswürdigkeiten liegen eng beieinander und lassen sich daher bequem zu Fuß erkunden. Wer mehr sehen möchte als Grossmünster, Bahnhofstrasse und Zunfthäuser, dem stehen eine Fülle von Möglichkeiten zur Verfügung, sei es im Rahmen von Stadtbesichtigungen oder auf eigene Faust.

Zürich Tourismus

Zürich Tourismus (►Auskunft) veranstaltet zahlreiche Stadtrundgänge und Stadtrundfahrten – vom klassischen **Altstadtbummel** über die Sightseeingtour mit dem Classic Trolley, einem nostalgischen Bus, bis hin zu Kombitouren durch Zürich und in die Umgebung: Zürich und Uetliberg, Zürich und Rapperswil, in die Umgebung mit dem Bus, mit dem Fahrrad oder zu Fuß.

Thementouren

Auch Touren zu speziellen Themen bietet Zürich Tourismus: Architektur, berühmte Persönlichkeiten, Schokolade, Shopping, Zürich-West und Oerlikon. Ungewöhnliche, aber naheliegende Themen werden den Besuchern ebenfalls auf einer Stadtführung näher gebracht: »Money, money, money« nennt sich eine Exkursion auf den Spuren des Geldes. Auch zu unüblichen Zeiten werden Gruppen durch die Stadt geführt, etwa beim Nachtbummel. **Stattreisen Zürich** bietet Themenführungen an, die für diejenigen interessant sind, die die wichtigsten Sehenswürdigkeiten schon kennen.

Mit dem Rad

Zürich Tourismus veranstaltet Touren mit dem Rad, darunter **Sommernächte mit dem Fahrrad**. Alternativ kann man unter www.zurichbybike.ch Radtouren durch Zürich zu verschiedenen Tages- (und Nacht)zeiten oder zu bestimmten Themen buchen.

Segway-Touren

Warum laufen, wenn man mit einem Segway so bequem von A nach B kommen kann? Diese ungewöhnlichen Gefährte haben sich als ideal für Stadtführungen erwiesen, vor allem, wenn wie in Zürich die Industriequartiere erkundet werden. Auch in Winterthur kann man solche Touren buchen. Voraussetzung für die Teilnahme ist allerdings ein Mindestalter von 16 Jahren (bei Zürich Tourismus 18 Jahre) sowie ein Führerschein fürs Auto bzw. Motorrad Klasse A1. Auch sollte man nicht in den Flip-Flops auf ein Segway steigen, sondern in Schuhen mit gutem Halt. Der Helm wird gestellt. Bevor es losgeht, erhalten alle Teilnehmer eine Einweisung ins Segway-Fahren. Das kann je nachdem eine halbe Stunde dauern. Dann aber geht es flott durch die City und Umgebung.

Gehört zum Pflichtprogramm der Altstadttour: das Grossmünster

Eine gemütliche Variante, Zürichs Ufer und den See zu erkunden

Mit dem Schiff Eine der schönsten Möglichkeiten, die Gestande von Zürich und dem Zürichsee zu erkunden, ist die Fahrt mit einem der beiden historischen Raddampfer, den letzten Zeugen jener Epoche zwischen 1836 und 1914, als von Escher-Wyss in Zürich noch Schiffe gebaut wurden. Sie verkehren im Sommer täglich, im Frühjahr und Herbst immer sonntags zwischen Zürich und Rapperswil-Jona. Einstiegsmöglichkeiten sind am Bürkliplatz, in Rapperswil und Schmerikon. **Ausflugsfahrten** auf dem Zürichsee werden zwischen Anfang April und Ende Oktober ebenfalls von der Zürichsee Schifffahrtsgesellschaft angeboten, eingeschränkt auch im Winterhalbjahr. Start ist an den Anlegern am Bürkliplatz. Es gibt **Rundfahrten** von verschiedener Dauer, bei einigen gilt die ZürichCard.

Limmat Ideal für alle, die auf eigene Faust losziehen: Auf der Limmat verkehren im Sommer Linienschiffe im Halbstundenrhythmus zwischen Haltestelle Landesmuseum und Zürichhorn. Man kann beliebig ein- und aussteigen und auch Rundfahrten machen.

Apps Für Gäste mit einem iPhone oder iPad gibt es eine kostenlose App, die GPS-basiert 30 Plätze in Zürich näher erläutert. Entwickelt wurde die App vom Schweizer Ingenieurs- und Architektenverein (SIA). Download im Apple iTunes-Store unter **»Swiss Squares«**.
ZüriPlan, eine App der Stadt Zürich, bietet 19 interaktive Spaziergänge sowie Radtouren und den kompletten Stadtplan mit Angaben zu Sehenswürdigkeiten, Hotels, Restaurants, Haltestellen usw. (Apple iTunes-Store und Google Play Store unter »ZüriPlan«). Außerdem hat die Stadt Zürich eine **WC App** entwickelt (nur für Android; Google Play Store unter »WC Finder Zürich«).

ZÜRICH TOURISMUS

Hauptbahnhof
Tel. 044 215 40 00
www.zuerich.com

Zu Fuß

Nov. – März Mi., So. 11.00, Sa. 11.00, 15.00 Uhr
April – Okt. tgl. 15.00, zusätzlich Sa., So. 11.00 Uhr
Dauer: 2 Stunden
Preis: 25 CHF

Mit dem Classic Trolley-Bus

Ganzjährig tgl. 9.45, 12.00, 14.00 Uhr
Dauer: 1,5 – 2 Stunden
Preis: Erw. 34 CHF, Kinder 17 CHF

Mit dem Bus

Nov. – März tgl. 13.00, April – Okt. 10.15, 13.00 Uhr
Dauer: 2 Stunden
Preis: Erw. 34 CHF, Kinder 17 CHF

ALTERNATIVE STADTFÜHRUNGEN

Zürich zu Fuß

Allein gegen ein Trinkgeld werden hier die meisten Touren angeboten. Sie führen entweder in die Altstadt oder nach Zürich-West. Gegen eine Gebühr von 25 CHF führen die freiwilligen Guides auch an den Schauplatz blutiger Schlachten und Staatsstreiche sowie zu den Zürcher Chocolatiers. Buchung online über www.freewalkzurich.ch

Zürich mit dem Fahrrad

Umweltfreundlich und schnell: Brigitte Oberholzer und Anette Michel führen Gruppen bis zu 10 Personen mit dem »Velo« durch die Stadt. Dauer: ca. 2,5 Stunden
Preis: 10 Personen 250 CHF
Ein (Elektro-)Rad kann gestellt werden.
Buchung: www.zurichbybike.ch

Stattreisen Zürich

Dieser Veranstalter bietet einige ungewöhnliche Thementouren, darunter zu Dada, Kriminalgeschichte, Zürcher Juden, das linke Zürich.
Mai – Okt., Preis: 25 CHF
www.stattreisen.ch

Segwaytours

HB-Adventure Switzerland AG
Röschibachstrasse 22
8037 Zürich
www.segwaycitytours.ch
April – Okt. Sa. 14.00, So. 10.30, 14.00 Uhr
Preis: 89 CHF (um 10.30 Uhr), 109 CHF (um 14.00 Uhr)

SCHIFFSAUSFLÜGE

Linienverkehr

Zürcher Verkehrsverbund (ZVV)
Tel. 0848 988 988
www.zvv.ch
Ticketverkauf an ZVV-Schaltern
April – Mitte Okt.

Rundfahrten

Zürichsee Schifffahrtsgesellschaft (ZSG)
Tel. 044 487 13 33
www.zsg.ch
Ticketverkauf am Bürkliplatz
Vormittagsrundfahrt: 2 Std., Rundfahrt bis Erlenbach 1,5 Std. (Preis: 8,40 CHF); bis Wädenswil 2,5 Std. (24,80 CHF), Große Rundfahrt bis Rapperswil 4 Std. (25 CHF), Obersee-Rundfahrt 7 Std. (33,20 CHF);
Kinder zahlen die Hälfte.

Übernachten

Wertvolle Ruhestunden

Die gute, solide Schweizer Hotellerie ist legendär, und auch in Zürich hat sie eine große Tradition. Unterkünfte sind relativ teuer, aber auch die günstigsten bilden in der Regel alle Schweizer Tugenden ab.

In der Stadt gibt es mehr als 160 Hotels und Pensionen. Wer Geld ausgeben kann und etwas Luxuriöses sucht, hat in der Stadt am Zürichsee eine große Auswahl. Der Qualitätsstandard ist aber generell hoch, und auch günstigere Unterkünfte sind normalerweise passabel eingerichtet, und der Service ist freundlich und gut. In Zürich-West und anderen ehemaligen Industriequartieren sind in den vergangenen Jahren auch viele Hotels gebaut worden bzw. im Entstehen.

Die für die Kategorien angegebenen Preise sind Richtpreise für ein Doppelzimmer. Meist liegen die Preise in der Woche höher, am Wochenende ist es günstiger. Mitunter sind Unterkünfte über Reservierungsdienste im Internet günstiger zu bekommen, mitunter sind die Zimmer allerdings auch vor Ort günstiger zu haben als über das Internet. Man sollte also auf jeden Fall beide Varianten ausprobieren. Viele Hotels haben **Wochenendangebote** (ZürichWEEKEND SPECIAL), das heißt, bei einer Anreise am Freitag, Samstag oder Sonntag gibt es 25 % Rabatt. Informationen dazu erhält man bei Zürich Tourismus.

! BAEDEKER TIPP

Übernachten im Safarizelt

Nicht nur Gäste einiger Luxushotels freuen sich über einen Seezugang. Übernachten direkt am See ist auf Zürichs einzigem Campingplatz auch ohne eigenes Zelt möglich. Geboten werden sechs Safarizelte mit Holzboden und Doppelbett, Frühstück wird gegen Aufpreis ans Zelt geliefert. Wer kein Zelt mag, wählt das Cottage. Zelt: 150 CHF pro Nacht für 2 Pers. inkl. 1 Fl. Champagner, Cottage 160 CHF für 2 Pers.
Fischers Fritz, ►S. 127

Bei Übernachtungen in Zürich müssen Besucher eine **City Tax** (pro Person und pro Nacht ca. 2.50 CHF) zahlen, die entweder im Hotelpreis enthalten ist oder bei kleineren Hotels noch zusätzlich berechnet wird.

Low Budget

Für günstiges Übernachten gibt es in Zürich Backpacker Hotels, Pensionen, Bed & Breakfast, außerdem Jugendherbergen und Campingplätze in Zürich und Umgebung.

Gut, günstig und mit Pfiff: das 25hours hotel in Zürich-West

Empfehlenswerte Unterkünfte

INFOS UND BUCHUNG
Zürich Tourismus
Tel. 0041 44 215 40 40
Kostenlose Hotelreservierung
www.zuerich.com

PREISE
Preiskategorien pro Doppelzimmer
€€€€: über 350 CHF
€€€: 250 – 350 CHF
€€: 150 – 250 CHF
€: unter 150 CHF

1 etc. s. Plan S. 126/127 und Winterthur S. 249

1 The Dolder Grand €€€€
Kurhausstr. 65
Tel. 044 456 60 00
www.thedoldergrand.com
173 Z. Das traditionelle Grand Hotel auf dem Zürichberg erstrahlt in renovierter Pracht – Norman Foster war mit architektonischen Neuerungen betraut. Stilvolle moderne Zimmer und herrlicher Spa-Bereich.

2 Hotel Storchen €€€€
Am Weinplatz 2
Tel. 044 227 27 27
www.storchen.ch, 67 Z.
Zentral und am Limmatufer. Zimmer mit Blick auf den Fluss oder die Altstadt. Im Angebot auch Juniorsuiten zur Limmat.

3 Alden €€€€
Splügenstr. 2
Tel. 044 289 99 99
ww.alden.ch, 22 Suiten
Kleines Haus aus der Gründerzeit, luxuriöse Ausstattung, sehr große Suiten. Im Bankenviertel ruhig nahe dem See gelegen. Mit Restaurant und Bistro.

4 Central Plaza Hotel Zürich €€€
Central 1
Tel. 044 256 56 56
www.central.ch, 101 Z.
In Hauptbahnhofnähe an der Limmat gelegen – zentral, und dennoch ruhig. Es gibt klassische und schön eingerichtete Zimmer und Suiten, teilweise haben sie auch Blick auf die Limmat. Zum Hotel gehört das gediegene King's Cave Restaurant mit einer schönen Sommerterrasse.

5 Sorell Hotel Zürichberg €€€
Orellistrasse 21
Tel. 044 268 35 35
www.zuerichberg.ch, 66 Z.
Oberhalb der Stadt gelegen mit schönem Blick auf den Zürichsee und bis hin zu den Alpen. Ungewöhnlich: der rundliche Anbau. Modern eingerichtete Zimmer in klassischem Design.

6 Greulich €€€
Herman-Greulich-Str. 56
Tel. 043 243 42 43
www.greulich.ch, 18 Z.
Kleines, sympathisches Hotel westlich vom Hauptbahnhof. Eingerichtet in hellem, zeitlosem Design, die Zimmer haben größtenteils direkten Gartenzugang. Zum Hotel gehört ein beliebtes Restaurant, in dem man bei gutem Wetter auch sehr schön draußen sitzen kann.

Hotel Zürichberg punktet mit seiner hervorragenden Lage hoch über der Stadt und einer herrlichen Terrasse. Im Bild: der Neubau.

7 Seegarten €€€

Seegartenstrasse 14
Tel. 044 388 37 37
www.hotel-seegarten.ch, 28 Z.
Kleines Hotel mit hübschen, individuell eingerichteten Zimmern mitten im lebendigen Seefeldquartier nicht weit vom Zürichsee entfernt. Zum Seegarten gehören ein beliebtes Restaurant und eine kleine Bar.

8 Lady's First €€€

Mainaustrasse 24
Tel. 044 380 80 10
www.ladysfirst.ch, 28 Z.
Boutiquehotel in einem im 19. Jh. erbauten ehemaligen Wohnhaus, unweit des Zürichsee-Ostufers im Stadtviertel Seefeld gelegen. Einrichtung in einem leichten modernen Design. Sauna und Wellness.

9 Swissotel Zürich €€

Schulstrasse 44
Tel. 044 317 31 11
www.swissotel.com, 347 Z.
Großes Businesshotel in Oerlikon nördlich der City Zürich in Richtung Flughafen. Helle, angenehm eingerichtete Zimmer, zumeist mit schönem Blick. Mit Spa & Fitness, Restaurant und Bar.

10 stattHotel Zürich €€

Schneggengasse 8
Tel. 043 268 59 30
www.statthotel.ch, 13 Z.
Kleines Altstadthotel in Limmatnähe. Freundlich und modern eingerichtete Zimmer und Suiten mit komfortabler Ausstattung.

11 Hotel Adler €€

Rosengasse 10
Tel. 044 266 96 96
www.hotel-adler.ch, 52 Z.
Schönes zentral gelegenes Stadthotel mit hellen Zimmern, solide und mit gutem Komfort.

12 Hotel du Théâtre €€

Seilergraben 69
Tel. 044 267 26 70
www.hotel-du-theatre.ch, 50 Z.
Angenehmes Hotel am Rand der Zürcher Altstadt – hell und in ausgesuchtem Design eingerichtet. Eine kleine Besonderheit: die Hörbücher in jedem Zimmer.

Hotels und Restaurants

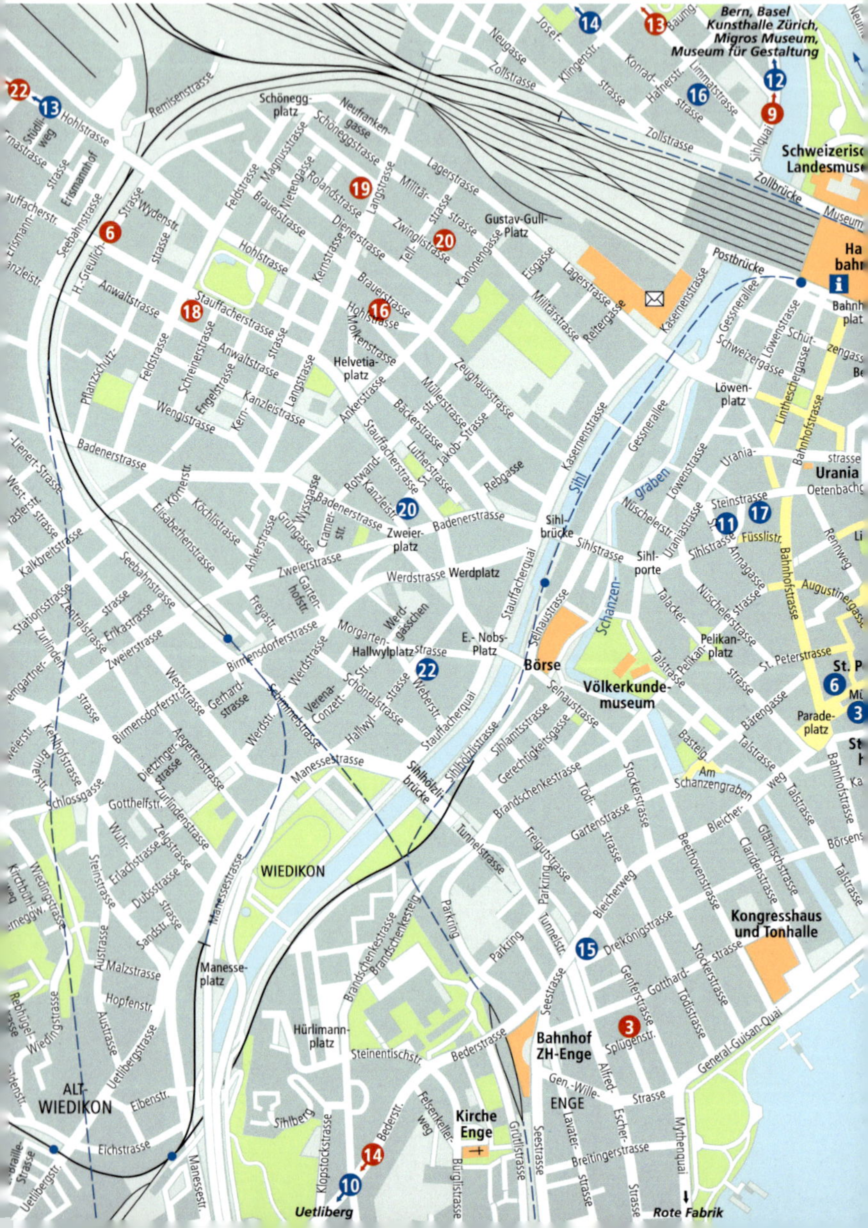

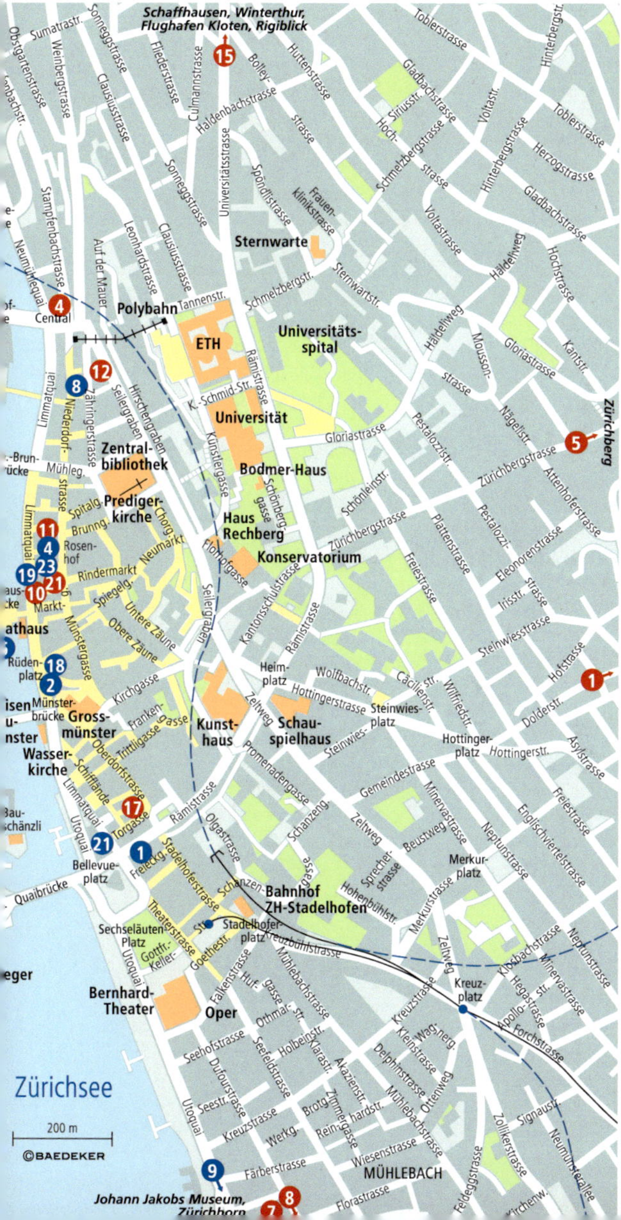

Essen

1 Kronenhalle
2 Zunfthaus zur Zimmerleuten
3 Zunfthaus zur Waag
4 Swiss Chuchi
5 Hotel Storchen
6 Zeughauskeller
7 Schipfe 16
8 Johanniter
9 Fischstube Zürichhorn
10 Uto Kulm
11 Hiltl
12 Planet 5
13 Gnüsserei
14 Steinfels
15 Juan Costa
16 Sala of Tokyo
17 mishio
18 Negishi
19 Blue Monkey
20 Ristorante Cooperativo
21 terrasse Restaurant
22 Il Giglio
23 Spaghetti factory

Übernachten

1 The Dolder Grand
2 Hotel Storchen
3 Alden
4 Central Plaza
5 Sorell Hotel Zürichberg
6 Greulich
7 Seegarten
8 Lady's First
9 Swissotel Zürich
10 stattHotel Zürich
11 Hotel Adler
12 Hotel du Théâtre
13 Hotel X-TRA
14 Uto Kulm
15 Leonardo Rigihof
16 Regina
17 Otter
18 Pension für Dich
19 Hotel Rothaus
20 easy Hotel Zürich
21 City Backpacker/ Hotel Biber
22 25 hours hotel
23 Pension Kafischnaps

⓭ Hotel X-TRA €€
Limmatstrasse 118
Tel. 044 448 15 95
www.x-tra.ch, 93 Z.
Gepflegtes Hotel im Bauhausstil der 1930er-Jahre nahe Löwenbräu-Areal. Zum Hotel gehört das Palais X-TRA, der größte Club-Lounge-Bar-Komplex der Stadt.

⓮ Uto Kulm €€
8143 Uetliberg
Tel. 044 457 66 66
www.utokulm.ch, 55 Z.
Unübertreffliche Sicht über Stadt, See und Berge. Sehr schöne, moderne Zimmer und Suiten. Mit gutem Restaurant.

⓯ Leonardo Rigihof €€
Universitätstrasse 101
Tel. 044 360 12 00
www.leonardo-hotels.com, 67 Z.
Im Bauhaus-Stil 1931 erbaut, jedes Zimmer ist einem für Zürich bedeutenden Menschen gewidmet, mit passender Ausstattung und Lektüre (z. B. James Joyce, Thomas Mann, Max Bill und C. G. Jung).

⓰ Regina €€
Hohlstrasse 18
Tel. 044 298 55 55
www.regina.ch, 68 Z.
Zentral in Aussersihl gelegen. Einfache, solide Zimmer mit nüchterner, geschmackvoller Einrichtung

⓱ Otter €€
Oberdorfstrasse 7
Tel. 044 251 22 07
www.hotelotter.ch, 16 Z.
Ungewöhnliches Haus in der Altstadt mit originell eingerichteten großen Zimmern, je drei Zimmer teilen sich Bad/WC. Im Erdgeschoss ist die Trendbar »Wüste«.

⓲ Pension für Dich €
Stauffacherstrasse 141
Tel. 043 317 91 60
www.fuerdich.ch, 12 Z.
Hübsche Minipension in Aussersihl. Einfache, aber geschmackvoll eingerichtete Zimmer, ein Badezimmer für alle. Auch komplett als Wohnung zu vermieten.

⓳ Hotel Rothaus €
Sihlhallenstrasse 1
Tel. 043 322 10 50
www.hotelrothaus.ch, 43 Z.
An der belebten Langstrasse Ecke Sihlhallenstrasse gelegen, im Hinterhof gibt es auch ruhige Einzelzimmer. Helle, schlicht und schön eingerichtete Zimmer, unten im Haus ist ein Restaurant mit Bar.

⓴ easy Hotel Zürich €
Zwinglistr. 14
Tel. 044 215 40 40
(Zürich Tourismus)
www.easyhotel.com, 33 Z.
Nichtraucherhotel in Fußgängerentfernung vom Hauptbahnhof. Gute Minimalausstattung, Extras wie Parkplatz, WLAN, Zimmerreinigung bekommt man gegen Aufpreis dazu.

㉑ City Backpacker / Hotel Biber €
Niederdorfstrasse 5
Tel. 044 251 90 15
www.city-backpacker.ch, 17 Z.
Ruhig und zentral in der Fußgängerzone der Altstadt mit netter Aussichtsdachterrasse. Einfach und international, insgesamt 65 Betten, also auch Mehrbettzim-

mer; Etagenbäder, kein Frühstück, Kaffee- und Getränkeautomaten, Küche zum Selbstverpflegen.

22 25hours hotel €
Pfingstweidstrasse 102
Tel. 044 5 77 22 55
www.25hours-hotels.com, 126 Z.
2012 eröffnetes Design-Hotel. Schick und unkompliziert Wohnen für den kleinen Geldbeutel mitten in Zürich-West.

23 Pension Kafischnaps €
Kornhausstrasse 57
Tel. 044 215 40 40
(Buchung über Zürich Tourismus)
www.kafischnaps.ch, 5 Z.
Ein kleines, junges City-Hotel in Kreis 6 im Stadtviertel Unterstrass, mit einer netten Cafébar. Die Zimmer sind einfach, modern und ausgesucht eingerichtet.

WINTERTHUR

25 Sorell Hotel Krone €€
Marktgasse 49
8401 Winterthur
Tel. 052 208 18 18
www.kronewinterthur.ch, 40 Z.
Sehr hübsches, modern eingerichtetes Boutiquehotel in einem stilvollen alten Gebäude in der autofreien Altstadt von Winterthur. Zum Hotel gehören ein gutes Restaurant und ein Bistro.

PRIVATZIMMER

Bed & Breakfast
www.bnb.ch

APARTMENTS

Accademia Apartments
www.accademia.li Meist längere Vermietungsdauer, teilweise aber auch für wenige Tage

CAMPING

www.camping.ch
Einzelne Campingplätze und allgemeine Auskünfte

Camping Fischers Fritz Zürich
Seestrasse 559
8038 Zürich
Tel. 044 482 16 12
www.fischers-fritz.ch
137 Touristenstellplätze, Campingplatz direkt am See

Camping Sihlwald
Tabletenstrasse
8135 Langnau am Albis
Tel. 044 720 04 34
Im Sihlwald ca. 12 km südlich von Zürich

JUGENDHERBERGEN

Jugendherberge Zürich
Mutschellenstrasse 114
8038 Zürich, Tel. 043 399 78 00
www.youthhostel.ch/zuerich

Jugendherberge Richterswil
Hornstrasse 5
8805 Richterswil
Tel. 044 786 21 88
www.youthhostel.ch/richterswil

Jugendherberge Rapperswil-Jona
»Busskirch«
Hessenhofweg 10
8645 Jona
Tel. 041 55 210 99 27
www.youthhostel.ch/jona

Jugendherberge Fällanden
Maurstrasse 33
8117 Fällanden
Tel. 044 825 31 44
www.youthhostel.ch/faellanden

TOUREN

Zürich lässt sich wunderbar zu Fuß erkunden: die Gassen der Altstadt, die Sehenswürdigkeiten, die jungen Viertel, in denen alte Fabrikareale neu belebt werden und die Ufer am Zürichsee mit Alpenblick. Kurze Ausflüge führen ins bildschöne Umland.

Touren durch Zürich

Vier Spaziergänge – wenn Sie gut zu Fuß sind, schaffen Sie sie in den angegebenen Mindestzeiten. Aber lassen Sie sich lieber Zeit, es lohnt sich. Und wer bei den längeren Touren zwischendurch ausspannen und eine Pause einlegen möchte, erhält ein paar nette Tipps am Rande.

Unterwegs in und um Zürich

1, 2 oder 3 Tage in Zürich

Wenn man nur **einen Tag** in Zürich bleibt, kann man mit den ersten beiden Touren schon eine ganze Menge in der Stadt kennenlernen und sich einen guten Überblick verschaffen. Beide Spaziergänge sind gut zu Fuß zu machen.
Wer **zwei Tage** Zeit hat, sollte sich im Rahmen dieser beiden Innenstadttouren ausführlicher umsehen, sich mehr Zeit lassen und auch in das eine oder andere Café oder Restaurant gehen, denn die Stadt hat etliche schöne Plätzchen zu bieten, die viel von typisch Zürcher Atmosphäre verraten. Kunstinteressierte sollten vor allem das Kunsthaus Zürich, aber auch das migros museum für gegenwartskunst und die Kunsthalle nicht versäumen und auch die vielen Galerien im

Blick haben. Und unter den Museen sind natürlich das Landesmuseum Zürich und das Museum Rietberg einen Besuch mit genügend Zeit wert.

Wer **drei Tage** oder sogar länger bleibt, ist fein raus. Dann sind mehrere Museumsbesuche möglich, ein Bummel oder sogar ein Picknick in einem der schönen Parks, ein Zoobesuch, eine Fahrt auf den Zürichberg, eine Schifffahrt über den Zürichsee und auf der Limmat, Ausflüge auf den Uetliberg, nach Winterthur oder Einsiedeln oder eine Tour um den Zürichsee.

> **!** BAEDEKER TIPP
>
> *Flott durch Zürich*
>
> Wer es ganz eilig hat und dazu noch ein besonderes Fortbewegungs-Happening sucht, ist im Sommerhalbjahr mit der – allerdings mit 90 – 100 CHF nicht gerade preiswerten – Public Segway City Tour sicher gut bedient. Informationen: Zürich Tourismus, www.zuerich.com

Das Auto kann man bei der Stadterkundung getrost stehen lassen, Fahrten durch die City und die Parkplatzsuche kosten nur Nerven. Mit einer **ZürichCard** kommt man gut und vergleichsweise preiswert durch die Stadt. Alle öffentlichen Verkehrsmittel, auch die Schiffe, kann man damit gratis benutzen, und in viele Museen kommt man mit der ZürichCard kostenlos. Auch **Radfahren** ist eine Alternative, im Sommer gibt es mehrere Verleihstationen, an denen man kostenlos Fahrräder ausleihen kann.

Abkühlen, Ausgehen

Bei heißem Sommerwetter schließlich kann man auch ohne Weiteres alle Viere von sich strecken und sich in einem der **Zürcher Badis** abkühlen und entspannen bzw. einen Zug durch mehrere Badis unternehmen. Bleibt man länger als nur einen Tag und hat also einen **Abend** dabei, zumal einen Sommerabend, dann sollte man auf jeden Fall einen kürzeren oder auch längeren Einblick ins Zürcher Ausgehleben nehmen: Für seine Kneipen, Bars, die Club- und Diskoszene und die genialen Open-Air-Lokalitäten ist Zürich mittlerweile weithin bekannt. Das **Veranstaltungs- und Kulturprogramm** ist sehr groß, so dass man die Abende auch gut mit einem Konzertbesuch jedweder Couleur, im Theater oder bei einem der zahlreichen Stadtfeste verbringen kann.

Blick auf Zürich

Von mehreren Aussichtspunkten in und um Zürich bieten sich herrliche Blicke auf die Stadt, den See und die Alpen, von manchen hat man wunderbare Sonnenuntergänge. Auch auf ein paar hohe Türme kann man steigen und eine schöne Aussicht genießen. Folgende Orte bieten **Panorama-Highlights**: der Lindenhof in der Altstadt, die Polyterrasse der Eidgenössischen Technischen Hochschule (ETH), der Karlsturm des Grossmünsters, der Freitag-Turm im Industriequartier, außerdem natürlich der Zürichberg und der Uetliberg.

Tour 1 Das Zentrum westlich der Limmat

Start und Ziel: Hauptbahnhof
Dauer: ca. 1,5 Stunden

Der Spaziergang führt zu den wichtigsten Sehenswürdigkeiten auf dem linken Limmatufer. Man erhält einen kleinen Einblick in die Ursprünge der Stadt und spaziert in wohldosierten Etappen die Bahnhofstrasse entlang.

Die Tour beginnt am Bahnhofsplatz vor dem ❶ * **Hauptbahnhof.** Auf dem Platz erinnert ein Denkmal an den Politiker und »Eisenbahnkönig« Alfred Escher (►Berühmte Persönlichkeiten), der maßgeblich am Auf- und Ausbau der Schweizer Eisenbahn beteiligt war. Vom Bahnhofsvorplatz biegt man in die ❷ * **Bahnhofstrasse**, die lange Zeit als eine der elegantesten europäischen Einkaufs- und Flaniermeilen galt. Bis heute ist sie vor allem weiter südlich Richtung See ein teures Pflaster. Zum Bahnhof hin findet man dagegen mittlerweile auch etliche Filialen einschlägiger Modeketten, in denen man Bezahlbares erwerben kann.

Das Herz Zürichs

Ein erster Eindruck der berühmten Bahnhofstrasse soll genügen; durch die Kuttelgasse geht es nun in den westlichen Altstadtbereich hinauf zum ❸ * **Lindenhof**. Hier auf dieser baumbestandenen kleinen Anhöhe liegen die Ursprünge der Stadt Zürich, hier entstand eine erste keltische Siedlung, die 15. v. Chr. von den Römern erobert und befestigt wurde. Vielen Zürchern gilt dieser Platz als ihr liebster, hat man doch von dort aus eine prächtige Aussicht und kann sich auf den Bänken ausruhen.

Kirchen im Westen

Mehrere Kirchen sind in der westlichen Altstadt sehenswert. Vom Lindenhof kommt man durch die Widdergasse zur ❹ **Augustinerkirche**, einer gotischen Pfeilerbasilika aus dem 14. Jahrhundert. Sie steht am **Münzplatz**, der seinen Namen nach der Münzstätte trägt, die bis Mitte des 19. Jh.s in den Räumlichkeiten des einstigen Augustinerklosters untergebracht war.
Durch die malerische Augustinergasse geht es zur ❺ **Kirche St. Peter**, Zürichs ältester Kirche, die auf einem römischen Kultplatz errichtet wurde und u. a. letzte Ruhestätte von Rudolf Brun, Zürichs erstem Bürgermeister, ist. Südlich der Kirche zweigt, leicht zu übersehen, eine Treppengasse ab, die Thermengasse, an deren unterem Ende Ausgrabungen **römischer Thermenanlagen** zu sehen sind. Die Gasse endet am Weinplatz, einem lauschigen Fleckchen direkt an

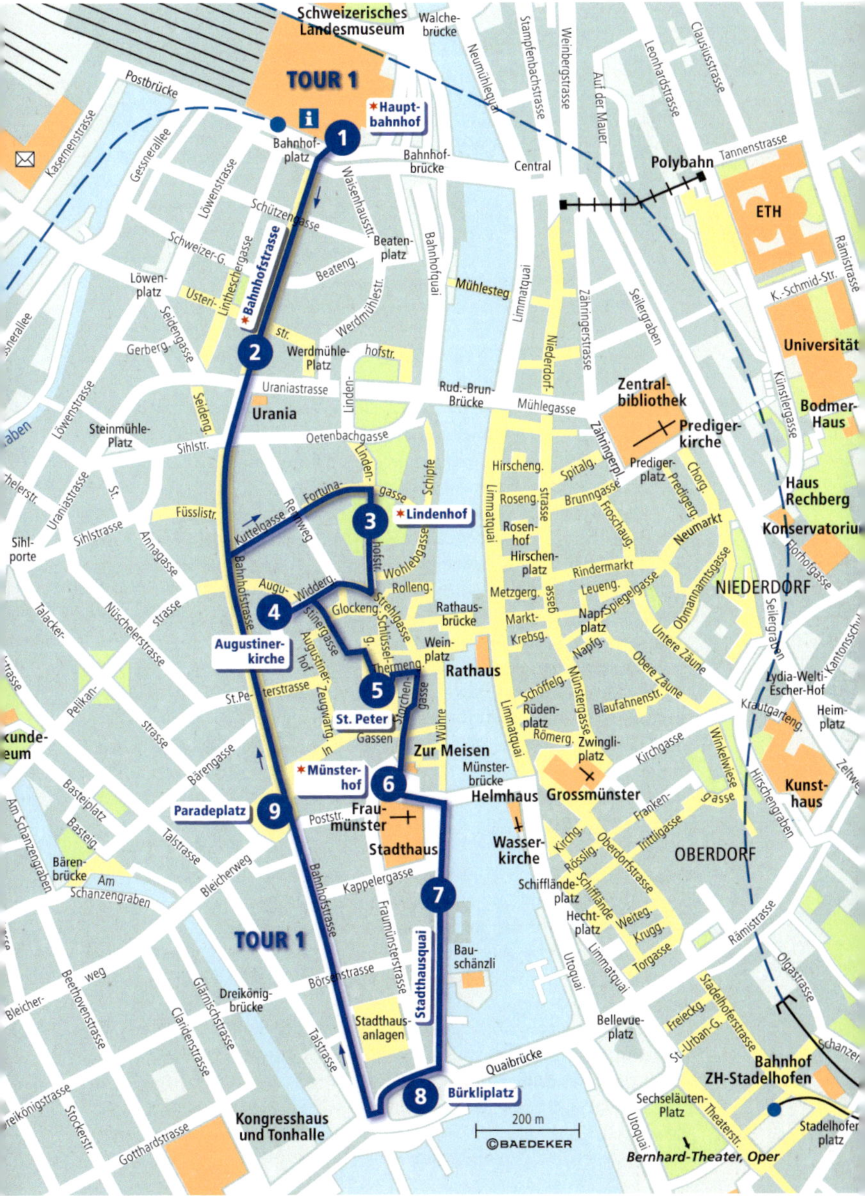
Schweizerisches Landesmuseum
Walchebrücke
TOUR 1
Hauptbahnhof
Postbrücke
Bahnhofplatz
Bahnhofbrücke
Central
Polybahn
Tannenstrasse
ETH
Kasernenstrasse
Gessnerallee
Löwenstrasse
Schützengasse
Waisenhausstr.
Beatenplatz
Bahnhofquai
Mühlesteg
Limmatquai
Zähringerstrasse
Seilergraben
Rämistrasse
K.-Schmid-Str.
Universität
Schweizer-G.
Bahnhofstrasse
Lintheschergasse
Beateng.
Löwenplatz
Usteri-str.
Werdmühlestr.
Seidengasse
Gerberg.
Werdmühle-Platz
Lindenhofstr.
Uraniastrasse
Rud.-Brun-Brücke
Mühlegasse
Niederdorfstrasse
Zentralbibliothek
Predigerkirche
Bodmer-Haus
Künstlergasse
Urania
Seideng.
Steinmühle-Platz
Löwenstrasse
Sihlstr.
Oetenbachgasse
Lindengasse
Schipfe
Hirscheng.
Spitalg.
Zähringerpl.
Predigerplatz
Chorg.
Haus Rechberg
Konservatorium
Uraniastrasse
Fortunagasse
Füsslistr.
Kuttelgasse
Rennweg
Lindenhof
Roseng.
Brunngasse
Froschaug.
Predigerg.
Neumarkt
Sihlporte
Sihlstrasse
St. Annagasse
Rosenhof
Hirschenplatz
Rindermarkt
Florhofgasse
Augustinergasse
Widderg.
Wohllebgasse
Rolleng.
Metzgerg.
Leueng.
Spiegelgasse
NIEDERDORF
Obmannamtsgasse
Talacker
Nüschelerstrasse
Augustinerkirche
Glockeng.
Strehlgasse
Schlüsselg.
Rathausbrücke
Marktg.
Napfplatz
Weinplatz
Krebsg.
Untere Zäune
Napfg.
Rathaus
Thermeng.
Storchengasse
Obere Zäune
Lydia-Welti-Escher-Hof
Kantonsschulstr.
St. Peterstrasse
Zeugwartg.
St. Peter
Schöffelg.
Münstergasse
Blaufahnenstr.
Rüdenplatz
Krautgarteng.
Heimplatz
Pelikanstrasse
In Gassen
Wühre
Zur Meisen
Römerg.
Zwingliplatz
Kirchgasse
Winkelwiesegasse
Bärengasse
Münsterhof
Münsterbrücke
Paradeplatz
Poststr.
Fraumünster
Helmhaus
Grossmünster
Frankengasse
Kunsthaus
Hirschengraben
Basteiplatz
Talstrasse
Stadthaus
Wasserkirche
Kirchg.
Rösslig.
Oberdorfstrasse
Trittligasse
OBERDORF
Bastei
Bärenbrücke
Am Schanzengraben
Bleicherweg
Kappelergasse
Schifflände-platz
Schifflände
Hechtplatz
Weiteg.
Krugg.
Rämistrasse
TOUR 1
Fraumünsterstrasse
Stadthausquai
Bauschänzli
Limmatquai
Torgasse
Olgastrasse
Bleicherweg
Beethovenstrasse
Dreikönigbrücke
Claridenstrasse
Glärnischstrasse
Börsenstrasse
Utoquai
Stadthausanlagen
Bellevueplatz
Freieckg.
St.-Urban-G.
Stadelhoferstrasse
Talstrasse
Quaibrücke
Bahnhof ZH-Stadelhofen
Dreikönigstrasse
Stockerstr.
Bürkliplatz
Sechseläuten-Platz
Theaterstr.
Kongresshaus und Tonhalle
Gotthardstrasse
200 m
©BAEDEKER
Stadelhoferplatz
Bernhard-Theater, Oper

der Limmat, ideal um einen Zwischenstopp einzulegen, z. B. im Café des Hotels Zum Storchen.

Zum Fraumünster

Vom Weinplatz aus führt die Storchengasse zum ❻ * **Münsterhof**, an dem das **Fraumünster** aufragt. Das Fraumünster war einst ein wohlhabendes Frauenkloster, das großen Einfluss in der Stadtpolitik hatte. Ein Besuch lohnt unbedingt: Marc Chagall entwarf die Fenster für den Chor und das südliche Querschiff, Augusto Giacometti das Fenster für das nördliche Querschiff. Ebenfalls am Münsterhof stehen zwei der großen Zürcher **Zunfthäuser**: das 1636 gebaute Zunfthaus zur Waag mit einem barocken Portal (Nr. 8) und das bekannte Zunfthaus zur Meisen, 1757 in schönstem Rokokostil errichtet (Nr. 20). Beide Häuser beherbergen sehr gute Restaurants, das Zunfthaus zur Meisen zudem ein Porzellanmuseum.

Limmat, See, Paradeplatz

Wer mag, überquert die Münsterbrücke und schaut sich Wasserkirche und Grossmünster am anderen Ende der Brücke an. Wer auf die Stippvisite verzichtet, bleibt auf der westlichen Limmatseite und biegt rechts in den ❼ **Stadthausquai** ein, der direkt am Ufer der Limmat entlangführt. Man geht an der Frauenbadi vorbei (Damen dürfen hier eine Runde schwimmen), passiert das Bauschänzli, wo im Sommer Biergartenbetrieb die Flaneure auf die kleine Insel in der Limmat lockt. Wenige Schritte später ist der ❽ **Bürkliplatz** am Ufer des Zürichsees erreicht. Von hier aus bietet sich ein herrlicher Blick über den See, bei klarem Wetter bis hin zu den Glarner Alpen. Am Bürkliplatz befinden sich die Schiffsanleger, hier starten die Linien- und Rundfahrten über den See. Vom Seeufer aus kann man die Bahnhofstrasse entlang wieder in Richtung Norden gehen. Man kommt zum ❾ **Paradeplatz**, wo die Confiserie Sprüngli ihr Stammhaus hat, und eines der bekannten Zürcher Luxushotels, das Hotel Baur en Ville, und das Gebäude der Credit Suisse zu finden sind. Weiter nach Norden geht es wieder zurück zum Hauptbahnhof.

Tour 2 Auf dem östlichen Limmatufer

Start und Ziel: Vom Rathaus zum Bellevueplatz
Dauer: ca. 1,5 Stunden

Auch auf dem rechten, dem östlichen Limmatufer reihen sich die Sehenswürdigkeiten aneinander. Der Spaziergang führt durch ein hübsches Altstadtviertel, das »Dörfli«, zu dem Niederdorf und Oberdorf gehören. Außerdem geht es an wichtigen Kulturinstitutionen der Stadt vorbei; die Tour endet am Ufer des Zürichsees.

Rathaus bis Grossmünster

Startpunkt ist das ❶ **Rathaus**, das unmittelbar an der Rathausbrücke am Ufer der Limmat steht. Das repräsentative Bauwerk entstand im späten 17. Jh.; es war nicht das erste Rathaus der Stadt, vielmehr ersetzte es in einer langen Epoche von Frieden und Wohlstand, in der Zürich zur Stadtrepublik aufstieg, ein älteres. Vom Rathaus aus führt die Tour an der Limmat entlang in Richtung Süden. Hier am ❷ * **Limmatquai** stehen mehrere elegante Zunfthäuser, die sich die wohlhabenden Zünfte errichten ließen, wie das Zunfthaus zur Saffran, das Zunfthaus zur Zimmerleuten oder der Sitz der Zunft zum Kämbel. An der Münsterbrücke erhebt sich das **Helmhaus**, das direkt an die spätgotische ❸ **Wasserkirche** angebaut wurde, die den

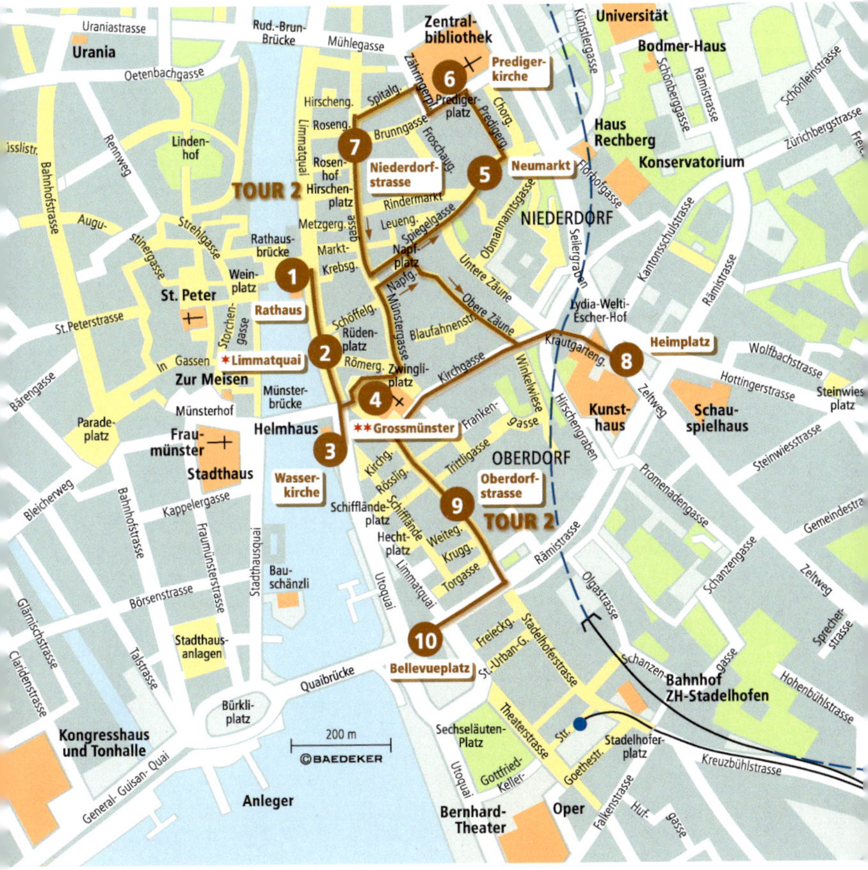

Südteil des Gebäudeensembles darstellt. Die Wasserkirche war einst von Wasser umspült, sie wurde auf eine kleine Limmatinsel gebaut, und zwar an der Stelle, an der die Stadtheiligen Felix und Regula hingerichtet worden sein sollen.
Direkt östlich der Münsterbrücke ragt das ❹ ** **Grossmünster** mit seinen beiden Türmen auf. Das Grossmünster seinerseits wurde dort gebaut, wo die Gebeine der beiden Stadtheiligen gefunden wurden. Im Innern sind u. a. die romanischen Kapitelle und Fenster von Augusto Giacometti und Sigmar Polke sehenswert.

Durchs Dörfli

Der Weg führt weiter durch die Gassen des ▶Niederdorfs, Dörfli genannt: Durch die **Münstergasse** geht man ein Stück in Richtung Norden, biegt rechts in die kurze **Napfgasse**, überquert diagonal den intimen **Napfplatz** und kommt in die **Spiegelgasse**. Dabei passiert man zwei echte Zürcher Institutionen: das Café und Kolonialwarengeschäft Schwarzenbach (Münstergasse 17–19) und die Conditorei Schober (Napfgasse 4). Die Spiegelgasse weiter in östlicher Richtung kommt man zum ❺ **Neumarkt** mit dem Theater am Neumarkt, dem Grimmenturm, der im 13. Jh. als Wohnturm errichtet wurde, und dem Haus zum Rech (Nr. 4) aus dem Hochmittelalter, in dem das Stadtarchiv seinen Sitz hat und das Stadtmodell des mittelalterlichen Zürich zu sehen ist.

! BAEDEKER TIPP

Die besten Brezeln

Ideal für ein schnelle Stärkung zwischendurch: Bäckerei Vohdin in der Oberdorfstrasse 12 (zwischen Tourpunkt 4 und 9). Für die Butterbrezeln, Brötchen, Sandwiches, Apfeltaschen und Nussgipfli macht auch so mancher Zürcher einen Umweg.

Vom Neumarkt aus geht es durch die Predigergasse zum Predigerplatz, von dem aus man östlich oberhalb den mächtigen Kuppelbau der Universität sieht. Am Platz selbst steht die ❻ **Predigerkirche**, deren gotischer Chor vom Kirchenschiff abgetrennt ist; er wird seit 1917 anderweitig genutzt, heute sind hier Räume der Zentralbibliothek untergebracht. Der Haupteingang zur Predigerkirche befindet sich um die Ecke am Zähringerplatz. Vom Zähringerplatz geht man die Spitalgasse hinab zum Hirschenplatz und biegt nach links in die ❼ **Niederdorfstrasse**, die zentrale Achse durch das Niederdorf. Man folgt ihr ein Stück und biegt am Cabaret Voltaire links in die schmale Spiegelgasse ein. Die dunkle Gasse führt zum Napfplatz, den man diesmal – anders als zuvor – diagonal von links nach rechts überquert; so landet man in der idyllischen Oberen Zäune, der man bis zum Ende durch folgt.

Höhepunkt Kunsthaus

Hier geht man an dem Reiterbrunnen vorbei und direkt gegenüber auf der anderen Straßenseite in die unscheinbare Krautgartengasse hinein, die sich ein wenig weitet zum Lydia-Welti-Escher-Hof – und hier steht man schon auf der Rückseite vom **Kunsthaus Zürich**, dessen Fassade mit dem »Höllentor« von Auguste Rodin zum ❽ **Heimplatz** ausgerichtet ist. Das Kunsthaus Zürich birgt eine der wichtigsten europäischen Kunstsammlungen. Für die Besichtigung sollte man sich genügend Zeit nehmen. Auf der anderen Seite des Heimplatzes an der Rämistrasse steht das **Schauspielhaus Zürich**, das hier seine traditionelle Spielstätte im 1889 erbauten Haus zum Pfauen hat.

Nach dieser Stippvisite am Ort der hochrangigen Kultur geht es wieder zurück durch den Kunsthausdurchgang am Kunsthausrestaurant vorbei, über den kleinen Lydia-Welti-Escher-Hof und durch die Krautgartengasse. Auf der anderen Straßenseite mit dem Pferdebrunnen biegt man oben in die Kirchgasse ein, die man hinuntergeht bis zur ❾ **Oberdorfstrasse**, die auf der Rückseite des Grossmünsters nach links abzweigt. Viele kleine Gassen gehen rechts und links von der Oberdorfstrasse ab und werden von zahlreichen Kneipen und Läden gesäumt. Entweder man folgt einer der Gassen rechts bergab zur Schiffslände oder man biegt am Ende der Oberdorfstrasse rechts in die Rämistrasse ein mit Ziel ❿ **Bellevueplatz** am Ufer des Zürichsees. Er befindet sich an der Stelle, an der die Limmat aus dem See hinausfließt und geht in den **Sechseläutenplatz** über. Ist das Wetter warm und schön, dann lohnt es sich, noch am Seeufer eine Weile auszuruhen. Wenn nicht, herrscht rund um den Bellevueplatz kein Mangel an Restaurants und Cafés.

Kunstklassiker (fast) umsonst

Tour 3

Start und Ziel: Hauptbahnhof bis Zürichhorn und zurück mit dem Schiff
Dauer: ca. 4 Stunden

Zürich zeigt auf Straßen, Plätzen und in öffentlichen Gebäuden viele Kunstwerke. Ein ausgiebiger Spaziergang wird so zur Kunsttour, ohne tief in den Geldbeutel greifen zu müssen. Der Rundgang führt u. a. auch in ein Restaurant und in eine Galerie, die ebenfalls hochrangige Kunst bieten.

Saint Phalle, Merz, Giacometti

Start der Tour ist der ❶* **Hauptbahnhof**, in deren Haupthalle der Schutzengel von Niki de Saint Phalle über dem Treiben der Reisenden schwebt. An der westlichen Fensterfront ist ein Kunstobjekt von Mario Merz aus dem Jahr 1992 zu sehen: das »Philosophische Ei« – Tiere, leuchtende Zahlen und 134 m Leuchtstoffröhren, die Sinnbild für das Kommen und Gehen der Reisenden sind. Vom Hauptbahnhof geht man in Richtung Limmat und den Bahnhofquai entlang bis

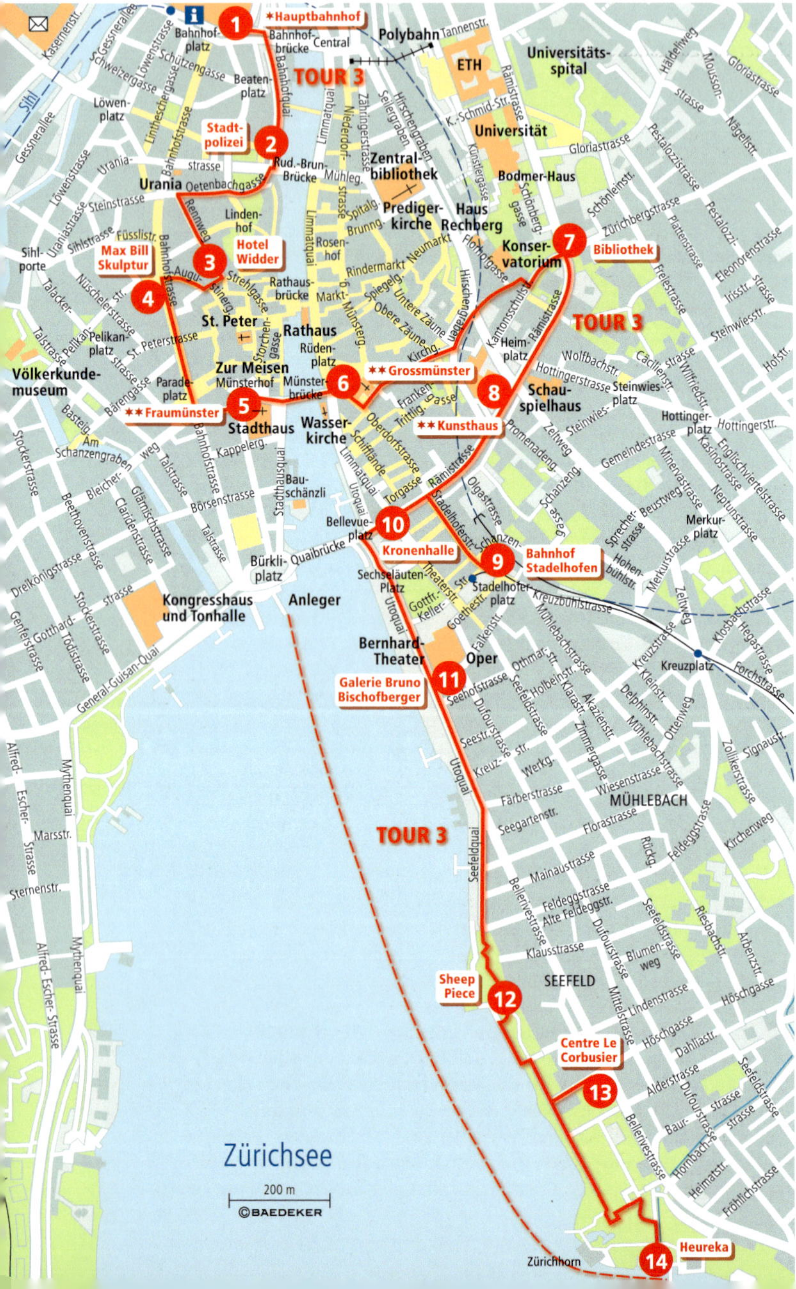

TOUR 3
1
*Hauptbahnhof
2
Stadt-polizei
3
Hotel Widder
4
Max Bill Skulptur
5
**Fraumünster
6
**Grossmünster
7
Bibliothek
8
**Kunsthaus
9
Bahnhof Stadelhofen
10
Kronenhalle
11
Galerie Bruno Bischofberger
12
Sheep Piece
13
Centre Le Corbusier
14
Heureka
Bahnhofplatz
Bahnhofbrücke
Central
Polybahn
ETH
Universitätsspital
Universität
Bodmer-Haus
Zentralbibliothek
Predigerkirche
Haus Rechberg
Konservatorium
Urania
Lindenhof
Rosenhof
Rathausbrücke
St. Peter
Rathaus
Zur Meisen
Münsterhof
Münsterbrücke
Stadthaus
Wasserkirche
Heimplatz
Schauspielhaus
Völkerkundemuseum
Paradeplatz
Pelikanplatz
Bauschänzli
Bellevueplatz
Bürkliplatz
Quaibrücke
Sechseläutenplatz
Stadelhofer platz
Kongresshaus und Tonhalle
Anleger
Bernhard-Theater
Oper
Kreuzplatz
MÜHLEBACH
SEEFELD
Zürichhorn
Zürichsee
Sihl
Sihlporte
Löwenplatz
Beatenplatz
Hottingerplatz
Merkurplatz
Steinwiesplatz
Utoquai
Seefeldquai
Mythenquai
General-Guisan-Quai
Bahnhofstrasse
Limmatquai
Rämistrasse
Bellerivestrasse
Seefeldstrasse
Dufourstrasse
Mühlebachstrasse
Kreuzbühlstrasse
Forchstrasse
Zeltweg
Talstrasse
Stockerstrasse
Alfred-Escher-Strasse
200 m
©BAEDEKER

zum Bahnhofquai Nr. 3, dem ❷ **Gebäude der Stadtpolizei Zürich**. In der Eingangshalle sind Malereien von Augusto Giacometti (1877 bis1947) zu sehen (►Uranaia Sternwarte).

Tilla Theus, Max Bill

In Höhe der Rudolf-Brun-Brücke biegt man in die aufwärts führende Oetenbachgasse und kommt zum Rennweg. In der Häuserzeile Nr. 7 befindet sich das ❸ **Hotel Widder**, das einen Blick lohnt: Im Innern ist es von der Schweizer Architektin Tilla Theus gestaltet worden. Mit Erlaubnis darf man sich im Lobbybereich, Gartenrestaurant und der Bibliothek umsehen. Von hier aus geht es durch die Widdergasse und rechts durch die Augustinergasse weiter zur Bahnhofstrasse, wo man direkt auf die Pelikanstrasse trifft mit der ❹ **Pavillon-Skulptur von Max Bill**, einer begehbaren Skulptur mit 18 Toren, die einen Treffpunkt, einfache Klarheit und Transparenz symbolisiert und als ein Manifest der Demokratie entworfen wurde. Hier kann man sich ruhig niederlassen und das Treiben auf der teuren Bahnhofstrasse beobachten.

Chagall, Giacometti, Polke

Weiter führt der Spaziergang die Bahnhofstrasse in Richtung See entlang bis zur Poststrasse, die am Paradeplatz links abzweigt. Ziel ist das ❺ ** **Fraumünster** mit den fünf berühmten Chorfenstern und der Rosette im südlichen Querschiff von Marc Chagall und dem Nordfenster im Querschiff, das Augusto Giacometti 1945 entworfen hat. Auf der Münsterbrücke überquert man die Limmat und geht hinauf zum ❻ ** **Grossmünster**, in dem Chorfenster wiederum von Augusto Giacometti und zwölf Fenster von Sigmar Polke zu sehen sind, die er 2009 beendet hat; sie waren also sein letztes großes Werk vor seinem Tod.

Calatrava I

Rechterhand durch die Kirchgasse, den Hirschengraben, die Florhofgasse – am Hotel Florhof geradeaus, dann rechts halten – und die Kantonsschulstrasse hinauf führt der Weg via Rämistrasse zur Rechtswissenschaftlichen Fakultät der Universität (Ecke Zürichbergstrasse), in deren Innenhof Santiago Calatrava 2004 eine ❼ **Bibliothek** gebaut hat. Nur an acht Punkten fixiert, scheint die in herrlichen Schwüngen entworfene Bibliothek fast zu schweben (Zugang über Zürichbergstrasse/Schönleinstrasse, ►Universität).

Rodin, Moore, Lipchitz

Wieder zurück auf der Rämistrasse folgt man ihr abwärts in Richtung See. Am Heimplatz sind vor dem ❽ ** **Kunsthaus** mehrere Open-Air-Skulpturen aufgestellt, darunter mit dem Höllentor von Rodin ein weiteres hochrangiges Kunstwerk der Klassischen Moderne. Außerdem kann man eine »Große liegende Frauenfigur« (1957) von Henry Moore in Augenschein nehmen, »Le Chant des voyelles« (1931/1932) von Jacques Lipchitz, hinter dem Durchgang am Kunsthausrestaurant eine von Marino Marinis Reiterfiguren, »Miracolo«

(1959/1961), und im Mirógarten, in den man vom Museumscafé aus kommt, die Wandmalerei »Oiseaux qui s'envolent« (1971/1972) von Joan Miró und »La Rivière« (1940 – 1944) von Aristide Maillol.

Calatrava II

Vom Heimplatz geht man die Rämistrasse weiter hinunter Richtung See – möglichst auf der rechten Seite, denn hier präsentieren sich etwas unscheinbar einige Galerien in Schaukästen – und biegt dann in die Stadelhoferstrasse ein. Man folgt ihr bis zum 9 **Bahnhof Stadelhofen**, den Santiago Calatrava in den 1980er-Jahren neu gestaltet hat; das alte Bahnhofsgebäude blieb bei dem Umbau erhalten. Im Innern gibt es eine Ladenpassage, deren Geschäfte an 365 Tagen im Jahr geöffnet haben.

! BAEDEKER TIPP

Ausspannen am Ende der Tour

Wer am Ende der Tour noch am Zürichhorn verweilen möchte, kann in der Fischstube einkehren, in der man gute Fisch- und Fleischgerichte, aber auch nur Kleinigkeiten essen kann, oder bei schönem Wetter in dem kleinen Biergarten nebenan. Bellerivestrasse 160, April – Sept. tgl. 9.30 – 23.30 Uhr, www.fischstube.ch, Tel. 044 422 25 20

Als Nächstes könnte sich eine Pause mit Kunstgenuss anbieten: an der Rämistrasse kurz vor dem Bellevueplatz in der 10 **Kronenhalle**, wo Werke von Chagall, Bonnard, Braque, Picasso und Miró an den Wänden hängen – und man inmitten von Kunstwerken Platz nehmen kann, vorausgesetzt, man hat lange vorreserviert und scheut die hohen Preise des Gourmetrestaurants nicht. Anschließend geht es ans Seeufer und den Utoquai entlang zur 11 **Galerie Bruno Bischofberger**, die Werke u. a. von Basquiat, Clemente und Warhol im Programm hat (►Erleben und Genießen).

Moore, Le Corbusier, Tinguely

Die Tour führt nun immer am Seeufer entlang. In der kleinen Parkanlage, die sich auftut, steht eine üppige Plastik: 12 **Sheep Piece** von Henry Moore. 1976 wurde sie im Rahmen einer Henry-Moore-Ausstellung hier aufgestellt – zu der Open-Air-Ausstellung kamen seinerzeit fast 75 000 Besucher an den Zürichsee. Schnell ist die Höschgasse mit dem 13 ***Centre Le Corbusier** erreicht, dem letzten Werk des Schweizer Architekten, 1967 eingeweiht, das er für die Kunstmäzenin Heidi Weber entworfen hat. Das Haus ist als Gesamtkunstwerk konzipiert und auch im Innern von Le Corbusier gestaltet (►Seefeld).

Man geht zurück zum See und dann noch ein Stück weiter um das Zürichhorn herum bis zur 14 **Heureka**, einem Objekt von Jean Tinguely, das er 1964 für die Schweizer Landesausstellung in Lausanne geschaffen hat. Im Sommer kann die Heureka zeitweilig zwischen den Sitzpodesten des Open-Air-Kinos verschwinden. Zurück geht es dann vom ►Zürichhorn aus mit dem Schiff ins Zentrum.

Durchs Industriequartier

Tour 4

Start und Ziel: Limmatplatz bis Museum für Gestaltung
Dauer: ca. 4 Stunden

Ein Stadtteil im Umbruch: Auf diesem Stadtspaziergang passiert man Industriebrachen, provisorisch genutzte Schuppen, Neubauten, unwirtliche Plätze, lebendige Wohnviertel, Kunstmuseen und Theaterbühnen, Kneipen, Gourmetrestaurants, Hochstraßen, Baustellen. High-Heels sind auf dieser Tour fehl am Platz.

Langstrasse, Maag-Areal

Start ist der Limmatplatz, zu dem man mit der Tram 4 und 13 kommt. Von hier aus geht es ein Stück die ❶ **Langstrasse** entlang in Richtung Bahngleise. Die Langstrasse war und ist geprägt von Rotlichtmilieu und Drogendealerei, daneben hat sich eine multikulturelle Szene angesiedelt mit kleinen Läden und Kneipen. Man biegt

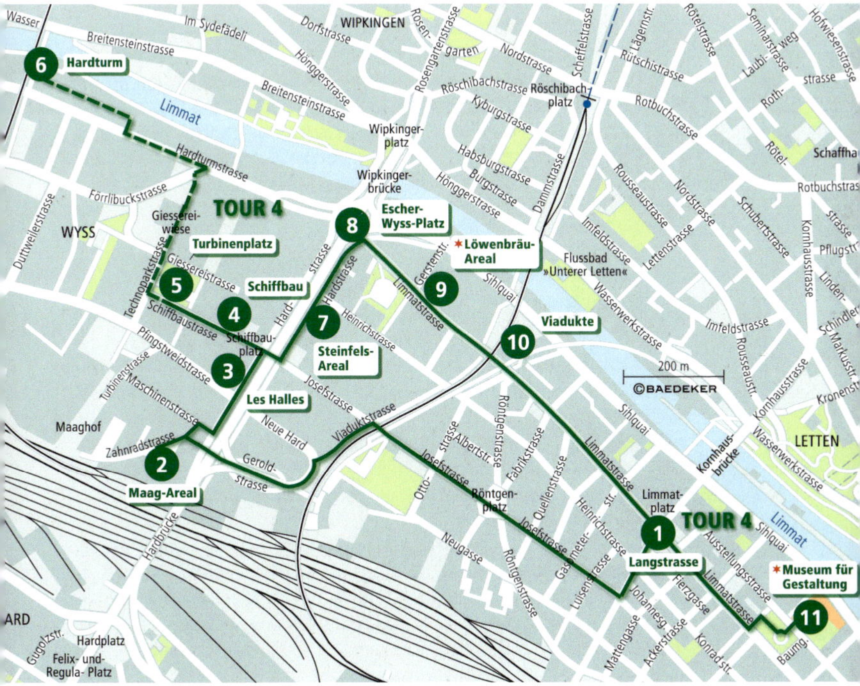

rechts in die Josefstrasse ein und folgt ihr bis zur Bahnunterführung. Direkt dahinter geht es links in die Viaduktstrasse, an den Läden in den Viaduktbögen und der **größten Markthalle der Schweiz** vorbei. Beim Gang durch die Geroldstrasse, die in einem Rechtsbogen verläuft, passiert man die zu einem Turm gestapelten Containern des **Freitag-Shops** (►Shopping). Hinter dem Freitag-Containerturm ragt der **Prime Tower** auf, das höchste Hochhaus der Schweiz mit dem Restaurant Clouds, das sich schnell eine große Fangemeinde erschlossen hat. Der Prime Tower steht auf dem ❷ **Maag-Areal** an der Hardstraße. Auf diesem Gelände der ehemaligen Zahnräder- und Motoren-Fabrik, ist mit der Maag-Halle eine der großen Veranstaltungshallen Zürichs eingezogen. Zudem haben sich hier in postindustriellem Ambiente kleine Clubs und Restaurants angesiedelt.

Schiffbau, Turbinenplatz

Auf der Hardstrasse geht man weiter in Richtung Limmat. An der nächsten Straßenecke kann man einen Blick in ❸ **»Les Halles«** werfen (Pfingstweidstrasse 6), eine kleine alternative Markthalle für feine Lebensmittel, wo man eine große Auswahl an Biersorten findet und kleine Gerichte und Tapas probieren kann. Von der Hardstrasse links in die Schiffbaustrasse einbiegend, steht man vor dem ❹ **Schiffbau**, der zweiten Bühne des Zürcher Schauspielhauses, ein Stück etablierter Kulturszene des Industriequartiers. Im selben Gebäude sind auch der Jazzclub Moods und das Restaurant LaSalle ansässig. An ihrem Ende öffnet sich die Schiffbaustrasse zum ❺ **Turbinenplatz,** einem großflächigen freien Platz, der nachts farbig beleuchtet wird. An der Südseite des Platzes erstreckt sich der Komplex des Novotels, an der Westseite der Technopark Zürich, in dem kleine Start-up-Unternehmen ansässig sind. An der Nordseite schlägt mit **Puls 5**, das Herz von Zürich West. An dieser Stelle stand ehedem eine alte Gießerei der Escher Wyss AG, die heute als Eventhalle genutzt wird mit Shops, Restaurants und einem Fitness-Studio.

! BAEDEKER TIPP

Pause im Industriequartier

Möglichkeiten für eine Pause mit Getränk oder Snack gibt es am Turbinenplatz in einem der Lokale in Puls 5 oder gegenüber in den Hotelcafés – hier kann man auch im Garten sitzen –, sowie im Steinfels-Areal, wo es etwas lebhafter ist und mehrere gute Restaurants und Bistros gibt.

Abstecher Hardturm

Wer gut zu Fuß ist, geht die Technoparkstrasse weiter Richtung Limmat bis zur Hardturmstrasse und folgt dieser nach links in Richtung Westen. Zwischen Hardturmstrasse 104 und dem Wohnhauskomplex »Limmatwest« kommt man ans Limmatufer. Kurz vor der Brücke Hardturmsteg steht direkt am Wasser der ❻ **Hardturm**, ebenfalls eine Verbindung von Alt und Neu: Zürichs ältester erhaltener Stadtturm, der einst der Familie Manesse gehörte. Heute sind in dem Turm moderne Wohnungen eingerichtet.

Mit oder ohne Abstecher zum Hardturm – es geht zurück zur Hardstrasse. In diesem Block zwischen Hardstrasse, Heinrichstrasse und Josefstrasse stand früher die Steinfels Seifenfabrik. Nach deren Abzug ist auf dem ❼ **Steinfels-Areal** die von den Architekten Andreas Herczog und Ernst Hubeli geplante **West-Side-Wohnsiedlung** entstanden. Spektakulärster Bau ist der 160 m lange **Wolkenbügel**, ein Glas-Stahl-Haus, das horizontal gebaut wurde und sich einmal quer über die West Side zieht. Am besten ist er zu sehen, wenn man parallel zur Hardstrasse durch das Steinfels-Areal geht.

Steinfels, Escher-Wyss

Jetzt geht es weiter die Hardstrasse hinunter, bis man zum ❽ **Escher-Wyss-Platz** kommt, der als ein zentraler Platz im Industriequartier komplett umgebaut und umgestaltet wird.

Die Limmatstrasse, die vom Escher-Wyss-Platz abzweigt, führt zum ❾ * **Löwenbräu-Areal**. Hier auf dem Gelände der früheren Brauerei hat sich mit dem Migros Museum für Gegenwartskunst, der Kunsthalle Zürich und mehreren teils namhaften Galerien ein Zentrum für zeitgenössische Kunst etabliert. Etwas weiter östlich kreuzt die Limmatstrasse zwei ❿ **Viadukte**, den Wipkingerviadukt und den Lettenviadukt. Auch hier sind in den Viaduktbögen Räume entstanden für Läden, Werkstätten, Galerien, Bars, Büros und kleine Restaurants. Man folgt der Limmatstrasse über den Limmatplatz hinweg – wer nicht mehr zu Fuß gehen möchte, fährt zwei Stationen mit der Tram. In der Ausstellungsstrasse befindet sich das ⓫ * **Museum für Gestaltung**, dessen Besichtigung etwas Zeit in Anspruch nimmt.

Löwenbräu-Areal, Viadukte

Ausflüge

Sehr schön sind Touren mit dem Boot über den Zürichsee. Auf der Fahrt nach Rapperswil hat man das Alpenpanorama vor sich liegen. Ab Rapperswil geht es dann wieder zurück Richtung Zürich. Das Boot legt an mehreren Orten an beiden Ufern des Zürichsees an.

Schifffahrt über den Zürichsee

Wenn im Winter über dem Seebecken mitunter wochenlang eine dichte Wolkenschicht hängt und für trübes Wetter sorgt, hebt eine Fahrt hinauf auf den ►Uetliberg die Stimmung. »Uetliberg offen« heißt es dann in Zürich, und die Webcams im Internet beseitigen letzte Zweifel.

Uetliberg

Mit der S 10 fährt man ab Hauptbahnhof auf den 871 m hohen Uetliberg, von dem man bei gutem Wetter eine hervorragende Sicht auf Zürich, den Zürichsee und die Alpen hat. Oben auf dem Uetliberg kann man in dem Hotelrestaurant Uto Kulm einkehren und hat von dort einen entsprechenden Top-Blick. Vom Uetliberg empfiehlt sich eine Wanderung auf der Gratstrasse in Richtung Süden. Man kann

1,5 oder 2 Std. bis zur Felsenegg wandern und mit der **Felseneggbahn**, einer Luftseilbahn (LAF Luftseilbahn Adliswil – Felsenegg), hinunter nach Adliswil fahren. In Adliswil nimmt man die S 4 und fährt zurück in die Stadt. Auf diese Strecke ist auch ein **Planetenweg** eingerichtet, auf dem man quasi einmal das Sonnensystem durchwandert und über einzelne Planeten informiert wird. Dabei legt man pro gewandertem Meter im imaginären Sonnensystem eine Million Kilometer zurück.

Zürichberg Ein schöner Tagesausflug (mit Zoobesuch) führt hinauf auf den ►Zürichberg. Start ist am Central, wo man in die Polybahn ein, an der Universität ins Tram (9, 10) bis zur Station Seilbahn Rigiblick. Die kleine Drahtseilbahn bringt die Besucher bequem hinauf auf den Zürichberg. Oben angekommen, kann man vom Rigiblick (mit Bistro und Gourmetrestaurant) entweder zu Fuß am Waldrand bis zum Zoo gehen oder sich mit dem Bus (39) dorthin bringen lassen. Wer zu Fuß geht, kommt automatisch am Friedhof Fluntern vorbei, auf dem zahlreiche Berühmtheiten bestattet sind, darunter James Joyce und Elias Canetti. Nach dem Zoobesuch macht man sich auf den Weg zum Dolder, gelangt via Dreiwiesenstrasse zur Kreuzung Tobelhofstrasse und von dort zur Dolderbahn. Mit der Zahnradbahn geht es wieder hinunter in die Stadt zur Tramhaltestelle Römerhof.

! BAEDEKER TIPP

Speisen mit traumhaftem Blick

Eine herrliche Einkehrmöglichkeit in der Nähe vom Zoo bietet Hotel Zürichberg: Bei schönem Wetter sitzt man wunderbar auf der Aussichtsterrasse des ehemaligen Domizils des »Frauenvereins für alkoholfreie Wirtschaften«, man genießt bei Eis, Kaffee, Kuchen und Kleinigkeiten den weiten Blick über den See und in die Berge. Übrigens kann man auch abends hier oben sehr gut essen – mit einem geradezu traumhaften Blick auf das nächtliche Zürich und den See!

Ein beliebtes grünes Freizeitziel ist auch der nahe ► **Adlisberg**, auf den man mit der Dolderbahn fährt. Hier oben kann man schöne Spaziergänge machen, außerdem gibt es auch einen Lehrpfad, auf dem man u. a. seine geologischen Kenntnisse erweitern kann.

Sihlwald Der Sihlwald, ein großer Buchenwald 12 km südlich von Zürich, der von der Sihl durchflossen wird, ist beliebtes Ausflugsgebiet und Wandergebiet der Zürcher. Seit einigen Jahren ist er sich selbst überlassen und wird mehr und mehr zum Urwald. Vom Hauptbahnhof aus fährt man mit der S 4 etwa 25 Minuten.

»Freizeitregion Zürich« Eine regelrechte »Freizeitregion Zürich« tut sich rund um Zürich und seinen See auf. Zürich Tourismus (►Auskunft) informiert ausführlich über alle Reisemöglichkeiten.

Der Zürichsee von seiner schönsten Seite mit Blick auf die weißen Gipfel der Alpen. Im Vordergrund der Rapperswiler Damm.

Wer viel Zeit mitbringt, kann außer ▸Einsiedeln, ▸Winterthur, ▸Rapperswil oder anderen netten Orten am ▸Zürichsee auch Zug oder Luzern einen Besuch abstatten, zwei interessanten Städten, die von Zürich aus gut zu erreichen sind.
Südlich von Zürich liegt am Nordende des Zuger Sees das sehenswerte alte Städtchen **Zug** mit Seepromenade, mehreren Museen und einer malerischen Altstadt. Nach Zug fahren von Zürich aus Züge oder die S-Bahn, man braucht zwischen 20 und 40 Minuten.
Luzern, eine Stadt mit mehr als 83 000 Einwohnern südwestlich von Zürich am Vierwaldstätter See, gilt als eine der schönsten Städte der Schweiz. Sehenswert sind die Altstadt, der Uferquai mit seinen Prachtbauten aus der Belle Époque und herrlichem Blick über den See auf die Alpen sowie mehrere hervorragende Museen, darunter die Sammlung Rosengart mit Kunstwerken der Klassischen Moderne und das Verkehrshaus der Schweiz, das größte Verkehrsmuseum in Europa. Nach Luzern fährt man von Zürich aus mit dem Zug eine knappe Stunde.
Sehr eindrucksvoll ist auch Schaffhausen mit dem berühmten **Rheinfall**, ebenfalls nicht sonderlich weit von Zürich entfernt – mit dem Zug kommt man sehr bequem in etwa 40 Min. nach Schaffhausen.

Zunft zum Widder
BOHNY
fidelio

SEHENSWERTES VON A BIS Z

Highlights sind das Grossmünster mit seinem Doppelturm, das Fraumünster, die Bahnhofstrasse mit den teuren Adressen, die berühmten Museen auf den Hügeln, das »Dörfli« in der Altstadt. Zürich ist so sehenswert wie liebenswert.

Adlisberg

J/K 7/8

Kreis: 7, Hottingen
Dolderbahn: Bergstation Dolder

Mehrere bewaldete Höhenzüge umgeben die Innenstadt, darunter der Adlisberg. Die Dolderbahn macht den Aufstieg auf den 701 m hohen Hügel zum Vergnügen.

Natur pur Neben dem Adlisberg zählen der benachbarte ►Zürichberg, der ►Uetliberg und der ►Sihlwald zu den beliebtesten Zielen im Grünen. Neben Flaneuren, Wanderern, Joggern und Radfahrern gehört der Wald auch den Mountainbikern. Seit 2013 ist für sie ein eigener,25 km langer MTB-Trail südlich der Eisbahn Dolder ausgewiesen, nachdem zuvor illegale Strecken den Wald durchquerten.

Dolder Über die Hottinger- und die Asylstrasse bzw. mit Umsteigen am Römerhof (Tram 3, 8, 15) erreicht man von der City aus die Talstation der Dolder-Standseilbahn. Sie bringt die Fahrgäste hinauf zum Waldhaus Dolder (548 m) und zum **Dolder Grand Hotel** (►S. 124). Die Anhöhe ist ein beliebtes Freizeitgelände der Zürcher mit Golfplatz, einer Riesen-Eisbahn und Spazierwegen. Ausflugslokale wie der Alte Tobelhof und die Chäsalp sind zu Fuß in ca. 25 Min. Richtung Dübendorf erreicht.

ⓘ Eisbahn: Okt. – März; Alter Tobelhof: tgl. geöffnet, www.tobelhof.ch, Chäsalp: tgl. geöffnet, Tel. 044 260 75 75 www.chaesalp.ch

Einen hervorragenden Einblick in den Naturraum und die Geologie bietet der **Lehrpfad** am Dolder, der sich an 92 mächtigen Findlingen entlangzieht. Diese »erratischen Blöcke« blieben beim Rückzug der Gletscher nach der Eiszeit zurück. Nicht alle Kolosse stammen aus Zürich, sondern sie wurden aus dem gesamten Kanton zusammengetragen. Wie die unterschiedliche Färbung zeigt, stammen sie auch aus verschiedenen Ecken der Schweizer Alpen. Der Weg ist einen knappen Kilometer lang. Der Ausgangspunkt befindet sich an der Hirslandenbergstrasse nordöstlich vom Dolder.

? BAEDEKER WISSEN

Zürichs Wald

Rund 2200 ha Wald zählen zu Zürich, damit ist etwa ein Viertel der städtischen Fläche bewaldet. Rund 60 % des Waldes gehören der Stadt. Jährlich entnehmen die Förster etwa 17 500 m³ Holz. Forstwirtschaft, Naturschutz, vor allem aber Erholungsuchende ziehen ihren Nutzen aus dem Wald. Allein 232 km des Waldwegenetzes sind als Wanderwege ausgewiesen. 1050 Sitzbänke animieren zum Ausruhen. Auch die Tiere werden im Stadtwald gezählt: Geschätzte 240 Rehe, 1000 Füchse, 160 Dachse und 25 Wildschweine tummeln sich.

Arboretum

✦ F 9

Lage: Mythenquai 1, Kreis 2, Enge
Tram: Rentenanstalt (5)

Vom Bürkliplatz aus führt die Seepromenade geradewegs zum Arboretum. Die historische Parkanlage gehört zu den beliebtesten Ruhepolen am Rande der Innenstadt.

Sehr bewusst hatten sich die Städteplaner in der »Belle Époque« nicht nur für hübsche Grünflächen und Blümchen entschieden, um die ▸Seepromenade zu zieren, sondern mit dem Arboretum einen **Lehrpark** für einheimische und fremde Gehölze angelegt. Wer wissen will, welcher Baum ihm Schatten spendet, kann dies den kleinen Schildchen entnehmen. Die Anlage ist aufgeteilt in pflanzensystematische und -geografische Abteilungen. Bei den »Gehölzen der Südstaaten der Nordamerikanischen Union« steht der beliebteste Baum im Arboretum: die Gurkenmagnolie. Mit üppigen Blüten trumpft sie allerdings nicht auf, auch ihre gurkenähnlichen Früchte sind eher bizarr als schön; sie steht so hoch in der Gunst des Publikums, weil sie ein idealer **Kletterbaum** ist. Im Ufergebüsch verbergen sich drei mittlerweile denkmalgeschützte **Bunker** aus dem Zweiten Weltkrieg.

Voliere

Eine Zürcher Institution in Sachen Vögel ist die Voliere im Arboretum. Rund 100 Vögel aus 40 Arten halten sich in den Schauhäusern auf. Auch aus dem Nest gefallene oder verletzte Vögel geben die Zürcher in der **Vogelstation** ab. Außerhalb der Öffnungszeiten steht dafür eine Art »Babyklappe« zur Verfügung. Und wer in den Urlaub fährt, kann seine Lieblinge im Vogelhotel einquartieren.

ⓘ Di.–So. 10.00–12.00, 14.00–16.00 Uhr, www.voliere.ch

Augustinerkirche

✦ F 8

Lage: Augustinergasse, Kreis 1, Lindenhof
Tram: Paradeplatz (2, 6, 7, 8, 9, 11, 13), Rennweg (6, 7, 11, 13)
ⓘ Mo.–Fr. 10.00–17.00, Sa. 12.00–17.00 Uhr, www.christkath-zuerich.ch

Unmittelbar an die elegante Bahnhofstrasse schließt sich nach Osten hin ein Gewirr von Gässchen an. Besonders stolz sind die Zürcher auf die Augustinergasse, die mit ihren vielen Flaggen ganzjährig Feierstimmung verbreitet. Sie endet am Münzplatz mit der Augustinerkirche.

Im 13. Jh. siedelten sich gleich vier Klöster in der Stadt an. Eines davon ist das ca. 1270 – 1315 erbaute der Augustiner-Eremiten. Heute existiert nur noch die dreischiffige gotische Pfeilerbasilika aus dem 14. Jh. mit moderner Altarraumausstattung von F. Fischer. Nach der Aufhebung des Klosters 1524 war in der Kirche von 1526 bis 1841 eine städtische Münzstätte eingerichtet. Der **Münzplatz** erinnert an diese Münzstätte. Die Kirche selbst steht seit 1844 wieder für den katholischen Gottesdienst zur Verfügung.
Pittoresk ist die **Augustinergasse** mit zahlreichen erkergeschmückten Häusern aus dem 17. Jahrhundert. Darin finden sich viele nette Läden und Cafés.

Strauhof

Der Strauhof, ein barockes Bürgerhaus mit sehr schönen Stuckdecken, wurde zum **literarischen Museum** mit einer »Schule des Lesens« umfunktioniert. Es finden Wechselausstellungen zu literarischen Themen statt sowie Lesungen, Konzerte und Filme. **Ende 2015 schließt der Strauhof** nach bisheriger Planung und soll in eine Jugendliteraturwerkstatt umgewandelt werden.

ⓘ Augustinergasse 9, Di. – Fr. 12.00 – 18.00, Sa./So. 10.00 – 18.00 Uhr, Eintritt: 10 CHF, www.strauhof.ch

So international Zürich sein mag, Schweizer Flaggen sieht man auch hier häufig, wie der Blick in die Augustinergasse zeigt.

Aussersihl

E 7

Kreis: 4
Tram: Helvetiaplatz (8)

Das ehemalige Arbeiterviertel südwestlich des Hauptbahnhofs mausert sich nach und nach zu einem hippen Grenzbezirk am Rande der City. Hier feiern die »Jungen Wilden« der Modeszene ihre neuesten Kreationen.

Einst ein Armeleute-Viertel

Die ab 1787 als »Ausser-Sihlgemeinde« bezeichnete Siedlung zwischen Sihl und Limmat wurde 1893 nach Zürich eingemeindet. Hier siedelten sich große **Fabriken** an, und **Arbeiterwohnblocks** entstanden, wo die Ärmsten der Stadt dicht gedrängt zusammenlebten – aus Sicht vieler Zürcher der besseren Wohngegenden ein übel beleumdetes Proletarierviertel und Brutstätte des Klassenkampfs der Arbeiterbewegung – die erste 1.-Mai-Kundgebung Zürichs fand hier statt. Wenig attraktive Einrichtungen wie das Gaswerk, das Gefängnis und das Schlachthaus werteten das Viertel auch nicht eben auf, genausowenig wie die tote Zone der Gleisanlagen. In den 1980er-Jahren entdeckte die **Hausbesetzerszene** das Quartier, das heute als vital, kreativ und multikulturell mal gefeiert, mal beargwöhnt wird.

> ! BAEDEKER TIPP
>
> *Flohmarkt total*
>
> Jeden Samstag zwischen 8.00 und 16.00 Uhr steigt am Helvetiaplatz einer der größten Flohmärkte der Schweiz. Rund 400 Händler bieten auf dem »Flohmarkt Kanzlei« ein gigantisches Sammelsurium an Kuriositäten feil. Vom Verkauf ausgeschlossen sind allerdings Computer und Zubehör, Neuwaren, außerdem Restposten.

An Stelle der 1221 erstmals erwähnten, 1904 abgerissenen St.-Jakobs-Kapelle ragt am Tramknotenpunkt »Stauffacher« die 1899 bis 1901 erbaute Kirche **St. Jakob** mit einem auffallenden Turm auf, dem Wahrzeichen von Aussersihl. Das Zifferblatt der Kirchturmuhr ist auf dem Turmdach angebracht und statt eines Hochaltars steht eine Orgel im Chor (Stauffacherstrasse 34).

Helvetiaplatz

Am Helvetiaplatz fallen sich Fußballfans in die Arme, wenn der FCZ Meister wird, hier wird demonstriert und der 1. Mai gefeiert, und beim Caliente, dem größten Latinfest Europas, tanzen mehrere Tausend Menschen. An **Markttagen** (Di. und Fr. 6.00 – 11.00 Uhr) deckt man sich hier mit frischem Obst und Gemüse ein. Das »Denkmal der Arbeit« von Karl Geiser (1964) soll an die glorreiche Vergangenheit des Platzes erinnern, wird aber allgemein als »Denkmal der unbekannten Einkaufstasche« verspottet. Begrenzt wird der Platz vom Volkshaus.

Volkshaus Als »Aufenthaltsort für alle Klassen zur Förderung von Kraft, Gesundheit und Sittlichkeit« gründeten gemeinnützige Zürcher 1910 das Volkshaus. Alkohol gab es hier nicht, dafür Lesezimmer und Bibliothek, Wannen- und Brausebäder (die meisten Arbeiterwohnungen hatten kein Bad), Restaurants und Versammlungsräume. Markant sind das mächtige Krüppelwalmdach und der runde Treppenhausturm des Gebäudes, in dem auch schon **Lenin** (►Berühmte Persönlichkeiten) eine Rede hielt. 1979 fiel das Alkoholverbot, und das Volkshaus ging neue Wege. Restaurants und Kulturveranstaltungen gibt es nach wie vor, im Untergeschoss schwitzen Gäste im **Hammam,** und eine gut sortierte Buchhandlung lädt zum Stöbern und Kaufen ein.

BAEDEKER TIPP !

Köstlich speisen im Weinloft

In der ehemaligen Blumenhandelshalle wählt man in Caduff's Wine Loft aus über 2000 Weinen den passenden zum feinen Essen. Verarbeitet werden ausschließlich frisches Gemüse und perfekt gereiftes Obst, was Koch Beat Caduff schon um 4.00 Uhr morgens auf dem Markt ersteht. Die Speisekarte ändert sich je nach Angebot täglich (Kanzleistrasse 126, So. Ruhetag, www.wineloft.ch).

❶ Stauffacherstrasse 60; Hammam/Sauna: Mo.–Sa. 11.00–23.00, So. bis 22.00 Uhr, Eintritt: 45 CHF (Hammam und Sauna), 30 CHF (Sauna), www.stadtbadzuerich.ch

Langstrasse Die Langstrasse verbindet Kreis 4 (Aussersihl) und Kreis 5 (Industriequartier/►Zürich-West). Unter **Langstrassenquartier** versteht man die Region zwischen Badenerstrasse und Limmatplatz, die sich als der **kreative Schrittmacher** der Stadt versteht, seit in den 1990er-Jahren kleine Unternehmen, ungewöhnliche Lokale und schicke Labels das Viertel für sich entdeckten. Parallel zur Langstrasse verläuft die Einkaufsmeile Ankerstrasse .

Friedhof Sihlfeld Der 1857 angelegte städtische Zentralfriedhof verstand sich als Friedhof für alle Bürger, egal welche Konfession sie hatten. Zahlreiche Berühmtheiten wurden hier beigesetzt: Gottfried Keller, Johanna Spyri (beide ►Berühmte Persönlichkeiten), August Bebel und der Initiator des Roten Kreuzes, Henry Dunant, Stadtbaumeister Arnold Bürkli und der österreichische Schriftsteller Alfred Polgar.

Freibad Letzigraben Schon im Kreis 9/Albisrieden liegt das 1949 eröffnete und 2006 sanierte Freibad Letzigraben. Geplant hatte es **Max Frisch**, der vor seiner Schriftstellerkarriere als Architekt arbeitete (►Berühmte Persönlichkeiten). Das inoffiziell Max-Frisch-Bad genannte Freibad verfügt unter anderem über ein Wellenbad und einen Max-Frisch-Ausstellungsraum.

❶ Edelweissstrasse 5, Tram: Letzigrund (2), Mai–Mitte Sept. tgl. 7.00–20.00 Uhr, Eintritt: 7 CHF

Seit 2007 erfreuen sich Sportfans am neuen Stadion Letzigrund, nachdem das alte, 1925 erbaute 2006 abgerissen worden war. Ungewöhnlich: Das Stadion wurde bis zu 7 m tief in den Boden eingegraben und passt sich somit sehr unauffällig ins Gelände ein – wären da nicht die Scheinwerfer, die markant in die Luft ragen und dem Stadion den Spitznamen »Geburtstagstorte« eingetragen haben. Im Stadion Letzigrund spielt der Zürcher Fußballverein FC Zürich, das Leichtathletikevent »Weltklasse Zürich« wird hier ausgetragen, ebenso verschiedene Open-Air-Konzerte. Das Stadion bietet je nach Veranstaltung bis zu 50 000 Zuschauern Platz.

Stadion Letzigrund

ⓘ Tram: Letzigrund (2), www.stadionletzigrund.ch

★ Baden

✧ Ausflug

Einwohner: 18 000
S-Bahn: ab Zürich S 6, S 12

Wie schon zu früheren Zeiten, fahren Zürcher auch heute gerne nach Baden. Der hübsch gelegene Kurort an der Limmat besitzt 19 Thermalquellen, die zu den ergiebigsten der Schweiz zählen. Auch hier entstehen in den ehemaligen Industrieanlagen Kultur- und Szenelokale.

Rund 15 Minuten benötigt die S-Bahn von Zürich nach Baden. Der Kurort ca. 20 km nordwestlich von Zürich liegt eingebettet in ein Tal des Kettenjuras, das von der **Limmat** durchflossen wird. Baden hat eine malerische, autofreie Altstadt. Flussabwärts dehnt sich der neuere Stadtteil aus, Standort bedeutender Unternehmen (ABB, Alstom u. a.), die auch neue architektonische Akzente setzen, etwa mit dem »Power Tower«. Andere ehemalige Industrieareale (Trafo, Merker-Areal) werden nach und nach umgenutzt.

Kurort vor den Toren Zürichs

Das römische Aquae Helveticae entwickelte sich im Mittelalter zum bedeutendsten Kurort des Landes. Die 47 °C warmen Schwefelquellen, die bei rheumatischen Erkrankungen und Stoffwechselstörungen helfen, waren schon den Kelten bekannt und sahen Berühmtheiten wie **Goethe** und **Nietzsche**. Nachdem die Eidgenossen 1415 den Aargau erobert hatten, wurde Baden zum Ort der jährlichen »Tagsatzung« (1416 – 1712), auf der die Vögte der Gemeinen Herrschaften den Rechenschaftsbericht gaben. In der Reformation blieb Baden katholisch, was für die Rolle als Kur-Vorort des puritanisch-lustfremden Zürich sehr vorteilhaft war. 1847 wurde die »Spanisch-Brötli-Bahn« nach Zürich als erste Bahnlinie der Schweiz und 1892 das erste Flusskraftwerk des Landes in Betrieb genommen.

Plaisir an warmen Quellen

SEHENSWERTES IN BADEN

***Altstadt** Den nördlichen Eingang zur Altstadt bildet der 54 m hohe Bruggerturm (1441). Die katholische Kirche Mariä Himmelfahrt, in der 1526 die Reformatoren Oecolampad und Haller mit Dr. Eck aus Ingolstadt disputierten, wurde 1457 – 1470 erbaut, im 17. Jh. barockisiert und 1815 klassizistisch umgestaltet (kleines Museum). Nördlich gegenüber steht das Stadthaus mit dem 1497 erneuerten Tagsatzungssaal. Westlich über der Altstadt thront die **Ruine Stein**, einst lenzburgischer, kyburgischer und habsburgischer Amtssitz. Von dort oben hat man eine herrliche Aussicht über die Stadt.

Landvogteischloss Eine gedeckte Holzbrücke (1810) führt über die Limmat zum Landvogteischloss (1489). Dort und im benachbarten modernen Bau zeigt das **Historische Museum** vielfältige Sammlungen zur Geschichte von Stadt und Region.

ⓘ Wettiner Strasse 2, Di. – Fr. 13.00 – 17.00, Sa., So. 10.00 – 17.00 Uhr, Eintritt: 7 CHF, www.museum.baden.ch

***Schweizer Kindermuseum** Eine Fundgrube rund um Kind und Kindsein bietet das Kindermuseum. Es führt die Welt der Kinder und ihre Lebensumstände in Familie und Gesellschaft in den letzten 300 Jahren vor Augen – und den Blick der Gesellschaft auf das Kind. So werden auch die Konzepte zur kindlichen Entwicklung von Pestalozzi, Fröbel und Montessori vorgestellt. Die Abteilung »Spielzeug gestern und heute« lässt viele Kindheitserinnerungen wachwerden und liefert Erwachsenen massenhaft Erzählstoff. Kinder von heute sind auch gefragt: Sie dürfen im Hosensackmuseum ihre eigenen Spielsachen ausstellen. »Kids today« widmet sich dem Dreiklang fun-food-shopping.

ⓘ Ländliweg 7, Di. – Sa. 14.00 – 17.00, So. 10.00 – 17.00 Uhr, Eintritt: 12 CHF, www.kindermuseum.ch

Bäderviertel Ein schöner Spaziergang entlang der Limmat führt zum Bäderviertel mit einem gut frequentierten Kurpark mit sehenswertem alten Baumbestand, Grand Casino sowie Thermalbad und Kurhotels aus verschiedenen Jahrhunderten.

Geologischer Lehrpfad Baden liegt genau an der Nahtstelle zwischen Jura und Mittelland, die Gesteine bestehen also aus Jurakalken bzw. Sandstein und Mergeln. Ein geologischer Lehrpfad erschließt die Besonderheiten und führt zu Aufschlüssen, Fossiliensammelstellen und landschaftlich sehr schönen Ecken, wie dem Teufelskeller.

ⓘ Broschürendownload: www.baden.ch

***Stiftung Langmatt** In der Jugendstilvilla Langmatt (R. Curjel / K. Moser, 1901) ist die **Gemäldesammlung** von Sidney und Jenny Brown zu sehen. Sidney

Brown begründete mit seinem Bruder Charles und Walter Boveri das Elektrounternehmen Brown, Boveri & Cie (heute ABB). Ausgestellt sind Werke von Cézanne, Gauguin, Degas, van Gogh, Renoir u. a.; darüber hinaus gibt das Haus Einblick in den großzügigen Lebensstil einer Industriellenfamilie zu Beginn des 20. Jahrhunderts. In der Mittsommernacht findet jedes Jahr ein historisches Picknick statt.

❶ Römerstrasse 30, März – Nov. Di. – Fr. 14.00 – 17.00, Sa., So. 11.00 – 17.00 Uhr, Eintritt: 12 CHF, www.langmatt.ch

Elektromuseum Kappelerhof

Wie wird Strom erzeugt? Wie transportiert? Diese und andere Fragen beantwortet das Elektromuseum im Kraftwerk Kappelerhof. Das technische Museum zeigt u. a. imposante Apparate aus der Pionierzeit der Stromerzeugung. Im Videoraum wird gezeigt, wie es heute mit dem Strom steht.

❶ Im Roggebode 19, Mo. – Fr. 9.00 – 17.00, Sa. 9.00 – 15.00 Uhr, www.regionalwerke.ch

***Regensberg**

18 km nordwestlich von Zürich liegt Regensberg, eines der besterhaltenen mittelalterlichen Städtchen des Landes, um 1245 von den Freiherren von Regensberg gegründet. Der 21 m hohe Rundturm des **Schlosses** (16./17. Jh.) und der 57 m tiefe Brunnen – der tiefste der Schweiz – in der Oberburg stammen aus der Gründungszeit. Die Kirche aus dem 13. Jh. wurde 1506 erneuert. Von den Bürgerhäusern ist besonders die Rote Rose, ein Fachwerkhaus von 1540, mit dem Rosenmuseum der Malerin Lotte Günthard sehenswert.

❶ Anmeldung im Hotel Rote Rose, Tel. 044 853 10 13, www.rote-rose.com

* Bahnhofstrasse

F 7/8

Kreis: 1, City
Tram: Bahnhofstrasse/HB, Rennweg (6, 7, 11, 13), Paradeplatz (2, 6 – 9, 11, 13), Bürkliplatz (2, 5, 8, 9, 11)
❶ www.bahnhofstrasse-zuerich.ch

Die Achse des Edlen und Kostspieligen beginnt am Hauptbahnhof links der Limmat und strebt dann in einem eleganten Schwung dem Zürichsee entgegen. Ein wenig geht der Lack auch in der Bahnhofstrasse ab: Zwischen Banken und Bulgari machen sich die üblichen Ladenketten breit.

Der 1864/1865 begonnene Prachtboulevard folgt dem Lauf des mittelalterlichen Befestigungsgrabens (»Fröschengraben«), der zu dieser Zeit bereits aufgeschüttet war. Ursprünglich sollte hier ein Wohnquartier entstehen, aber es kam anders. Anfangs reichte die Bahnhofstrasse bis zum ▶Paradeplatz, wurde 1877 – 1880 schließlich bis zum See weitergeführt und misst heute ca. 1 km. Zwischen die teuren Mode-, Schmuck- und Uhrengeschäfte schieben sich repräsentative Bankhäuser – die z. T. als Eigner der Immobilien an den astronomischen Mieten verdienen –, Confiserien und diverse Kunstobjekte. Größtenteils ist der Boulevard Fußgängerzone, in der nur die bimmelnde Tram tütenbepackte Einkäufer stört. Doch auch in der Zürcher Bahnhofstrasse, die noch immer als **eine der elegantesten Einkaufsstraßen der Welt** gilt, werden die Luxusgeschäfte zunehmend von den üblichen »Global players« des Massenkonsums verdrängt. Übrigens beginnt die Hausnummernzählung nicht am Bahnhof, sondern endet hier.

Kaum naht die Adventszeit, ist die Bahnhofstrasse für einen typischen Zürcher Aufreger gut: Die Weihnachtsbeleuchtung »Lucy« aus 23 000 bunten LEDs (Stromverbrauch nur 3 KW) wird von den einen gelobt, von den anderen geschmäht. Für Diskussionsstoff sorgt auch die Weihnachtsdekoration der einzelnen Geschäfte. Angemessen? Zu üppig? Zu grell? Wer mitreden will, besucht Zürich im Dezember.

Pestalozziplatz

Eine kleine grüne Oase öffnet sich am Pestalozziplatz mit dem Denkmal (1899) für den Erzieher J. H. Pestalozzi, einen gebürtigen Zürcher (▶Berühmte Persönlichkeiten). Vom Sockel aus neigt er sich freundlich einem Kinde zu. Der Platz ist angeblich unbebaut geblie-

Wer mit solch einer Karosse vorfährt, kann auch bei Cartier ein Vermögen lassen.

ben, weil kein Geschäftsmann ihn haben wollte, denn seine Vergangenheit ist für heutige Begriffe düster: Auf der **»Henkerswiese«** fanden die Hinrichtungen statt, letztmalig 1857. Für angenehmen Schatten sorgen heute nur noch Kiefern und zwei riesenhafte japanische Schnurbäume (Sophora japonica). Letztere blühen erst im August, und ihre Zweige sind über und über bedeckt mit weißen Schmetterlingsblüten.

! BAEDEKER TIPP

Elfuhrgeläut

Das berühmteste Glockenläuten Zürichs ist das tägliche Elfuhrgeläut der Altstadtkirchen. Ebenfalls um 11.00 Uhr sowie um 16.00 Uhr läutet bei Juwelier Kurz in der Bahnhofstrasse 80 dessen berühmtes Glockenspiel. Es ertönen der Sechseläutenmarsch, der Berner Marsch und viele andere bekannte Melodien. Dazu drehen sich holzgeschnitzte Figuren in Schweizer Trachten im Ringelreihen – eine sogar mit Alphorn. Und alle Viertelstunde ertönt der Westminster-Glockenschlag.

Zu den interessanten Bauten in Bahnhofsnähe gehört das **Modehaus Feldpausch** (Bahnhofstrasse 88) des Zürcher Architekten Th. Hotz, vis-à-vis der Pestalozzi-Anlage. Um 1900 entstand das Geschäftshaus Weber (Nr. 75). Etwas zurückversetzt steht Zürichs erstes Kaufhaus und heute nach eigenen Angaben größtes Warenhaus der Schweiz, das **Jelmoli** (Seidengasse 1), eine 1898 erbaute Glas-Eisenskelett-Konstruktion. Dank des Shop-in-Shop-Konzepts wirkt das Jelmoli mehr wie eine große Shoppingmall.

St. Annahof

Schlendert man die Bahnhofstrasse weiter seewärts, liegt rechter Hand der St. Annahof (Nr. 57), ein Warenhaus in einem denkmalgeschützten Jugendstilgebäude (1912 – 1914 errichtet am Ort der St.-Anna-Kapelle von 1385). Unter den großen Arkaden bietet Coop Obst und Gemüse an. Gleich hinter dem St. Annahof hat in der Sihlstrasse 28 das älteste vegetarische Restaurant der Welt seinen Stammsitz, das berühmte Hiltl (►S. 91). Hierzu gehört mittlerweile auch eine vegetarische Metzgerei.

Pavillon-Skulptur

Ecke Pelikanstrasse unmittelbar vor der Zürcher Hauptzentrale der UBS lagern 63 Blöcke aus Schwarzwälder Granit, die **Max Bill**, der berühmte Vertreter der Zürcher Konkreten Kunst, 1983 schuf. Spötter nennen die begehbare Skulptur auch »Bankgselle-Laube«.

Uhrenmuseum Beyer

In der Bahnhofstrasse 31 zeigt das Uhrengeschäft Beyer Zeitmesser aller Art von Sonnen-, Öl- und Wasseruhren über die Nürnberger Türmchenuhr (1580) bis zu Neuenburger Pendulen des 18. Jh.s und Navigationsinstrumenten. Der Zugang erfolgt durchs Ladengeschäft, wo die **modernsten Luxusuhren** auf Käufer warten.

ℹ Mo. – Fr. 14.00 – 18.00 Uhr, Eintritt: 8 CHF, www.beyer-ch.com

Peterhof Ein hoher, auffallender Giebel schmückt den Geschäftshauskomplex Peterhof und Leuenhof, 1912 – 1914 von den Gebrüdern Pfister errichtet (Haus Nr. 30). Nicht verpassen: einen Blick in den lauschigen Innenhof werfen.

Zentralhof (Posthof) In der zeitlos schönen Bar des 1838 erbauten Luxushotels **Savoy Baur en Ville** kann man alle Hektik hinter sich lassen (Poststrasse 12). Zeitgleich zum Savoy wurde der benachbarte Posthof errichtet, heute Zentralhof genannt. Er war Ziel der Postkutschen, die seinerzeit immer häufiger verkehrten und die steigende Taktzahl der Wirtschaftsmetropole anzeigten. Bis zu 100 Kutschen kamen und gingen täglich. Pferdegeklapper war im ausgehenden 19. Jh. das beherrschende Geräusch am ▸Paradeplatz, hatte doch hier auch die Rösslitram ihre Endhaltestelle, eine Straßenbahn, die von Pferden gezogen wurde. 1877 wich die Pferdetränke im Innenhof des Posthofs einem gusseisernen Edelbrunnen, dessen Wasserspeier auch heute noch ein ungewöhnliches Fotomotiv liefern; insbesondere im Winter, wenn die stolz-geflügelten Löwen von einer blauschimmernden Eisschicht überzogen sind. Der Zentralhof zählt zu den beliebtesten Oasen der Ruhe, wo man dem Gewühl der Bahnhofstrasse entwischen und gemütlich einen Kaffee trinken kann.

Kappelerhof Auch im Kappelerhof nebenan verführen Bäume, Wiese und Bänkchen zum Müßigang. Gegenüber steht das schlichte Gebäude der Zürcher Kantonalbank (Haus Nr. 9). Bewacht wird sie seit 1980 von einem mächtigen Panzernashorn, ein Werk des Zürcher Eisenplastikers John A. Tobler.

Bürkliplatz ▸Bürkliplatz

Bellevue

F 8

Kreis: 1, Hochschulen
Tram: Bellevue (2, 4, 5, 8, 9, 11, 15)

Das Bellevue markiert den Abschluss der Altstadt im Süden und schließt den gleichnamigen Platz sowie den Bahnhof Stadelhofen ein. Auf den ersten Blick erscheint der Verkehrsknotenpunkt nur laut und unübersichtlich, auf den zweiten gibt es viele nette Ecken zu entdecken.

Tramknotenpunkt Wer bereits die engen Altstadtgassen besichtigt hat, ahnt vielleicht, welche Herausforderung der steigende Autoverkehr für Zürich dereinst bedeutete. Noch heute ist jeder auswärtige Autofahrer froh, wenn er die labyrinthische Innenstadt endlich hinter sich hat. 1938 baute man unter Leitung von Stadtbaumeister Hermann Herter den Tramknotenpunkt am Bellevueplatz komplett um, um ihn fit für die automobile Zukunft zu machen. Besonders schmuck geraten ist die raumschiffartige 1939 errichtete **Tramwartehalle** im Stil des Neuen Bauens, deren Stahl- und-Betondach weit über die Fußgänger hinauskragt.

Kunst am Boden

Seit 2007 gibt es unter dem Dach der Tramwartehalle noch mehr Kunst zu sehen, aber nur, wenn man aufpasst, wohin man tritt: Drei in den Boden eingelassene Metallbänder tragen den Spruch: BALL BEARINGS OR ROUND STONES / MADE TO ROLL / OUTSIDE OF WHAT THERE IS. Was das auf Deutsch heißt? Schnell zum Limmatplatz, dort steht auf Deutsch und ebenfalls in Metall gefasst auf dem Boden: KUGELLAGER ODER RUNDE STEINE / ZUM ROLLEN GEBRACHT / AUSSERHALB WAS IST. Auch auf Italienisch ist das Werk des amerikanischen Konzeptkünstlers **Lawrence Weiner** (geb. 1942) zu bestaunen, und zwar am Helvetiaplatz. Das alles war zum Schnäppchenpreis zu haben, wie die Stadt betont. Ein anonymer Mäzen hat ihr das dreiteilige Werk als Dauerleihgabe überlassen. Lediglich für Material und Installation mussten 30 000 Franken investiert werden.

> **! BAEDEKER TIPP**
>
> *Fastfood am Seeufer*
>
> Die beliebte Schönwettervariante: eine Pizza beim Kiosk Belcafé (Tramwartehalle) kaufen, sich damit am Utoquai niederlassen und den Schwänen zuschauen. Tgl. 11.00 – 24.00, Fr., Sa. bis 4.00 Uhr, www.belcafe.ch

Zur Bellevue genannten Lokalität gehören auch Oper und Sechseläutenwiese (►Utoquai). Rund um den Bellevueplatz liegen mit Globus, Sternengrill und Tibits by Hiltl sowie den **Restaurants und Snack-Bars** beim Bahnhof Stadelhofen jede Menge gute Gelegenheiten zum Essengehen oder Essenholen.

Kronenhalle

Einen Steinwurf vom Bellevueplatz entfernt liegt eine zentrale Zürcher Institution, die Kronenhalle, deren Wände **Gemälde der Klassischen Moderne** zieren. Keine Drucke, sondern Picasso, Miró, Chagall im Original. Die 1994 verstorbene Besitzerin der Kronenhalle Hulda Zumsteg war nicht nur eine begnadete Geschäftsfrau, sondern auch Kunstsammlerin. In ihrem Restaurant verkehrte alles, was Rang und Namen hatte: Friedrich Dürrenmatt, Richard Strauss, Max Frisch, James Joyce, der in Zürich an seinem »Ulysses« schrieb, und viele andere. Heute führt die Enkelin das edle Restaurant, dessen Besuch man sich unbedingt einmal gönnen sollte. Mittags speist man ebenso köstlich, aber deutlich günstiger.

➊ Rämistrasse 4, www.kronenhalle.ch

Bahnhof Stadelhofen Größtes Nadelöhr, gleichzeitig auch Flaggschiff und Wahrzeichen der Zürcher S-Bahn ist der Bahnhof Stadelhofen. 1987 – 1991 erfuhr er eine von **Santiago Calatrava** geplante Erweiterung. Den gewölbten und mit Rippen versehenen Sichtbetonelementen mutet fast etwas Tierhaftes an. Zum Bahnhof gehört eine Einkaufspassage, deren Geschäfte jeden Tag, also auch an Sonn- und Feiertagen, geöffnet haben.

* Belvoirpark

F 9

Lage: Seestrasse 157
Kreis: 2, Enge
Tram: Brunaustrasse (7)

Oberhalb des Mythenquais dehnt sich der Belvoirpark aus, der wegen seines Baumbestands und des Irisgartens einen Besuch lohnt. In einer Villa im Belvoirpark lebte der wohl einflussreichste Zürcher Politiker des 19. Jahrhunderts, der Eisenbahnpionier Alfred Escher.

Irisgarten Viele subtropische Pflanzen, Teichanlagen und Blumenrabatten machen den Park zur Augenweide. Mit viel Liebe widmen sich die Gärtner in einem gesonderten Teil des Parks den Schwertlilien, auch Iris genannt. Rund 120 verschiedene Sorten werden hier gezeigt. Den Reigen dieser Schönheiten mit den kunstvoll gestalteten Blüten eröffnet bereits im März, kaum ist der Schnee richtig verschwunden, die Kleiniris. Das Ende der Schwertliliensaison kündigt die Hohe Bartiris an, die Ende Juli die letzten Blüten in einer einzigartigen Farbenpracht austreibt.

Tragische Affäre Heinrich Escher, der Vater von Alfred Escher (►Berühmte Persönlichkeiten), hatte die klassizistische Villa mit dazugehörigem Park 1826 – 1831 erbauen lassen. Zusammen mit der Villa Wesendonck (►Museum Rietberg) gehörte das Belvoir zu den glanzvollsten Treffpunkten der Gesellschaft der Belle Époque. Hier wuchs auch Alfred Eschers Tochter Lydia auf. Tragisch endete ihre Liebe zu dem Maler Karl Stauffer-Bern, der im Gewächshaus des Parks Gottfried Keller gemalt hatte. Die Affäre wuchs sich zu einem gesellschaftlichen Drama aus – immerhin war Lydia zu diesem Zeitpunkt mit dem mächtigen Bundesrat Emil Welti verheiratet – und endete mit dem Freitod der beiden Liebenden. **Lydia Escher-Welti** war, als sie 33-jährig starb, die reichste Frau der Schweiz. Ihren Besitz vererbte sie der Gottfried-Keller-Stiftung. Auf diesem Wege ging die Escher-Villa dann 1901 an die Stadt Zürich über.

Restaurant Belvoirpark

Neben den Blumen ein weiterer Hauptanziehungspunkt auf dem Grundstück ist das gleichnamige **Restaurant der Hotelfachschule**, das exzellente Menüs serviert und eine Mittagskarte bereithält. Bei schönem Wetter öffnen Terrasse und Bistro, beide herrlich zum Belvoirpark hin gelegen.

ⓘ So./Mo. geschl.; Reservierung empfohlen, Seestrasse 125, Tel. 044 286 88 44, www.belvoirpark.ch

Rieterpark

Oberhalb des Belvoirparks schließt sich der großzügige Landschaftspark Rieterpark mit dem ▸Museum Rietberg an. Gemeinsam mit dem Schönbergpark bilden sie die größte und wohl auch schönste Parkanlage Zürichs, die nur von der Seestrasse unterbrochen wird.

* Botanischer Garten

G/H 9

Lage: Zollikerstrasse 107, Kreis 8, Mühlebach
Tram: Höschgasse (2, 4)
ⓘ März – Sept. Mo – Fr. 7.00 – 19.00, Sa – So. 8.00 – 18.00, Okt. – Feb. Mo. – Fr. 8.00 – 18.00, Sa., So. bis 17.00 Uhr
www.bg.uzh.ch

Edelweiß, Löwenzahn, fleischfressende Kobralilie und 9000 weitere Pflanzenarten versammeln sich im Neuen Botanischen Garten. Der Eintritt ist frei, doch Hunde dürfen nicht hinein!

1977 fand die Anlage der Universität Zürich eine Erweiterung im ehemaligen Park der Villa Schönau, nachdem der ▸Park zur Katz zu klein geworden war. Bei der Gestaltung wird darauf achtgegeben, dass die historische Parksituation nicht zu sehr gestört wird. Daher fühlt man sich fast wie in einem **englischen Landschaftsgarten**. Im gesamten Park sind die Pflanzenarten in natürliche Bereiche eingeteilt. So findet man ein Areal für den tropischen Regenwald, für die Mittelmeerflora, die Alpenpflanzen, aber auch einen Nutz- und Heilpflanzengarten, einen interessanten Bereich für Färberpflanzen und eine eigene Sektion für die fleischfressenden Pflanzen. Die Anlage ist Studienort und gleichzeitig eine herrliche grüne Oase am Rande der Innenstadt.

Schauhäuser

Ungewöhnlich muten die drei gläsernen Schauhäuser an, die aussehen wie Tautropfen auf einem Blatt. Sie schützen die wärmeliebenden Arten vor dem Zürcher Winter. Die Pflanzen stammen in Haus 1 aus den tropischen Trockengebiete, in Haus 2 aus dem tropischen Bergwald und in Haus 3 aus dem tropischen Tieflandregenwald.

ⓘ tgl. 9.30 – 17.00 Uhr

Bürkliplatz

F 8

Kreis: 1, Lindenhof
Tram: Bürkliplatz (2, 5, 8, 9, 11)

Der verkehrsumtoste Bürkliplatz bildet das Herz der Quaianlagen, die sich westlich und östlich am Ufer des Zürichsees entlangziehen. Vor allem samstags strömt das Publikum zum Platz am Ende der Bahnhofstrasse: Dann ist Flohmarkt.

Platz am See

Der Bürkliplatz, benannt nach dem Stadtingenieur Arnold Bürkli, markiert den südlichen Endpunkt der Bahnhofstrasse. Vom Bürkliplatz ausgehend umschließen in beide Richtungen die Quaianlagen den Nordzipfel des Zürichsees. 1884 erhielt die Stadt mit der Quaibrücke ihre längste Brücke, 1887 konnten die ersten Flaneure auf der ►Seepromenade lustwandeln.

Landungsstege

Jenseits der dicht befahrenen, lärmigen Straße befinden sich die Landungsstege der Zürichseeschiffe. Neben dem Billettschalter blüht die **Blumenuhr.** Von der Bürkliterrasse bietet sich nach Süden ein herrlicher Blick über den See auf die Glarner Alpen. Hier steht unmittelbar am Wasser das **Ganymed-Denkmal**, 1952 von Hermann Hubacher kreiert: Ein schmaler Jüngling wendet sich einem Adler zu und weist gen Himmel. Dies soll dies die Sehnsucht des Menschen nach dem Olymp ausdrücken. In der griechischen Mythologie wird Ganymed als der »Schönste aller Sterblichen« besungen. Zeus selbst hatte ein Aug' auf den Jüngling geworfen – Stichwort Knabenliebe –, verwandelte sich in einen Adler und entführte Ganymed.

Stadthausanlage

Eigentlich sollte auf der heutigen Freifläche das Bundeshaus errichtet werden. Doch beim Rennen um den Hauptstadtsitz der Schweiz gewann 1848 Bern, und der vorschnell geschaffene Platz blieb frei. Ein mächtiger Nadelbaum prangt heute in seiner Mitte. An der Nordseite schließt das 1922 vollendete neoklassizistische Gebäude der Schweizerischen Nationalbank die Stadthausanlage ab. Gut besucht ist die Anlage insbesondere an den Markttagen und wenn der Flohmarkt steigt. Was kaum jemand weiß: Hier stand die allererste Toilette für Damen. Die Toilettenanlage in einem sehr adretten Häuschen stammt aus dem Jahr 1893, das Innere ist freilich auf neuerem Stand und nicht nur für Damen.

Flohmarkt: April – Okt. Sa. 7.00 – 15.00 Uhr
Blumen- und Gemüsemarkt: Di. – Fr. 7.00 – 11.00 Uhr

Geiser-Brunnen

Beim Stierbändiger-Brunnen – offiziell Geiser-Brunnen – am Westrand der Anlage handelt es sich um einen 1911 zu Ehren von Stadt-

Ganymed und der Adler, die Schiffe und der See: Idyll am Bürkliplatz

baumeister Arnold Geiser erstelltes Denkmal. Die wuchtigen Figuren hat Jakob Brüllmann, ein seinerzeit in Stuttgart lebender Künstler, geschaffen.

Bauschänzli

Keck ragt das Bauschänzli in die Limmat hinein. Schon in der Stein- und Bronzezeit liebten Siedler diesen Platz, wie die Pfähle im Uferschlamm beweisen, die sich bis zur Quaibrücke erstrecken. Der von prächtigen Kastanien umgebene Platz gehörte wie der ▸Park zur Katz einst zur Stadtbefestigung. Seit 1907 lassen es sich die Zürcher in dem mit 600 Plätzen **größten Biergarten der Stadt** gut gehen und schwingen mitunter das Tanzbein. Sonntags gibt es Konzerte. Kaum färben sich die Kastanien, steigt im weiß-blauen Festzelt das große **Oktoberfest**. Weißwurst, Haxn, Hendl, Bier und eine original bayrische Kapelle ziehen nicht nur heimwehkranke Bayern an. Im Dezember gastiert auf dem Bauschänzli Zirkus Conelli.

Biergarten: April – Mitte Sept. tgl. 11.00 – 23.00 Uhr, Tel. 044 2 12 49 19
Oktoberfest: Anf. Okt. – Anf. Nov. tgl. ab 11.00, Mo. – Sa. bis 23.00, So. bis 18.00 Uhr, wwwbauschaenzli.ch

Baur au Lac

1844 eröffnete der geschäftstüchtige Vorarlberger Tourismuspionier Johannes Baur sein zweites Zürcher Hotel: das Baur au Lac an der Westseite des Bürkliplatzes mit einem Parkgrundstück, das fast bis zum See hinunterreicht. Auch **Thomas Mann** (▸Berühmte Persönlichkeiten) zählte zu den Gästen. Er machte sogar auf seiner Hochzeitsreise im Jahr 1905 hier Station und wohnte bei seinen zahlreichen späteren Aufenthalten in Zürich häufig im Baur au Lac.

Umfassend renoviert, präsentiert es sich heute als stilvolles und edles Luxushotel. Zur Weihnachtszeit erstrahlt im Park der alte, 21 m hohe Tannenbaum mit 40 000 Lichtern. Im Sommer lockt die Terrasse auf einen entspannten Apéro im Schatten der Bäume, im Winter die Tea Time in der Hotelhalle. Geboten werden neben erlesenen Teesorten Scones, feine Sandwiches und edle Patisserie. Auch Nicht-Hotelgäste sind willkommen; am besten voranmelden.

ⓘ Tel. 044 220 50 20, www.bauraulac.ch, Tea Time: 64 CHF

***Tonhalle** Johannes Brahms höchstpersönlich war bei der Eröffnung der Tonhalle 1895 anwesend. Die beiden Konzertsäle etwas westlich vom Bürkliplatz zählen, was die **Akustik** betrifft, zum Besten, was die Welt zu bieten hat. 1938 wandelte man den Bau zum Kongresshaus um, integrierte aber die Konzertsäle.

ⓘ Claridenstrasse 7, www.tonhalle-orchester.ch

** Einsiedeln

Ausflug

Einwohnerzahl: 14 500

S-Bahn: ab Zürich S 2, S 8 bis Wädenswil, von dort S 13

Gläubige beten hier zur Schwarzen Madonna, für Jakobspilger ist Einsiedeln ein wichtiger Zwischenstopp auf dem Weg nach Santiago de Compostela, viele kommen auch, um das eindrucksvolle Kloster und seine Kirche als einen Höhepunkt der Barockarchitektur zu bewundern.

Der berühmte Wallfahrtsort liegt etwa 30 km südöstlich von Zürich reizvoll in den Voralpen zwischen Zürichsee und Vierwaldstätter See. Einsiedeln zieht jedes Jahr viele Tausend Menschen an.

** BENEDIKTINERABTEI MARIA EINSIEDELN

Meinrad und die Raben Der Reichenauer Benediktinermönch Meinrad ließ sich um 829 zunächst auf dem Etzel (s. u.) nieder, um sich als Einsiedler ganz der Gottsuche zu widmen. 835 zog er mit seinen beiden zahmen Raben noch tiefer in die Einsamkeit in den »Finstern Wald« in der Nähe einer Quelle. Dort ermordeten ihn 861 zwei Räuber. Die Tat, so die Legende, wurde jedoch dank Meinrads Raben gesühnt, die die Mörder laut krächzend bis nach Zürich verfolgten. Dort wurde man auf das Gezeter aufmerksam, die Tat kam ans Licht, und die Mörder wurden gerichtet. An verschiedenen Stellen der Klosterkirche werden die beiden Raben dargestellt; auch ins Klosterwappen wurden sie aufgenommen. Wichtigster Festtag ist der **14. September,** der an die Weihe von Gnadenkapelle und Kirche im Jahr 948 erinnert. Kerzen illuminieren den Vorhof und sämtliche Fenster am Klosterplatz, außerdem findet eine Prozession auf dem Klosterplatz statt.

❶ Klosterführungen tgl. außer So./Fei. 14.00 Uhr, Treffpunkt: Tourismusbüro, Hauptstrasse 85, Gebühr 14 CHF, www.einsiedeln-tourismus.ch

Werdegang des Klosters

Über **Meinrads Klause** errichtete der Straßburger Dompropst Eberhard ab 931 ein Kloster, dessen Kapelle 948 mit einem **wundertätigen Marienbild** und zu Ehren des heiligen Mauritius geweiht wurde. Durch Schenkungen der Kaiser, insbesondere Ottos I. und Heinrichs II., und anderer Fürsten stieg es neben St. Gallen zum reichsten Kloster der Schweiz auf. 1226 brannten Kirche und Kloster ab, weitere Brände 1465, 1509 und 1577 erzwangen Um- und Neubauten.
Auch die **Gnadenkapelle**, Standort des Marienbildes, musste 1817 nach ihrer Zerstörung durch französische Truppen 1798 völlig erneuert werden. Seit 1318 ist von einer wundertätigen Quelle die Rede, die Heilkraft besitze und unter der Kapelle entspringt. Mit Madonna und Quelle sind die Grundsteine gelegt für die Berühmtheit Einsiedelns. Als der letzte Mönch 1525 zu Zwinglis Reformation übertrat, bestellten die Schwyzer, nach den Habsburgern die Herren des Klosters, 1536 einen neuen Abt.

Schwarze Madonna

Die berühmte »Schwarze Madonna« wurde vermutlich nach dem Brand von 1465 ins Kloster gebracht. Die Figur aus Lindenholz ist rund 118 cm groß und heute mit einem Damastkleid ummantelt. Kerzenruß soll die Schwarzfärbung bewirkt haben, denn urspünglich war die Madonna fleischfarben. Bei ihrer Restaurierung war die eigentliche helle Farbe zunächst wiederhergestellt worden, die Statue wurde dann aber wieder schwarz bemalt.

Das heutige Kloster

Zwischen 1704 und 1718 entstand das neue Kloster, zwischen 1719 und 1735 die Kirche, der Vorplatz wurde 1745 bis 1747 gestaltet. Heute bilden Landwirtschaft mit Vieh- und Pferdezucht – der Marstall gilt als ältestes noch bestehendes Gestüt Europas –, das Pilgerwesen, die Theologische Schule und ein Gymnasium die wirtschaftliche Basis des Benediktinerklosters. Ca. **70 Mönche** gehören zur Abtei Einsiedeln, ca. 260 Schülerinnen und Schüler besuchen die Schule.

Vorplatz

Imposant ragt das Kloster über dem Dorf auf. Wie eine mächtige Mauer trennt die gewaltige Klosterfront mit den fast 60 m hohen Türmen das Heilige vom Profanen. Davor erstreckt sich ein großer, leicht ansteigender Platz. Zwei geschwungene Arkaden, die ein wenig an die Kolonnaden auf dem Petersplatz in Rom erinnnern, umfassen ihn wie schützende Arme. Die Balustraden sind mit Figuren von J. B.

★★ Kloster Einsiedeln

Noch heute kommen Gläubige nach Einsiedeln, um Gehör bei der »Schwarzen Madonna« zu finden. Und viele andere kommen hierher, um in der Klosterkirche die bedeutende Barockarchitektur und -malerei zu bestaunen.

❶ Klosterkirche: tgl. 6.00 – 20.30, im Sommer bis 21.00 Uhr, Führungen ►S. 167. Gottesdienstzeiten: www.kloster-einsiedeln.ch

❶ Fassade
Prächtige Barockarchitektur zeigt die Fassade, die nicht plan aufgebaut ist, sondern sich konvex zwischen den beiden Kirchtürmen vorwölbt.

❷ Oktogon
Das große Oktogon öffnet sich unmittelbar hinter der Eingangsfassade. Hier steht die marmorne Gnadenkapelle mit der Statue der »Schwarzen Madonna«. Die Gnadenkapelle wurde dort errichtet, wo sich Meinrads Klause befunden haben soll.

❸ Predigtraum
Der Predigtraum wird von der Abendmahlskuppel überwölbt. Am höchsten Punkt dieser Kuppel misst der Raum 21,5 m. Die Fresken zeigen eine Abendmahlsdarstellung.

❹ Unterer Chor
Der Untere Chor wird durch ein aufwendig geschmiedetes Gitter vom Langhaus getrennt. Das Chorgitter zeigt drei Torbögen, die durch ihre perspektivische Gestaltung die Illusion von drei dahinterliegenden Gängen vermitteln. Die Schmiedearbeit wurde 1675 bis 1685 von dem Klosterbruder Vinzenz Nussbaumer hergestellt.

❺ Oberer Chor
Der Obere Chor über der Sakristei wurde von den Brüdern Torricelli ausgemalt. Auch sie arbeiteten mit perspektivischen Illusionen, die scheinbar Architektur darstellen.

Perfekte Symmetrie: Kirche, Türme, Arkaden, Flügel des Klosters

Die »Schwarze Madonna«: Ihr Antlitz aus Lindenholz ist vermutlich durch den Ruß der Kerzen im Lauf der Zeiten dunkel geworden. Bei einer Restaurierung wurde das Holz dann schwarz bemalt.

Ein Blick nach oben zeigt farbenprächtige Kuppelausmalungen in schwelgerischem Barock von Cosmas Damian Asam, hier die Fresken in der Weihnachtskuppel.

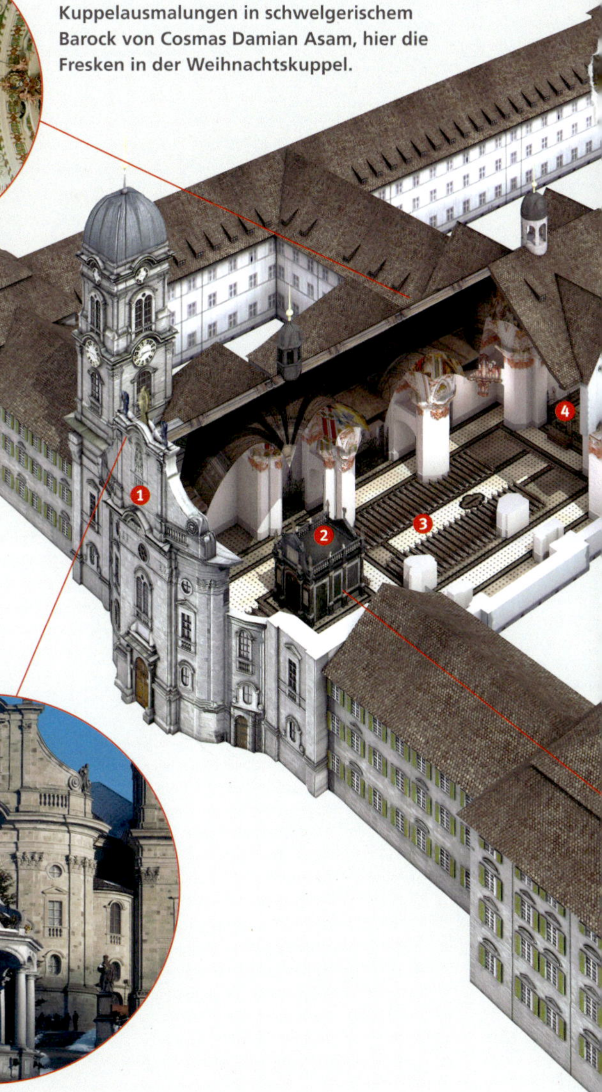

Die Marienstatue auf der Fassade zwischen den beiden Türmen korrespondiert mit dem Frauenbrunnen auf dem Kirchenvorplatz. Der siebeneckige Brunnen-Tempietto verweist auf die Sieben Freuden und Schmerzen der Maria.

Babel (1749) wie in einem großen Welttheater bestückt, darunter stehen überlebensgroß die kaiserlichen Gönner Otto I. (links; nördl.) und Heinrich I. (rechts). In diesen Arkaden haben Souvenirstände ihren Sitz und versorgen die Pilger und Gäste aus aller Welt mit Rosenkränzen, Heiligenbildern und Kerzen und anderen Devotionalien. Der Madonna auf dem Giebel zwischen den Türmen antwortet auf dem Platz der **Frauenbrunnen** (H. G. Kuen, 1686), dessen siebeneckiger Tempietto auf die Sieben Freuden und Schmerzen Mariens verweist. Pilger trinken meist aus allen 14 Röhren des Brunnens, die den 14 Nothelfern entsprechen. Dem Wasser aus der Meinradsquelle werden Heilkräfte nachgesagt.

Konvent Die um vier Höfe gruppierte **Abtei**, ein Werk des großen Vorarlberger Baumeisters und Laienbruders Kaspar Moosbrugger (1656 bis 1723), nimmt eine Fläche von 156 × 136 m ein. Wie die 3-D-Grafik zeigt, hat die Anlage die Form eines Kreuzes, eingerahmt von einem Rechteck mit vier Innenhöfen – solche Regelmäßigkeit ist sonst nur im spanischen Escorial zu finden. Das perspektivische Hauptportal der Kirche ist nur zu großen Festen geöffnet.

Stiftsbibliothek Die 934 gegründete Stiftsbibliothek (nur im Rahmen von Führungen zugänglich) umfasst 230 000 Bände aus dem 16.– 20. Jh., 1200 Manuskripte aus der bedeutenden mittelalterlichen Schreibschule und 1100 Inkunabeln. Von den 117 Handschriften aus dem 9. – 12. Jh. entstammen 64 aus dem Skriptorium in Einsiedeln. Eines der wertvollsten Stücke ist der prachtvoll ausgearbeitete Codex 121, die **älteste Aufzeichnung abendländischer Musik**, erstellt um 960. Durch 24 Fenster, zwölf auf jeder Längsseite des Raumes, fällt helles Licht ein und schafft zusammen mit der barocken pastellfarbigen Bemalung einen sehr freundlichen Raum. Die Profilbilder in den Fensternischen zeigen Päpste und Kaiser. 1994 bis 1998 unterzog man den Raum einer grundlegenden Renovierung: Die Buchregale wurden im Original-Blau restauriert, der Fußboden ist noch der originale, über den Generationen von Mönchen und Gelehrten geschritten sind.

Großer Saal Im herrlichen Großen Saal im Südflügel des Klosters, der um 1705 von Marsiglio Roncati aus Lugano und Johann Brandenberg aus Zug gestaltet wurde, finden Ausstellungen und Konzerte statt.

KLOSTERKIRCHE

Barockes Farbenfeuer Die Kirche (113 m lang, 41 m breit) ist als Abfolge dreier Baukörper angelegt und entfaltet mit ihrer prachtvollen Ausstattung eine grandiose Wirkung. Während die Räume von Oktogon bis Weihnachtskuppel an Höhe zunehmen, nehmen sie in der Länge ab. Die weit vorspringenden durchbrochenen Wandpfeiler mit Emporen betonen die Breitenwirkung. In der Gestaltung hatten die Künstler freie Hand, das Bildprogramm jedoch bestimmten die Theologen. Die schönen Stuckaturen und die Kanzel schuf Egid Quirin Asam (gest. 1759), die **Fresken** sein ebenfalls von Benediktbeuren kommender Bruder Cosmas Damian Asam (gest. 1739). Bei der letzten Renovierung, die 1990 abgeschlossen war, hat man die barocken Farben in ihrer originalen Leuchtkraft wieder ans Licht geholt.

❶ Mai – Okt. tgl. 6.00 – 21.00, Nov. – April bis 20.30 Uhr

! BAEDEKER TIPP

Musik in der Klosterkirche

Sechs Konzerte werden auf den Orgeln der Abteikirche von Mitte Juli bis Ende August gegeben, jeweils dienstags um 20.15 Uhr. Täglich um 16.30 Uhr singen die Mönche das Stundengebet und ziehen dann in die Gnadenkapelle. Dort singen sie das Salve Regina, ein Brauch, der seit 1547 ausgeübt wird.

Wenn man in die Kirche eintritt, steht man direkt in dem großen Oktogon mit der **Gnadenkapelle**, die an der Stelle der Meinradsklause errichtet wurde. Rund um das klassizistisch erneuerte Gehäuse (1817) wurde viel Raum belassen, so dass es bei Prozessionen umschritten werden kann. Im Inneren steht das aus Holz geschnitzte Gnadenbild der **Schwarzen Madonna** (um 1440). Darüber zeigt ein vierteiliges Fresko die Weihe der Kapelle durch Christus. Nördlich befindet sich der Rosenkranz-Altar, im Süden der Patroziniumsaltar.

Predigtraum

Der anschließende Predigtraum mit der kunstvollen Kanzel (1726) wird von einer Flachkuppel mit einer Abendmahlsdarstellung überspannt, der **Abendmahlskuppel** mit einer Scheitelhöhe von 21,5 m. Die beiden großen Altäre für St. Meinrad (nördl.) und St. Benedikt (südl.) schuf Diego Carlone (1743), die Bilder sein Bruder Carlo.

Weihnachtskuppel

Im folgenden **Kuppelraum** mit einer Scheitelhöhe von 30 m schildert ein Fresko von C. D. Asam die Weihnachtsgeschichte. Hier befinden sich der St.-Mauritius-Altar und der Kreuz-Altar (nördl.) sowie der St.-Sigismund-Altar und der Ölbergaltar (südl.), von J. A. Feichtmayr ab 1730 geschaffen. Rechts und links des Chores fallen die beiden **Orgeln** auf, die als zwei eigenständige Instrumente gespielt werden: Im Norden die barocke Marienorgel (rekonstruiert 1988), im Süden die frühromantische Mauritiusorgel (1994 rekonstruiert, mit über 4000 Pfeifen).

Krypta

Die Krypta ist nicht zugänglich. Sie wird nur bei Beerdigungen für die Klosterbrüder geöffnet. Schon immer wurden hier die verstorbenen Mönche im offenen Sarg eingemauert – eine Tradition, die man bis heute beibehalten hat.

Chor Ein perspektivisches dreitoriges Eisengitter (1675 – 1685) schließt den von F. A. Kraus (aus Ulm-Söflingen) 1746 gestalteten Chor ab. Dessen Gestaltung mit dem Hochaltar von D. Pozzi und dem Altarbild von F. A. Kraus konzentriert sich auf den Gedanken der Erlösung. Den Psallier- oder **Oberen Chor** malten die Brüder Torricelli aus, das reich verzierte Chorgestühl (1675 – 1680) ist ein Werk von Michael Hartmann aus Luzern. Im Jochbogen sind die Raben Meinrads zu sehen.

Beichtkirche Die Beichtkirche (H. G. Kuen, ab 1680) wurde von Pietro Neurone aus Lugano stuckiert, das Bild der hl. Magdalena im 1902 neu erstellten Altar schuf 1680 der Münchner Hofmaler J. K. Sing. Eine Besichtigung ist nicht möglich; die Kirche steht nur Beichtenden zur Verfügung (Anmeldung an der Klosterpforte).

SEHENSWERTES IM ORT EINSIEDELN

Lebkuchenmuseum Wichtigster Treffpunkt ist natürlich der Klosterplatz. Aber ein Gang durch das kleine Städtchen lohnt ebenfalls. Die Hauptstrasse ist durch überraschend städtische fünfstöckige Häuser geprägt. Im Lebkuchenmuseum der Bäckerei Goldapfel werden alte Holzmodel, die Backstube und allerlei Gerätschaften rund um die Herstellung von Schäfli und Kräpfli gezeigt. Wunderschön: die originale Ladeneinrichtung von 1895.

Kronenstrasse 1, Ostern – Dez. 13.30 – 18.00, sonst bis 16.30 Uhr

> ! BAEDEKER TIPP
>
> *Schäfli und Biberli*
>
> Bäckerei Goldapfel stellt die traditionellen »Schafböcke« her, Lebkuchen, die ein liegendes Lamm darstellen und in Einsiedeln als Kultgebäck gelten. Unbedingt probieren sollte man auch die sehr viel saftigeren »Biberli«, eine mit Mandeln (weiß) oder Haselnüssen (braun) gefüllte Köstlichkeit (Hauptstrasse 67, Kronenstrasse 1).

Nördlich des Klosterplatzes ist das **Diorama Bethlehem** mit 450 Holzfiguren zu finden, im Untergeschoss sind die Schätze des Mineralienmuseums zu sehen. Einige Schritte weiter befindet sich das **Panorama der Kreuzigung Christi**, ein 2000 m^2 großes Rundgemälde. Das **Museum Fram** rollt die Geschichte Einsiedelns auf und zeigt Wechselausstellungen.

Diorama: Benzingerstrasse 23, Mai bis Okt. tgl. 12.00 – 17.00 Uhr, Eintritt: 5,50 CHF, www.diorama.ch

Panoramagemälde: Benzingerstrasse 36, Karfreitag – Okt. Mo. – Fr. 13.00 bis 17.00, Sa., So., Fei. 10.00 – 17.00 Uhr, Eintritt: 6 CHF, www.panorama-einsiedeln.ch

Museum Fram: Eisenbahnstrasse 19, Mai – Okt. Mi. – Fr. 13.00 – 17.00, Sa., So. 10.00 – 17.00 Uhr, Eintritt: 10 CHF, www.fram-einsiedeln.ch

UMGEBUNG VON EINSIEDELN

Sihlsee

Der 892 m hoch gelegene Sihlsee gibt der Voralpenlandschaft bei Einsiedeln einen besonderen Reiz. Der 9 km lange Stausee des Etzelwerks wurde 1934 angelegt; man überquert ihn auf dem 1015 m langen Willerzeller Viadukt. Von Willerzell kann man seine Fahrt auf zwei schönen Passstraßen fortsetzen: über die Sattelegg (1190 m) zum ▶Zürichsee oder in südwestlicher Richtung über die Ibergeregg (1406 m) nach Schwyz.

***Etzel**

Nördlich von Einsiedeln steigt das Sträßchen zum 20 % steilen **Etzelpass** nach Pfäffikon (▶Zürichsee) an. An der Teufelsbrücke (1699) über die Sihl steht das Gasthaus Krone – hier werden Spezialitäten aus Einsiedeln aufgetischt –, in dem der berühmte Arzt und Naturforscher Theophrastus Bombastus von Hohenheim, genannt **Paracelsus** (1493 – 1541), geboren sein soll. Von der Passhöhe, einem idyllischen Platz mit der Meinradskapelle (Kaspar Moosbrugger, 1697) und dem Gasthaus Meinrad von 1647, geht man in 20 Min. zum **Etzel-Kulm** hinauf (1098 m), von dem sich eine großartige Aussicht bietet.

Enge

E/F 9/10

Lage: zw. Mythenquai und Sihl, Kreis 2
Tram: Bahnhof Enge (5, 7)
S-Bahn: Bahnhof Enge (S 2, 8, 21, 24)

Am westlichen Seeufer schließt sich das Wohn- und Geschäftsviertel Enge fast unmittelbar an den Bürkliplatz an. Die wohl schönsten Parks von Zürich sind in Enge zu finden, der ▶Belvoirpark und der Rieterpark mit dem ▶Museum Rietberg.

***Kirche Enge**

Ein beherrschendes Bauwerk der Zürcher Skyline ist dank ihrer erhöhten Lage die ev.-reformierte Kirche Enge. Die markante Kuppel sowie der im Stil eines barocken Campanile gestaltete Turm machen sie unverwechselbar. Sie gehört zu den bedeutendsten Neorenaissance-Kirchen der Schweiz und wurde 1892 – 1894 von Alfred Friedrich Bluntschli gebaut.

❶ Bluntschlisteig, beim Bahnhof Enge

Seebad Enge

Unmittelbar anschließend an das ▶Arboretum lockt das historische Seebad Enge mit gemischtem Bad und einem reinen Frauenbad. Ein schmaler Holzsteg führt zur Eingangstür des 1959 im Bauhausstil errichteten Bades. Zwei schwimmende Flachdachbauten ruhen hier im See, verbunden durch einen Laufsteg und umgeben von Sonnendecks, die den Nichtschwimmerbereich einrahmen. Ein Bau ist reines Frauenbad, der andere auch für Männer. Angenehme Extras versüßen den Badetag, vor allem die besonders schöne Sauna mit Seezugang und herrlichem Seeblick, um das Auge auszuruhen. Für Kinder ist die Anlage weniger geeignet.

❶ Mythenquai 9, Mai – Mitte Sept. tgl. 9.00 – 19.00, Juni – Aug. 8.00 – 20.00 Uhr, Eintritt: 7 CHF Bad, 27 CHF Sauna, www.tonttu.ch

Gottfried-Keller-Denkmal

Ziemlichen Wirbel gab es um das Gottfried-Keller-Denkmal, das am Hafen Enge auf der Höhe des Seerestaurants steht. 1964 beauftragte die Stadt den Bildhauer Charles Otto Bänninger mit der Gestaltung eines Denkmals für den berühmten Sohn Zürichs. Heraus kam ein schmutzig-weißer mächtiger Kopf ohne Torso, der sinnierend zu Boden blickt und von würfelförmigen Objekten flankiert wird. Diese tragen die Namen der wichtigsten Werke des Dichters. Eine Verhöhnung des Dichters, wie manche meinten?

Strandbad Mythenquai

Zürichs einziges Bad mit Sandstrand liegt am Mythenquai. 250 m Sand, Sprungtürme, Kinderplanschbecken und eine große Liegewiese sorgen für das perfekte Urlaubsgefühl. In der mit vielen Büschen und Bäumen parkähnlich gestalteten Landschaft findet sich immer auch ein Schattenplätzchen. Draufgänger üben Hechtköpper vom Einer und Dreier in den See. Familien mit kleinen Kindern werden sich hier besonders gut aufgehoben fühlen: Neben dem obligatorischen Sandburgenbauen am Strand lockt ein sehr schönes Kinderplanschbecken mit Düsen, Fontänen und Kanälen.
Mitte 2014 eröffnete der Neubau des Restaurants, das unter Federführung von Rolf Hitl bewirtet wird, also rein vegetarische Küche bietet. Damit die (Zürcher) Kinder nicht auf ihre Freibad-Bratwurst und Pommes verzichten müssen, betreibt eine Metzgerei einen Grillstand vor dem Restaurant.

❶ Mythenquai 95, Mitte Mai – Mitte Sept. 9.00 – 11.00 bei jedem Wetter, 11.00 – 20.00 Uhr je nach Wetterlage, Tel. 044 201 00 00, Eintritt: 7 CHF

***Sukkulenten-sammlung**

»Sukki« nennen eingefleischte Kakteenfreunde die Städtische Sukkulentensammlung, die in Nachbarschaft zum Parkplatz des Strandbads Mythenquai ein eher unscheinbares Dasein fristet. Die europaweit einzigartige Sammlung von Kakteen und Wüsten- und Steppenpflanzen ist von außen als solche fast nicht auszumachen. Die Anlage mit den kleinen Glashäusern fällt kaum auf. Rostige Kakteen aus Eisen kennzeichnen den Eingang, doch dahinter tut sich eine **weltweit führende Institution** auf. Verteilt auf sieben Schauhäuser und einer Unzahl von Frühbeetkästen, sind rund 25 000 Einzelpflanzen aus 6500 Arten zu sehen, darunter die meterhohen Kandelaberkakteen, Aloe, Aasblumen und Euphorbien. Der Formen- und Blütenreichtum dieser Überlebenskünstler entzückt jährlich über 30 000 Besucher. Jeden Mittwoch gibt es zwischen 14.00 und 16.00 Uhr eine Sprechstunde, in der ein Fachmann Pflanzenberatung macht. Zahlreiche Führungen runden das Angebot der Einrichtung ab. Blüht im Juni die »Königin der Nacht«, bleibt auch nachts geöffnet.

ℹ Mythenquai 88, tgl. 9.00 – 16.30 Uhr, Eintritt frei, www.stadt-zuerich.ch/sukkulenten

Muraltengut

Auf dem Muraltengut empfängt die Stadt Zürich ihre Staatsgäste – und das quasi auf einem roten Teppich in Form von Rosen: Ein herrliches **Rosenband** aus rund 5000 Edelrosen zieht sich hinauf zu der Prachtvilla. Der Park ist öffentlich zugänglich, die Villa selbst, von Bauherr Johannes Werdmüller zwischen 1777 und 1782 mit Seitenflügeln nach spätbarockem Konzept erbaut, hingegen nicht.

ℹ Seestrasse 203

BAEDEKER WISSEN

? Bei den Zooglern

Der größte Entwicklungsstandort des Internetkonzerns Google außerhalb der USA befindet sich seit Mai 2013 auf dem Areal der ehemaligen Brauerei Hürlimann. »Zoogler« nennen sich die 1100 Angestellten von Google Zürich. Allerlei Innovatives haben schon die Büroplaner ausgeheckt: Im Gebäude gibt es für die Zoogler einen eigenen Coop, wo sie das Gewünschte per QR-Code einscannen und sich nach Hause oder ins Büro liefern lassen können. Eine Rutsche in die Kantine und Billard gehören bei Google in Zürich wie auch andernorts zum Standard.

2007 ist am Kalanderplatz an der Sihl auf dem Gelände der ehemaligen Sihlpapier-Fabrik ein neues Quartier entstanden: **Sihlcity**. Auf knapp 100 000 m² findet das Shopping-Herz alles, was es begehrt. Dazu kommen 14 Restaurants, ein Vier-Sterne-Hotel sowie Fitnesscenter mit Wellness und Spa, Multiplexkino, Kulturhaus und Zürichs größte Diskothek. Man sollte mit öffentlichen Verkehrsmitteln anreisen, Parkplätze sind knapp.

ℹ Mo. – Sa. 9.00 – 20.00, Mall tgl. 8.00 – 24.00 Uhr, www.sihlcity.ch, Kalanderplatz 1, Tram 5, 13 (Sihlcity/Nord)

Hürlimann-Areal

160 Jahre lang produzierte die Brauerei Hürlimann an der Sihl ein beliebtes Zürcher Bier. Doch 1996 musste das 1836 gegründete Unternehmen mit der Feldschlösschen-Holding fusionieren, die den Standort 1997 schloss, um fortan in Rheinfelden zu brauen. Mehrere Firmen und Läden, das Restaurant Juan Costa (► S. 90) und das 2012 eröffnete »B2 Hotel+ Spa« teilen sich nun die denkmalgeschützten Gebäude, in denen einst Hopfen und Malz vergoren wurden, Auf dem Dach entspannt man sich im Thermalbad & Spa Zürich. Das Thermalwasser stammt aus einer Quelle auf dem Gelände, mit der einst auch das Bier gebraut wurde.

ℹ Brandschenkestrasse 150, Bahnhof Enge, www.huerlimann-areal.ch

ETH

G 7

Lage: Rämistrasse 101; Kreis 1, Hochschulen
Tram: ETH (6, 9, 10)
Führungen: Di. 18.15 Uhr, www.ethz.ch

Die kurz ETH genannte Eidgenössische Technische Hochschule zählt zu den renommiertesten Hochschulen der Welt mit naturwissenschaftlich-technischem Schwerpunkt. Hier forschten, lehrten und lernten kluge Köpfe wie Albert Einstein und Wolfgang Pauli.

Die »Poly« 1855 wurde die Eidgenössische Technische Hochschule (ETH) als Polytechnikum gegründet – daher wird sie heute noch oft liebevoll »Poly« genannt. Schwerpunkt der ETH ist der naturwissenschaftlich-technische Bereich. Aber auch der Nachlass von Max Frisch, der an der ETH Architektur studierte, wird in der Bibliothek aufbewahrt. Heute sind an der ETH etwa 18 000 Studenten eingeschrieben.

? BAEDEKER WISSEN

Stadt der Eliteforschung

Zürich ist auch in Sachen Nobelpreisträger Spitze. Die Stadt ist weltweit diejenige, aus der die meisten Nobelpreisträger kommen; derzeit sind es 21. Sie alle haben an der ETH studiert, gelehrt oder geforscht. Bekannte Namen sind Fritz Haber (1921, Chemie) und Wolfgang Pauli (Chemie). Wie die Universität führt auch die ETH Einstein und Röntgen in ihrer Nobelpreisträgerliste. Grund ist, dass damals wie heute viele Professoren an beiden Unis forschten.

Dem **Polytechnikum** wies man einen illustren Platz an der Stelle der ehemaligen östlichen Schanzenanlagen zu. Architekt war Gottfried Semper, der Erbauer der Semper-Oper in Dresden. Er hatte Deutschland verlassen müssen, man hatte ihm eine Beteiligung an der 1848er-Revolution unterstellt. 1864 zogen die ersten Professoren und Studenten in den residenzartigen Bau ein, der das bedeutendste Werk des **Historismus** in der Schweiz darstellt. 1914 und 1925 kamen als weitere bauliche Zutaten die Eckrisalite und die Kuppel hinzu, diesmal unter Federführung von Stadtbaumeister Gustav Gull.

Polyterrasse Sobald sich der kleinste Sonnenstrahl zeigt, verwandelt sich die »Polyterrasse« an der Südwestseite der ETH in einen quirligen Studententreffpunkt. Wer die Nase aus den Büchern bekommt, hat eine schöne Aussicht auf Stadt und See. Und man erlebt auch die schönsten Sonnenuntergänge. Im Sommer bringen sich die Schaulustigen etwas zu Trinken mit und erleben hier ein wunderbares Sunset-Programm. In der Mensa kann jedermann günstig essen.

Gediegene Umgebung für die Forschung: Blick in die Haupthalle der ETH

Im Hauptgebäude der ETH ist eine **Grafische Sammlung** mit Werken von Schongauer, Mantegna, Dürer, Rembrandt, Piranesi und Goya sowie Schweizer Druckgrafik des 19. und 20. Jh.s untergebracht.

ℹ Rämistrasse 101, Wechselausstellungen Mo.–Fr. 10.00 – 17.00 Uhr; Sammlung Mo.–Fr. 14.00 – 17.00 Uhr, Tel. 044 632 40 46

Für speziell Interessierte: Die **Chemische und Pharmakognostische Sammlung** der ETH liegt auf dem Hönggerberg (Waid, Kreis 10). In dieser Schau dreht sich alles um Drogen – es geht um Haschisch und Opium, aber auch um legale Drogen wie Tabak, Kaffee und Kakao. In den Vitrinen glänzen alte **Opiumpfeifen**, Tiegelchen und Töpfchen, auch **Kräuterbücher** werden ausgestellt. Zur Sammlung gehört ein aufschlussreicher Arzneipflanzengarten. Hier blühen Fingerhut, Stechapfel und Wilder Baldrian, und man erfährt, dass die Grenze zwischen Heilmittel und Gift wie zwischen Gewürzkraut und Aphrodisiakum eine fließende ist.

ℹ ETH Hönggerberg, Wolfgang-Pauli-Strasse 10, Mo. – Fr. 8.00 – 20.00 Uhr, www.chab.ethz.ch/museum

***Polybahn**

Die hübsche, sienarote Polybahn bringt Fußmüde zur Hochschule hinauf bzw. zum Central hinunter. Ein leider nur 100 Sekunden währendes Vergnügen, das man sich aber unbedingt gönnen sollte. 1889 schnurrte die damals noch »Zürichbergbahn« genannte Standseilbahn das erste Mal hinauf und hinab. 1996 passte man den »Studenten-Express« den neuesten bahntechnischen Anforderungen an, das nostalgische Gewand blieb.

ℹ Mo. – Fr. 6.45 – 19.15, Sa. 7.30 – 14.00 Uhr, einfache Fahrt: 2,20 CHF

Thomas-Mann-Archiv

Das um 1664 erbaute **Bodmer-Haus** war 1756 – 1783 im Besitz des Aufklärers J. J. Bodmer (1697 – 1783). Hier ist Thomas Manns letztes Arbeitszimmer zu sehen (▶Berühmte Persönlichkeiten). Gezeigt werden Raritäten wie die erste Seite des »Buddenbrooks«-Manuskripts, Notizen zum »Tod in Venedig« und zu »Felix Krull« sowie die Nobelpreis-Urkunde. Der Nachlass des 1955 verstorbenen

Schriftstellers war an die Eidgenössische Technische Hochschule gefallen, die hier 1960 das Thomas-Mann-Archiv einrichtete. Der Literaturnobelpreisträger (1929) und Ehrendoktor der ETH ist auf dem Friedhof im Zürcher Stadtteil Kilchberg bestattet.

ⓘ Schönberggasse 15, Mi., Sa. 14.00 – 16.00 Uhr, www.tma.ethz.ch

***focus terra** Auch wer Erdkunde in der Schule überhaupt nicht mochte, könnte sich für die **geologische Sammlung der ETH** begeistern. Den Grundstock legte das Naturalienkabinett von Konrad Gessner, dem berühmten Zürcher Gelehrten, und im Laufe der Jahrhunderte kam etliches hinzu. Geistesgegenwärtig nutzten die Erdwissenschaftler die Gunst der Stunde, als 2005 umfangreiche Sanierungsmaßnahmen anstanden, und stellten ihre gesammelten Schätze, darunter herrliche Kristalle, neu auf. Der Innenhof bietet weit mehr als eine schlichte Objektsammlung; »focus terra« beantwortet spannende Fragen, etwa wie Kristalle entstehen, lässt die Erde beben mit Hilfe eines Erdbebensimulators und zeigt Bergmodelle (darunter ein fünf Meter langes Alpenrelief), geologische Objekte aller Art, arbeitet mit topmodernen Videostationen und 3-D-Präsentationen. Man würde am liebsten sofort losstudieren.

ⓘ Sonneggstrasse 5, Mo. – Fr. 9.00 – 17.00, So. 10.00 – 16.00 Uhr, Führungen allg.: So. 14.00, Erdbebensimulator: So. 11.00, 13.00, 15.00 Uhr, www.focusterra.ethz.ch

Liebfrauenkirche Zwei Straßenzüge entfernt befindet sich in der Weingerstrasse 32 die katholische Liebfrauenkirche, die auch vom Central (►Niederdorf) aus leicht zu erreichen ist. Man glaubt fast, sich nach Italien verirrt zu haben, wenn man den Bau von Ferne sieht, denn der Turm erinnert zweifellos an einen römischen Campanile aus dem 12. Jahrhundert. 1893/1894 wurde die Kirche im Stil einer frühmittelalterlichen Basilika erbaut.

** Fraumünster

F 8

Lage: Münsterhof 2; Kreis 1, Lindenhof

Tram: Paradeplatz (2, 6, 7, 8, 9, 11, 13), Helmhaus (4, 15)

ⓘ April – Okt. 10.00 – 18.00, Nov. – März bis 16.00 Uhr, Eintritt frei, Führungstermine: www.fraumuenster.ch

Wichtigstes Zentrum der Stadt, auch in politischer Hinsicht, bildete lange das Fraumünster. Die jeweilige Äbtissin hatte in Zürich bis zur Reformation das Sagen. Zu den Hauptattraktionen des Münsters zählen heute die Glasfenster von Chagall und Giacometti.

Gegenüber dem Grossmünster erhebt sich auf der linken Limmatseite das Fraumünster mit seinem spitzhelmbekrönten Turm. Ursprünglich hatte auch diese Kirche zwei Türme und stand dem Grossmünster damit nicht nach. Vermutlich um 1100 baute man eine Holzbrücke, die zur Wasserkirche und damit zum Grossmünster führte – eine spirituelle und städtebauliche neue Achse war entstanden. Die **Pfeilerbasilika** mit spätromanischem Chor, frühgotischem Querhaus und hochgotischem Langhaus wurde ab 1250 an der Stelle eines karolingischen Vorgängerbaus errichtet. 1901 – 1911 baute Gustav Gull wesentliche Teile um: Er erhöhte das Langhaus, versah es mit neuen Maßwerkfassaden und baute eine neue Westfassade.

Nadelspitz erhebt sich der Turm des Fraumünsters über der Altstadt.

Über der Eingangstüre prangt ein Hirsch mit zwei Kerzen auf dem Haupt. Der Legende nach soll das Fraumünster an einer Stelle gebaut worden sein, die ein Hirsch den Töchtern von Kaiser Ludwig dem Deutschen, Hildegard und Berta, wies. Tatsache ist, dass Ludwig das Fraumünster 853 seinen Töchtern übergeben hatte. Vom 13. Jh. bis 1524 war die Vorsteherin dieses bedeutenden Frauenklosters auch **Stadtregentin**. Die letzte Äbtissin des Fraumünsters, Katharina von Zimmern (►Berühmte Persönlichkeiten), sympathisierte mit dem Gedankengut Ulrich (Huldrych) Zwinglis (►Berühmte Persönlichkeiten) und ermöglichte es dem großen Reformator, immer freitags im Fraumünster zu predigen. 1525 wurde das letzte Hochamt gehalten.

Innenausstattung

Wie alle Kirchen Zürichs mutet auch diese von der Innenausstattung sehr spartanisch an – Tribut an die Reformation und den mit ihr verbundenen Bildersturm. Umso konzentrierter kann man sich dem Wesentlichen zuwenden: den atemberaubenden Glasfenstern, die dank der Innenrenovierung 2007 noch intensiver strahlen. Besuchermagnet Nummer eins sind die ****Glasfenster** von **Marc Chagall**

Fraumünster

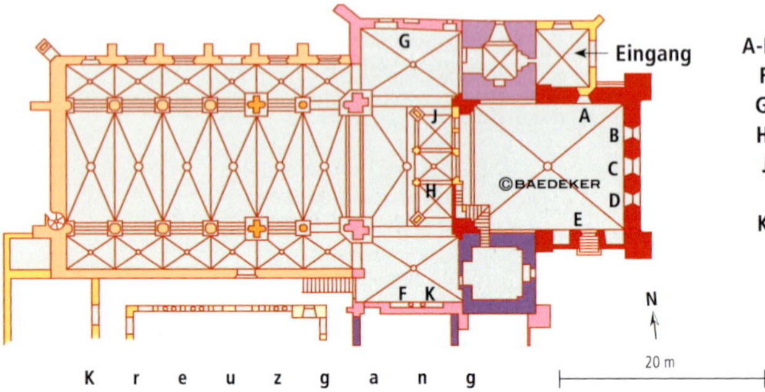

A-E Chorfenster Marc Chagall
F Rosette Marc Chagall
G Fenster Augusto Giacometti
H Lettner
J Grabplatte Bürgermeister Waldmann
K Grabnischen Hildegard und Berta, darüber Hirschlegende und Reliquienüberführung

ca. 1150 - 1170
ca. 1220 - 1240
ca. 1250 - 1270
ca. 1270 - 1300
ca. 1300 - 1320
ca. 1360 - 1390
15. Jahrhundert
16.-19. Jahrhundert

(1887 – 1985), der 1970 fünf expressive Fenster für den Chor schuf: v. l. n. r. Propheten (rot), Jakob (blau), Christus (grün), Zion (gelb), Gesetze (blau). Wenn die Sonne scheint, sorgen die Fenster für ein außergewöhnliches Farbenfeuerwerk. Die gigantische Rosette im südlichen Querschiff kreierte Chagall als über 90-Jähriger 1978. Sie stellt die Schöpfung dar, in der Mitte die Rettung des Menschen und aller Kreaturen in der Arche. Darunter ist eine Reproduktion eines Gemäldes aus dem 19. Jh. zu sehen: Dargestellt sind links die Überführung der Reliquien von Felix und Regula in das Fraumünster und rechts die Hirschlegende.
Genau gegenüber befindet sich ein weiteres Meisterwerk: **Augusto Giacometti** schuf in den 1930er-Jahren die Fenster im nördlichen Querschiff zum Thema »Himmlisches Paradies«. Eingesetzt wurden sie 1945 und sind Giacomettis letztes Werk.
Ein schönes Werk der Spätgotik ist der **Lettner** (um 1470). Die Grabplatte für Bürgermeister Waldmann am Eingang trägt die Inschrift: »Uf den 6 Tag Abrell 1489 ist gericht Hans Waldmann« – die Zürcher hatten ihren angeblich grausamen Bürgermeister köpfen lassen. Beachtenswert sind auch spätgotische Wandmalereien. Die Konzerte auf der **Orgel**, der größten im Kanton, sind sehr empfehlenswert.

Kreuzgang

1898 mussten die Klostergebäude dem Stadthaus weichen, doch Teile des romanisch-gotischen Kreuzgangs wurden wiederverwendet, um Stadthaus und Münsterkirche zu verbinden. Zwischen 1924 und 1941 malte Paul Bodmer (1886 – 1983) den neuen Kreuzgang aus.

Dargestellt sind im gotischen Teil die Legenden der Stiftsgründung und der Heiligen Felix, Regula und Exuperantius, im romanischen Teil die Legende von Karl dem Großen und der Schlange. In der Mitte des Kreuzgangs steht ein klobiger Kupferblock, Werk der Künstlerin Anna Maria Bauer (2004): Er soll an **Katharina von Zimmern** erinnern, die Zürich »vor Unruhe und Ungemach bewahrt hat« (▶Berühmte Persönlichkeiten).

Stadthaus

Nach der Aufhebung des Fraumünster-Klosters richtete sich die Stadtverwaltung in den **Konventsgebäuden** ein und veränderte 300 Jahre lang so gut wie nichts an den Räumlichkeiten. Doch 1830, nachdem Zürich dank Eingemeindungen plötzlich mächtig an Einwohnern hinzugewonnen hatte, platzte auch die Administration aus allen Nähten. Das bewog die Verantwortlichen 1898 zum Abriss des Klosters und dem Bau des Stadthauses (fertiggestellt 1900). Stadtbaumeister Gull plante es im neugotischen Stil, was durchaus als eine Verbeugung vor den ehemaligen Klostergebäuden zu verstehen ist. Heute werden im Stadthaus hin und wieder **Wechselausstellungen** gezeigt.

ⓘ Stadthausquai 17, www.stadt-zuerich.ch/ausstellungen

? BAEDEKER WISSEN

Der Jahrhundertraub

Am 1. September 1997 verübten fünf junge Männer den bislang größten Postraub in der Schweizer Geschichte. Sie überfielen die Fraumünsterpost und erbeuteten 53 Millionen Schweizer Franken. Der Berg an Scheinen war so immens, dass sie ihn nicht einmal komplett in ihr Fluchtfahrzeug packen konnten. Mangelnde Sicherheitsvorkehrungen blamierten die Post, doch alle Räuber konnten gefasst werden. Einer von ihnen veröffentlichte nach seiner Haftstrafe ein Buch über den Raubzug. Von 27 Millionen Franken fehlt bis heute jede Spur.

Die historische »Laubsägeli-**Frauenbadi**«, 1888 erbaut im Schweizer Holzstil und verziert mit maurischen Türmchen, bildet mit ihren Palmen und der bildschönen Anlage eine Oase der Ruhe zwischen Fraumünster und ▶Grossmünster. In dieser Jugendstil-Badeanstalt nehmen die Damen ein Sonnenbad und lassen sich von den Fluten der Limmat in einen erholsamen Schlummer schaukeln. Tagsüber bleiben die Frauen unter sich, was sicher zur großen Beliebtheit beiträgt. Erst abends dürfen auch die Herren über die hölzernen Planken tänzeln, um sich gemeinsam mit ihren Schönen in der »Barfussbar« zu vergnügen. Gleich daneben liegt eine andere Zürcher Freizeitinstitution, das Bauschänzli (▶Bürkliplatz).

ⓘ Stadthausquai 13, Zutritt nur für Frauen; Mitte Mai – Anf. Sept. tgl. 9.00 bis 11.00 bei jedem Wetter, sowie 11.00 – 19.30 Uhr, bei Schlechtwetter geschl., Eintritt: 7 CHF, Barfussbar (auch für Männer): Mitte Mai – Anf. Sept. Mi., Do., So. 20.00 – 24.00 Uhr, www.barfussbar.ch

Zürich badet

So schön kann ein Zürichaufenthalt im Sommer sein: links das Grossmünster, rechts das Fraumünster, Augen schließen und den Glocken lauschen. Und dann einfach in die Fluten fallen lassen und ein paar Züge schwimmen.

Insgesamt bieten 18 Fluss-, See- und Freibäder Abkühlung vom Großstadtrummel und Business-Stress. Rechnet man noch die Hallen- und Sportbäder hinzu, ist Zürich bezogen auf die Bäderdichte pro Einwohner Weltspitze. Einige Anlagen stammen noch aus dem 19. Jahrhundert und bieten ein unvergleichliches Flair. Und das Schönste: Abends verwandeln sich diverse »Badis«, wie die Zürcher ihre Bäder liebevoll nennen, in Barfuß-Bars, Open-Air-Kinos und Bühnen über dem Wasser. Solch ungetrübte Wasserfreuden machte erst ein rigoroser Gewässerschutz seit den 1970er-Jahren möglich. Daher ist heute das Wasser von Limmat und Zürichsee so sauber, dass man getrost drin baden kann. Aus dem See bezieht die Stadt sogar einen guten Teil ihres Trinkwassers. Übrigens: Viele Badis bieten für spontan Entschlossene einen Leihservice für Badekleidung und Handtuch an.

Historische Bäder

Die Zürcher sind ausgemachte Wasserratten; das war schon immer so. Vor allem der Sprung in die Limmat von den Brücken hinab gehört zu den besonderen Vergnügen. Im 19. Jh. förderte die Obrigkeit das Baden ganz gezielt. Enges Zusammenleben in dicht gedrängten Arbeiterquartieren, düstere Wohnungen ohne Sanitäreinrichtungen schufen Krankheitsherde und förderten die Seuchengefahr. Es kam deutlich billiger, öffentliche Badeeinrichtungen zu schaffen, als jeden Haushalt mit einem Bad auszustatten. 1837 öffnete ein »Badehaus für Frauenzimmer« am Bauschänzli seine Tore, heute als **Frauenbadi** bekannt. Eine Kastenkonstruktion, die wir heute als so nostalgisch empfinden, machte einen Wasserbereich in der Flussmitte gefahrlos nutzbar und schützte vor fremden Blicken. Es folgte das **Männerbad am Schanzengraben,** denn damals planschte man streng getrennt nach Geschlechtern. Und in diesem beiden Bädern wird daran bis heute nicht gerüttelt.

Strandbäder am See

Rund um den Zürichsee reihen sich die Strandbänder fast wie Perlen an der Schnur. Eine eindrucksvolle Kulisse zusammen mit weichem, reinem Seewasser macht das Baden hier zu etwas Besonderem. Das fand wohl auch schon Goethe, der in Zürich angeblich ebenfalls in die Fluten sprang – allerdings nackt, was für viel Aufruhr sorgte. Hüllenlose Freuden genießen heute die Sonnenanbeter im **Strandbad Tiefenbrunnen**, das einen separaten FKK-Bereich ausweist. Wild gebadet wird an der Seepromenade und am Zürichhorn an vielen Stellen. Wer aber Wert legt auf ein gewisses Maß an Infrastruktur legt und auch die diversen Extras schätzt, besucht eines der Strandbäder. **Utoquai** befindet sich wie das Strandbad Tiefenbrunnen auf der rechten, östlichen Seite, **Seebad Enge** und **Strandbad Mythenquai** am linken Ufer.

Noch mehr Bäder

Für eine kurze Schwimmrunde in der Mittagspause nutzen die City-Arbeitnehmer gerne das **Flussbad Oberer Letten**. Es schließt sich an den Platzspitz beim Landesmuseum an, und man springt hier in die Limmat. Seit seiner Erbauung gab es einen separaten Damenbereich. Als dieser bei der Sanierung 2010 aufgehoben werden sollte, löste dies einen Sturm der Entrüstung bei den Besucherinnen aus, die diesen geliebten Freiraum nicht aufgeben wollten. Der Stadtrat hatte ein Einsehen und ließ das Frauendeck auch weiterhin bestehen.

Für Max-Frisch-Verehrer gehört eine Wallfahrt zum **Freibad Letzigraben** ins Programm. Es ist das einzige größere Projekt Frischs aus seiner Zeit als Architekt. 1943 hatte er sich unter 63 Bewerbern mit seinem Konzept durchgesetzt und gemeinsam mit dem Landschaftsarchitekten Gustav Ammann ein noch heute bewundertes Kunstwerk geschaffen. Das Bad – in einer parkartigen Umgebung, mit einem in der Schweiz damals einmaligen 10-m-Turm, drei Becken in organisch-weichen Formen – sollte ein »Freibad für das Volk« sein und wurde tatsächlich zum Publikumsmagneten.

Über die ersten Badegäste notiert Frisch am 18. Juni 1949 im Tagebuch: »Sie schwimmen, springen von den Türmen. Die Rasen sind voll von Menschen, halb nackt und halb bunt, und es ist etwas wie ein wirkliches Fest ...«.

Geschützt vor neugierigen Blicken und Strömung: die Frauenbadi

Greifensee

Ausflug

S-Bahn: Nänkon-Greifensee (S 9, S 14)

Rund 15 km östlich von Zürich liegt der unter Naturschutz stehende Greifensee, um den sich mehrere Gemeinden mit diversen Sehenswürdigkeiten gruppieren.

Greifensee Am Nordostufer des Greifensees liegt das verträumte gleichnamige **Landstädtchen**. Schöne Wanderungen um den See herum auf einem ausgeschilderten Spazierweg.

***Air Force Center** In **Dübendorf** ca. 10 km östlich von Zürich liegt der Militärflugplatz Dübendorf mit dem Fliegermuseum der Schweizerischen Fliegertruppen. Hier sind vier Junkers Ju-52 stationiert, mit denen Rundflüge angeboten werden. Im 2010 eröffneten **Flugsimulations-Zentrum** gibt es eine besondere Attraktion: sich selbst ins Cockpit setzen und eine B 737 oder eine Mirage steuern.

Überlandstrasse 255, Di.–Fr. 13.30–17.00, Sa. 9.00–17.00, So. 13.00 bis 17.00 Uhr; Rundflüge. Eintritt Museum: 10 CHF, Flugsimulation Anmeldung Tel. 044 823 23 24, Preise: ca. 300 CHF, www.airforcecenter.ch

Aathal In Aathal (S-Bahn 14) südöstlich von Uster finden Urweltfans ein Paradies im **Sauriermuseum.** Glanzstücke sind ein 23 m großer Brachiosaurus und Köpfe von sechs Saurierarten.

Zürichstrasse 41, Di.–Sa. 10.00–17.00, So. 10.00–18.00 Uhr, Eintritt: 21 CHF, www.sauriermuseum.ch

** Grossmünster

F 8

Lage: Zwingliplatz 7; Kreis 1, Rathaus

Tram: Helmhaus (4, 15)

März–Okt. tgl. 10.00–18.00, Nov.–Feb. bis 17.00, So. ganzjährig nach Gottesdienst, Eintritt frei, Führungen: jd. 2. So. im Monat 11.30 Uhr, 10 CHF, www.grossmuenster.ch

Das Grossmünster, Wahrzeichen von Zürich, beherrscht mit seinem Doppelturm das Stadtbild und die Ansichtskarten-Motive. Ulrich Zwingli war Priester am Grossmünster, und von hier nahm die zwinglianische Reformation ihren Ausgang. Seit 2009 ist das Münster um eine Attraktion reicher: die fantastischen Glasfenster von Sigmar Polke.

Der Legende zufolge soll **Karl der Große** einen Hirsch von Aachen bis Zürich verfolgt haben, als sein Pferd an der Stelle niedersank, an der die Gebeine der Märtyrer **Felix und Regula** ruhten, worauf er hier Kirche und Propstei für die beiden Stadt- und Münsterpatrone errichten ließ (►S. 31).

Zürichs berühmteste Kirche: das Grossmünster. Im Vordergrund das Waldmann-Denkmal.

Wie das Fraumünster gehört auch das Grossmünster zu den karolingischen Stiftungen des 9. Jahrhunderts. Belegbar ist, dass der Urenkel Karls des Großen, Karl III., auch der Dicke genannt, 870 das Grossmünsterkloster als Kollegiatsstift bestätigte. Zunächst erhob sich eine Wallfahrtskapelle über den Gräbern der Stadtheiligen Felix und Regula. Nachdem der Vorgängerbau 1078 abgebrannt war, errichtete man zwischen 1100 und 1200 die heutige romanische Emporenbasilika mit erhöhtem Chor – einer der bedeutendsten spätromanischen Kirchenbauten der Schweiz. Vorbilder aus Caen in Frankreich standen für den Bau Pate. Ungewöhnlich ist die Ausrichtung der Kirche: Statt wie andere Kirchen in Ostwestrichtung gebaut zu sein, richtet sich die Achse nach der **Wintersonnenwende** aus. Im 15. Jh. wurde die Fassade mit einem großen Maßwerkfenster durchbrochen.

Türme

»Pfefferbüchsen« nannte Victor Hugo die beiden neogotischen Turmhauben von 1763. Sie waren nötig geworden, nachdem ein Blitzschlag die gotischen Spitzhelme in Brand gesetzt hatte (im Stadtmodell im Haus zum Rech ►Niederdorf besitzt das Münster noch seine spitzen Türme). Den **Südturm**, auch Karlsturm genannt, ziert zur Limmat hin eine Kopie der Sitzfigur Karls des Großen. Das Original von 1467 steht in der Krypta. Diesen Turm darf man besteigen, muss aber 187 Treppenstufen erklimmen. Anfangs führt der Weg eine sehr enge Steinwendeltreppe hinauf, dann ächzt man eine Holztreppe hoch, bis der Ausguck erreicht ist mit Traumblick auf See, Fontäne, Glarner Alpen und Gassengewirr. Wie Infotafeln beweisen,

Grossmünster

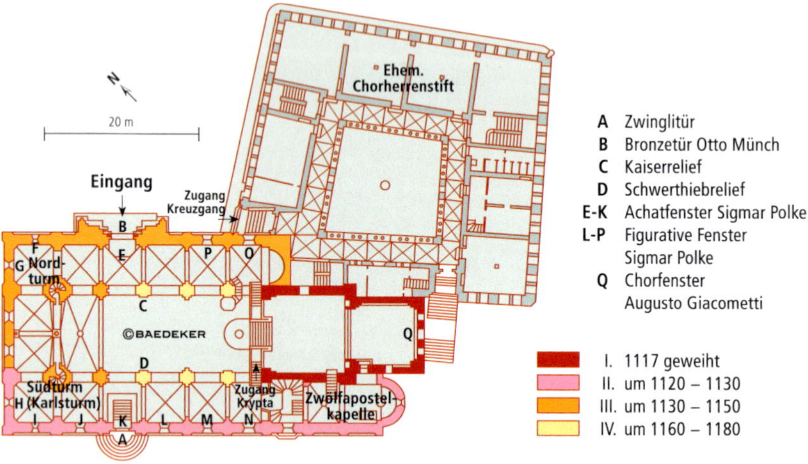

haben Tierfreunde ein Auge auf die Dohlen und dokumentieren deren Bruterfolge auf dem Turm genau. Auch einige Alpensegler haben es sich seit 1996 unter dem Glockenstuhl gemütlich gemacht und brüten hier ihre Jungen aus.

Den **Nordturm** ziert eine Wandfigur des Reformators Heinrich Bullinger, der 1531 Nachfolger von Zwingli wurde und 1566 mit seinem »Zweiten Helvetischen Bekenntnis« die Grundlage der reformierten Kirche schuf. Was es mit dem Reiterrelief am Nordturm auf sich hat, ist strittig, aber bei jeder Stadtführung wird gerne auf dieses älteste Reitermonument nördlich der Alpen hingewiesen. Vielleicht handelt es sich um eine Darstellung des Reichsvogts Berthold von Zähringen.

Spitz wie eine Nadel ragt außerdem ein **Dachreiter** seit 1498 wie ein drittes Türmchen in die Höhe. Es reckt sechs goldschimmernde fischgestaltige Wasserspeier in alle Himmelsrichtungen.

❶ Turmbesteigung: März – Okt. 10.00 – 17.00, So. 12.30 – 17.30, Nov. – Feb. tgl. bis 16.30, Eintritt: 4 CHF

Türen Eindrucksvoll ist der Kontrast zwischen dem romanischen Figurenschmuck des Hauptportals und den modernen, zwischen 1935 und 1950 geschaffenen Bronzetüren von Otto Münch (1885 – 1965). Für den Haupteingang hat Münch 42 Reliefs mit biblischen Szenen entworfen. Die Tür auf der Limmatseite, die »Zwinglitür«, zeigt 24 Szenen aus dem Leben des großen Reformators.

Innenausstattung

Wie an der zentralen Wirkungsstätte Zwinglis zu erwarten, ließ der Bildersturm der Reformation von der Innenausstattung lediglich das Allernotwendigste übrig. So präsentiert sich der Innenraum überaus schlicht mit Kanzel (1853) und Taufstein (1598), der auch als Abendmahlstisch dient. Da kein anderer Zierrat stört, treten die **romanischen Figurenkapitelle** umso deutlicher in den Blick: Sie zeigen auf dem Pfeiler an der Nordseite des Mittelschiffs (um 1120), also links vom Haupteingang, das »Kaiserrelief«: Karl der Große entdeckt die Gräber der Stadtheiligen. Das Kapitell an der Säule auf der anderen Seite des Mittelschiffs stellt einen Mann dar, der von einem anderen daran gehindert wird, einen Schwerthieb auszuführen – vermutlich soll dies die Ermordung Abners durch Joab darstellen (2. Sam. 3). Es könnte aber auch auf das biblische Wort Bezug genommen werden, wonach man Böses nicht mit Bösem vergelten soll. Reste **spätgotischer Wandmalereien** entdeckt man rechts neben dem Haupteingang und an der nördlichen Seitenschiffwand.

! BAEDEKER TIPP

Nachts im Münster

Eine ganz besondere Stimmung herrscht während der Spirituellen Führungen. Diese werden jeden letzten Freitag im Monat um 22.00 Uhr angeboten. Eine Stunde lang durchstreift man mit einem Experten den Kirchenraum und wirft vom Turm aus einen Blick auf das nächtliche Zürich. Die Führung ist »kostenlos mit Kollekte«. Treffpunkt am Kirchenportal.

Das eigentliche liturgische Zentrum des Grossmünsters lag einst in der **Zwölfapostelkapelle** (rechts hinter dem Chor). Bis zur Reformation befanden sich hier die Reliquien der Stadtheiligen, die später nach Andermatt transferiert wurden. 1848 und 1937 wurde der Raum stark umgebaut. Fresken, die die Zwölf Apostel darstellen, sind noch relativ gut erhalten.

Krypta

Vor dem Chor führt eine Treppe hinunter in den ältesten Teil der Kirche, die 1100 – 1117 erbaute dreischiffige Hallenkrypta. Dort wartet eine überdimensionale steinerne Sitzfigur Karls des Großen (um 1460), deren Kopie den Südturm ziert. Er trägt eine Goldkrone, über seinen Knien liegt ein Schwert. Die Wände im Ostteil tragen Wandmalereien aus dem frühen 15. Jh., die Szenen rund um Felix und Regula zeigen, darunter deren Märtyrium und Enthauptung.

***Glasfenster**

Die drei Chorfenster (1933), die in glühenden Farben die Weihnachtsgeschichte erzählen, schuf **Augusto Giacometti**. Am schönsten strahlen sie am späten Vormittag. Wie unendlich variantenreich Künstler mit dem Medium Glas umzugehen vermögen, beweisen die 2009 eingebauten zwölf Glasfenster von **Sigmar Polke** (1941 – 2010). Der deutsche Maler verarbeitete für die sieben westlichen Fenster Achate, in dünne Scheiben geschnitten und künstlich eingefärbt, sowie mit wertvollem Turmalin besetztes Glas – keine andere Kirche der Welt hat Fenster aus diesen Materialien. Fünf weitere Fenster sind Glasmalereien, die sich an romanischen Buchmalereien orientieren; sie sind Figuren aus dem Alten Testament gewidmet. Polke hatte seine Künstlerkarriere als Glasmaler begonnen und kehrte mit diesem letzten seiner Großwerke zu seinen Wurzeln zurück; die Ausführung oblag dem renommierten Zürcher Glaser Urs Rickenbach, der eine aufwendige Collagetechnik anwandte. Die Fülle der (biblischen) Geschichten, die sich in den einzigartigen Fenstern auftut, erläutern Tafeln, die man sich am Eingang ausleihen kann.

Kreuzgang Bei dem wuchtigen Anbau ans Münster handelt es sich um das **ehemalige Chorherrenstift**, in dessen Zentrum der Kreuzgang liegt. Wie anmutig der spätromanische Kreuzgang einmal ausgesehen hat, zeigt der Nachbau, der im 19. Jh. aus vielen Originalteilen zusammengesetzt wurde. Fantastisch die verrenkten und ineinander verwundenen Figuren, von jedem Kapitell blickt eine andere Fratze herab und tummeln sich Fabelwesen. Lombardische Steinmetze haben hier Meisterliches geschaffen. Der Garten im Kreuzgang ist heute ein Schaugarten für kulturhistorische Pflanzen.

❶ März – Okt. Mo. – Fr. 9.00 – 18.00, Nov. – Feb. Mo. – Fr. 10.00 – 17.00 Uhr

ZWINGLIPLATZ UND KIRCHGASSE

Haus zum Loch Am nördlichen Rand des Zwingliplatzes fällt das Haus zum Loch auf (Römergasse 13): Sein Kern geht auf das 12. Jh. zurück. Bis 1350 war es im Besitz der Zähringer. Markant sind das romanische Portal, die Karlsstatue sowie das Relief einer Schlange mit Ring. Dies bezieht sich auf die **Karlslegende**, wonach Karl der Große bei seinem Aufenthalt in Zürich hier wohnte und eine Glocke aufstellen ließ. Jeder, der ein Anliegen hatte, konnte sich auf diese Weise beim König bemerkbar machen. Eines Tages läutete eine Schlange, deren Nest auf einer Limmatinsel von einer riesigen Kröte okkupiert worden war. Karl entschied, die Kröte sofort dem Feuer zu überantworten. Aus Dankbarkeit schenkte ihm die Schlange einen Edelstein. Karl wiederum ließ auf dem Platz des Schlangennestes die ►Wasserkirche bauen. Diese besitzt damit einen zweiten legendären Grund für ihre Errichtung. Der offizielle ist, dass an jener Stelle die Stadtheiligen hingerichtet worden sein sollen.

Kulturhaus Helferei Zwingli war von 1519 bis zu seinem Tod Leutpriester am Grossmünster (►Berühmte Persönlichkeiten). In der Kirchgasse befand sich seine Amtswohnung. Dieser »Helferei« genannte, 2014 nach umfassender Sanierung wiedereröffnete Bau dient heute Kulturveranstaltungen. Die Zwinglistube ist noch zu besichtigen, eine schlichte Täferstube, die den Hauch der Geschichte atmet: Hier lebte und arbeitete der große Reformator. 1523 stimmte der Große Rat seinen Reformvorschlägen zu, was zu einem Bildersturm führte, bis 1525 mit dem Ersatz der Messe durch den Predigtgottesdienst und der Synode von 1528 die Reformation in geordnete Bahnen gelenkt wurde.

ⓘ Kirchgasse 13, Veranstaltungsprogramm: www.kulturhaus-helferei.ch

* Hauptbahnhof

F 7

Lage: Bahnhofplatz, Kreis 1, City
Tram: Bahnhofplatz/HB (3, 10, 14), Bahnhofstrasse/HB (6, 7, 11, 13), Bahnhofquai/HB (4)
ⓘ www.sbb.ch

Wichtigstes Einfallstor für Reisende ist der Hauptbahnhof. Da in der Haupthalle außer Tickets auch Kunst und Käse angeboten werden und die Untergeschosse ein umfassendes Laden-Konglomerat aufweisen, entfaltet der Bahnhof allgemeine Anziehungskraft.

Spanisch-Brötli-Bahn

Mit der Spanisch-Brötli-Bahn – erste Bahnstrecke der Schweiz überhaupt, die ab 1847 Zürich mit Baden verband – begann das neue Verkehrszeitalter in der Schweiz. Spanische Brötchen, die Blätterteig-Spezialität eines Badener Bäckers, waren in Zürich sehr beliebt. Damit sie morgens frisch auf den Tisch kamen, mussten die Bediensteten – zu Fuß natürlich – schon um Mitternacht nach Baden aufbrechen. Mit der Bahn war dieses logistische Problem gelöst.

Haupthalle

Der erste Bau von 1847 wich schon bald einem neuen: 1865 – 1871 wurde er nach Plänen von Jakob Friedrich Wanner für die Nordostbahn errichtet. In der großen Halle warten allerdings seit einem Umbau 1923 – 1933 keine Züge mehr, sondern es finden Märkte und andere Events statt, so im Winter der Weihnachtsmarkt mit einem bis zur Decke reichenden Swarovski-Christbaum, jeden Mittwoch ein Spezialitätenmarkt mit internationalen Köstlichkeiten, darunter Bündner Fleisch, allerlei Schweizer Käse, aber auch Nürnberger Lebkuchen sowie einem Gemüsestand. Eine 1,1 Tonnen schwere »Nana« von **Niki de Saint Phalle** mit dem Titel »ange protecteur« (1997) und rubenshaften Körperformen schwebt als bunter Schutzengel über den Reisenden.
Die Westwand schmückt seit 1992 eine Leuchtröhrenkonstruktion des Mailänder Künstlers **Mario Merz**: das »ovus philosophicus«, eine verschlungene Spirale mit Tieren und einigen Zahlen aus der Fibonacci-Folge, der von dem Mathematiker um 1200 notierten Zahlen-

reihe, bei der jedes Glied der Summe der beiden vorangegangenen Zahlen entspricht. Ein springender Hirsch und weitere Tiere vervollständigen das moderne Kunstwerk, das das Kommen und Gehen im Bahnhof darstellen will.

Gleiszählung Die heutige Gleiszählung wirkt etwas verwirrend, ist aber allerlei Umbauten geschuldet. Die Gleise 1 – 2 und 21 – 24 liegen im Untergeschoss; auf der Ebene der historischen Bahnhofshalle befinden sich die Gleise 3 – 18. Zur sogenannten Durchmesser-Linie zwischen Oerlikon und Altstetten gehört der 2014 eröffnete **Tiefbahnhof Löwenstrasse**, wie sich der unterirdische Durchgangsbahnhof in 16 Metern Tiefe unter den heutigen Gleisen 4 – 9 nennt.

Shopville-Railcity Zum Tiefbahnhof Löwenalle gehört ein weiteres Konglomerat von Shops und Gastronomieangeboten, sodass sich zu den bereits bestehenden 135 Geschäften nun 37 neue gesellen – ein gigantisches Einkaufszentrum unter dem Boden. Mittwochs belegt ein großer Markt die Haupthalle (s.o.).

Mall Mo. – Fr. mindestens bis 21.00, Sa., So. Fei. mindestens bis 20.00; Bauernmarkt in der Halle: Mi. 10.00 – 20.00 Uhr

? BAEDEKER WISSEN

Ein neues Viertel entsteht

Auch oberiridisch wühlten die Bagger rund um den Hauptbahnhof. Mit dem Wegfall des Bahnhofs Sihlpost wird unter dem Namen »Europaallee« unter Beteiligung renommierter Architekten ein neuer Stadtteil mit rund 300 Wohnungen für 12 000 Menschen aus dem Boden gestampft, dazu Büros für 6000 Beschäftigte. Die einen begrüßen das citynahe Quartier, andere tun es als seelenlose »urbane Leere« und viel zu teuer für Normalverdiener ab. Einen Online-Blick auf die Baustelle bietet: webcam.europaallee.ch

Markantestes Element des Hauptbahnhofs ist das Triumphtor auf der Südseite, das sich zur Bahnhofstrasse hin öffnet. Auf seiner Spitze thront die Helvetia, daneben eine weibliche Figur mit Lokomotive als Allegorie für den Schienenverkehr und eine weitere mit Schiff. In der Mitte weht die Schweizer Flagge, seitlich die Fahne von Stadt und Kanton Zürich in den Farben Blau und Silber. Beide Fahnen flattern an unzähligen Stellen der gesamten Stadt auch ohne besonderen Anlass.

Escher-Denkmal Unmittelbar vor dem Hauptportal erhebt sich auf dem Bahnhofsplatz ein Bronzedenkmal (►S. 28) mit Brunnen für Alfred Escher (► Berühmte Persönlichkeiten), das sieben Jahre nach seinem Tod aufgestellt worden war, geschaffen 1889 vom Schweizer Nationalbildhauer **Richard Kissling**. Interessant: die vielen Drachen, die zu Füßen des Staatsmanns und Eisenbahnkönigs, Gründers von Gotthardbahn, Credit Suisse und Schweizerischer Rentenanstalt umherwimmeln.

Bahnhofbrücke

Laut, verkehrsreich und abgasgeschwängert – kein Ort zum Verweilen: Die 1894 erbaute Bahnhofbrücke überquert jeder Zürichbesucher so schnell wie möglich. Dass Provisorien meist ein langes Leben beschieden ist, beweist das Gebäude, in dem heute die coop-Handelskette ein Lebensmittelgeschäft unterhält und das Gegenstand nicht abreißender Diskussionen über die weitere Verwendung ist. Erbaut wurde es 1960 im Anschluss an eine umfangreiche **Limmatsanierung**. Diese veränderte das Gesicht des Flusses zwischen Mühlesteg und Bahnhofbrücke grundlegend: Sämtliche Gebäude, die in den Fluss hineingebaut waren, darunter Mühlen, Lagerhäuser und das Kaufhaus Globus, wurden Zug um Zug abgerissen und der Verkehrsraum am Central deutlich vergrößert.
Auf dem Fluss hingegen herrschte ab 1953 gähnende Leere. In das »Globus-Provisorium« mochte das Warenhaus nicht wieder zurückkehren, nachdem es am Pestalozziplatz in der Bahnhofstrasse eine schöne neue Heimat gefunden hatte. 1968 kam es im Windschatten der 68er-Studentenunruhen auch in Zürich zu gewalttätigen Auseinandersetzungen zwischen Jugendlichen und Polizei, den **»Globus-Krawallen«** – ein Novum für das beschauliche Zürich. Die Demonstranten hatten das seit 1967 leer stehende Gebäude besetzt und wollten es als Jugendzentrum nutzen. Bei den Straßenschlachten wurden auf beiden Seiten zahlreiche Menschen verletzt.

** Kunsthaus

G 8

Lage: Heimplatz 1; Kreis 1, Hochschulen
Tram: Kunsthaus (3, 5, 8, 9)
tgl. außer Mo. 10.00 – 18.00, Mi., Do. bis 20.00 Uhr
Eintritt: 15 CHF, www.kunsthaus.ch

Für Kunstfreunde ist allein der Besuch des Kunsthauses eine Reise nach Zürich wert. Die Wechselausstellungen sind ausgezeichnet, und das Haus verfügt über eine der bedeutendsten Gemälde- und Skulpturensammlungen Europas, darunter die umfangreichste Giacometti-Sammlung weltweit sowie die größte Munch-Sammlung außerhalb Norwegens.

Umfassende Kunstschau

Die von der Zürcher Kunstgesellschaft betreute Institution geht auf eine 1787 gegründete Künstlergesellschaft und die Galerie Künstlergüetli (1847) zurück. Der Bau von **Karl Moser** wurde 1910 eröffnet und seither mehrmals erweitert, zuletzt sehr umfassend 2001 bis 2005. Doch die Kunstgesellschaft ruht nicht und bereitet eine neue Epoche vor: Bis 2017 soll ein puristischer **Erweiterungsbau** in Form eines lichtdurchfluteten Quaders errichtet werden, entworfen von

Architekt David Chipperfield. Zusammen mit dem bisherigen Haus entsteht das größte Kunstmuseum der Schweiz. Aktuell sind auf rund 7000 Quadratmetern ca. 600 Kunstwerke zu bestaunen, insgesamt besitzt das Haus rund 3500 Kunstwerke. Zwar umfasst die Sammlung das Kunstschaffen vom Mittelalter bis zur Gegenwart, der Schwerpunkt liegt jedoch auf dem 19. und 20. Jahrhundert.

Gastronomie Eine Kunstpause genießen die Besucher in Restaurant schon ab morgens und dem Café mit schönem Miró-Garten.

❶ Restaurant tgl. 8.00 – 24.00, So. bis 23.00 Uhr; Café Ruhetag Mo., www.kunsthausrestaurant.ch

Außenanlage Den Standort des Kunsthauses am Heimplatz signalisiert die Bronzeplastik »Porte de l'Enfer« (»Höllentor«, 1917) von Auguste Rodin. Um das Kunsthaus herum verstreut stehen mehrere Open-Air-Skulpturen wie die »Große liegende Frauenfigur« (1957) von Henry Moore, »Le chant des voyelles« (1932) von Jacques Lipchitz oder »Miracolo« (1959/1961) von Marino Marini.

Saal 1 und 2 Nirgendwo anders ist das Werk von **Alberto Giacometti** (1901 bis 1966) so eingehend dokumentiert wie im Kunsthaus Zürich. Saal 1 im Erdgeschoss ist ganz dem wichtigsten Schweizer Bildhauer gewidmet und bietet einen Querschnitt durch sämtliche seiner Schaffensphasen. Saal 2 ist Wechselausstellungen für zeitgenössische Kunst vorbehalten.

Saal 3 und 4 Im 1. Obergeschoss bilden die Werke des Berner Künstlers Ferdinand Hodler, einer der wichtigen Erneuerer der Kunst um 1900, den Schwerpunkt in Saal 3. Auch Saal 4 gehört den einheimischen Künstlern: Die **Schweizer Kunst** des 18. Jh.s ist durch S. Gessner und den romantisch-schaurigen Johann Heinrich Füssli vertreten; die Schweizer Malerei des 19. Jh.s umfasst Werke von Rudolf Koller (darunter das 1875 entstandene Werk »Gotthardpost«, das er als Geschenk für Alfred Escher malte), Robert Zünd, Arnold Böcklin. Nicht verpassen sollte man die Werke der in Chur geborenen Angelika Kauffmann, darunter ihr Hauptwerk »Amor und Psyche« (1792).

Säle 5 – 10 **Alten Meistern** wird viel Raum gegeben: Beginnend im Mittelalter in Raum 5 mit der spätgotischen Schule der »Zürcher Nelkenmeister« – Maler, die um 1500 ihre Werke mit einer roten oder weißen Nelke zu signieren pflegten. Die vier großen Tafeln des Michaelsaltars, die vermutlich von Hans Leu dem Älteren geschaffen wurden, haben den reformatorischen Bildersturm überstanden. Saal 6 und 7 gehören den Flamen und Niederländern (Brueghel, Rubens, Rembrandt). Den Abschluss dieser Epoche bilden die Venezianer des 18. Jh.s (Tiepolo, Bellotto u. a.).

Kunsthaus Zürich: Fassade zurückhaltend, Sammlung überwältigend

Paul Klee und Piet Mondrian (Saal 11), Werken von Beuys (Saal 13), Polke, Baselitz und Kiefer (Saal 14) gehört dieser gesamte Flügel des Kunstmuseums. Andy Warhol findet man in Saal 12. **Säle 11 – 14**

Mit Saal 20 beginnt das 2. Obergeschoss: Zu den internationalen Schwerpunkten gehören die größte **Munch-Sammlung** außerhalb Norwegens. Im gleichen Saal hängen auch die Werke von Giovanni Segantini. Saal 21 widmet sich der französischen Malerei des 19. Jh.s (Edouard Manet, Camille Corot). Saal 23 gehört den Expressionisten Kokoschka, Beckmann und Corinth sowie Picasso, Matisse und **Chagall**. Saal 24 beherbergt eine bedeutende Werkgruppe von Claude Monet, darunter zwei Seerosenbilder. Auch Skulpturen des Bildhauers Auguste Rodin haben hier ihren Platz. **Säle 20 – 24**

Jüngere Tendenzen werden u. a. von Rothko, Merz, Twombly, Beuys, Bacon und Baselitz repräsentiert. Dass **Dada** umfassend präsent ist (Saal 28), liegt auf der Hand, wurde diese Kunstrichtung doch in Zürich »geboren«. Auch der Zürcher Konkrete Richard Lohse ist vertreten, weiter Meret Oppenheim, Max Bill und Otto Tschumi. **Säle 25 – 29**

RUND UM DEN HEIMPLATZ

Am Heimplatz ballt sich die Hochkultur: Kunsthaus plus Schauspielhaus umrahmen den ansonsten verhältnismäßig gesichtslosen Platz, der nach Ignaz Heim (1818 – 1880), einem Förderer des Volkslieds, benannt ist. **Heimplatz**

***Schauspielhaus** Gegenüber vom Kunsthaus steht an der Südostseite des Heimplatzes das 1889 erbaute **»Haus zum Pfauen«**. Hier hat das Schauspielhaus, eines der renommiertesten Theater deutscher Sprache, seine Hauptspielstätte, kurz »Pfauen« genannt im Unterschied zu den drei Bühnen im »Schiffbau« in ►Zürich-West. Max Frischs und Friedrich Dürrenmatts Stücke wurden hier uraufgeführt, ebenso wie mehrere der großen Stücke von Bertolt Brecht. Pro Saison werden 18 bis 20 Neuinszenierungen gegeben.

Theaterkasse Mo. – Sa. 11.00 – 18.00 Uhr, Tel. 044 258 77 77, www.schauspielhaus.ch

Zeltweg **Gottfried Kellers** Sterbehaus steht südöstlich vom Heimplatz (Zeltweg 27). Im Zeltweg 13 lebte und schrieb 15 Jahre lang die Jugendbuchautorin **Johanna Spyri**, die vor allem mit ihren »Heidi«-Romanen berühmt wurde (►Berühmte Persönlichkeiten).

** Landesmuseum Zürich

F 7

Lage: Museumstrasse 2; Kreis 1, City
Tram: Bahnhofquai/HB (4, 11, 13, 14)
Di. – So. 10.00 – 17.00, Do. bis 19.00 Uhr
Führung: So. 14.00 Uhr, Eintritt: 10 CHF, www.landesmuseum.ch

Gleich neben dem Hauptbahnhof scheint ein trutziges Schloss zu stehen – tatsächlich handelt es sich bei der Gebäudegruppe um das Landesmuseum, die bedeutendste Sammlung zur Schweizer Kultur und Geschichte.

Ganz leicht fiel es der seinerzeit noch jungen Schweiz nicht, sich im 19. Jh. auf ein Landesmuseum zu verständigen, hatte doch jeder der 25 Kantone seine eigene Geschichte. Schließlich einigte man sich auf ein gemeinsames Nationalmuseum. Gustav Gull erbaute 1882 – 1898 das historisierende Märchenschloss nördlich des Bahnhofes. Von Rütlischwur bis Bankgeheimnis wird die Schweiz sowohl auf wissenschaftlich korrekte wie auch unterhaltsame Weise präsentiert. Sonderausstellungen schlagen den Bogen zu aktuellen Themen. Sehr gerne gehen übrigens die Schweizer selbst mitsamt Kindern aller Altersgruppen in »ihr« Museum.

Erweiterung Die beiden neuen Dauerausstellungen sind 2009 eröffnet worden: Galerie Sammlungen und Geschichte Schweiz im Bahnhofflügel. Weitere Renovationen folgen, zudem wird neu gebaut, ist das Museum doch längst in Platznot geraten: Der Erweiterungsbau auf dem Platzspitz-Park wird bis 2016 abgeschlossen sein.

EINGANG UND INNENHOF

Das erste Ausstellungsstück wartet schon im Innenhof. Dort steht beim Eingang eine Kutsche der Gotthardpost, die im 19. Jh. Passagiere innerhalb von rund 24 Stunden von der einen Seite des Massivs bei Flüelen auf die andere Seite nach Como brachte.

BAHNHOFFLÜGEL

Galerie Sammlungen

Rund 820 000 kunsthandwerkliche Einzelobjekte besitzt das Landesmuseum. Eine Auswahl hiervon wird im **Erdgeschoss** des Bahnhofflügels in der Galerie Sammlungen gezeigt. Dabei wird der Bogen von mittelalterlicher Schatzkunst über Keramik bis hin zu Bekleidung und zur Historischen Fotografie gespannt. Wie eine Schatzkammer mutet die Sammlung kirchlicher Objekte an, darunter das berühmte Fußreliquiar aus dem Basler Münsterschatz (1450).
Das Herzstück der Galerie Sammlungen befindet sich in der großen **Säulenhalle** mit aufwendig gewebten spätmittelalterlichen Bildteppichen aus Basel und Straßburg sowie Altären und Altargemälden: Im Gefolge der Schule des »Nelkenmeisters« (1480–1520) schufen die Maler Altarbilder mit ersten Landschaftsdarstellungen, so das erste Zürcher Stadtbild als Hintergrund im fünfteiligen Altargemälde mit dem Martyrium der Stadtheiligen Felix und Regula, gemalt von Hans Leu d. Älteren (um 1500). Auch wundervolle Gläser und Keramiken sind zu sehen. Der vergoldete **Himmelsglobus** (1594) von Jost Bürgi zeugt als Leitobjet der wissenschaftlichen Instrumente vom Aufbruch in die Neuzeit.
Schließlich gehören zu den Exponaten auserlesene **Textilien** – immerhin beherbergt das Museum die größte Trachten- und Textiliensammlung des Landes: Wie auf einem Catwalk werden Kleider und Kostüme von 1640 bis 2002 präsentiert – ein Rausch aus Seide, Spitze, Tüll – und Kunststoff. Kein Kleid ohne Schuhe. Diese sind in einer einmaligen Präsentation dem Catwalk gegenüber gestellt.

Geschichte der Schweiz

Das **1. Obergeschoss** des Bahnhofflügels gehört der Geschichte der Schweiz. Diese wird in drei große Themenbereiche unterteilt. Mehrere Räume sind der Religions- und Geistesgeschichte gewidmet – zahlreiche Objekte, wie Heiligenfiguren oder das berühmte Graduale aus dem Kloster St. Katharinental, belegen die mittelalterliche Glaubenswelt – abgelöst von Zeugnissen der Reformation und der Gegenreformation.
Dann öffnet sich die **Ruhmeshalle** mit dem Thema »Durch Konflikt zur Konkordanz«. Auf einer Rampe wird Besuchern die Politikgeschichte nahegebracht bis zur Herausbildung des heutigen Bundesstaats. Die Museumsmacher versuchen auch, mit geliebten Mythen

★★ Landesmuseum Zürich

Vor einem Märchenschloss scheint man zu stehen, wenn man das Landesmuseum Zürich besichtigen will. Das Gebäude wurde Ende des 19. Jh.s im historisierenden Stil mit Giebeln und Türmchen in allen erdenklichen Formen um einen Innenhof gebaut. Drinnen dreht sich in ausgesprochen kurzweiligen Ausstellungen alles um die Schweizer Geschichte und Kultur..

ⓘ Di. – So. 10.00 – 17.00, Do. bis 19.00 Uhr, www.landesmuseum.ch

❶ Eingang

Der Zugang zu den Ausstellungsräumen befindet sich im Torbogen, der den höchsten Turm, den sogenannten Schlossturm, mit dem Innenhof verbindet.

❷ Säulenhalle

Im Erdgeschoss des Bahnhofflügels baute der Architekt Gustav Gull eine Säulenhalle. Allein der Raum als solcher ist sehenswert – ein schöner Rahmen für die Ausstellung in der »Galerie Sammlungen« mit den unterschiedlichsten kunsthandwerklichen Exponaten.

❸ Ruhmeshalle

Die imposante Ruhmeshalle im Obergeschoss ist der adäquate Raum für die Präsentation einzelner Epochen der Schweizer Geschichte.

❹ Waffenturm

In fast schon behaglichen Räumchen sind Helme, Rüstungen, Schwerter, Schilde, Dolche, Pistolen, Armbrüste, Kugelbüchsen, Pulverflaschen, Degen, Gewehre und Uniformen zu sehen.

Das »Mythenrad« in der Ruhmeshalle zeigt Heidi, Tell und Bundesbrief.

So sah es bei der Fabrikantenfamilie Werdmüller im 17. Jh. aus: Prunkzimmer aus dem Alten Seidenhof. Dieser befand sich in der Sihlstrasse 7 und wurde 1921 abgetragen.

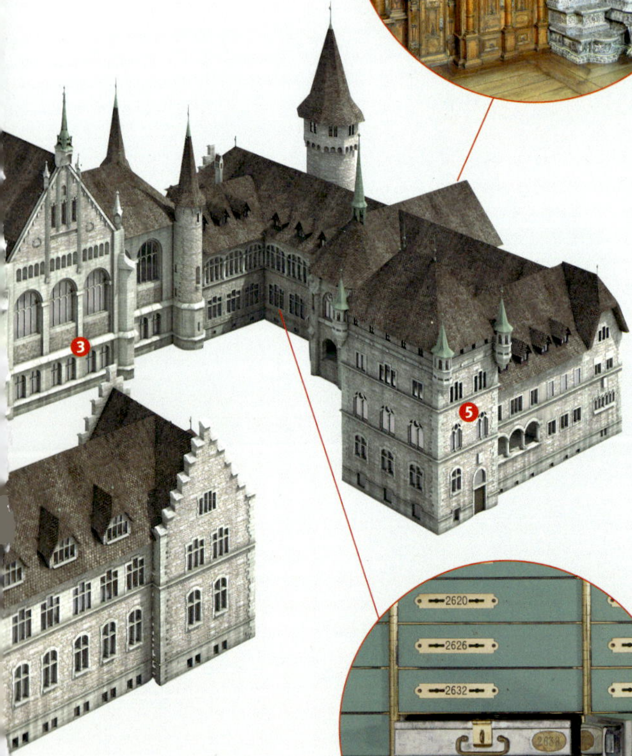

Die Schweiz und das Geld: Kundentresor von 1912 aus der Schweizerischen Volksbank in Basel.

Himmelsglobus aus dem Jahr 1594. Er wurde von Jost Bürgi aus vergoldetem Messing und Silber geschaffen.

aufzuräumen: Vereint im **Mythenrad** drehen sich Heidi, Wilhelm Tell, Bundesbrief und Kuhglocken.
Schließlich widmet sich ein Themenkomplex auch dem **Geld** bzw. der Frage, wie die Schweiz so reich werden konnte – unter dem Titel »Die Schweiz wird im Ausland reich« ist dieser Bereich zusammengefasst. Den Grundstein legten Maschinenbau, Textil- und Uhrenindustrie. Und die Banken fehlen natürlich auch nicht: Ein Basler Kundensafe (1912) macht Bankgeheimnis und Geldgeschäfte zum Thema.

WESTFLÜGEL

Möbel und Räume der Schweiz

Als 1898 das Landesmuseum eröffnete, bildeten elf historische Zimmer den Kern der Ausstellung und machten das Museum rasch überregional bekannt. Diese Zimmer sind heute im Westflügel in der Abteilung »Möbel & Räume Schweiz« zu bewundern. Die Zimmer des Spätmittelalters im **Erdgeschoss** wie die Ratsstube aus Mellingen (1467), das Zimmer der Stiftsdame Caecilia von Helfenstein (1489) und das Wohnzimmer (1507) der Äbtissin Katharina von Zimmern aus der Zürcher Fraumünsterabtei werden jeweils in die aktuellen Sonderausstellungen in diesem Teil des Museums integriert. Im **1. Obergeschoss** findet man die Interieurs des 16. und 17. Jahrhunderts. Überwältigend schön: das Prunkzimmer mit Winterthurer Kachelofen aus dem Alten Seidenhof (um 1620) in Zürich. Doch nicht nur der Geschmack des wohlhabenden Bürgertums ist Thema: Möbel des 20. und 21. Jhs. zeigen auf vielfältige Weise, wie sich die Ansprüche ans Wohnen gewandelt haben.

Waffenturm

An den Westflügel schließt sich der Waffenturm an, wo die einschlägige Exponate zur Schweizer Kriegs- und Waffengeschichte vom 13. bis zum 20. Jh. präsentiert werden. Ferdinand Hodlers Wandgemälde »Rückzug der Eidgenossen bei Marignano 1515« (um 1900) ist in der Ruhmeshalle als Teil von »Geschichte Schweiz« zu sehen.

Platzspitz

An der Stelle, an der Sihl und Limmat zusammenfließen, fassen sie ein grünes Dreieck ein, den sogenannten Platzspitz. Der Platzspitz erstreckt sich als zentral gelegener Park unmittelbar hinter dem Landesmuseum. In den 1980er-Jahren kam er als Drogenumschlagplatz in Verruf. 1993 griff die Stadt durch, sanierte den »Needle-Park« und sorgte dafür, dass sich die Szene an einen anderen Ort verlagerte. Die lauschige Platzpromenade nutzen heute viele für eine Pause unter den mächtigen Bäumen. Diese sind durchaus einen Blick wert: Die sieben Ahornblättrigen Platanen, teils mit Stammumfängen von über sechs Metern, dürften deutlich über 220 Jahre alt sein und noch aus der Zeit stammen, als um 1780 hier ein **barocker Lusthain** nach französischem Vorbild gestaltet worden war. Damals nutzte die feinere Gesellschaft den Platzspitz, um sich promenierend die Zeit zu vertreiben. Für die Erweiterung des Landesmuseums werden von der Gesamtfläche des Parks (36 400 m^2) rund 1300 m^2 verwendet.

* Limmatquai

F 8

Kreis: 1, Rathaus
Tram: Rudolf-Brun-Brücke, Rathaus, Helmhaus (4, 15)

Zwischen Bellevue im Süden und Central im Norden zieht sich der Limmatquai als lebhafte Einkaufsstraße entlang. Ab der Münsterbrücke fährt hier nur noch die Tram.

Abrücken vom Fluss

Ursprünglich verlief die Limmat direkt an der Häuserfront entlang, wie es auf der anderen Flussseite noch in der Wühre und in der Schipfe der Fall ist. Der Fluss bildete in alten Zeiten eine wichtige Verkehrsverbindung, den keine Straße säumte. Erst 1823 – 1825 wurde der Abschnitt zwischen Rathaus und Rosengasse aufgeschüttet, 1839 folgte der Abschnitt zwischen Wasserkirche und Bellevue. 1859 war die gesamte Quaianlage rechts der Limmat vollendet.
Die Zählung der Hausnummern folgt der Fließrichtung des Flusses, der in Zürich den See verlässt und nicht hineinfließt. So beginnt der Limmatquai am ►Bellevue, trennt ►Grossmünster und ►Wasserkirche, begrenzt ►Oberdorf und ►Niederdorf im Westen und endet am Central (►Niederdorf).

***Zunfthäuser**

Beherrschendes Gebäude am Limmatquai ist das Rathaus (s.u.). Das scheint die Zünfte (►Baedeker Wissen S. 202) angespornt zu haben: Als das Rathaus stand, errichteten sie entlang dem Limmatufer ebenfalls repräsentative Zunfthäuser. Einige bergen gute Restaurants und in den Lauben attraktive Geschäfte und Bars.

Zunft zur Zimmerleuten

In der »Zunft zur Zimmerleuten« waren alle Berufe des holz- und steinverarbeitenden Gewerbes wie Zimmermänner, Wagner, Fassbinder und Steinmetze zusammengefasst. Ihr Zunfthaus nennt sich nach ihrem Wappen **»Zum roten Adler«**. 2007 brannte das Haus, dessen älteste Bauteile rund 850 Jahre alt waren, zum Entsetzen der Zürcher komplett ab. 2010 wurde es wiederaufgebaut und die wertvolle Innenausstattung rekonstruiert. Auch die Gastronomie ist wieder eingezogen (►Essen und Trinken S. 88) und bietet eine Terrasse zur Limmat. Küferstube und Restaurant im 1. Stock servieren Schweizer Küche.
ⓘ Limmatquai 40, www.zunfthaus-zimmerleuten.ch

Zum Rüden Gut erkennbar an einem aufgemalten roten Hund und dem vorkragenden Obergeschoss ist das »Haus zum Rüden«. Es war Sitz der **Constaffel,** der Edelleute, denen der alte Stadtadel, Ritter, Großkaufleute und Goldschmiede angehörten, also die Crème de la crème der Zürcher Gesellschaft. Die erste unter den Zünften leistete sich ein aufwendiges Zunfthaus, das 1295 erstmals erwähnt und 1659 – 1664 in den heute noch sichtbaren Zustand umgebaut wurde. Erhalten hat sich die spätgotische Balkendecke von 1349. Ursprünglich ragte das Haus – wie es heute noch beim Rathaus der Fall ist – in die Limmat. Die Arkadenöffnungen zur Limmat hin, »Lauben« genannt, beherbergen Geschäfte und die »Rüden Bar«, die Teil des Restaurants ist, das im 1. Obergeschoss in exquisiter Umgebung Feinschmeckerküche bietet.

ℹ Limmatquai 42, Ruhetage: Restaurant Sa., So., Bar: So.
www.hauszumrueden.ch

Zunft zur Saffran Zu den Zünften, zu denen auch **Frauen** Zutritt hatten, gehörte die Zunft zur Saffran, die Nummer zwei in der Rangordnung der Zünfte, die Sammelbecken der Kaufleute, Apotheker, Seidenbandweber und Krämer war. Ihr Zunfthaus (1719 – 1723) sieht schon von außen sehr

In den Zürcher Zunfthäusern traf sich schon um 1745 die bessere Gesellschaft in stilvoller Umgebung.

vornehm aus. Es nimmt den Platz von fünf mittelalterlichen Häusern ein, auch dies ein Ausdruck der Finanzkraft der Zunft. Die drei Zunftsäle sind geschlossenen Gesellschaften vorbehalten. Im Laubengang bittet die »Wings Airline Bar & Lounge«, gegründet von einigen ehemaligen Swissair-Piloten und -Mitarbeitern, »an Bord«.

ⓘ Limmatquai 54, www.zunfthauszursaffran.ch,
Wings Bar: Ruhetag So., www.wings-lounch.ch

Rathaus

Ein Bauwerk ragt deutlich in den Fluss hinein: das Rathaus. Schon 1252 stand an dieser Stelle ein erstes Rathaus. Der heutige wuchtige Bau, in einem Renaissance-Barock-Übergangsstil 1694 bis 1698 errichtet, ist von drei Seiten gut sichtbar und deutlich in den Fluss vorgebaut. Der mausgraue, halb im Wasser stehende Palazzo fällt zunächst wenig auf. Erst aus der Nähe offenbaren sich die überreiche Verzierung der Fenster und das schwarze Marmorportal. Auch im Inneren herrscht **Prunk im Verborgenen** mit dem barocken Festsaal mit Stuckdecke und allegorischen Malereien. Montags tagt hier der Kantonsrat, der Gemeinderat immer mittwochs, beide jeweils in öffentlichen Sitzungen.

ⓘ Limmatquai 55, Führungen Mo. zw. 7.30 und 12.00 Uhr während der Sitzung des Kantonatsrat, Voranmeldung: www.kantonatsrat.zh.ch

Im Stadtplan wird sie als »**Rathausbrücke**« ausgewiesen, doch die Zürcher reden meist von der **»Gemüsebrücke«**, denn früher befand sich hier ein Gemüsemarkt. Bis ins 12. Jh. war sie die erste und einzige Möglichkeit gewesen, den Fluss zu überqueren, der gesamte Warenverkehr verlief über sie. Etwa seit 1100 sorgte ein Holzsteg zwischen Fraumünster und Wasserkirche für erste Entlastung. Befahren konnte man jedoch bis ins 19. Jh. nur die Rathausbrücke. Dieser über Jahrhunderte hinweg wichtigste Verkehrsstrang endet am Weinplatz (►Schipfe).

? BAEDEKER WISSEN

Straßennamen und Hausnummern

Erst seit Beginn des 19. Jh.s gibt es in Zürich Straßennamen und erst seit 1865 fortlaufende Hausnummen. Bis dahin unterschied man Adressen einzig durch die Hausnamen, die man noch heute über vielen Türen sieht: Zum liegenden Riesen (Marktgasse 9), Zum Paradies (Pfalzgasse 8), Zum Halbmond (Limmatquai 104), Zum verlorenen Sohn (Limmatquai 126), Zum David und Goliath (Niederdorfstrasse 51), Zur Löwengrub (Neumarkt 12) – Namen, die den Einfallsreichtum der Besitzer beweisen.

Hauptwache

In unmittelbarer Nachbarschaft zum Rathaus erhebt sich die Hauptwache, leicht erkennbar an ihrer tempelartigen Front. Der Bau (1824/25) war ursprünglich mit der Fleischhalle zusammengebaut. Trotz scharfer Proteste wurde diese 1961 abgerissen. Der Neubau, heute Rathauscafé, wurde 1988 errichtet.

Zürichs Zünfte

An mehreren Stellen in der Altstadt, insbesondere an Limmatquai und Münsterplatz, stehen stolze Zunfthäuser. Sie verweisen auf eine einzigartige Tradition, die es so in keiner anderen Stadt der Schweiz gibt.

Im Mittelalter vereinigten sich in vielen europäischen Städten einzelne Berufe zu Zünften. In Zürich bahnte erst der Umsturz vom 7. Juni 1336 unter Leitung von Rudolf Brun diesen Weg, da bis dahin die Bildung von Zünften ausdrücklich verboten war. Aber nun ging die **politische Entscheidungsgewalt** in die Hände von 13 Zünften über, die sich aus Handwerkerschaft und gewerblichen Berufen rekrutierten. Die alte Elite sammelte sich in der Gesellschaft zur Constaffel, die gemeinsam mit den Zünften den Rat der Stadt einsetzte und fortan die Geschicke Zürichs bestimmte.

Wie das Beispiel des späteren Bürgermeisters Hans Waldmann zeigt, waren die Zunftschranken keineswegs starr: Waldmann, als Gerber zunächst in der Gerberzunft beheimatet, heiratete eine Frau aus einer Constaffel-Familie, häufte im Eisenhandel ein Vermögen an und wechselte in die Zunft zum Kämbel. Solch ein Wahlrecht stand allen zu, die über Vermögen oder hohe gesellschaftliche Stellung verfügten. Das hatte eine **Aristokratisierung** der Zünfte zur Folge, und die Handwerker wurden nach und nach aus den Zunftmeister- und Ratsstellen verdrängt. Auch Frauen konnten Mitglied in den Zünften sein, besaßen jedoch kein politisches Stimmrecht.

In Zürich nahmen die Zünfte viele **soziale Aufgaben** wahr, die die Stadt selbst nicht leisten konnte: So unterhielt jede Zunft einen Feuerwachdienst und stellte verbilligtes Brotgetreide in Notzeiten zur Verfügung.

Zünfte im Wandel

Das Jahr 1798 stellte eine Zäsur in der Geschichte der Zünfte dar. Napoleon versetzte dem Ancien Régime den Todesstoß, und um der **Einziehung ihrer Vermögen** zuvorzukommen, lösten sich die Zünfte selbst auf, verteilten das Vermögen unter den Mitgliedern und veräußerten das Zunftsilber. Einige Zünfte verkauften ihre Häuser. Andere retteten sie über die Revolutionszeit – Constaffel, Saffran, Meisen, Schmiden, Zimmerleuten und Waag versammeln sich noch heute in ihren alten Häusern.

1798 bedeutete aber nicht das Ende der Zünfte, die als **privatrechtliche Gesellschaften** sofort wieder zusammenfanden. Beat Frei, der gemeinsam mit dem Historiker Markus Brühlmeier 2005 eine exakte Aufarbeitung des Zürcher Zunftwesens veröffentlicht hat, vermutet hinter dieser Umwandlung in privatrechtliche Gesellschaften reine Namenskosmetik. 1866 ging das Wahlrecht auf die Einwohnerschaft über, ihre politische Funktion mussten die Zünfte damit endgültig aufgeben. Ab 1866 sprossen aber auch neue Zunftverbände aus dem Boden, nicht zuletzt dank der Eingemein-

Zunftbräuche verpflichten: Zunft zur Schiffleuten trägt stets zwei Hechte beim Sechseläuten-Umzug mit.

dungen. Zu den 13 historischen Zünften kamen die **Quartierzünfte** hinzu; heute zählt Zürich 26 Zünfte. Politischer Macht beraubt, widmete man sich in erster Linie dem Networking und einem rein gesellschaftlichen Wirken, suchte neue Betätigungsfelder und fand sie u. a. in der Feier des Sechseläutens.

Das Sechseläuten

Jedes Jahr im April steht Zürich Kopf, wenn das wichtigste Fest der Zünfte gefeiert wird (▶Baedeker Wissen S. 100). Das Sechs-Uhr-Läuten geht auf eine seit der Reformation gepflegte Sitte zurück: Zu Beginn des Frühjahrs, wenn das **Ende des Arbeitstags** nicht mehr durch das Einbrechen der Dunkelheit markiert wird, läutet um sechs Uhr die Grossmünsterglocke. Dieses erste Läuten ist den Zürchern ein Fest wert, bei dem gemäß einem **alten Frühlings- und Fastnachtsbrauch** der Böögg, ein künstlicher Schneemann, auf dem Sechseläutenplatz verbrannt wird.

Aus dem Sechseläuten entwickelte sich laut Beat Frei eine »zürcherisch-protestantische Antwort auf die katholische Fastnacht«. Zentrales Element ist der Festumzug, den die Zunftmitglieder in historischen Kostümen begehen und weder Kosten noch Mühen scheuen, um ein farbenfrohes Fest für die ganze Stadt zu zelebrieren. Wirklich für die ganze Stadt?

Frauen sind nur als Zuschauerinnen erwünscht, nicht aber im Festumzug. Um diese männerbündische Sitte entbrannte in den vergangenen Jahren eine heftige Diskussion. Die Zünfte sperrten sich gegen die Aufnahme von Frauen in den Zug mit Hinweis auf uralte Traditionen. Viele Frauen empfanden dies als nicht mehr zeitgemäßen Chauvinismus, zumal im Mittelalter auch Frauen in den Zünften waren. Nach und nach begann die Bastion zu bröckeln. 1988 wurde die **Gesellschaft zu Fraumünster** gegründet, eine reine Frauenzunft. Ihr wurde nach langen Diskussionen gestattet, dem Festzug voranzugehen, allerdings mit einer halben Stunde Vorsprung. 2011 durfte die Frauenzunft erstmals offiziell mitziehen, ausdrücklich aber nur als Gast, desgleichen 2014. Die Stadt indes drängt auf eine dauerhafte Lösung mit Verweis auf das Gleichstellungsgebot.

* Lindenhof

F 7

Lage: Pfalz-Gasse, Kreis 1, Lindenhof
Tram: Rennweg (6, 7, 11, 13)

Hoch über der Limmat erhebt sich der Lindenhof, Herz und Keimzelle Zürichs. Legendär ist die Aussicht auf die Altstadt von hier oben. Nochmal so schön ist es, wenn im Juni die Linden blühen.

Kelten, Römer, Kaiser

Zwischen Bahnhofstrasse und linkem Limmatufer erstreckt sich auf einem Hügel die westliche Altstadt. Ihr Zentrum ist der baumbestandene Lindenhof. Lange war bekannt, dass hier seit 15. v. Chr. ein **römisches Kastell** stand. Durch Grabungen am Rennweg im Jahr 1999 konnte nochmals bestätigt werden, dass bereits die **Kelten** rund um den Hügel gesiedelt hatten.
Als 2005 die große Stützmauer zur Limmat hin saniert wurde, stellten Archäologen fest, dass die untersten Teile der heutigen Mauer noch aus dem 4. Jh. stammen. Diese römischen Mauern sind die ältesten noch erhaltenen in Zürich. Zu römischer Zeit stand hier oben

Wer den Lindenhof nicht besucht hat, war nicht in Zürich, heißt es.

auf der Anhöhe ein Kastell, das u. a. eine **römische Zollstation**, die sich direkt unterhalb des Lindenhofs an der ►Schipfe befand, sichern sollte. Ab dem 9. Jh. war der Lindenhof Standort der **kaiserlichen Pfalz**. Bis 1218 stand hier eine Burg, die die Zürcher sofort abrissen, nachdem Kaiser Friedrich II. die Stadt zur freien Reichsstadt ernannt hatte; damit unterstrichen sie einmal mehr ihr ausgeprägtes Selbstbewusstsein. Weiter beschloss die Bürgerschaft, dass der Platz nie wieder bebaut werden sollte. 1422 werden hier erstmals 52 Linden erwähnt. Heute spielen im Schatten der Linden ältere Herren gerne eine Partie Schach, Kinder witschen umher, und Touristen bewundern den Blick auf Fraumünster, Grossmünster und das »Dörfli« auf der anderen Limmatseite.

Turicum

Am Weg hinab steht rechter Hand in der Pfalzgasse die **Kopie eines römischen Grabsteins**. Er gedenkt eines Kindes, das um 200 n. Chr. verstorben war, und ist insofern bedeutend, als hier zum ersten Mal die römische Bezeichnung »Turicum« fällt, aus der sich Zürichs Stadtname ableitet. Vermutlich geht der Name des römischen Zollpostens auf den keltischen Personennamen Turos zurück (► S. 30).

★ Löwenbräu-Areal

E 6

Lage: Limmatstrasse 270,
Kreis 5, Gewerbeschule
Linie: Dammweg (Tram 4, 13)

Ein mächtiger Ziegelbau, überragt und flankiert von drei modernen Hochhäusern und Anbauten, markiert das ehemalige Löwenbräu-Gelände. Einzigartig ist die Mischung aus Museen und Galerien.

Beim Bau des Löwenbräu-Areals 1898 orientierte man sich an der in Deutschland üblichen Sichtbacksteinbauweise der wilhelminischen Zeit. Als 1988 die Brauer ihre Arbeit einstellten, zogen Kunstmuseen und Galerien ein. Große Unsicherheit verursachten mehrfache Besitzerwechsel. Schließlich schlossen sich Stadt Zürich, Migros und Kunsthalle zur »Löwenbräu-Kunst-AG« zusammen und erarbeiteten mit dem Eigentümer ein Konzept, das der Kunst auch nach dem Umbau des Areals großzügigen Raum gibt. Das Architekturbüro Gigon & Guyer plante die Löwenbräu Red/White/Black: Der Anbau Löwenbräu Red integriert das denkmalgeschützte Brauereigebäude; hier haben Büros und ein Lokalradio ihren Sitz. Im Löwenbräu White, der als mächtiger Betonkubus auf das Brauhaus aufgesetzt wurde, befinden sich die Kunsthalle Zürich und das Migros Museum für

Gegenwartskunst, die dank des Anbaus ihre Ausstellungsflächen verdoppeln konnten. Black, ein 70 Meter hoher, alles überragender Hochhausturm mit teuren Eigentumswohnungen, wurde 2014 bezugsfertig.

Migros Museum für Gegenwartskunst

Im Löwenbräu White stellt das Migros Museum für Gegenwartskunst seine Sammlung vor und setzt dabei vor allem auf große Installationen. Rund 450 Werke, u. a. der **Minimal Art** und deutscher wie Schweizer **Malerei**, zählt die ständige Sammlung. Das Museum wird vom Migros-Konzern finanziert, der nach dem Willen des Firmengründers Gottlieb Duttweiler (▶Berühmte Persönlichkeiten) einen Teil seines Gewinns stets in soziale und kulturelle Projekte investiert.

ⓘ Di., Mi., Fr. 11.00 – 18.00, Do. 11.00 – 20.00, Sa., So. 10.00 – 17.00 Uhr, Führungen: Do. 18.30, So. 15.00 Uhr, Eintritt: 12 CHF, Kombiticket mit Kunsthalle 20 CHF, www.migrosmuseum.ch

Kunsthalle Zürich

Nicht mit dem ehrwürdigen Kunsthaus Zürich zu verwechseln ist die Kunsthalle Zürich, die seit 1996 im Löwenbräu-Areal ausstellt. Auch sie macht Sichtweisen jüngerer Künstler erlebbar und nutzt das Raumangebot für große Installationen und Performances. Auch Videoinstallationen und andere moderne Kunstformen finden einen idealen Rahmen. Teils sind die Werke recht provokant, rücken Kommerz, Globalisierung, Entfremdung und moderne Lebensentwürfe in den Fokus.

ⓘ Di., Mi., Fr. 11.00 – 18.00, Do. 11.00 – 20.00, Sa., So. 10.00 – 17.00 Uhr, Eintritt: 12 CHF, Kombiticket mit Migros Museum 20 CHF, www.kunsthalle zurich.ch

Galerien

Eine Reihe von Galerien (▶S. 111) haben ebenfalls im Löwenbräuareal eine ideale Ausstellungsfläche gefunden, darunter die Galerien Hauser & Wirth, Bob van Orsouw und Eva Presenhuber. Kunstfreunde stöbern gerne in der **Buchhandlung Kunstgriff**.

ⓘ www.loewenbraeukunst.ch

★ Münsterhof

✦ F 8

Kreis: 1, Lindenhof

Tram: Paradeplatz (2, 6, 7, 8, 9, 11, 13), Helmhaus (4, 15)

Gemessen an der Raumknappheit rund um den Lindenhof oder im »Dörfli« wirkt der Münsterhof geradezu herkulisch groß. Das Fraumünster dominiert den Platz, außerdem sind zwei prächtige Zunfthäuser sehenswert.

Geschichte

Im Hochmittelalter diente der Münsterhof noch als Friedhof, wurde später bebaut und dann bis 1667 als Schweinemarkt genutzt. Heute strömen Touristen auf dem weitläufigen Platz zwischen Grossmünster und Fraumünster hin und her. Ab 2015 wird der Platz umgebaut. Künftig sollen hier keine Autos mehr parken dürfen, ein großer Brunnen und Sitzbänke werden installiert und die Freifläche für Kulturveranstaltungen zur Verfügung gestellt.

Zunfthaus zur Waag

Dank seiner vergissmeinnichtblauen Fassade ist es leicht zu erkennen: Das Zunfthaus zur Waag von 1636 – mit gutem gleichnamigen **Restaurant** – besitzt ein prachtvolles Barockportal. Im Zunftsaal sind Fensterrahmungen aus spätgotischer Zeit erhalten.

ⓘ Münsterhof 8, www.zunfthaus-zur-waag.ch

Zunfthaus zur Meisen

Ursprünglich nannte sich die 1336 gegründete Zunft der Weinschenken, Winzer, Sattler und Maler »Zunft zum Winlütten«. Mit dem Erwerb des Haus zur Meisen als Zunftsitz ersetzte der Hausname fortan den ursprünglichen Zunftnamen. Als es der steigenden Mitgliederzahlen wegen zu eng wurde, baute sich die Zunft am Münsterplatz ein angemessenes Domzil.

Der prächtige Rokoko-Palais von 1757 beherbergt die **Porzellansammlung** des Schweizer Landesmuseums. Neben einem herrlichen Fayenceofen sind Geschirre Schweizer Manufakturen des 18. Jh.s sowie reizende Figuren, Tee- und Kaffeeservices des 18. Jh.s aus der Manufaktur Schooren bei Kilchberg und der Manufaktur Nyon (1781 – 1813) zu sehen. Im Zunfthaus hat auch ein **Restaurant** seinen Sitz. In gediegener Umgebung genießen die Gäste Zürcher Geschnetzeltes und internationale Spezialitäten

ⓘ Münsterhof 20, Do. – So. 11.00 – 16.00 Uhr, Eintritt: 3 CHF, www.zunfthaus-zur-meisen.ch, Ruhetag Restaurant: So.

Waldmann-Denkmal

An der **Münsterbrücke** (1838) steht das bronzene Reiterdenkmal (1937, Foto ▶S. 185) für den **Bürgermeister Hans Waldmann**, dessen strenges Regiment in der Zeit der Burgunderkriege mit seiner Hinrichtung 1489 endete. Wozu solch einem Menschen ein Denkmal setzen? Das fragten sich auch viele Zürcher, als die Idee im 19. Jh. aufkam. Tatsächlich war die ganze Sache sehr umstritten, und ein hinzugezogener Historiker befand Waldmann für »nicht denkmalwürdig«. Doch anlässlich des 500. Geburtstags Waldmanns stellte ihm die Stadt trotzdem ein Reiterdenkmal auf, das ein schmalbrüstiges Männchen im Sattel eines klobigen Rosses sitzend zeigt. Angesichts dieses Werks von Hermann Haller schlugen die Emotionen vollends hoch. Nicht nur die Ausführung, auch der illustre Standort an diesem Brückenkopf sorgte für massiven Ärger. Doch Waldmann hoch zu Ross steht nach wie vor. Übrigens: Die verwendete Bronze stammt von einem italienischen U-Boot-Wrack.

★★ Museum Rietberg

F 9

Lage: Gablerstrasse 15; Kreis 2, Enge
Tram: Museum Rietberg (7)
Di. – So. 10.00 – 17.00, Mi., Do. bis 20.00 Uhr,
Eintritt: 14 CHF, www.rietberg.ch

Ein Höhepunkt jeder Zürichreise ist der Besuch des Museums Rietberg mit seiner weltberühmten Sammlung faszinierender Kunstwerke aus Asien, Afrika, Amerika und Ozeanien. Das Museum liegt auf musikgeschichtsträchtigem Grund: Hier schrieb Richard Wagner erste Entwürfe zu »Tristan und Isolde«.

Sammlung mit Weltruf

Oberhalb des Zürichsees stehen die Villa Wesendonck und die Park-Villa Rieter. Sie bilden das Museum Rietberg, das einzige **Kunstmuseum für außereuropäische Kulturen** in der Schweiz. Die Villa des deutschen Kaufmanns Otto Wesendonck, in der Richard Wagner, Johannes Brahms und C. F. Meyer zu Gast waren, wurde 1952 von der Stadt Zürich erworben und beherbergt seit 1956 die Sammlung des Barons Eduard von der Heydt. In jahrelanger Sammeltätigkeit, unterstützt von Mäzenen und öffentlichen Geldern, baute das Museum seinen Grundstock zur heutigen Sammlung von Weltruf auf. Dank des 2007 eröffneten Erweiterungsbaus »Smaragd«, der eine Verdopplung der Ausstellungsfläche mit sich brachte, können viele bisher nie gezeigte Kunstwerke dauerhaft aufgestellt werden – schier unmöglich, das ganze Museum bei einem Besuch zu erfassen. Wechselausstellungen in Zusammenarbeit mit anderen renommierten Museen, darunter das Musée du Quai Branly in Paris, das Metropolitan Museum of Art, New York, und das Ägyptische Museum, Kairo, erhöhen die kaum zu übertreffende Attraktivität noch weiter.
Um zu den Kunstwerken zu gelangen, geht es zunächst immer aufwärts durch den Park. Dann gabelt sich der Weg, rechts zur Villa Wesendonck und dem Erweiterungsbau »Smaragd«, den die Architekten Alfred Grazioli und Adolf Krischanitz entworfen haben, links zur Park-Villa Rieter. Ein Besuch der Parkanlagen und der Villa Wesendonck ist kostenlos, die Kasse für alle anderen Häuser und Ausstellungen befindet sich im grünen »Smaragd«.

Erweiterungsbau »Smaragd«

Ganz schön dunkel hier, könnte man meinen, wenn man durch die grünen Glaspforten des Erweiterungsbaus in die Unterwelt der Sammlungsräume abgestiegen ist. Doch haben sich die Augen ans Dämmerlicht gewöhnt, wird rasch klar, dass das Beleuchtungskonzept ein recht ausgeklügeltes ist. Es hilft, die Kunstwerke im wahrsten Sinne des Wortes ins rechte Licht zu setzten. Empfindliche **chinesi-**

Villa Wesendonck birgt das Wahrzeichen des Museums: den »Tanzenden Shiva«, Gottheit von Zerstörung und Neuanfang.

sche Tuschebilder können hier dank perfekter Klimaverhältnisse überhaupt erst gezeigt werden. Hier wird die weltbeste Sammlung chinesischen Cloisonnés aufbewahrt, feinst verzierte Emailgefäße mit verschlungenen Drachenmustern in wunderbaren Farben: die Sammlung von Alice und Pierre Uldry. In der **Afrika-Sammlung** absolut herausragend: die Masken aus Westafrika sowie die kleinen berührenden Figürchen aus Mali. Weder Wandtexte noch Multi-Media-Rummel stören die Betrachtung. Das Dämmerlicht sorgt auch für eine feierlich-konzentrierte Stimmung, sodass diese Meisterwerke unbekannter Künstler nicht nur konsumiert, sondern wirklich gewürdigt werden.

Villa Wesendonck

Aufgetaucht aus dem Erweiterungsbau tritt man ins helle Tageslicht und geht gegenüber in die Villa Wesendonck. Eine völlig andere Atmosphäre herrscht in dieser im Renaissance-Stil errichteten prachtvollen Fabrikantenvilla. In den Schauräumen führt die Reise nach Asien: Buddhistische Skulpturen aus Indien und Pakistan sind zu bestaunen. Unter den südindischen Bronzen des 9.–11. Jh.s befindet sich das Wahrzeichen des Museums, eine grandiose Figur des Shiva Nataraja, der **Tanzende Shiva**. Erstmals werden die Masken des javanischen Maskentanztheaters Wayang Topeng gezeigt. Dreimal so groß wie einst ist die Ausstellungsfläche für die Kulturen Amerikas. Hier in der Villa hat auch das Museumscafé seinen Platz gefunden. Eine Büste, die Baron **Eduard von der Heydt** (1882 – 1964) darstellt, steht auffallend abseits des Geschehens auf dem Weg zu den Toiletten. Der aus Wuppertal stammende Bankier war aufgrund diverser Verstrickungen während des Dritten Reichs nach dem Krieg ins Zwielicht geraten. Doch war es seine ostasiatische Sammlung, die er 1946 der Stadt Zürich geschenkt hatte und die den Grundstock des Museums bildete.

Remise

In der Remise zwischen Villa und Erweiterungsbau finden japanische Teezeremonien im Teezimmer statt (siehe Tipp).

Park-Villa Rieter

Auf der anderen Seite des Parks etwas unterhalb der großen Villa steht die kleine Park-Villa Rieter. Dort liegt der Schwerpunkt auf indischer Malerei vom 12. bis ins 20. Jahrhundert. Im Teppichraum werden wechselnd vier bis sechs besondere Teppiche ausgestellt.

> **! BAEDEKER TIPP**
>
> *Japanische Teezeremonie*
>
> Chado, der japanische Weg des Tees, hat das übergeordnete Ziel, innere Ruhe und Ausgeglichenheit zu erlangen. Teemeisterin Soyu Yumi Mukai lädt im authentischen Teezimmer dazu ein, diesen Geheimnisse der Teezeremonie ein wenig näher zu kommen. Jeden 2. So. 13.00 Uhr in der Remise, 30 CHF, nur nach Voranmeldung unter www.rietberg.ch

Anschließend an den Besuch lohnt sich ein Rundgang im **Park**, in dem mächtige Blutbuchen und andere ehrwürdige Baumgestalten stehen. Zwischendrin hat man immer wieder herrliche Ausblicke hinunter auf den See. Nicht nur Fabrikanten können solch schöne Parks genießen wie den der Villa Wesendonck: Im Museums-Café stellt man sich seinen individuellen Picknick-Korb zusammen, den man dann auf der grünen Wiese genießen kann (immer während der Öffnungszeiten des Museums).

Wagner auf dem »Grünen Hügel«

1855 – 1858 ließ sich das aus Wuppertal stammende Fabrikantenpaar Mathilde und Otto Wesendonck die gleichnamige Villa erbauen. Vor allem der gewinnenden Art der 24-jährigen **Mathilde** ist es zu verdanken, dass das Haus rasch zu einem kulturellen Treffpunkt der Stadt wurde. Dem bereits 1849 nach Zürich geflohenen Richard Wagner gaben die Wesendoncks Asyl auf dem »Grünen Hügel«, wie Wagner das Anwesen mit dem herrlichen Park nannte. Sie unterstützten ihn finanziell und ließen ihn in einer Villa wohnen, die dort stand, wo später die Villa Schönberg gebaut wurde. Offenbar entbrannte der Komponist für Mathilde, wie aus vielen Briefen hervorgeht. Inspiriert von seiner Muse brachte er hier erste Entwürfe für **»Tristan und Isolde«** zu Papier. Doch Wagners Gattin Minna beäugte das innige Verhältnis immer argwöhnischer, und schließlich kam es zum großen Knall: Wagner verließ seine Frau, aber auch Zürich und Mathilde 1858. Die Wesendoncks gaben das Haus 1871 auf und kehrten zurück nach Deutschland.

An die Ära Wagner erinnert eine Stele auf der Spitze des Hügels, die die Inschrift trägt: »Das höchste Gut des Menschen ist seine schaffende Kraft. Das ist der Quell, dem ewig alles Glück entspringt. / Richard Wagner wohnte von April 1857 bis August 1858 unweit dieser Stätte / arbeitete am Siegfried und an Tristan und Isolde und erfuhr im Kreis Wesendonck reiche Förderung.«

* Niederdorf

F 7/8

Lage: Niederdorfstrasse; Kreis 1, Rathaus
Tram: Central, Rudolf-Brun-Brücke, Rathaus (4, 15)

Ein perfektes Kontrastprogramm zum Geglitzer der Bahnhofstrasse bildet das rechts der Limmat liegende »Dörfli«. Malerische Gässchen, anrüchige Bars und lautes Straßenleben kennzeichnen die Altstadt zwischen Central und Grossmünster. Goethe, Lenin und die Dadaisten leerten hier schon fleißig ihre Gläser.

Im »Dörfli«

Zwischen Limmatquai, Seilergraben und Rämistrasse dehnt sich das »Dörfli« aus. Wegen der engen Altstadtgassen ist man versucht zu glauben, dieser Teil Zürichs sei älter als die Stadt jenseits der Limmat, aber das ist keineswegs so: Die Viertel um den Lindenhof sind zuerst entstanden. Ein Blick auf den Stadtplan zeigt dies: Fast wie planmäßig angelegt muten die Gassen des Dörfli an, die sich streng auf die Limmat ausrichten. Zum Dörfli zählen Neumarkt, Niederdorf und Oberdorf, die als Stadtteile im 12. Jh. erstmals in den Schriftquellen erfasst wurden. Zwar stand diese Seite der Limmat immer im Schatten des illustren linken Limmatufers, einstmals mit Kaiserpfalz, großen Kirchen und Klöstern, heute mit Luxusshops. Dafür entfaltete sich in diesem pittoresken Biotop ungehindert ein **beliebtes Künstler- und Szeneviertel**, in dem noch viele alteingesessene Handwerksbetriebe und Antiquitätenläden ihren Sitz haben.

Schmal sind die Gassen im Dörfli.

VOM CENTRAL ZUM RINDERMARKT

Central Am Central, dem wichtigen Knotenpunkt der Tram inklusive Talstation der Polybahn, beginnt mit der Niederdorfstrasse die längste Straße der mittelalterlichen Stadt, heute eine kopfsteingepflasterte Fußgängerzone. Parallel verläuft die Zähringerstrasse; beide münden auf die Mühlegasse und bilden ein Sammelsurium aus Fast-Food-Bistros, Bars, Schuh- und Klamottenläden sowie Restaurants.

Stadtmauer Wer einen Blick auf die Reste der Stadtmauer werfen will, geht von der Zähringergasse aus die Gräbligasse bergauf bis zum Evangelischen Brüderverein. Dort ragt eine Mauer aus riesigen klobigen Kieseln aus der Häuserwand und vermittelt einen glaubhaften Eindruck von hohem Alter. Sie war Teil der zweiten Stadtmauer Zürichs: Baubeginn um 1220, 11 m hoch, 2,7 m dick und ca. 2400 m lang. Auf der linken Limmatseite schloss die eindrucksvolle Ringmauer das Gebiet um den Lindenhof bis zum Fraumünster ein, auf der rechten Seite schlang sie sich nördlich von Bellevue entlang der Torgasse über Rämistrasse, Hirschen- und Seilergraben bis zum heutigen Central. Der Hauptzugang befand sich seinerzeit am Rennweg, und auch die Limmat war mit einbezogen. So stand der (abgerissene) Grendelturm am heutigen Hechtplatz mitten im Wasser, da dieses Gebiet seinerzeit noch nicht aufgeschüttet war. Eine hölzerne **Palisadenreihe** begrenzte den Fluss zum See hin. Wie die Mauer verlief, ist aus Abbildungen bekannt, vor allem aus dem Murerplan von 1576. Bis ins 17. Jh. kam nach Einbruch der Nacht niemand mehr in die Stadt herein oder aus ihr hinaus: Die 16 Türme und acht Tore wurden Abend für Abend dichtgemacht. Ab 1642 riss man die mittelalterlichen Mauern dann nieder – aber nur, um sie durch eine **barocke Schanzenanlage** zu ersetzen (►Schanzengraben). Sehr empfehlenswert für Interessierte: das Altstadtmodell im Haus zum Rech (► S. 214).

Am Stadtmauerrest schnell nochmal die Ohren gespitzt: Wo heute der Verkehr durch den Seilergraben wummert, röhrten vom 16. bis 18. Jh. die Hirsche: Wie auch der Hirschengraben und die obere Rämistrasse war dieser Straßenzug Teil des Stadtgrabens, den man als Hirschgehege nutzte.

> **! BAEDEKER TIPP**
>
> ### *Hüppen, Offleten und Läckerli*
>
> Direkt am Central/Talstation Polybahn befindet sich das Café Schurter. Zwar ist die Einrichtung modern, dennoch hat man es mit einer traditionsreichen Zürcher Konditorei zu tun, die seit 1889 exisitiert. Hausspezialitäten sind Offleten (ein hauchdünnes Gebäck), Zürcher Läckerli (Kekse aus Mandeln und Eiweiß), Hüppen (Waffeln mit und ohne Füllung) und die in der Weihnachtszeit so beliebten Geduldszältli (Niederdorfstrasse 90, Mo. – Fr. 7.00 – 19.00, Sa. bis 17.00 Uhr, www.cafeschurter.ch).

Südlich der Mühlegasse, die keineswegs Gassencharakter hat, da die Autos hier von oben kommend mit viel Schwung Richtung Brücke schießen, setzt sich die Niederdorfstrasse fort. Es zweigt die Brunngasse ab, die wie die Froschaugasse bis zum Pogrom 1342 **Wohnort vieler Zürcher Juden** war. Wer sich für mittelalterliche Wandmalereien interessiert, kann sich beim Baugeschichtlichen Archiv (Haus Zum Rech, Neumarkt 4) den Schlüssel für die Brunngasse 8 holen. Im 1. Stock befand sich der Festsaal der jüdischen Familie Ben Menachem, der noch Reste der Wandbemalung von 1330 trägt.

Brunngasse

Es ist nicht ganz leicht, den Rosenhof zu finden, aber möglich. In diesem kleinen Innenhof kann man bei schönem Wetter an den Tischen mehrerer Restaurants den Tag genießen. Der 1967 aufgestellte »Brunnen für Niemand« trägt eine Inschrift von Max Frisch. Diese endet mit dem (entschärften) Satz: »Dieser Stein, der stumm ist, wurde errichtet zur Zeit des Krieges in Vietnam.« Ursprünglich sollte es heißen: » ...als man gegen das Volk von Vietnam Krieg führte«. Donnerstags und samstags wühlt sich bunte Kundschaft durch das Angebot des kleinen Kuriositätenmarktes. Auch Schweizer Kunsthandwerk bieten die Händler an, Speis und Trank gibt es selbstverständlich ebenfalls.

Rosenhof

Markt: März – Dez. Do. 10.00 – 20.00, Sa. bis 17.00 Uhr

Der Gang durch die Niederdorfstrasse leitet Besucher automatisch zur Stüssihofstatt. Zwei Dinge fallen auf diesem engen Platz sofort auf: Gäste des Franziskaner-Hotels, die sich gerne auf dessen Terrasse aufhalten und das Treiben studieren sowie der **Bannerträger-Brunnen**, der keineswegs aus einem Guss ist – die Brunnenfigur stammt aus dem Jahr 1575, die Säule von 1667 und das Becken von 1766. Angeblich soll die Figur den 1443 bei St. Jakob an der Sihl gefallenen Bürgermeister Rudolf Stüssi darstellen.

Stüssihofstatt

Übrigens ist dies der einzige mehrfarbige Zürcher Brunnen. Sein Geplätscher hat Gottfried Keller im »Grünen Heinrich« beschrieben. Was man nicht sehen kann, sondern wissen muss: Unterm Pflaster liegen **Reste einer Römerstraße**. Und das Haus »Zum Schwarzen Garten« (Nr. 9) war die erste Zürcher Unterrichtsstätte für Medizin.

Am nahen Rindermarkt findet man die **Oepfelchammer**, Stamm-Weinstube von Gottfried Keller und beliebte Anlaufstelle von Einheimischen wie Touristen. Die hölzernen Wände und Decken sind vollständig übersät von eingeschnitzen Namen der Besucher, die die »Balkenprobe« bestanden haben – Genaueres zur Balkenprobe erfährt man im Restaurant, das gutbürgerliche Küche und Schweizer Weine auch im Offenausschank anbietet.

Rindermarkt

Oepfelchammer: Rindermarkt 12, Ruhetage: So., Mo., Tel. 044 251 23 36, www.oepfelchammer.ch

RUND UM DEN NEUMARKT

Theater Neumarkt

Nördlich vom Neumarkt liegen Predigerplatz und ▶Predigerkirche. Am Markt selbst spielt das Theater am Neumarkt. Im Hinterhof-Restaurant Neumarkt kann man unter Bäumen speisen.

ⓘ www.theaterneumarkt.ch

***Haus zum Rech**

Typisch Zürich: unscheinbare Fassade, eindrucksvoller Kern – im hochmittelalterlichen Haus zum (Unteren) Rech, Sitz des **Stadtarchivs**, überwältigt die Innenausstattung geradezu, besonders im 1. Geschoss ranken und wirbeln Ornamente in allen Farben über Türstürze und Zimmerdecken. Alle Bauepochen von Gotik über Renaissance und Manierismus haben hier ihre Spuren hinterlassen. Man darf hineingehen und sich ein wenig umsehen, die freundlichen Archivare dulden das, solange man sich ruhig verhält.

Das Archiv ist für Forscher eine erstklassige Anlaufstelle, aber auch das interessierte Publikum bekommt einen Schatz zu sehen: Im Erdgeschoss steht das berühmte **Altstadtmodell**, ein rundherum gelungener Blick auf das Zürich des Jahres 1800. Es stellt unter Beweis, was für eindrucksvolle Früchte jahrelange akribische Arbeit tragen kann. Der Architekt Hans Langmarck begab sich für 22 Jahre in seiner Freizeit in die Tiefen der Zürcher Baugeschichte und stellte Überlegungen über jeden Mauerzug und jedes Haus an. Ergebnis ist ein Stadtmodell, das den Schweizern als ihr schönstes gilt. Alle Mauern und Türme der mittelalterlichen Stadt sowie des barocken Schanzensterns sind dargestellt. Keine Bahnhofstrasse zerteilt die Stadt, markant verschaffen sich die Kirchen Platz im Häusergewirr, und die Grossmünstertürme wachsen noch spitz in den Himmel.

ⓘ Neumarkt 4, Mo. – Fr. 8.00 – 18.00, Sa. 10.00 – 16.00 Uhr

BAEDEKER WISSEN ?

Nostalgisches Gaslicht

Nur ein umfassender Stromausfall erinnert heute daran, wie stockdunkel es in den Städten einst war. Ein erstes, bescheidenes Licht in Zürichs Gassen brachten Öllampen. Diese wurden 1856 durch 3190 sehr viel hellere Gaslaternen ersetzt – ein enormer Fortschritt. Mit der Elektrifizierung der Stadt war indes auch ihre Zeit zuende. 36 dieser Gaslaternen erinnern noch an die alten Zeiten. Sie leuchten an mehreren Stellen in Zürich: Rindermarkt und Neumarkt sowie in der Reh-, der Prediger- und der Froschau-Gasse. Mussten einst 250 Mitarbeiter die Zürcher Gaslampen von Hand anzünden, werden die sechs Glühstrümpfe pro Lampe heute automatisch in Gang gesetzt.

G. Keller Geburtshaus

Am Haus Neumarkt Nr. 27, dem Haus »Zum Goldenen Winkel«, erinnert eine Tafel an den hier geborenen Schriftsteller **Gottfried Keller** (▶Berühmte Persönlichkeiten), der 1861 – 1876 erster Staatsschreiber des Kantons Zürich war.

Die dörfliche Seite des noblen Zürich: ein ganz normaler Tag am Niedermarkt. Im Hintergrund macht sich der Grimmenturm bemerkbar.

Grimmenturm

Jedem, der von einer erhöhten Position aus über Zürich blickt, sticht der frühgotische Grimmenturm ins Auge. Sein gewaltiges Dach erhebt sich weit über die kleineren Altstadthäuser, und eine markante Glocke ziert keck den First. Der Grimmenturm ist einer von fünf noch erhaltenen der über zwölf **Adelstürme** des Mittelalters. Er wurde im 13. Jh. als Wohnturm errichtet. Ebenfalls zu den Adelstürmen zählten der Bilgeriturm (Neumarkt 5) und der Brunnenturm (Obere Zäune 26).

ZWISCHEN NAPFPLATZ UND GROSSMÜNSTER

Napfgasse

Nördlich findet man die Napfgasse mit dem Brunnenturm am Napfplatz. In diesem lebten und wirtschafteten durchaus erfolgreich im 14./15. Jh. die lombardischen Geldwechsler. Später verwendete man den Turm als Blindenanstalt und Armenschule, die auch Gottfried Keller besuchte. Aufs Jahr 1568 geht der Brunnen auf dem Napfplatz zurück, dessen Brunnenfigur von 1911 eine Allegorie des Frühlings zeigt, kreiert von Arnold Hünerwadel. Das **Schober** (Nr. 4) kennt jeder Zürcher, und auch für Touristen gehört ein Besuch in diesem Café fast zwingend zum Altstadtbesuch: plüschiges Mobiliar, glitzernde Kronleuchter, edles Porzellan und Tafelsilber. Entsprechend gehoben sind die Preise. Eine gute Alternative: die köstlichen süßen Teilchen als Wegzehrung mitnehmen. Das **Haus zum Napf** (Nr. 6) besitzt eine reiche Ausstattung, darunter Renaissance- und Régencezimmer.

Eng gruppieren sich die Häuser auf dem Napfplatz um den Brunnen.

Spiegelgasse Ecke Münster-/Spiegelgasse stand das **Cabaret Voltaire**, in dem Tristan Tzara, Hugo Ball und Hans Arp 1916 den Dadaismus aus der Taufe hoben. Seit 2002 wird in der Spiegelgasse 1 das multikulti-orientierte, leicht chaotisch eingerichtete Cabaret Voltaire betrieben (►S. 51, 68). Natürlich war auch **Goethe** auf dieser Seite des Flusses zugegen: Er besuchte hier seinen Freund Lavater im Hause von dessen Familie in der Spiegelgasse 11. In Nr. 12 schrieb der deutsche Dichter **Georg Büchner** 1836/1837 »Woyzeck« und »Dantons Tod«. Gleich nebenan in Haus Nr. 14 hingegen wohnte 1916/1917 kein Geringerer als der russische Revolutionär **Wladimir Iljitsch Lenin** (►Berühmte Persönlichkeiten).

Zunftmuseum Ecke Spiegelgasse/Obere Zäune befasst sich ein kleines Museum mit der wichtigen Rolle, die Zünfte in Zürich spielten (►Baedeker Wissen S. 203). Von 1336, der Gründung der Handwerkszünfte, bis zu ihrer Abschaffung 1798 im Zuge der Besetzung durch Napoleon prägten die Zünfte die Stadt entscheidend mit. Nach diesem Bruch treten heute die Zünfte vor allem beim Sechseläuten ins Blickfeld. Die Ausstellung kommt ganz ohne Objekte aus und ist rein multimedial konzipiert – damit will man auch dem Klischee der Zünfte als rückwärtsgewandte Organisationen entgegenwirken.

❶ Obere Zäune 19, jeden 2. und 4. So. im Monat 11.00 – 17.00 Uhr, Eintritt: 10 CHF, www.zunftstadt.ch

Münster-gasse

Bei **Schwarzenbach Kolonialwaren** ist die beste Kaffeerösterei der Stadt zu Hause (Nr. 19; ►S. 93, 114). Die Münstergasse endet am Zwingliplatz mit dem ►Grossmünster. Der südliche Teil der Altstadt von der Oberdorfstrasse bis zum Bellevue wird ►Oberdorf genannt.

* Nordamerika Native Museum

H 10

Lage: Seefeldstrasse 317; Kreis 8, Seefeld
Tram: Tiefenbrunnen (2, 4)
Di. – Fr. 13.00 – 17.00, Sa., So. 10.00 – 17.00 Uhr
Eintritt: 12 CHF, Führung: So. 12.00 Uhr, www.nonam.ch

Einst nannte man dieses Museum schlicht »Indianermuseum«. Das war angesichts der ungeheuren Vielfalt der Kulturen zwischen Alaska und Mexiko zu ungenau. Seit 2003 firmiert das Haus unter NONAM, Kürzel für »Nordamerika Native Museum«. Im Volksmund ist sein alter Name jedoch geblieben.

Indianer und Inuit

Das NONAM führt die Kultur nordamerikanischer Indianer und Inuit vor Augen. Grundstock des Museums bildet die 1961 von der Stadt Zürich aufgekaufte »Sammlung Hotz«. Sowohl in den interessanten Wechselausstellungen, die zweimal im Jahr das Kulturleben bereichern, als auch in der Dauerausstellung verfolgt das Museum das Ziel, die Unterschiedlichkeit der Kulturen deutlich zu machen, die zwischen den Eisfeldern und den heißen Wüsten im Südwesten der USA bestehen. So sind die topografischen und klimatischen Bedingungen, unter denen etwa Sioux, Inuit und Métis leben, sehr verschieden und entsprechend unterschiedlich ist ihre jeweilige Alltagskultur. Sechs verschiedene Regionen werden in der Dauerausstellung vorgestellt.
Gezeigt wird eine Fülle von Zeugnissen aus dem täglichen Leben der Lachsmenschen, der Regenmacher und anderer Ethnien mit sprechenden Namen. Kleidung, Jagdwaffen, Federschmuck der Häuptlinge, bestickte Lederkleidung, Perlen, Werkzeuge, Boote, schamanische Ritualgegenstände eine europaweit einzigartige Sammlung.

Klangraum

Im Klangraum, wo sämtliche visuellen Reize ausgeklammert werden, erleben die Besucher die Welt der unterschiedlichen Ethnien auch mit den Ohren. Signalrufe der Hopi, Kehlkopfgesang der Inuit-Frauen, Hörbeispiele aus der Welt der Kwakwaka'wakw, so wird ein akustisches Szenario des Lebensraumes erzeugt, das auf ganz neue Weise nachwirkt.

Bodmer-Galerie Markant sind aber auch die Bilder, die sich andere von den »Indianern« machten, etwa der Schweizer Künstler und bekannte »Indianermaler« **Karl Bodmer**, der im 19. Jh. den Kontinent bereiste und farbenprächtig kolorierte Kupferstiche anfertigte.

Ideal für Kinder Dass für Kinder ein Museum rund um die Indianer sehr spannend ist, liegt auf der Hand. Dazu kommen die zahlreichen museumspädagogischen Angebote in den Schulferien und im Zusammenhang mit den Wechselausstellungen. Im Laden können Schmuck und Kunstobjekte von Indianern ohne Zwischenhandel erworben werden.

Oberdorf

F/G 8

Lage: Oberdorfstrasse; Kreis 1, Rathaus
Tram: Helmhaus (4, 15), Bellevue (2, 4, 5, 8, 9, 11, 15)

Enge Gassen, zahllose Geschäfte, Kneipen und Restaurants prägen im Oberdorf das Bild. Das Viertel südlich des Grossmünsters ist Teil des »Dörfli«.

Hechtplatz Südlich des Grossmünsters setzt sich das »Dörfli« mit den verkehrsfreien Altstadtgassen weiter fort. Erst am Schiff- und am Hechtplatz dürfen die Ferraris wieder parken. Einst zog sich das Wasser bis hierher. Der Hechtplatz war nicht mehr als eine Limmatbucht, woran der **Hechtbrunnen** (1716) erinnert: Ein Knabe zieht einen kapitalen Fisch an Land. Heute ist das ganze Viertel gespickt mit Modegeschäften.

> ! BAEDEKER TIPP
>
> *Erquickende Brunnentour*
>
> Zürich ist die Stadt des Wassers, nicht nur der legendären Trinkwasserqualität wegen. Rund 1220 öffentliche Brunnen sprudeln und rauschen im Stadtgebiet. Jeden ersten Mittwoch im Monat veranstaltet die Wasserversorgung eine Tour zu 15 Brunnen, wobei man Wissenswertes und Unterhaltsames erfährt. Start ist um 18.00 Uhr am Manessebrunnen am Hirschengraben 1, die Tour endet am Lindenhof. Anmeldung unter Tel. 044 435 21 21

An der Ostflanke der Altstadt steht im **Hirschengraben** 40 in gestaffelten Gartenanlagen das herrliche, 1759 – 1790 für den Zunftmeister J. C. Werdmüller erbaute Haus zum Rechberg. Im Haus zum Kiel (Hirschengraben 20) mit seiner heiteren klassizistischen Innengestaltung finden Veranstaltungen der Schweizerischen Musikforschenden Gesellschaft statt. Sehenswert ist auch das Ensemble des Hauses zum Neuberg (Nr. 59 – 60; 1733, 1818 umgebaut), Geburtshaus des Zürcher Politikers Alfred Escher (►Berühmte Persönlichkeiten).

Wo Hirschengraben und Obere und Untere Zäune zusammentreffen, steht der **Manessebrunnen**. 1931 aufgestellt, erinnert ein sich aufbäumendes Pferd an das gleichnamige Zürcher Rittergeschlecht.

Villa Tobler

In der **Winkelwiese** Nr. 2/4 steht die Villa Tobler, deren Garten öffentlich zugänglich ist. Wer 5000 CHF an die Zürcher Kunstgesellschaft spendet, kann auch die Beletage der Jugendstilvilla für Empfänge und andere Anlässe mieten. In der Villa Tobler spielt auch das **Theater an der Winkelwiese** (►S. 77).

Klausbrunnen

An der Kreuzung Neustadt-/Frankengasse steht ein gar schauerlicher Brunnen: Auf seine Säule hat der Künstler Arnold Hünewadel einen »Chlaus« gesetzt: Der **fellbekleidete Kinderschreck** aus dem Repertoire AltZürcher Geschichten hat bereits ein Kind in den Sack gesteckt und greift schon nach den beiden anderen – eine drastische Warnung an alle Tunichtgute.

Paradeplatz

F 8

Kreis: 1, City
Tram: Paradeplatz (2, 6, 7, 8, 9, 11, 13)

Alle Wege führen zum Paradeplatz. Der wichtige Tramknotenpunkt liegt an der Bahnhofstrasse zwischen Bahnhof und See. Hier haben Großbanken und die traditionsreiche Confiserie Sprüngli ihren Sitz.

Die Bankenzentrale

Wo sich die ►Bahnhofstrasse zum Paradeplatz weitet, feilschten im 18. Jh. noch die Händler auf dem Vieh- und Schweinemarkt. 1775 wich er einem Exerzierplatz. Ziemlich lebhaft ist er auch heute: Nun befindet sich hier ein Tramknotenpunkt. Die mächtigen Geschäftshäuser rundum stehen auf den **teuersten Baugrundstücken der Welt,** und unterm Pflaster ruht in dicken Tresoren das Vermögen der Großbanken.

Credit Suisse, UBS

Nobelster Prachtbau am Platze, der unmissverständlich die Macht des Kapitals unterstreicht, ist das 1873 – 1877 errichtete Bankhaus der Credit Suisse, der einstigen Schweizerischen Kreditanstalt (Paradeplatz 8). Alfred Escher gründete diese erste Großbank für den Bau der Gotthardbahn. 2002 funktionierte man die im Zeitalter von Online-Banking entbehrlich gewordene Schalterhalle zur exklusiven Ladenpassage **Lichthof** um, die ihren Namen dem gigantischen Oberlicht verdankt. Am Westrand des Platzes verwaltet die UBS, eine weitere Großbank, ihre Milliarden (Paradeplatz 6).

Zarte Versuchung

Die Welt ist der Schweiz zu Dank verpflichtet. Denn ob von Cailler, Lindt & Sprüngli oder Tobler, die beste Schokolade kommt aus der Schweiz. Erfunden wurde die »Schoggi« hier zwar nicht, aber in der Schweiz wurde sie verfeinert und bis zur Versuchung gesteigert. Es entstand eine regelrechte Schokoladenkultur. Und in Zürich hat man mit den berühmten Luxemburgerli sogar ein Wahrzeichen der Stadt kreiert.

Da reist einer in die Schweiz und hat seine eigene Schokolade im Gepäck. Was heute absurd klingt, ist historisch verbürgt: Als **Goethe** 1797 durch die Alpenrepublik fuhr, hatte er Schokolade und das entsprechende Kännchen dabei – wohl wissend, dass man in der Schweiz von Schokolade nicht viel verstand. Heute können die Eidgenossen darüber nur schmunzeln, denn schließlich sind sie Spezialisten auf diesem Gebiet.

Die Anfänge

Ursprünglich gebührte dieser Ruhm den **Spaniern**. Sie waren es nämlich, die die Kakaobohne aus Amerika mitbrachten und die exotische Köstlichkeit als Genussmittel etablierten. Und sie waren auch die Ersten, die Ende des 18. Jahrhunderts die maschinelle Verarbeitung einführten. Schon kurze Zeit später gab es in einigen europäischen Ländern Schokoladenmanufakturen – nicht jedoch in der Schweiz. In der Schweiz begann das Zeitalter der Schokoladenindustrie erst 1819, als **Louis Cailler** in Corsier bei Vevey eine Fabrik gründete. Mitte der 1820er-Jahre stieg der Konditor **Philippe Suchard** in Serrières bei Neuchâtel ins Geschäft ein. Der Erfolg der Schweizer Schokoladenhersteller ließ nicht lange auf sich warten, und er hatte Gründe: Zum einen besaßen sie unternehmerisches Geschick, zum anderen einen Hang zum Tüfteln. Zwei Pioniere müssen genannt werden: der Kerzenmacher **Daniel Peter**, Schwiegersohn des erwähnten Louis Cailler, und **Rodolphe Lindt**, Confiseur aus Bern. Peter machte sich Nestlés Kondensmilch zunutze und stellte 1875 die erste Milchschokolade her. Lindt entwickelte wenig später das Conchieren, durch das die Schokoladenmasse ihre raue Oberfläche verlor und sich in jede beliebige Form gießen ließ. Es verhalf den Schweizer Confiseuren zu Weltruhm und der Nation zu einem Exportschlager.

Confiserie Sprüngli

Der Zuckerbäcker und Chocolatier **David Sprüngli**, Jahrgang 1776, war in der Konditorei Vogel in der Zürcher Marktgasse angestellt, als deren Besitzer, Ludwig Vogel, 1836 starb. Sprüngli kaufte das kleine Unternehmen auf und gründete gemeinsam mit seinem **Sohn Rudolf** die Confiserie Sprüngli & Fils. Erst neun Jahre später, 1845, begann das Haus Sprüngli mit der **Schokoladenproduktion**, die der Firma schnell einen außergewöhnlichen Erfolg einbrachte. 1859 zog Sprüngli in wesentlich größere Geschäftsräume am Paradeplatz –

eine gute Entscheidung, wie sich bald herausstellte, obwohl der neue Bahnhof nicht am Paradeplatz hochgezogen wurde, wie zunächst von Sprüngli vermutet und was zur eigentlichen Kaufentscheidung beigetragen hatte. Stattdessen wurde wenig später mit dem Bau der neuen Bahnhofstrasse begonnen, dem Pracht- und Luxusboulevard für die wohlhabende Gesellschaft. Sprüngli hatte nicht nur den damals neuen **Schauraum** mit großen Fensterscheiben, durch die man zumindest in den optischen Genuss der süßen Köstlichkeiten kam, sondern auch einen so-genannten **Erfrischungsraum**, in dem man die Herrlichkeiten zum Kaffee genießen konnte – für die Zürcher Gesellschaft ein beliebter **Treffpunkt**. In den 1890er-Jahren überließ Rudolf Sprüngli seinen beiden Söhnen seinen florierenden Betrieb: Der jüngere David Robert führte die Confiserie am Paradeplatz weiter, der ältere Johann Rudolf die Fabrik. Von diesem Zeitpunkt an gingen Confiserie und Manufaktur getrennte Wege. Ein Höhepunkt in der weiteren Geschichte der Confiserie war die Kreation der berühmten **»Luxemburgerli«** in den 1950er-Jahren, die schnell zum Verkaufsschlager wurden und mittlerweile das Wahrzeichen der Confiserie Sprüngli, ja, sogar der Stadt Zürich sind.

Sprüngli & Lindt

Johann Rudolf Sprüngli baute 1899 eine neue, größere **Schokoladenmanufaktur in Kilchberg**, zugleich ließ er die Firma zur Chocolat Sprüngli AG umwandeln. Kurze Zeit später kaufte er die Berner Manufaktur von Rodolphe Lindt und dazu dessen **Patent für das Conchierverfahren**. Diese offenbar nicht immer ganz einfache Verbindung von Lindt & Sprüngli gibt es bis zum heutigen Tag. 1986 wurde eine Aktiengesellschaft gegründet. Schokolade aus dem Hause Lindt & Sprüngli ist mittlerweile überall verbreitet. Die Firma ist mit Produktion und Vertrieb weltweit vertreten, also eine weitere – und durchaus süße – Erfolgsgeschichte eines Schweizer Unternehmens.

Verführerisch: frische Trüffel der Zürcher Chocolatiers

Schweizer (und) Schokolade

Der Pioniergeist Schweizer Schokoladenfabrikanten hat die »Schoggi« erst zum für jedermann erschwinglichen Genussmittel gemacht. Die Erfindung der Milchschokolade allerdings, lange dem Schweizer Daniel Peter aus Moudon zugeschrieben, sprechen Experten heute der Dresdner Firma Jordan & Timaeus zu.

▶ **Schweizer Schokoladenhersteller**
Zürich ist das Zentrum der Schweizer Schokoladenindustrie.

Insgesamt 18 Unternehmen sind in der Schweiz angesiedelt.

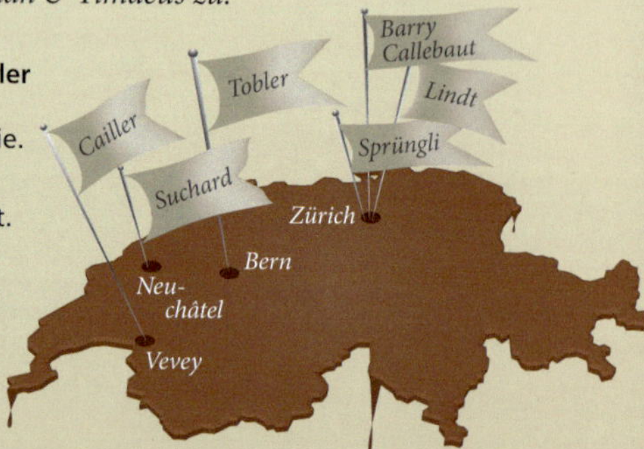

Mitarbeiter (2013): 4412

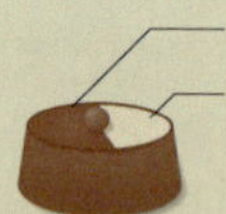

Männer: 2345
Frauen: 2067

Umsatz (2013, in Mio €): 1381

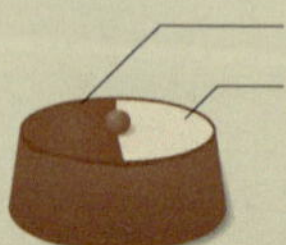

Inland: 731
Ausland: 650

2013 verkaufte die Schweizer Schokoladenindustrie 179 061 t Schokoprodukte,
davon (in Prozent):

Tafeln und Kleinformate — Kuvertüre — *0,6* Pulver

Schokoladenkonfisierie — *4,7* Festartikel

▶ **Top 5 der Kakaoproduzenten (Jahresproduktion 2011)**

Elfenbeinküste
1 350 320 t

Indonesien
712 200 t

Ghana
700 000 t

▶ **Schokoladenherstellung**
Bis zur fertigen »Schoggi« gibt es einiges zu tun.

1 Rösten

bei 100°–160°, je nach Sorte

2 Brechen und Mahlen

Vorbereitung für die Presse

3 Pressen

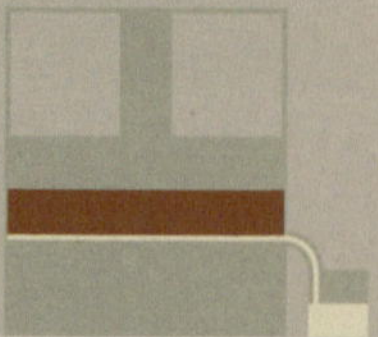

Kakaobutter entsteht.

Kakaoanbaugebiete
Der Anbau ist nur in Äquatornähe möglich.

Jährlicher Schokoladengenuss nach Ländern
in kg pro Kopf, 2011

Nigeria
400 000 t

Kamerun
272 000 t

▶ Die Schokoväter
Sie stehen exemplarisch für den Erfolg der Schweizer Schokolade.

David Sprüngli (1776–1862)
Er eröffnete mit seinem Sohn zusammen die Confiserie Sprüngli & Sohn im Jahr 1836 und legte damit den Grundstein für die Sprüngli AG.

Rudolf Sprüngli (1816–1997)
Der Sohn von David Sprüngli baute die Firma seines Vaters weiter aus und eröffnete 1847 seine erste Schokoladenmanufaktur in Horgen.

Rodolphe Lindt (1855–1909)
Er erfand die Conche, eine Maschine zum Veredeln der Schokolade. Sie macht die »Schoggi« zart und wird auch heute noch verwendet.

4 Mischen

... von Kakaobutter, Milchpulver und Zucker

5 Feinwalzen

Die Schokolade wird zarter.

6 Conchieren

Bis zu 72 h wird die »Schoggi« bei ca. 90° langsam gerührt

Tramknoten Paradeplatz: Nur nachts kehrt Ruhe ein.

Sprüngli Geschäftshäuser mit Ladenfront waren früher keine Selbstverständlichkeit. Das erste Haus dieser Art in Zürich wurde 1856 – 1859 errichtet: das Haus Ecke Paradeplatz/Bahnhofstrasse. Seit 1861 hat die berühmte Confiserie Sprüngli hier ihren Stammsitz. Oben befindet sich das sehr gute Café, unten die Confiserie. Wer sich hier noch nicht mit den berühmten Luxemburgerli und anderen Köstlichkeiten eindecken will, hat dazu in weiteren zwölf Filialen auf Zürcher Stadtgebiet die Gelegenheit.

❶ Bahnhofstrasse 21, Mo. – Fr. 7.00 – 18.30, Sa. 8.00 – 18.00, Café/Restaurant auch So. 9.30 – 17.30 Uhr, www.spruengli.ch

Park zur Katz

✦ F 8

Lage: Pelikanstrasse 40; Kreis 1, City
Tram: Sihlstrasse (2, 9)
❶ April – Sept. 7.00 – 19.00, Okt. – März 8.00 – 18.00 Uhr
www.bg.uzh.ch/altergarten.html

Zu den letzten Überbleibseln der barocken Verteidigungsanlagen gehört das Bollwerk zur Katz, heute in einen ruhigen Park umgestaltet. Hier liegt auch das Völkerkundemuseum.

Alter Botanischer Garten Höchster Bau des Schanzenrings war ein künstlicher Hügel, das »Bollwerk zur Katz«, auf dem 13 Kanonen im Ernstfall, der aber nie eintrat, Zürich hätten mitverteidigen können. Später wurde der Hügel zum »Park zur Katz«, ab 1834 war er Standort des Botanischen Instituts der Universität. Dessen Gärtner legten den Alten Botanischen Garten an, der jedoch 1977 zugunsten des Geländes an der Zollikoferstrasse aufgegeben wurde (►Botanischer Garten). Die **seltenen Bäume aus aller Welt** sind geblieben und wurden sogar ergänzt, etwa um ein Exemplar der erst 1994 in Australien entdeckten Wollemie-Kiefer. Das Palmenhaus (1851) steht unter Denkmalschutz und wirkt heute etwas ramponiert, obwohl der Garten selbst sich zur gerne besuchten Ruheinsel entwickelte. Ein Denkmal auf der Hügelspitze erinnert an den Arzt und Naturforscher Conrad Gessner (1516 – 1565), der sich als erster Zürcher (vergeblich) um einen botanischen Garten bemühte, um dort »Beum und Gewechs, insbesunders frömbde« zu ziehen.

Völkerkundemuseum

Vom Park aus hat man Zugang zum Völkerkundemuseum der Universität Zürich. Es führt in die Welt außereuropäischer Kulturen ein und gibt in wechselnden Ausstellungen einen wissenschaftlich fundierten Überblick über das religiöse und kulturelle Schaffen außereuropäischer Kulturen. Im Juni 2014 eröffneten – pünktlich zum 125-jährigen Bestehen des Museums – die beiden neu gestalteten Etagen im Obergeschoss, die Sonderausstellungen dienen.
❶ Pelikanstrasse 40, Di. – Fr. 10.00 – 13.00, 14.00 – 17.00, Sa. 14.00 bis 17.00, So. 11.00 – 17.00 Uhr, www.musethno.uzh.ch

Predigerkirche

F 7

Lage: Zähringerplatz; Kreis 1, Rathaus
Tram: Rudolf-Brun-Brücke (4, 15)
❶ Mo. 12.00 – 18.00, Di. – Sa. 10.00 – 18.00, So. 12.00 – 17.00, April – Okt. bis 18.00 Uhr, www.predigerkirche.ch

Der höchste Kirchturm der Stadt gehört zur Predigerkirche. 97 m erhebt er sich über das Gewirr der Gassen im »Dörfli«. Auch sie trägt noch Spuren ihrer Zweckentfremdung nach der Reformation.

Ursprünglich hatten Dominikaner, die sich um 1230 als erster Bettelorden in Zürich ansiedelten, die Kirche errichtet (1231 erstmals erwähnt). Wie allen anderen Kirchen ging sie während der Reformation einem ungewissen Schicksal entgegen. Zunächst leerte sich das Innere radikal: Ab 1524 hatten Altäre und Heiligenbilder keinen Platz mehr. Phase zwei betraf eine vollständige Säkularisierung. Aus der Predigerkirche machte man eine **Kelter**, stellte fünf Weinpressen ins Schiff und zog eine **Wand zwischen Chor und Kirchenraum**

Predigerkirche

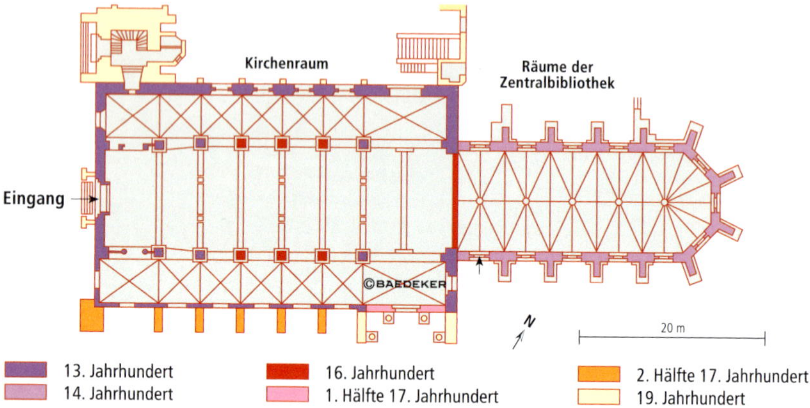

ein, die heute noch steht. Erst 1607 besann man sich eines andern und nutzte wenigstens das Langhaus wieder für Gottesdienste. Conrad Ferdinand Meyer und Gottfried Keller wurden hier getauft. Das Langhaus gilt als eines der schönsten gotischen Bauwerke der ganzen Region. Innen fällt die schneeweiße frühbarocke Stuckierung auf. Nach wie vor ist der Chor, der mit Betonböden versehen wurde, zweckentfremdet als ein Raum für die Zentralbibliothek.

Zentralbibliothek

Vor der Predigerkirche herrscht ein stetes Kommen und Gehen – nicht zuletzt der Zentralbibliothek wegen, die an der Stelle der abgebrannten Klausurgebäude errichtet und bis 1995 unter Einbeziehung von Resten der alten Stadtmauer erweitert wurde. Sie ist Stadt-, Kantons- und Universitätsbibliothek in einem und beherbergt wahre Schätze: **Mittelalterliche Handschriften**, auch solche zur Reformationsgeschichte, 1562 Inkunabeln, das sind vor 1500 gedruckte Bücher, **Schriftstellernachlässe**, darunter von Gottfried Keller, Oskar Kokoschka und Elias Canetti, eine Musikabteilung mit **Erstausgaben** von Richard Wagner und Franz Liszt, und wer eine Reise in ferne Länder mit mangelhaftem Kartenmaterial plant, dem hilft die Kartenabteilung mit ihren Lieferantenkontakten weiter.

ⓘ Zähringerplatz 6, Mo. – Fr. 8.00 – 20.00, Sa. 9.00 – 17.00 Uhr, www.zb.uzh.ch

Prediger- und Chorgasse

In der Prediger- und in der Chorgasse befand sich einst ein Beginenquartier. In diesem lebten fromme Frauen in ordensähnlichen Gemeinschaften zusammen. Heute entdeckt man in den spätmittelalterlichen Häuschen Fahrradwerkstätten, Antiquitätenhändler, Kunstschmiede und Boutiquen. Für eine Stärkung empfiehlt sich das **Café Zähringer**, eine Genossenschaftskneipe am Zähringerplatz direkt gegenüber der Predigerkirche, die neben selbst gemachten Torten und Kuchen auch ein Tagesmenü zu vergleichsweise günstigen Preisen anbietet. Obst und Gemüse stammen aus Bioanbau.

Cafe Zähringer: Zähringerplatz 11, Mo. 18.00 – 24.00, Di. – So. 9.00 – 24.00 Uhr, www.cafe-zaehringer.ch

* Rapperswil-Jona

Ausflug

Einwohner: 26 000
S-Bahn: ab Zürich S 7

Malerisch liegt die Altstadt auf einer Halbinsel im Zürichsee, überragt von Schloss und Kirche. Eine Seepromenade zieht sich am Ufer entlang, und wer sich weiter in den See vorwagen will, nutzt die Holzbrücke, die ans gegenüberliegende Ufer führt.

Rapperswiler Damm

Rapperswil liegt an der schmalsten Stelle des ►Zürichsees. Schon 1358 legte man einen Steg zur gegenüberliegenden Seite an. Seit 1878 verbindet ein knapp 1000 m langer Eisenbahndamm die Stadt mit Pfäffikon auf der westlichen Seite. Der Damm, heute auch Straße, trennt den eigentlichen Zürichsee vom Obersee und ist bei Autofahrern ein gefürchtetes Nadelöhr. Während der Stoßzeiten staut es sich hier meist in beide Richtungen. Doch es gibt Alternativen: Nur 35 Minuten benötigt die S-Bahn ins Zentrum von Zürich. 2007 fusionierte Rapperswil mit dem zwölfmal so großen Jona. Der touristisch interessantere Teil ist das mittelalterliche Rapperswil.

> ! BAEDEKER TIPP
>
> *Regionale Köstlichkeiten*
>
> Auf dem Hauptplatz vor dem Rapperswiler Rathaus findet Freitagvormittag ein Wochenmarkt statt mit vielen Spezialitäten der Erzeuger aus der Umgebung: Brot, verschiedenen köstlichen Käse- und Wurstspezialitäten, Biopasteten, Marmeladen, Beeren und Obst der Saison und sogar fangfrischem Fisch aus dem Zürichsee.

Im 13. Jh. von den Grafen von Rapperswil gegründet, war Rapperswil im 15. Jh. für kurze Zeit Reichsstadt. Fest verankert im historischen Bewusstsein des Ortes sind die **Streitigkeiten mit Zürich**: 1350 ließ Zürichs Bürgermeister Rudolf Brun Rapperswil niederbrennen. In der Folge trat der nun verarmte Ortsherr seinen Besitz an Österreich ab. Lange Jahre gehörte der Ort zu Habsburg und bildete einen stra-

Diese Postkartenansicht auf Rapperswil bietet sich vom Zürichsee.

tegisch günstigen Posten im Kampf gegen die Eidgenossen. 1464 trat die Stadt der Eidgenossenschaft bei. Heute ist Rapperswil als Rosenstadt bekannt. Von Mai bis Oktober blühen am Kapuzinerkloster und auf der Schanz rund 15 000 Rosenstöcke. Die Stadt führt im Wappen zwei rote Rosen.

Schloss Auffälligstes Bauwerk ist die Burg mit ihren drei Türmen, auch gerne als Schloss bezeichnet. Die Anlage schiebt sich auf einem Sporn weit in den Zürichsee vor, gehört zu den bedeutendsten der Schweiz und steht, wie die Altstadt, unter Denkmalschutz. Ungewöhnlich ist der dreieckige Grundriss der ursprünglich im 13. Jh. errichteten Burg. Nach dem Anschlag der Zürcher wurde sie kurze Zeit später wieder aufgebaut. Das Schloss ist nicht zu besichtigen.

Lindenhof Eine herrliche Aussicht bietet sich vom Lindenhof aus, der sich auf dem Sporn des Schlossbergs befindet. Unter Kastanien im Schatten sitzend, überblickt man den Zürichsee. Richtung Norden schließt unterhalb des Lindenhofes ein Damwildgehege an. Es erinnert an eine Sage, nach der eine Hirschkuh den Platz für die Burg anwies. Südlich führt ein Treppchen durch die Weinberge zur Klosterpforte und -kirche hinunter.

Kloster Den äußersten Zipfel der Halbinsel nimmt die um 1606 gegründete Klosteranlage mit Konventgebäuden, Kirche und der Antoniusgrotte ein. Nach einem Überfall der Zürcher 1662 legten die Mönche einen Wehrgang rund ums Kloster an – so wirkt dieses Kloster noch heute sehr abgeschottet. Aber der Schein trügt, denn die neun Kapuzinermönche, die hier noch leben, öffnen ihre Türen jedem, der auf Zeit im Kloster zu Gast sein möchte, und zelebrieren mehrmals im Jahr auch Tanzgottesdienste sowie den »Crashkurs Franziskanische Spiritualität«. Auch ein kleiner Klosterladen sorgt für Publikum.

Klosterladen tgl. 14.00 – 17.00 Uhr, tgl. außer Sa. auch vormittags, www.klosterrapperswil.ch

Endingerplatz

Der Endingerplatz am Seeufer präsentiert mit drei bedeutenden Häusern Ortsgeschichte: das Untere Curti-Haus (ehemals Zehnthaus dreier Klöster), der Alte Schwan (einst Amthaus des Klosters Pfäfers) und das Obere Curti-Haus. Entlang der kleinen Seepromenade gelangt man zum **Hafen.** Mehrere Restaurants säumen den Weg; frische italienische Küche (bewusst keine Pizza!) serviert das La Scala.

La Scala: Seequai, tgl. geöffnet, Tel. 055 214 12 22, www.lascala.ch

***Stadtmuseum**

Seit 2012 stellt das Stadtmuseum die Geschichte der Rosenstadt in drei miteinander verbundenen Gebäuden aus. Der Neubau »Janus« mit seiner perforierten Fassade aus Baubronze verbindet das spätgotische Breny-Haus (1492) mit dem mächtigen mittelalterlichen Turm. Allein die Innenausstattung des Breny-Haus und die Aussicht auf den Zürichsee sind einen Besuch des Museums wert. Eine ausgezeichnete, multimedial unterstützte Ausstellung bringt den Besuchern 800 Jahre Stadtgeschichte nahe.

Herrenberg 40, Mi. – Fr. 14.00 – 17.00, Sa., So. 11.00 – 17.00 Uhr, Eintritt: 6 CHF, www.stadtmuseum-rapperswil-jona.ch

Altstadt

In der Hintergasse fallen die Häuser mit dem Laubengang auf. Auch Geheimgänge sind vorhanden: Vor Haus Nr. 16 deckt ein Gullideckel einen Gang ab, der ins Schloss hinaufführt. Ein besonders hübscher Platz in der Altstadt ist der Engelplatz mit vielen kleinen Läden.

Alte Fabrik

Die Alte Fabrik (von Geberit) ist heute lebhaftes Kulturzentrum mit Restaurant. Anfang Juli hört man in Rapperswil Blues ‚n‘ Jazz, Mitte August findet das Seenachtsfest statt.

Holzbrücke

Hinter dem Bahnhof und der Hochschule befindet sich die 2001 erbaute moderne Holzbrücke, die mit 841 m längste ihrer Art in der Schweiz. Zum Auftakt passiert man das schmucke Heilig Hüsli, eine Brückenkapelle, die bereits 1485 erwähnt wird. Der heutige Steinbau stammt von 1551. Beim Gang über die Brücke kann man im angrenzenden Ried, heute **Naturschutzgebiet,** zahlreiche Wasservögel entdecken, darunter Gänsesäger und mehrere Entenarten. Fernglas mitnehmen lohnt sich!

Kunst(Zeug) Haus Im ehemaligen Zeughaus zeigt ein 2008 eröffnetes Museum Schweizer Gegenwartskunst. Der gelungene Umbau des Hauses brachte den Architekten Stürm und Wolf eine Auszeichnung ein.

ⓘ Schönbodenstrasse 1, Mi. – Fr. 14.00 – 18.00, Sa., So. 11.00 – 18.00 Uhr, Eintritt: 10 CHF, www.kunstzeughaus.ch

Insel Ufenau Nur mit dem Schiff erreicht man die Insel Ufenau, auf der es auch ein Restaurant gibt. Am Spazierweg liegt nahe der alten Pfarrkirche das Grab des Humanisten Ulrich von Hutten, der schwerkrank hierher geflüchtet war, weil er sich von dem bekannten Priester und Heilkundigen Genesung erhoffte. Doch vergeblich: Von Hutten starb 1523 auf der Insel.

Rennweg

F 7/8

Kreis: 1, Lindenhof
Tram: Rennweg (6, 7, 11, 13)

Der Rennweg, eine der zentralen kleinen Straßen im Niederdorf, ist seit 2004 autofrei. Er führt zum Münzplatz hinauf und ist mit vielen Flaggen geschmückt.

Rennweg Die exquisiteste Einkaufsmeile nach der Bahnhofstrasse bildet der Rennweg, eine breite Straße, die schnurgerade bergauf Richtung Münsterplatz und ►Augustinerkirche verläuft (Foto S. 148). Einst verlief hier der Graben einer Stadtbefestigung aus dem 10. Jh. Im Mittelalter war er die **Hauptachse der »minderen Stadt«**, wie die einwohnerärmeren Viertel westlich der Limmat genannt wurden im Gegensatz zur dicht bevölkerten »mehreren Stadt« auf der anderen Flussseite. Am unteren Ende erhob sich mit dem Rennwegtor das wichtigste Eingangstor in die Stadt, die seit ca. 1230 von einer mächtigen Mauer umgeben war (►Niederdorf). Die Häuser im unteren Teil des Rennwegs Richtung Bahnhofstrasse sind überwiegend modernisiert.

> **! BAEDEKER TIPP**
>
> *Speisen im Widder*
>
> Aus dem Zunfthaus zum Widder sowie weiteren benachbarten Häusern entstand durch eine aufwendige, die mittelalterliche Bausubstanz schonende Sanierung das Luxushotel Widder. Im »Widder Restaurant« ist der Business-Lunch sehr zu empfehlen, für den man nicht ganz so tief in die Tasche greifen muss wie abends. Nett und zwanglos sitzt man beim Flammkuchen und anderen Kleinigkeiten in der Wirtschaft »Zur Schtund« (So. Ruhetag), Rennweg 7, www.widderhotel.ch

Auf halbem Weg zum Münzplatz öffnet sich linker Hand die Fortunagasse mit dem **Zürcher Spielzeug-**

museum. Das Spielzeug des 18.– 20. Jh.s aus ganz Europa spiegelt das Leben der jeweiligen Zeit en miniature.

ⓘ Fortunagasse 15, Mo. – Fr. 14.00 –17.00, Sa. 13.00 –16.00 Uhr, Eintritt: 4 CHF, www.zuercher-spielzeugmuseum.ch

Amazonenbrunnen

Beim Übergang in die Strehlgasse steht der Amazonenbrunnen, der älteste Brunnen mit fließendem Wasser auf dieser Seite der Limmat. Die Amazone ziert ihn nicht seit seiner Entstehung: Im Zuge der Reformation mussten 1524 sämtliche Heiligenfiguren, die bis dato Zürichs Brunnen gekrönt hatten, weichen. Doch ganz ohne Schmuck wollte man die Brunnen auch wieder nicht lassen. Also beschloss die Stadt, dass fortan jeder Steinmetz, der Meister werden wollte, eine brunnentaugliche Figur aus der **vorchristlichen Sagenwelt** abzuliefern hätte. Die Amazone steht vermutlich seit 1750 hier, doch welcher Meister sie geschaffen hat, ist nicht bekannt. Auch am Übergang von der Bahnhofstrasse in den Rennweg wacht eine antike Sagengestalt über dem Brunnen: Herakles und der Nemeische Löwe.

** Sammlung E. G. Bührle

H 10

Lage: Zollikerstrasse 172; Kreis 8, Seefeld
Tram: Wildbachstrasse (2, 4)
ⓘ nur Führung für Gruppen jeden 1. So. im Monat, Voranmeldung unter Tel. 044 422 00 86, Eintritt: 25 CHF, www.buehrle.ch

Eine erlesene Sammlung trug der Industrielle Emil G. Bührle zusammen. Seit einem Raubüberfall im Jahr 2008 ist das Museum nur angemeldeten Gruppen zugänglich.

Schatzhaus europäischer Malerei

Die 1960 gegründete Stiftung für die Sammlung des Großindustriellen Emil G. Bührle (1890 – 1956) ist ein Schatzhaus europäischer Malerei vom 17. bis zum frühen 20. Jh. Hier können in **privater Atmosphäre** acht Gemälde von Manet, je sieben von Cézanne und van Gogh sowie fünf von Gauguin betrachtet werden, die den ursprünglichen Schwerpunkt der Sammlung darstellen. Auch französische Meister des 18. und frühen 19. Jh.s (Greuze, Fragonard, Ingres), venezianisches Rokoko (Guardi, Canaletto, Tiepolo) und niederländische Malerei des 17. Jh.s (u. a. van Goyen, Ruisdael, ter Borch, Hals, Rembrandt) fanden das Interesse Bührles. Mittelalterliche Madonnen und Heiligenfiguren sind im Wintergarten ausgestellt.

Der Raub

Am 10. Februar 2008 raubten bewaffnete Unbekannte aus dem Museum vier Hauptwerke der Sammlung: »Der Knabe mit der roten

Weste« von Paul Cézanne, »Graf Lepic und seine Töchter« von Edgar Degas, »Blühende Kastanienzweige« von Vincent van Gogh, »Mohnblumen bei Vétheuil« von Claude Monet. Während die Bilder von van Gogh und Monet nach nur einer Woche sichergestellt werden konnten und der Cézanne 2012 in Serbien »entdeckt« wurde, fehlt vom Degas jede Spur. Seit dem Raub ist das Museum nur noch für Gruppen und mit Führung nach Voranmeldung zugänglich.

Schanzengraben

F 7/8

Lage: Gessnerallee, Selnaustrasse, Talstrasse; Kreis 1, City
Tram: Sihlstrasse (2, 9)

Das Viertel zwischen Talstrasse und Sihl teilt der Schanzengraben. Nur ein paar Blocks von der Bahnhofstrasse entfernt, geht es hier deutlich ruhiger zu.

Gigantisches Festungswerk

Noch während des Dreißigjährigen Kriegs stürzten sich die Zürcher in ein aufwendiges Bauvorhaben, das die Stadt an den Rand des finanziellen Ruins brachte: Zwischen 1642 und 1678 zog sie den barocken Schanzenstern rund um den West- und Südteil der Stadt. Das gigantische Festungswerk diente allerdings seinerzeit mehr der Repräsentation als der Verteidigung und wurde schon 1833 – 1841 wieder abgerissen. Von den Befestigungsanlagen blieben nur die Katz (heute ►Park zur Katz) sowie der Schanzengraben übrig, an dem heute beiderseits ruhige **Spazierwege** entlangführen. Vom See bis zum Hauptbahnhof kann man fast durchgehend an dem Wassergraben entlanggehen und Zürich aus einer ungewohnten Perspektive erleben. Zahlreiche Treppen führen hinunter zum Graben, hier kann man sich auf einer der Bänke am Ufer niederlassen. Vorsicht: Bei Regen können die Treppen etwas rutschig sein!

❶ Beginn Bürkliplatz, Ende Gessnerbrücke, ca. 1,5 km Länge, zahlreiche Einstiege u. a. bei den Brücken

Museum Bärengasse

Das Museum Bärengasse, das in zwei Häusern des 17./18. Jh.s in der Bärengasse untergebracht war, zeigt wechselnde Kunstaustellungen.

❶ Bärengasse 20 – 22, Sa., So. 14.00 – 18.00 Uhr, Tel. 044 211 17 16

Haus Konstruktiv

Das ehemalige Elektrizitätswerk Selnau wurde zum Kunstraum umgewidmet: Haus Konstruktiv demonstriert eindrucksvoll, welches breite Spektrum die **Zürcher Konkreten** abdeckten. Zu sehen sind Gemälde, Plastiken und Design u. a. von Max Bill, Richard Lohse und Camille Graeser. Das Haus bietet auch ein umfangreiches Kinder- und Familenprogramm. Im Sommer verlegt das Museumscafé seinen Service in den Hof.

ⓘ Selnaustrasse 25, Di. – So. 11.00 – 17.00, Mi. bis 20.00, Führung: Mi. 18.30, So. 11.15 Uhr, Eintritt: 14 CHF, www.hauskonstruktiv.ch

Männerbadi

Zwischen den Häuserschluchten versteckt sich das älteste Bad der Stadt, das 1863/1864 errichtete Männerbad am Schanzengraben. Damen dürfen erst abends hinein, wenn die Rimini-Bar öffnet, zuvor machen es sich die Herren allein gemütlich. Das Bad ist relativ schattig, was im Hochsommer sehr angenehm sein kann. Wenn nichts los ist, freuen sich die Enten an den hölzernen Badestegen und dem geschützten Pool.

ⓘ Badweg 10, Badesaison ca. Juni bis Mitte Sept.; Badi: So. – Fr. 11.00 – 19.00, Rimini-Bar: tgl. 19.15 – 24.00 Uhr, www.rimini.ch

! BAEDEKER TIPP

James Joyce Pub

Auf den Spuren des irischen Erzählers, der 1941 in Zürich starb, wandelt man im James Joyce Pub: Die Bartheke stammt aus dem abgerissenen Dubliner »Jury's Hotel«, das durch Joyce berühmt wurde. Wer glaubt, dass hier nur irischer Whiskey und Bier in Strömen fließen, hat sich allerdings geirrt: Der Weinkeller ist mit über 900 Weinen bestens bestückt. Pelikanstrasse 8, So. Ruhetag, www.jamesjoyce.ch

Haus Ober war einst ein Warenhaus, gebaut in den 1930er-Jahren und später als Bürogebäude genutzt. Nach einem umfangreichen Umbau eröffnete 2012 hier an den Ufern der Sihl das größte **Casino** der Schweiz. Es bietet auf 3000 m² neben den bekannten Möglichkeiten für das Spiel ums große Glück auch ein Restaurant mit Lounge, drei Bars und eine Showbühne. Im 2. Stock spielt man im Club Privée um höhere Einsätze. Die Betreiber legen großen Wert auf »angepasste Kleidung«. Verboten sind u. a. Sonnenbrillen, schmutzige Schuhe, löchrige Jeans, und auch Fussballtrikots werden nicht gerne gesehen.

ⓘ Gessnerallee 3–5, So. – Mi. 11.00 – 4.00, Do. – Sa. bis 5.00 Uhr, nur für Personen ab 18 J., amtl. Ausweis erforderlich, Eintritt: 10 CHF, www.swisscasinos.com

Theaterhaus Gessnerallee

Wo einst Soldaten ihre Pferde hielten, wird heute experimentelles Theater gespielt. Der Umbau der 1857/1858 errichteten **Stallungen** zum Theaterhaus Gessnerallee gehört zu den Glanzleistungen der Denkmalpflege. Perfekt gelöst: der Einbau des **Restaurants** in die ehemaligen Pferdeboxen. Zum Restaurant Reithalle gehört ein herrlicher Biergarten im Grünen nur ein paar Gehminuten vom Hauptbahnhof entfernt. Bei großen Sportevents trifft man sich hier zum Public Viewing auf der Großleinwand.

ⓘ Gessnerallee 8; Theaterprogramm: www.gessnerallee.ch, Restaurant: Tel. 044 212 07 66, www.restaurant-reithalle.ch

★ Schipfe

F 7/8

Kreis: 1, Lindenhof
Tram: Rudolf-Brun-Brücke, Rathaus (4, 15)
ⓘ www.schipfe.ch

Wer zum ersten Mal durch die Schipfe geht, glaubt kaum, dass er sich im illustren Zürich befindet: winzige Läden, winklige Gassen, ineinander verschachtelte und verwobene Häuserfronten. Ein Viertel zum Träumen und Romane schreiben.

Ehemalige Schiffslände

Das kleine Viertel liegt auf engem Raum am Hang zwischen Lindenplatz und Limmat und erstreckt sich vom Weinplatz über die Rathausbrücke bis zur Rudolf-Brun-Brücke. Namengebend ist die Gasse »Schipfe«, die sich am Limmatufer entlangzieht. Sie war im späten 13. Jh. Schiffslände mit Badehäusern und wurde im 17./18. Jh. bebaut. Ob sich der Name Schipfe tatsächlich von »schupfe« (= schubsen, im Sinne von »Schiffe ins Wasser stoßen«) herleitet, ist ungeklärt. Größte Touristenattraktion ist der **laubenartige Gang** unter dem Bürklischen Haus direkt an der Limmat. Vom Armeleuteviertel

Am Wasser zieht sich ein laubenartiger Gang entlang. Über der Schipfe erhebt sich der Lindenhof, auch er ein Publikumsliebling.

hat sich die Schipfe längst zum begehrten Quartier entwickelt mit vielen perfekt sanierten Wohnungen für eine gut betuchte Mieterschaft. In den Erdgeschossen geht es nach wie vor handfest zu: Hier haben **Handwerks- und Kunstgewerbebetriebe** ihren Sitz. Ein besonderer Hingucker ist der Florist »Blumen Schipfe« (Haus Nr. 25) mit seinen sagenhaft schönen Kreationen. Im Gebäude Uraniastrasse 1 kann man im Schweizer Heimatwerk niveauvolles Kunsthandwerk aus der ganzen Schweiz erwerben (►Shopping).

Weinplatz

Wo heute die Rathausbrücke in den Weinplatz mündet, befand sich zu Römerzeiten eine Zollstelle, an der die Waren taxiert und vom Schiff auf Karren umgeladen wurden. 1630 – 1674 handelte man hier mit Wein, daher der Name und der Winzerbrunnen (1908). Wunderbares Spielzeug – nicht aus Plastik – findet man bei Christa Pastorini (Weinplatz 3).

Eine Zürcher Institution ist das **Hotel Storchen**, das einzige Hotel direkt an der Limmat. Angeblich sollen auf dem Dach einst schwarze Störche genistet haben, auch sie – wie alle Störche – Glücksbringer. Eine Figur auf dem Dach erinnert an die Begebenheit ebenso wie das Storchennest-Mosaik im Eingangsbereich mit drei weißen und einem schwarzen Ei: Wer auf das schwarze Ei tritt, trägt das Glück von Haus zu Haus. In der Thermengasse erblickt man durch ein Bodengitter die Reste der **römischen Thermen** (►St. Peter).

* Seefeld

G 8–10

Lage: Bellerive-/Zollikerstrasse; Kreis 8, Seefeld

Tram: Feldeggstrasse, Wildbachstrasse (2, 4)

Mondäne Villen, Autohäuser für Luxusmarken, perfekt gepflegte Parks und einiges an Kunst prägen den Stadtteil Seefeld, der sich am östlichen Seeufer erstreckt.

Begehrte Wohnlage

Obwohl Seefeld offiziell nur das schmale Quartier unmittelbar am Seeufer ist, wird landläufig der gesamte an die Altstadt angrenzende Kreis 8 als Seefeld bezeichnet. Als 1840 die Innenstadt durch die schnurgerade Seefeldstrasse mit der damaligen Randgemeinde verbunden wurde, schossen **Villen in Seelage**, Restaurants und Gewerbebetriebe aus dem Boden. Hauptattraktion ist das ►Zürichhorn, zu dem man auf einem schönen Weg zuerst über den ►Utoquai, dann durch Parkanlagen immer am Seeufer entlang kommt. Ebenfalls im Seefeld liegen die ►Sammlung E. G. Bührle und der ►Botanische Garten.

Höschgasse **Museum Bellerive** zeigt in Wechselausstellungen, die mit Exponaten aus dem Bestand der Kunstgewerblichen Sammlung der Stadt Zürich bestückt sind, was im weiten Feld zwischen Funktion und Dekoration möglich ist. Das Atelier des Bildhauers **Hermann Haller** (1880 – 1950) bewahrt eine Reihe seiner Bronzeplastiken.

Museum Bellerive, Höschgasse 3, Di. – So. 10.00 – 17.00, Do. bis 20.00 Uhr, Eintritt: 9 CHF, www.museum-bellerive.ch

Atelier Haller: Höschgasse 6, Mitte Juni – Mitte Sept. Di. – So. 10.00 bis 17.00, Do. bis 20.00 Uhr, www.stadt-zuerich.ch/atelierhermannhaller

***Centre Le Corbusier** Centre Le Corbusier ist auch bekannt unter dem Namen **Heidi-Weber-Haus**, da die Galeristin sich nach dem Tod Le Corbusiers (1965) für die Verwirklichung des Baus eingesetzt hat. Das Haus ist ein Gesamtkunstwerk und war das letzte von Le Corbusiers Werken. Es ist leicht an den farbigen Stahl- und Glaselementen erkennbar, interessant ist auch das optisch frei über dem Bau schwebende Dach. Innen wird eine Sammlung von graphischen Werken dieses einflussreichsten aller Schweizer Architekten des 20. Jh.s gezeigt.

❶ Höschgasse 8, Juli – Sept. Sa., So. 14.00 – 17.00 Uhr, Eintritt frei, www.centrelecorbusier.com

Patumbah-Park Karl Fürchtegott Grob-Zundel, dem Sohn eines Handwerkers, war eine steile Karriere beschieden. In den Plantagen von Sumatra machte er als Pflanzer ein Vermögen und verwirklichte sich nach seiner Rückkehr aus Fernost 1883 einen Traum: Er baute eine Prachtvilla, die er Patumbah nannte, was auf Malaiisch **»Ersehntes Land«** bedeutet. Das Gebäude, ein Meisterwerk des Historismus, besitzt eine prunkvolle Einrichtung. Nach umfassender Renovierung ist die Villa seit 2013 an den Schweizer Heimatschutz vermietet, der hier ein Heimatschutzzentrum betreibt. Seit 2013 ist auch der herrliche Park der Villa, jahrzehntelang zweigeteilt, wieder durchgängig begehbar

❶ Eingang Zollikerstrasse 128, Mi., Fr., Sa., So. 14.00 – 17.00, Do., So. 12.00 – 17.00 Uhr, Eintritt: 10 CHF, www.heimatschutzzentrum.ch

Mühle Tiefenbrunnen Nahe der S-Bahn-Station Tiefenbrunnen steht die 1890 im »Schlösslistil« erbaute Mühle Tiefenbrunnen, in der Büros und Ateliers der Schickeria zu finden sind und, dazu passend, das gestylte Restaurant Blaue Ente (So. Ruhetag). Ursprünglich befand sich in dem Fabrikkomplex eine Brauerei, die dann 1913 zur Mühle umfunktioniert wurde.

Im **Museum Mühlerama** lebt die Erinnerung an die Getreidemühle auch nach ihrer Schließung im Jahr 1980 fort. Mehrere Tonnen Mehl werden zu Schauzwecken gemahlen und jeden Freitag ab 7.00 Uhr frisches Brot und Gebäck aus diesem Mehl verkauft.

Museum: Seefeldstrasse 231, Di. – Sa. 14.00 – 17.00, So. 10.00 – 17.00 Uhr, Eintritt: 9 CHF, www.muehle-tiefenbrunnen.ch

✶ Seepromenade

F/G 8–10

Lage: Nordufer Zürichsee
Kreis: 1, 2, 8

Das süße Nichtstun pflegen die Zürcher am liebsten direkt am See. Am nördlichen Seebecken zieht sich eine Promenade mit allerlei Erholungseinrichtungen wie Liegewiesen und Strandbädern entlang. Ein Abschnitt ist sogar eine regelrechte Kunstmeile.

Seepromenade

1882 bis 1887 stand das nördliche Ende des Zürichsees im Zeichen großer Bauarbeiten, als man unter Leitung des Stadtbauingenieurs Arnold Bürkli die Quais anlegte. Bis dahin war die Stadt baulich vom See getrennt. Gewaltige Aufschüttungen und Umstrukturierungen des gesamten Uferbereichs waren nötig, um die Uferrandzone mit ihren Röhrichten, Sumpfgebieten und privaten Anwesen in eine Seepromenade für jedermann zu verwandeln. Insofern kann das damalige Gemeinschaftsprojekt der Gemeinden Zürich, Enge und Riesbach gar nicht hoch genug geschätzt werden.

Die letzten Sonnenstrahlen einfangen: ein Herbstmittag an der Seepromenade

Eine ganze Reihe von Einrichtungen, Strandbädern, Museen, Kunstobjekten (►Tour 3) und Parks säumen die Seepromenade. Am **östlichen Seeufer** lohnen das ►Zürichhorn, die Höschgasse (►Seefeld) mit dem Museum Bellerive und dem Centre Le Corbusier und der ►Utoquai einen ausgiebigen Besichtigungsbummel.

Die vom ►Bürkliplatz ausgehende Seepromenade am **Westufer** heißt zuerst General-Guisan-Quai, dann Mythenquai; hier haben große Versicherungen ihren Sitz. Einst nannte man den General-Guisan-Quai der Aussicht wegen »Alpenquai«. 2003 wurde dieser Teil einem grundlegenden Facelifting unterzogen und präsentiert sich heute wieder als Promeniermeile aus einem Guss. Nachts sorgen verschnörkelte Kandelaber für angenehmes Licht. Auch der Nischen-Mosaikbrunnen, von Semper-Schüler Alfred Bluntschli 1907 entworfen, wird gekonnt illuminiert.

In dem Winkel, den der General-Guisan-Quai und der Mythenquai bilden, liegt das ►Arboretum. In Richtung Süden folgen die Anlagen am Hafen Enge (►Enge). Den Abschluss bildet die Landiwiese am südlichen Ende des Mythenquais (►Zürichhorn).

Sihlwald

✦ Ausflug

S-Bahn: Sihlwald (S 4)

ⓘ www.wildnispark.ch

Herrliche Natur im Großraum Zürich nur etwa 12 km südlich der Stadt bietet ein Ausflug in den Sihlwald. Wildnispark Zürich Langenberg bei Langnau am Albis und Wildnispark Zürich Sihlwald bieten sich als Anlaufpunkte an.

Sihlwald

Der Sihlwald erstreckt sich zwischen Langnau und Sihlbrugg und bildet das größte zusammenhängende Buchenwaldgebiet der Schweiz. Er ist Teil des ehemaligen Albisforstes, den Ludwig der Deutsche 853 dem Fraumünster anlässlich dessen Gründung überschrieben hatte. Dieses königliche Jagdreservat war für die Zürcher Bevölkerung als **Brenn- und Baustofflieferant** immens wichtig. Flößer brachten auf der Sihl das Holz bis in die Stadt. Diese war einst ein recht unbändiger Fluss, der am ►Platzspitz beim Landesmuseum Zürich in die Limmat mündet und immer wieder für Überschwemmungen in Zürich sorgte. Erst der Bau des Sihlsee-Staudamms (►Einsiedeln) 1937 machte dem ein Ende.

1986 kam die Idee auf, den Sihlwald als **Bannwald** auszuweisen, also sich selbst zu überlassen und nicht mehr forstlich zu nutzen. Dieses Konzept wird seit dem Jahr 2000 verfolgt. Wo Bäume in Ruhe vermodern dürfen und genügend ungestörte Unterschlupfmöglichkeiten für Tiere bestehen, entfaltet sich nun reiche Flora und Fauna. Mehrere Wanderwege durchziehen das Gebiet; besonders lohnend ist auch der Gang auf den Hochwachtturm, von dem aus man einen grandiosen Ausblick genießt.

Besucherzentrum

Ein ehemaliger Holzverarbeitungsbetrieb wurde zum Besucherzentrum Sihlwald umgebaut. Dort erwartet die Besucher neben allerlei Infos rund um Wald und Fluss ein Fischotter- und Bibergehege an der renaturierten Sihl. Verschiedene **Exkursionen** widmen sich der Welt der Pilze und Wissenswertem rund um das Thema Wald.

● Alte Sihltalstrasse 38, März – Okt. Di. – Sa. 12.00 – 17.30, So. 9.00 – 17.30 Uhr, Eintritt: 6 CHF, www.wildnispark.ch

Wildnispark Langenberg

Im Wildnispark Langenberg werden auf rund 25 Hektar im ältesten Zoo der Schweiz (1869) Bären, Wölfe, Luchse, Murmeltiere, Hirsche und viele andere Tiere gehalten. Die Gehege sind sehr weitläufig, sodass die Tiere gute Rückzugsmöglichkeiten haben. Mit Restaurant.

● Langnau am Albis, Wildparkstrasse 21, tgl. 8.00 – 16.00 Uhr

St. Peter

F 8

Lage: St.-Peter-Hofstatt; Kreis 1, Lindenhof

Tram: Paradeplatz (2, 6, 7, 8, 9, 11, 13), Rathaus (4, 15)

● Mo. – Fr. 8.00 – 18.00, Sa. 10.00 – 16.00, So. ca. 11.00 bis 17.00 Uhr, www.st-peter-zh.ch

Von ferne ist die St.-Peter-Kirche sehr leicht zu erkennen: Es ist diejenige mit der riesigen Uhr. Vor Ort hingegen gestaltet sich das Auffinden inmitten der kleinen Gassen schon schwieriger.

Der St.-Peter-Hügel war lange Zeit Friedhof, sowohl in der Spätantike als auch später bei den Alemannen bis ins 7. Jahrhundert. Die älteste Zürcher Pfarrkirche steht auf einem **römischen Kultplatz** und wurde im 8./9. Jh. errichtet; sicher gab es einen Vorgängerbau aus Holz. Aus diesen Zeiten ist nichts erhalten. Die ältesten Baureste sind am Turmsockel zu sehen, sie stammen von dem spätromanisch-frühgotischen Turm. 857 schenkte Ludwig der Deutsche seinen Töchtern Hildegard und Berta (►Fraumünster) die Kirche. 1705 wurde das spätgotische Schiff abgerissen und durch den barocken Emporensaal ersetzt, dem sich die Besucher heute gegenübersehen. Zu beachten sind der barocke Lettner (1706), der Taufstein von 1598 und das spätgotische Chorgestühl.

Am »Peter«, wie die Zürcher sagen, ließ 1366 der Stadtrat die erste me-

? BAEDEKER WISSEN

Gift im Essen?

Bürgermeister Rudolf Brun wurde zusammen mit seinem Koch bestattet. Aus diesem einmaligen Vorgang schloss man, dass der erste Bürgermeister von Zürich und führende Kopf des Aufstandes 1336 gegen die Kaufleute vom Koch vergiftet worden war. 1972 unterzog man Bruns Knochen einer eingehenden Analyse. Doch von Giften keine Spur. Warum der Küchenchef im Bürgermeistergrab ruht, bleibt offen.

St. Peterhofstatt und die Altstadtkirche St. Peter, die wegen ihres riesigen Ziffernblatts unverwechselbar ist.

chanische Kirchturmuhr der Stadt anbringen. Die heutige stammt von 1536 und besitzt das **größte Zifferblatt Europas** mit 8,64 m Durchmesser. Was nicht jeder weiß: Der Minutenzeiger misst 5,73 Meter, der Stundenzeiger 5,07 Meter, und die Ziffern sind 90 Zentimeter hoch. Übrigens gehörte der Turm nicht der Kirche, sondern der Stadt, die hier oben noch bis 1911 den Feuerwächter Ausschau halten ließ. Entdeckte er einen Brand, hängte er sofort eine rote Fahne (nachts eine Laterne) zu einem der vier Turmdachfenster hinaus, um die Richtung des Feuers anzuzeigen, und trötete mit einem Horn, um die Feuerwehr zu alarmieren.

Gräber

In der bis zur Reformation einzigen Leutpriesterkirche der Stadt befindet sich die Grabstätte von **Rudolf Brun**, dem ersten Bürgermeister der Stadt. Eine Gedenktafel außen am Turmsockel erinnert an ihn. Der Prediger und Schriftsteller **Johann Caspar Lavater** (1741 bis 1801) war hier 23 Jahre lang Pfarrer; er wohnte im Haus zur Armbrust am Vorplatz St. Peterhofstatt 6, wo ihn sein Freund Goethe besuchte. Lavaters Grab befindet sich an der Kirchenmauer.

***St. Peterhofstatt**

Goethe und Lavater setzten sich gerne im Haus der **Weinstube Kaisers Reblaube** zusammen, um sich bei einem Glas Wein auszutauschen. Die Weinstube Kaisers Reblaube ist eines der ältesten Häuser der Stadt. Dieses Lokal, heute auch mit Goethestube, befindet sich an der Ecke zur Glockengasse an der St. Peterhofstatt, einem besonders lauschigen Fleckchen mitten in Zürich. Offenbar schätzten auch schon die Römer diese Moränenkuppe – sie errichteten an dieser Stelle einen Jupitertempel.

Kaisers Reblaube: Glockengasse 7, Ruhetag: So., www.kaisers-reblaube.ch

Thermengasse

An der Südostecke des Platzes entdeckt man im Dunkel der Schlüsselgasse die Thermengasse, die als Treppe abwärts führt. Sie erhielt ihren Namen 1984, nachdem Reste der **römischen Thermen** gefunden wurden. Ein archäologisches Fenster gibt Einblick in die umfangreiche Badeanlage, die um 70 n. Chr. erbaut wurde und bis zum Abzug der Römer um 405/406 n. Chr. bestand.

** Uetliberg

B–D 9–11

Lage: Gratstrasse; Kreis 3
S-Bahn: Uetliberg (S 10)
Kreis: 3

Zürichs Hausberg ist der Uetliberg (871 m), auch wenn er nur zum Teil auf der Gemarkung der Stadt liegt. Von hier oben hat man die fantastischste Aussicht über Zürich und auf die Walliser, Berner und Glarner Alpen. Im Norden kann man bis zum Schwarzwald, im Osten bis zum Säntis sehen.

»Top of Zurich«

Der Berg südwestlich der Stadt bildet den nördlichen Abschluss der Albis-Kette. Schon seit der Steinzeit ist er für den Menschen interessant, wie die Funde quer durch alle Epochen zeigen. Sein Name geht vermutlich auf einen alemannischen Stammeshäuptling namens Uatilo zurück. 1210 wurde erstmals eine Uotelnburch erwähnt. Die gute Bergluft schätzten **Kurgäste** des 1839/1840 erbauten Gasthauses auf dem Berg. Seit 1875 erleichtert die **Bergbahn** die Anreise. Der Berg selbst ist auch heute noch autofrei. Von der Bergstation geht es in 10 Min. zum Kulm (871 m), mitunter »Top of Zurich« genannt, wo man auf die Fabelwesen von Bruno Weber (1991) trifft. Auf den Terrassen des Hotels Uto Kulm (►S. 89) und des Gasthauses Uto Staffel speist man mit Ausblick. Wer noch mehr Aussicht will, erklimmt das Turmplateau, auf dem sich ein hässlich-hoher Sendemast erhebt.

Kinder (und viele Erwachsene) können es gar nicht erwarten, dass im Winter endlich wieder die »**Schlittelbahn**« in Betrieb genommen wird. Von der Station Uetliberg aus geht es durch den Wald hinab in den Stadtteil Triemli: ein ca. 3 km langer Fahrspaß.

Aussicht vom Uetliberg auf Zürich und den See

Eibenwald Im Gebiet Uetliberg-Albis wächst einer der der größten Eibenbestand Europas. Besonders häufig finden sich die dunklen Nadelbäume rund um die Ruine Manegg oberhalb von Stadtteil Leimbach.

Planetenweg Der Planetenweg zur **Felsenegg** verläuft über den Grat und belohnt mit schönen Panoramen (ca. 2 Std., Start an der Station Uetliberg). Eine Seilbahn fährt nach Adliswil hinunter, von dort fährt die Sihltalbahn (S 4) zum Hauptbahnhof.

Universität

G 7

Lage: Rämistrasse; Kreis 1, Hochschulen
Tram: ETH (6, 9, 10)
www.uzh.ch

Mit der Universität und der Eidgenössischen Technischen Hochschule (ETH) besitzt Zürich zwei Eliteuniversitäten von Weltrang, aus denen zahlreiche Nobelpreisträger hervorgingen. Vor allem deren Museen und Sammlungen sind spannend für Zürichreisende.

Größte Schweizer Universität

Worauf die Zürcher besonderes stolz sind: Als die Universität 1833 ihre Pforten öffnete, war sie die erste in Europa, die von einem demokratischen Staatswesen und nicht von Kirchen oder Landesherren gegründet worden war. Ihr Ruhm wird durch die vielen **Nobelpreisträger** unterstrichen, u. a. Wilhelm Conrad Röntgen (1901, Physik), Theodor Mommsen (1902, Literatur), Albert Einstein (1921, Physik), Erwin Schrödinger (1933, Physik) und zuletzt Rolf M. Zinkernagel (1996, Medizin). 2013 waren an dieser größten Schweizer Universität rund 26 400 Studierende immatrikuliert, darunter 57 % Frauen. In der Volluniversität werden rund 100 Fächer unterrichtet.

Bauten

Die Universität residiert seit 1914 in dem Bau mit einem markanten 64 m hohen Kuppelturm, entworfen von Karl Moser. Eine Augenweide ist die **Bibliothek** der Rechtswissenschaftlichen Fakultät, von Stararchitekt **Santiago Calatrava** 2004 neu gestaltet. Sie birgt ca. 200 000 Bücher, 800 Handschriften und 500 Leseplätze auf sechs ellipsenförmigen Etagen unter einer Glas-/Stahlkuppel (►Foto S. 109).

❶ Rämistrasse 74, Mo. – Fr. 8.00 – 21.00, Sa. bis 17.00 Uhr

Medizinhistorisches Museum

Gesundheit, Krankheit, Heilung – dieser Themenkomplex bewegt die Menschen von jeher. Wie die jeweiligen Plagen der einzelnen Epochen – Pest, Cholera, Aids – behandelt wurden und werden und welche Krankheitsvorstellungen dahintersteckten, zeigt das Medizinhistorische Museum. Hochinteressant: die Entwicklung aus einfachsten Anfängen hin zur Apparatemedizin der heutigen Zeit mit all ihren Vor- und Nachteilen. Zu sehen sind auch Zwangsjacken und Ketten, die früher zur Behandlung psychisch gestörter Menschen eingesetzt wurden.

❶ Rämistrasse 69, www.medizin-museum.uzh.ch

Zoologisches Museum

Im Zoologischen Museum kann man sich über Sehen, Hören und Tasten in die Welt der Tiere versetzen. Neben Tierpräparaten setzt man auch auf den multimedialen Bereich. Lupen, Mikroskope und Klanginstallationen begeistern auch Kinder. Im selben Gebäude präsentiert das **Paläontologische Museum** Saurier und Fische aus der Mitteltrias.

❶ Karl-Schmid-Strasse 4, Di. – Fr. 9.00 – 17.00, Sa., So. 10.00 – 16.00 Uhr, www.zm.uzh.ch

Moulagenmuseum

Wenige Minuten entfernt von der Universität befindet sich das Moulagenmuseum. Die dort gezeigen **600 Wachsbilder** sind von Patienten abgenommen worden. Von Krampfadern bis zum Hautausschlag und -krebs kann hier an den besten Moulagen der Welt alles studiert werden – es gehören aber starke Nerven dazu.

❶ Haldenbachstrasse 14, Mi. 14.00 – 18.00, Sa. 13.00 – 17.00 Uhr, www.moulagen.uzh.ch

Urania Sternwarte

F 7

Lage: Uraniastrasse 9; Kreis 1, Lindenhof
Tram: Rennweg (6, 7, 11, 13)
Führungen Do. – Sa. 20.00 – 21.30 Uhr
Eintritt: 15 CHF, www.urania-sternwarte.ch

Zwischen Bahnhofstrasse und Limmat schiebt sich ein massiger Gebäudekomplex, die Amtshäuser. Einst stand hier das Oetenbachkloster, heute schaut man nach den Sternen oder stattet als Kunstfreund der Polizei einen Besuch ab.

Werdmühleplatz Ein Häuserblock trennt die Bahnhofstrasse vom Werdmühleplatz, den gestutzte Platanen und ein Ring von Lokalen markieren. Am Werdmühleplatz 4 findet man das Geschäft »Alprausch«: originelle Mode mit trendig umgesetzten traditionellen Schweizer Sujets.

Sternwarte Urania Prägnantestes Gebäude am Platz ist die Urania. Vom 51 m hohen Turm der Sternwarte, 1905 – 1907 von Gustav Gull erbaut und 2007 umfassend renoviert, kann man ferne Galaxien unter fachkundiger Anleitung erleben. Das Lichtermeer der Altstadt hat man im selben Haus in der immer gut besuchten Bar Jules Verne unter sich, die von der Brasserie Lipp aus zugänglich ist.

Amtshäuser Weiter östlich stehen die vier Amtshäuser der Stadt Zürich. Die Baugeschichte dokumentiert eine kleine Schau im Eingangsbereich des Urania-Parkhauses: Der gesamte Komplex entstand zwischen 1903 und 1914, nachdem Stadtbaumeister Gustav Gull das ehemalige Oetenbachkloster hatte abreißen lassen.

Amtshaus I In den damaligen Neubaukomplex wurde auch das 1765 – 1771 von Gaetano Matteo Pisoni errichtete Waisenhaus einbezogen. Dieses barock-klassizistische Haus beherbergte noch bis 1911 Kinder, dann folgte die Stadtpolizei: Amtshaus I ist heute Sitz der »Urania-Hauptwache«, in der sich die sogenannte ***Blüemlihalle** befindet: Augusto Giacometti (1877–1947), ein Verwandter des berühmten Alberto Giacometti, bemalte 1923 – 1926 die Gewölbedecken mit ins Auge springenden, in kraftvollen Orange-, Rot- und Rosa-Tönen gehaltenen meist blumenartigen Ornamenten. Die Malereien an den Wänden zeigen einen Handwerker, einen Magier und einen Astronom. Wer die Blüemlihalle sehen will, zeigt dem wachhabenden Polizisten am Eingang seinen Personalausweis und darf dann gratis in die Farborgie eintauchen. Auch außerhalb der Öffnungszeiten sind die Malereien tagsüber durch eine Glastür einigermaßen zu sehen.
tgl. 9.00 – 11.00, 14.00 – 16.00 Uhr

Amtshaus III

Wo die Lindenhofstrasse unter dem Amtshaus III hindurchtaucht, ist ein **Figurenensemble der Stadtheiligen** zu sehen: Felix, Regula und Exuperantius, die ihr Haupt unter dem Arm tragen.

Amtshaus IV

Interessant ist das **Stadtmodell »Zürich heute«** im Amtshaus IV. 50 000 bauklotzgroße Häuschen zeigen auf einem 100 m² großen Tisch im Maßstab 1:1000 die moderne Stadt. Neubauten werden ständig ergänzt. Das Modell ist Planungshilfe bei Bauvorhaben, kann aber besichtigt werden.

ⓘ Lindenhofstrasse 19, Mo.–Fr. 8.00 – 17.00 Uhr

Utoquai

F 8/9

Kreis: 8, Seefeld

Tram: Bellevue (2, 4, 5, 8, 9, 11, 15), Opernhaus (2, 4)

Am östlichen Seeufer verläuft ab Bellevue der Utoquai. Er ist Teil der Seepromenade, die über Sechseläutenplatz und Oper zum Zürichhorn führt. Im Sommer spendet die Kastanienallee Schatten. Ganzjährig hungrig: die Schwäne und Enten, die an der Ufertreppe um Futter betteln.

Sechseläutenplatz

Tramknotenpunkt ►Bellevue liegt am Anfang des Utoquais. Am Sechseläutenplatz beginnt das Ostufer des Zürichsees, das sich mit Grünanlagen, vornehmen Villen und Strandbädern zum Zürichhornpark weitet. Nach einem langen Umbau zeigt sich der bislang wenig attraktive Platz seit 2014 komplett umgestaltet. Unter Einbeziehung des Theaterplatzes bis vor die Tore der Oper entstand eine völlig neue Sichtachse vom Bellevue bis zur Oper. Der Sechseläutenplatz selbst ist nun mit 16 000 m² **größte Platz der Schweiz**. Bauminseln, Wasserspiele und Sitzgruppen sorgen dafür, dass keine öde Freifläche entsteht, sondern ein angenehmer Raum mitten in der Stadt. Das dezent-graue Pflaster erinnert an die Thermen in Vals – tatsächlich stammt der anthrazitfarbene Granit aus Vals. Bei den Bauarbeiten am Theaterplatz wurden Reste von prähistorischen Pfahlbausiedlungen gefunden.

Opernhaus

Das von den Wiener Architekten Fellner & Helmer erbaute Theater (1891) beherbergt das Opernhaus, eine der führenden Opern- und Ballettbühnen Europas. Mit 1100 Plätzen zählt es zu den kleinen Häusern. Zunächst stand an dieser Stelle eine Barfüsserkirche, die, 1834 zum **»Aktientheater«** umfunktioniert, für allerlei Aufführungen genutzt wurde, u. a. für die Uraufführung des Fliegenden Holländers von Richard Wagner. 1889 ging die Kirche in Flammen auf.

Nach den »Opernhauskrawallen« 1980, in dem Jugendliche gegen das Bildungsbürgertum aufbegehrten, wurde 1984 nebenan das **Bernhardtheater** eröffnet, ein Bau von C. Paillard.

Seebad Utoquai

Das Belle-Époque-Bad Utoquai ist das älteste Seebad Zürichs, in dem erstmals beide Geschlechter ganz offiziell gemeinsam baden durften. In den 1950er-Jahren hätte man die 1890 erbaute Anlage fast abgerissen, besann sich dann aber eines Besseren. Heute gibt es gesonderte Bereiche für Frauen und Männer sowie ein gemischtes Bad – auch darin war das Seebad Utoquai Vorreiter. Zwischen den Seebädern Utoquai und ►Enge auf der anderen Seeseite herrscht ein reger Besucherverkehr – schwimmend, versteht sich.

ℹ Mitte Mai – Mitte Sept. tgl. 7.00 – 20.00 Uhr, Eintritt: 7 CHF,
Tram: Kreuzstrasse (2, 4)

***Johann Jacobs Museum**

Ein Spaziergang führt am Seeufer entlang, vorbei am Seebad Utoquai zur Villa Ernst (1913) mit dem Johann Jacobs Museum: Grafik, Malerei, Literatur, Porzellan und Silber illustrieren hier die **Kulturgeschichte des Kaffees**. Seit der Wiedereröffnung 2013 werden zusätzlich interessante Wechselausstellungen gezeigt.

ℹ Seefeldquai 17, Di. 18.00 – 23.00, Sa., So. 11.00 – 17.00 Uhr,
Eintritt: 7 CHF, www.johannjacobs.com

Wasserkirche

F 8

Lage: Limmatquai 31; Kreis 1, Rathaus
Tram: Helmhaus (2, 4)
ℹ Di. 9.00 – 12.00, Mi. – Fr. 14.00 – 17.00,
Sa. 12.00 – 17.00 Uhr

Die spätgotische Wasserkirche (1484) erhob sich einst auf einer Insel in der Limmat. Sie steht an der Stelle, an der der Legende nach die Stadtheiligen Felix, Regula und Exuperantius den Märtyrertod erlitten haben.

Heidnischer Kultplatz

Ein großer Findling in der Krypta markierte die Richtstelle der Stadtheiligen. Es gibt Vermutungen, dass es an diesem Ort einen vorchristlichen Kultplatz gab, zumal hier auch eine Quelle sprudelte. Diese galt auch in christlichen Zeiten bis ins 18. Jh. als Heilquelle und hatte großen Zulauf. Der Chor der ersten Wasserkirche (um 1000) wurde in einem ehrfürchtigen Abstand sorgfältig um den Findling herum erbaut, sodass er im Zentrum zu liegen kam. Ein Schacht zum Findling hinab hielt auch bei den späteren Umbauten stets die Verbindung aufrecht.

Zwingli wacht vor der Wasserkirche, dahinter das Grossmünster.

Kartoffeln und Kunst

Mit der Aufschüttung des Limmatquais 1839 wurde die Insellage der Wasserkirche beendet, seitdem steht sie direkt am Limmatufer. Die Reformation machte dem als besonders heilig geltenden »Götzentempel« den Garaus. Lange Zeit missbrauchte man die ihrer Schätze beraubte Kirche als Warenlager und Kartoffelkeller, Kunstkammer und Bücherei. Seit 1942 dient sie wieder dem Gottesdienst. Der Zugang erfolgt durch das Helmhaus. Wegen des spätgotischen Netzgewölbes und der Glasfenster (1942) von **Augusto Giacometti** lohnt ihr Besuch – eines der Fenster zeigt eine Hochzeitsreise im roten Sportwagen. In der Krypta werden die archäologischen Ausgrabungen vorgestellt, und man kann einen Blick auf den Märtyrerstein werfen. Vor der Kirche erinnert das Standbild eines streng blickenden Zwingli (1885) an Zürichs großen Reformator.

Helmhaus

Nördlich an die Kirche angebaut ist das frühklassizistische Helmhaus (1794), das schon einige Vorgängerbauten hatte. Diese waren Vorratslager, Markthalle, sogar Gerichtsplatz: Die Volksversammlung beendete hier die Ära des Bürgermeisters Hans Waldmann durch dessen Hinrichtung; sein Denkmal steht auf der anderen Brückenseite. Bis 1836 rollte noch der Verkehr durch das hallenartige Gebäude, dann wurde die Münsterbrücke verlegt. Heute gewährt das Haus regelmäßig jungen, oft noch unbekannten Künstlerinnen und Künstlern eine Plattform. Der laubenartige Vorbau bietet häufig Straßenmusikern ein trockenes Plätzchen.

ⓘ Di. – So. 10.00 – 18.00, Do. bis 20.00 Uhr, www.helmhaus.org

** Winterthur

✦ Ausflug

Einwohnerzahl: 104 500
S-Bahn: ab Zürich S 8, S 12

Die sechstgrößte Stadt der Schweiz liegt, eingebettet in eine freundliche Wald- und Wiesenlandschaft, nur 20 S-Bahn-Minuten von Zürich entfernt. Für Touristen ist sie insbesondere wegen der historischen Altstadt und der hochkarätigen Museen interessant.

Zürichs attraktive Nachbarin

Zürich und Winterthur sehen sich seit Jahrhunderten in herzlicher Feindschaft verbunden, doch entdecken die Zürcher nach und nach an der ungeliebten Nachbarin auch Sonnenseiten: Hier ist das Wohnen noch bezahlbar, das Umfeld angenehm, die Lebensqualität hoch, die Atmosphäre friedlich. Ein Besuch der Metropole auf halbem Weg zwischen Rhein und Zürichsee lohnt sich nicht nur wegen der Museen, die teilweise Weltruf genießen. In der kleinen, kompakten Altstadt gibt es viele erkergeschmückte Bürgerhäuser von der Gotik bis ins Rokoko, das ideale Umfeld also zum Bummeln. Wer genug vom Shopping hat, ergeht sich in den Parks der Gartenstadt oder besucht das ehemalige Sulzerareal, das derzeit eine Metamorphose durchmacht: Wo früher Turbinen und Dieselmotoren gebaut wurden, entwickelte sich ein schickes Trendviertel.

Motor der Schweizer Industrie

Anders als Oberwinterthur, das auf das helvetisch-römische Vitudurum zurückgeht, entstand Winterthur um 1150 als kyburgischer Marktort. Unter Rudolf von Habsburg erhielt es im 13. Jh. Stadtrechte, war von 1417 bis 1442 sogar Reichsstadt, um nach der Verpfändung an Zürich 1467 ein bedeutungsloses Dasein zu führen. Um 1830 begann der rasante industrielle Aufschwung: Neben die angestammten Keramikmanufakturen und Uhrenwerkstätten traten in großem Stil Textilfabrikation und Maschinenbau mit weltweit bekannten Firmen wie Sulzer, Schweizerische Lokomotiv- und Maschinenfabrik (SLM) und Escher-Wyss.
Einschneidende Auswirkungen hatte der – teils auf die Änderungen im Markt, teils auf unternehmerische Fehlentscheidungen zurückzuführende – Zusammenbruch bzw. die Auflösung der Firma Sulzer Anfang der 1990er-Jahre, die noch in den 1960er-Jahren SLM und Escher Wyss aufgekauft hatte und allein in Winterthur 15 000 Menschen beschäftigte. Heute zählen zu den wirtschaftlichen Standbeinen Medizin- und Produktionstechnik, Elektronik, Versicherungen (Winterthur) und Banken (UBS). Die großen Industrieareale erstrecken sich südöstlich der Innenstadt (Tössfeld, Töss) und östlich (bei Oberwinterthur).

ALTSTADT

Die gesamte Altstadt zwischen Stadthaus- und Technikumstrasse ist Fußgängerzone. Rückgrat und belebteste Straße sind die Marktgasse sowie ihre Verlängerungen Obertor und Untertor, unter den Einheimischen auch »Schluuch« genannt. Und wer den **»Schluuch polieren«** geht, macht einen Schaufensterbummel. Wo heute die Einkäufer flanieren, marschierten einst die Römer auf ihrem Weg nach Brigantium (Bregenz).

Marktgasse

Viele noble Bürgerhäuser säumen die Marktgasse, von denen einige wie auch in Zürich spezielle Namen tragen. Haus Nr. 15 fällt durch seine gotischen Staffelfenster auf und wurde 1557 erbaut. Heute hat das Gasthaus zur Sonne hier seinen Sitz, das für seine Rösti bekannt ist. Im spätgotischen **Waaghaus** (Nr. 25; 1503) mit vier markanten spitz zulaufenden Arkaden werden in Wechselausstellungen zeitgenössische Künstler präsentiert. Die Markthalle Trivisano im Erdgeschoss des Hauses bietet allerlei kulinarische Köstlichkeiten aus aller Welt wie auch aus der Region. Weiter östlich, neben dem Rathaus, fällt das Doppelhaus **Zur Geduld** mit seiner frühbarocken Fassade auf (Nr. 22; 1690/1717).

Rathaus Das Rathaus, ein bedeutendes frühklassizistisches Gebäude (1782 bis 1784) mit prächtig stuckiertem Saal, erhielt Ende des 19. Jh.s eine Ladenpassage nach italienischem Vorbild. Sie verbindet Marktgasse und Stadthausstrasse. In der Passage sollte man einen Blick an die Decke werfen, wo pompejanische Malereien nachempfunden wurden. Die Fassade am Zugang von der Stadthausstrasse ist mit Sgraffiti geschmückt. Im Rathaus ist das **Museum Briner und Kern** zu Hause, das v. a. niederländische Meister des 17. Jh.s und europäische Porträtminiaturen des 17. bis 19. Jh.s zeigt.

Di. – So. 14.00 – 17.00, So. 10.00 – 12.00, 14.00 – 17.00 Uhr, Eintritt: 5 CHF

BAEDEKER TIPP !

Wilde Blumen

Es müssen nicht immer Rosen aus Übersee oder exotische Blütenwunder sein. Das beweist der ungewöhnliche Blumenladen von Gärtnerin Anita Leuthold nahe der Kirche. Sie verwendet alle möglichen Feld-, Wald- und Wiesenblumen, die sie zu geschmackvollen Sträußen zusammenstellt oder zu Kränzen und Gebinden windet (Pfarrgasse 2, Tel. 052 202 14 34, Di., Mi., Fr. 9.00 – 12.00 und 14.00 – 18.00, Sa. 9.00 – 18.00 Uhr).

Die doppeltürmige reformierte **Stadtkirche** mit gotischem Chor (1264) und Langhaus von 1515 wurde im 19. Jh. neogotisch umgestaltet. Die für reformierte Kirchen unüblich schockbunte Ausmalung (ca. 1930) ist ein Werk von P. Zehnder. Die Gewölbefresken in der Sakristei stammen von Hans Haggenberg, der Taufstein von H. C. Frey (1656).

Kirchplatz Ein friedlicher Ort, der Kirchplatz von Winterthur. Während in den Gassen und Straßen rundum geschäftiges Treiben herrscht, geht es hier einen Gang gemütlicher zu. Blickfang ist die fantasievoll gestaltete Sitzbank, die auch von Kindern heiß geliebt wird. Holzkünstler Erwin Schatzmann hat sie aus einer 280 Jahre alten Eiche geschnitzt, die zuvor auf dem Friedhof Rosenberg stand.

Zwei Museen unter einem Dach: ***Uhrensammlung Kellenberger** lädt zu einer Zeitreise durch vier Jahrhunderte der Zeitmessung ein. Das **Gewerbemuseum** widmet sich der Gestaltung unseres Alltags in Handwerk, Design und industrieller Produktion.

Uhrensammlung und Museum: Kirchplatz 14, Di. – So. 10.00 – 17.00, Do. bis 20.00 Uhr, Eintritt: 8 CHF

Graben Weiter östlich liegt der Graben, der bis um 1250 die Ostgrenze der Altstadt bildete und Teil der Stadtbefestigung war. Unter einer doppelten Platanenreihe gehen die 600 Sitzplätze mehrerer Restaurants und Straßencafés nahtlos ineinander über: ein herrlicher Platz, um einen Kaffee zu trinken oder essen zu gehen. »Halidi« nennt sich die mächtige Holzskulptur (1986), die Werner Ignaz Jans aus einer ehemaligen Weinkelter schuf.

Das Pendant zur Marktgasse bildet die Steinberggasse südlich der Kirche. Die Gasse ist nicht etwa so breit, weil eine Häuserzeile abgerissen wurde, vielmehr war sie vermutlich um 1200 so breit angelegt worden, um Viehmärkte abhalten zu können. Noch heute findet hier der Wochenmarkt statt, und jedes Jahr im August steht an dieser Stelle die Hauptbühne der **Winterthurer Musikfestwochen**. **Steinberg-gasse**

Bei den drei ovalen Betonringen, die auf den ersten Blick wirken wie von Kanalbauern zurückgelassen, handelt es sich um Brunnen des amerikanischen Künstlers **Donald Judd** (1928 – 1994). Sie wurden zwischen 1995 und 1997 gebaut und markieren den Verlauf des Stadtbachs, der bis 1830 noch offen floss. Das Brunnenwasser ist dank ständiger Aufbereitung sehr sauber, und im Sommer planschen die Kinder in den Judd-Brunnen – eine erlaubte und durchaus gewollte Zweckentfremdung.

In der Steinberggasse lebten einige der bedeutendsten Winterthurer Familien: Sulzer (Haus Nr. 16), Ziegeler (Nr. 29), Reinhart (Nr. 52); in Haus Nr. 18 kam als Sohn eines Schlossermeisters der erste schweizerische Bundespräsident zur Welt, Jonas Furrer (1805–1861).

RUND UM DIE RINGZONE

Rund um die autofreie Altstadt zieht sich eine Ringstraße, an der repräsentative Gebäude und wichtige Kultureinrichtungen liegen sowie gepflegte Parks.

Das Stadthaus ist ein Fixpunkt im Musikleben von Winterthur und entfaltet schon rein optisch einen Pomp, der so gar nicht zu der sonstigen Bescheidenheit passen will. Das ist der Konkurrenz zu Zürich geschuldet, die im 19. Jh. besonders lebhaft war. Ein prächtiger korinthischer Säulenportikus markiert das von Gottfried Semper entworfene Gebäude (1869, Erweiterung 1934), das zu den bedeutendsten Bauwerken des europäischen Historismus zählt. Der riesige Konzertsaal reicht über drei Etagen. Hier pflegt das renommierte Musikkollegium Winterthur aufzutreten. ***Stadthaus**

ⓘ Tickets: Tel. 052 620 20 20, www.musikkollegium.ch

Das berühmte Werk »Kreidefelsen auf Rügen« von Caspar David Friedrich zählt zu den Highlights der bedeutenden **Kunstsammlung** des Winterthurer Großkaufmanns **Oskar Reinhart** (1885 – 1965). Neben der Malerei der deutschen Romantik sind Werke schweizerischer und deutscher Künstler vom 18. bis zum frühen 20. Jh. in der ehemaligen Industrieschule (1838 – 1842 von Leonhard Zeugheer erbaut) ausgestellt; insgesamt rund 600 Werke. Die Palette reicht von der Winterthurer und Zürcher Malerei des 18./19. Jh.s (J. H. Füssli, J. J. Biedermann) über Genfer Landschaften des 19. Jh.s (A. Calame, ****Museum Oskar Reinhart am Stadtgarten**

Kunstliebhaber finden in Winterthur gleich mehrere berühmte Sammlungen, darunter die des Kunstmuseums.

B. Menn) bis zu den deutschen Romantikern und den Symbolisten des späten 19. Jh.s. Weitere Malerberühmtheiten, deren Werke diese Sammlung von Weltruf abrunden: Spitzweg, Menzel, Böcklin, Leibl, Anker, Hodler, Segantini, Liebermann, Slevogt, Hofer. Der zweite Teil von Reinharts Sammlung ist im Museum Römerholz untergebracht.

ℹ Stadthausstrasse 6, Di. – So. 10.00 – 17.00 Uhr, Eintritt: 12 CHF, www.museumoskarreinhardt.ch

****Kunstmuseum**

Die **Sammlung des Kunstvereins Winterthur** im Kunstmuseum hat andere Schwerpunkte, ist aber ebenso bedeutend wie das Museum Oskar Reinhart. Der Alte Bau (1915) ist der französischen Kunst des späten 19. Jh.s (van Gogh, Monet, Bonnard, Vallotton), dem Kubismus (Braque, Gris, Léger) und anderen Strömungen der klassischen Moderne gewidmet (Kandinsky, Klee, Magritte, Miró). Im Erweiterungsbau mit seinen markanten neun Sheddächern, entworfen von Gigon & Guyer (1995), wird internationale zeitgenössische Kunst (wie Marden, Kelly, Richter, Merz) gezeigt. Regelmäßige

Wechselausstellungen, die mit den Epochen der Sammlung korrespondieren, lohnen ebenfalls den Besuch.

ⓘ Museumstrasse 52, Di. – So. 10.00 – 17.00, Mi. bis 20.00 Uhr, Eintritt: 10 CHF, www.kmw.ch

*Naturmuseum

Im Haus des Kunstmuseums befindet sich das Naturmuseum. Die neu aufgestellte, familienfreundliche Dauerausstellung bringt den Besuchern die Natur in der Umgebung näher. In der didaktisch preisgekrönten Schau sind Tierpräparate, Saurier, Ammoniten, Kristalle, Gesteine und Gebirgsmodelle zu bewundern. Kinder von 4 bis 8 Jahren (mit Begleitperson) begeistern sich im **Kerala Kindermuseum** an Natur »zum Anfassen«.

ⓘ Museumstrasse 52, beide Museen: Di. – So. 10.00 – 17.00 Uhr, Eintritt: 5 CHF, www.natur.winterthur.ch

Villa Bühler

Über 50 000 Münzen, Medaillen und Banknoten umfasst das **Münzkabinett** in der Villa Bühler, einer der schönsten in Winterthur (1869). Neben den Schweizer Münzen sind die antiken griechischen Geldstücke international bedeutend.

ⓘ Lindstrasse 8, Di., Mi., Sa., So. 14.00 – 17.00 Uhr, Eintritt: 5 CHF

Östlich der General-Guisan-Strasse im Landhaus Lindengut von 1787 wird die Geschichte der Stadt von den Römern bis ins 19. Jh. dokumentiert, mit Funden aus dem helvetisch-römischen Vitudurum, Kunsthandwerk und Interieurs aus dem 18. Jh. sowie einer Spielzeugausstellung im Kutscherhaus.

ⓘ Römerstrasse 8, Di. – Do., Sa., So. 14.00 – 17.00, So. auch 10.00 – 12.00 Uhr, Eintritt: 5 CHF

Winterthur ist Freunden der Fotokunst ein Begriff. In zwei gegenüberliegenden Gebäuden im ehemaligen Industrieareal Schleife stellen Fotomuseum und Fotostiftung Schweiz nahezu alle **internationalen Fotokünstler** von Rang und Namen nach 1945 aus. Hier finden sich Vertreter der konzeptionellen Fotografie der 1960er- und 1970er-Jahre wie Sigmar Polke und Sol LeWitt, die postmodernen Vertreter wie Barbara Bloom und das Zürcher Künstlerduo Fischli/Weiss, William Eggleston und Lewis Baltz. Die ständige Sammlung wird in der Grüzenstrasse 45 gezeigt,

! BAEDEKER TIPP

Altstadt von oben

Eine perfekte Aussicht auf die gesamte Altstadt sowie Duft und Farbenpracht von rund 2900 Rosenstöcken bietet der Rosengarten auf dem Heiligenberg – ein ruhiger Ort, keine 10 Minuten zu Fuß vom Bahnhof entfernt. Ebenfalls ideal für die Stadtansicht aus der Vogelperspektive mit Blick auf die Alpen: das »Bäumli« oberhalb der Rebhänge des Goldenberges. Die mit 425 m längste Treppe der Stadt führt ab Haltestelle Kantonsschule (Bus Nr. 10) hinauf. Herrlich zum Verschnaufen: die Terrasse des Restaurants Goldenberg (Süsenbergstrasse 17, Tel. 052 242 02 02).

Wechselausstellungen finden gegenüber statt. In der Grüzenstrasse 45 befinden sich auch der Museumsshop mit einer immensen Fülle von Fotobänden, Postern, Kunstkarten und das Bistro.

ⓘ Grüzenstrasse 44 und 45, Di., Do. – So. 11.00 bis 18.00, Mi. bis 20.00 Uhr, Eintritt: 9 CHF, www.fotomuseum.ch

AUSSENQUARTIERE

Sulzerareal

Eine Fläche von der Größe der Altstadt belegte das unweit derselben angesiedelte Sulzerareal. Ab 1834 stellte Firma Sulzer hier Turbinen und Motoren her, gleich nebenan produzierte die SLM, die Schweizerische Lokomotiv- und Motorenfabrik. Nachdem die Firmen ihre Standorte verlegt hatten, standen die Winterthurer vor der Herausforderung, eine der ersten und größten Industriebrachen der Schweiz umzunutzen. 2009 eröffnete im Lokwerk ein Einkaufszentrum, eine Fabrikhalle wurde zu Büros umgebaut, die Gießerei in einen Wohnpark integriert. Das Kesselhaus hat sich in ein Multiplex-Kino verwandelt, auf dem Lagerplatzareal trifft sich die Musikszene im Kulturlokal Kraftfeld.

ⓘ Katharina-Sulzer-Platz, www.sulzerareal.ch

200 Jahre Schweizer Industriegeschichte kann auf dem 13 km langen »**Industriekulturweg**« (per Fahrrad) erlebt werden. Einen guten »Wegweiser« bekommt man beim Tourismusbüro sowie bei der Industrie- und Bahnkultur GmbH, die auch Führungen durch das Sulzerareal veranstaltet.

ⓘ Führungen: Tel. 052 202 77 39

****Sammlung Oskar Reinhart am Römerholz**

Ein Schatzhaus europäischer Malerei – von Cranach bis Picasso, mit Schwerpunkt auf französischen Werken des 19. Jh.s – ist die Sammlung Oskar Reinhart in der **Villa Am Römerholz** am nördlichen Stadtrand. Oskar Reinhart erwarb 1924 die von M. Turrettini 1915 errichtete Villa als Wohnsitz und ließ Turrettini ein Gebäude für seine Kunstsammlung anbauen (Umbau durch Gigon & Guyer 1995). Der Parcours durch die rund 200 Werke der Sammlung beginnt in der Halle, dem Esszimmer der Familie mit einer Bronzebüste von Dr. h. c. Oskar Reinhart (O. C. Bänninger, 1946), und setzt sich über das Renaissancezimmer (Herrenzimmer), den Salon mit Louis-XVI-Möbeln, den Ostsaal und das kleine Kabinett fort bis zum Großen und Kleinen Galeriesaal.

Einige Höhepunkte: Tintoretto, L. Cranach d. Ä., P. Brueghel d. Ä., Matthias Grünewald, Hans Holbein d. J., Rembrandt, Picasso, Courbet, Claude Lorrain, van Gogh, Impressionisten wie Renoir, Cézanne, Sisley und Manet. Weltweit bedeutend ist das Kabinett mit Karikaturen von Honoré Daumier (1810 – 1879), berühmte Stücke sind etwa

»Griechenland auf den Ruinen von Missolunghi« von E. Delacroix und ein Großinquisitor-Porträt von El Greco.

ⓘ Haldenstrasse 95, Di. – So. 10.00 – 17.00, Mi. bis 20.00 Uhr, Eintritt: 12 CHF, www.museumoskarreinhardt.ch

***Technorama**

Das Swiss Science Center Technorama liegt an der Straße nach Frauenfeld. Hier werden Wissenschaft und Technik auf so vergnügliche Art verständlich gemacht, dass auch Kinder gerne immer wieder hierherkommen. Modelle, über 500 interaktive Stationen, ein Jugendlabor und Attraktionen im Park provozieren mit einer Fülle von Experimenten zu Aha-Erlebnissen.

ⓘ Technoramastrasse 1, Di. – So. 10.00 – 17.00 Uhr, Eintritt: 27 CHF, www.technorama.ch

***Kyburg**

Bei Sennhof 8 km südöstlich von Winterthur zweigt eine kleine Straße zu der malerisch auf der Höhe gelegenen Kyburg ab, die 1027 erstmals erwähnt wurde und als wichtigste Feudalburg zwischen Limmat und Bodensee von 1065 bis 1264 Sitz der mächtigen **Grafen von Kyburg** war. Rudolf von Habsburg, ab 1273 deutscher König, soll hier die Reichskleinodien aufbewahrt haben. Um den Burghof gruppieren sich das Grafenhaus mit Burgturm, das Ritterhaus mit Rüstkammer und die freskierte romanisch-gotische Kapelle. Unterhalb des Schlosses laden an der Töss Feuerstellen zum Picknicken.

ⓘ 21. März – Okt. Di. – So. 10.30 – 17.30, Nov. – 20. März Sa. u. So. 10.30 bis 16.30 Uhr, Eintritt: 11 CHF, www.schlosskyburg.ch

Zauberhafte Lage: die Kyburg oberhalb von Winterthur

Wollishofen

E/F 10–12

Lage: Kreis 2
Tram: Post Wollishofen (7)
S-Bahn: Bahnhof Wollishofen (S 8, S 24)

Mit der Roten Fabrik hat auch das Quartier an der Südgrenze der Stadt sein Industrieareal, das neu definiert wurde. Einst sorgte die Rote Fabrik für viel Aufruhr, heute bringt sie buntes Leben ans Seeufer am südlichen Stadtrand.

Rote Fabrik

Auch die 1892 erbaute Seidenfabrik Henneberg blieb nicht vom Niedergang der Seidenindustrie in den 1930er-Jahren verschont. Die Umnutzung zur Kulturfabrik fand vor dem Hintergrund der Opernhauskrawalle statt (►S. 39). Damals protestierte die alternative Szene auch dagegen, dass lediglich die »Hochkultur« mit Fördergeldern überschüttet wurde. Nach langem Tauziehen zwischen Stadt und Bürgerinitiative entstand mit der Roten Fabrik ein selbst verwaltetes **Off-Kultur-Zentrum**. Es gibt eine Musikbühne, Theater, Galerie und eine urige Selbstbedienungskantine am See, außerdem diverse künstlerische Arbeitsgruppen für Jugendliche, hier wächst der Nachwuchs der Schweizer Kleinkunstszene heran. Wie ein Kunstverein agiert die **Shedhalle**, die sich 1987 aus der Roten Fabrik organisatorisch und personell ausgeklinkt hat. Unter dem zackigen Sheddach werden interessante **Wechselausstellungen** mit zeitgenössischer Kunst gezeigt.

Rote Fabrik: www.rotefabrik.ch; **Shedhalle**: Mi. – Fr. 14.00 – 18.00, Sa., So. 12.00 – 18.00 Uhr, www.shedhalle.ch, Seestrasse 395

! BAEDEKER TIPP

Das Bürgli

»Bürgli«, kleine Burg, nennt sich das feine Restaurant in der Nähe der Roten Fabrik. Serviert wird frische saisonale Küche, Spezialität des Hauses ist das Entrecôte. Im Sommer lockt die Terrasse mit Blick auf den See, sonntags der Brunch. Kilchbergerstrasse 15, Mo. – Fr. 9.00 – 24.00, Sa. ab 18.00, So. ab 10.00 Uhr, www.restaurantbuergli.ch

Siedlung Neubühl

Die Werkbundsiedlung Neubühl gilt als das **wichtigste Beispiel des Neuen Bauens** in der Schweiz. 1928 begannen die Planungen, die mehrere Architekten gemeinsam verantworteten, u. a. Max Haefeli. 1932 waren die Wohnungen bezugsfertig. Eine völlig neue Hauslandschaft war entstanden: Fischgrätartig in die Landschaft gestaffelte, helle Flachdachbauten mit großzügigen Gärten und raumhohe Fenster lassen die Blocks noch heute modern wirken. Heute ist die Siedlung Teil der Genossenschaft Neubühl.

❶ Nidelbadstrasse

Wühre

✦ F 8

Kreis: 1, Lindenhof
Tram: Rathaus, Helmhaus (4, 15)

Zwischen Münsterhof und Weinplatz zieht sich die Wühre an der Limmat entlang, das Gegenstück zur Schipfe weiter nördlich und ebenfalls ein schöner, wenn auch kurzer romantischer Uferweg.

1637 – 1643 bauten wohlhabende Zürcher am Limmatufer zwischen Münster- und Rathausbrücke mehrere noble Anwesen. Dass die Gerber hier wie bislang ihre Felle im Fluss auswuschen, vertrug sich damit freilich nicht mehr. Die großartige Aussicht auf das Grossmünster genießt man besonders gut vom Café Wühre aus; bei Schönwetter mit Terrasse.
ⓘ Wühre 11

Storchengasse

Parallel zur Wühre verläuft die Storchengasse, eine kleine, aber feine Einkaufsecke. **Confiserie Teuscher** bietet feinste Pralinen an. Nicht weit davon verkauft **Monies** die wohl ausgefallensten Halsketten der Stadt.
ⓘ Teuscher: Storchengasse 9; Monies: Storchengasse 17

** Zoo Zürich

✦ H/J 6

Lage: Zürichbergstrasse 221; Kreis 7, Fluntern
Tram: Zoo (6)
ⓘ März – Okt. 9.00 – 18.00, Nov. – Feb. bis 17.00, Masoala-Halle ab 10.00 Uhr, Auskunft Fütterungszeiten: Tel. 004 254 25 10, Eintritt: 22 CHF, www.zoo.ch

Mindestens einen halben Tag sollte man einplanen, um diesen herrlich gestalteten Tiergarten auf dem Zürichberg zu genießen. Der Zoo ist keineswegs nur für Kinder ein Erlebnis. Auch an Naturschutz Interessierte werden hier manches Aha-Erlebnis haben.

Zürichs Zoo ist der größte der Schweiz. 1929 gegründet, bewegt er sich seit rund zehn Jahren erfolgreich weg vom Tierpark hin zu einem **Naturschutzzentrum** der besonderen Art. Wie bei allen modernen großen Zoos werden die rund 4000 Tiere artgerecht in Gehegen gehalten, die dem natürlichen Lebensraum so weit wie möglich ähneln. Auch Versteckmöglichkeiten gibt es reichlich, sodass die Tiere sich zurückziehen können und sich der Besucher nicht als voyeuristischer Eindringling fühlen muss. Die Gehege sind so gestaltet, dass man gefleckten, getigerten Schönheiten faszinierend nahe kommen kann und viele Überraschungen erlebt. Dezente Hinweise an den einzelnen Anlagen geben Aufschluss über die zahlreichen privaten und kommerziellen Spender, die es ermöglichen, einen Zoo dieser Premiumklasse zu entwickeln. Über die Standardhinweise an den Gehegen hinaus wird umfassend über gefährdete Tierarten informiert.

BAEDEKER WISSEN ?

Wasser für die Elefanten

Elefanten benötigen immense Mengen an Wasser: Bis zu 200 Liter trinkt ein Tier pro Tag und braucht darüber hinaus auch viele Liter zur Körperpflege. Wer kennt nicht die Szenen, wie sich Elefanten aus dem Rüssel Wasser über den Rücken sprühen. Im neu eröffneten Elefantenpark Kaeng Krachan stehen den Tieren 800 000 Liter Badewasser in mehreren Pools zur Verfügung.

Der Zoo beteiligt sich aktiv an **Naturschutzprogrammen**, die einen Bezug zu den in Zürich gezeigten Tieren haben. Das reicht vom Schweizer Fledermausschutz über den Schutz des Amur-Tigers, von dem nur noch 350 Exemplare in freier Wildbahn leben, bis zum Einsatz für den Masoala-Regenwald auf Madagaskar und den thailändischen Nationalpark Kaeng Krachan. Darüber hinaus widmet sich der Zürcher Zoo auch der Erhaltungszucht bedrohter Tierarten.

Besucherangebot

Das Besucherangebot ist ungewöhnlich umfassend. Besonders spannend sind die vielen **Tierpräsentationen**, bei denen man Zeuge wird, wie z. B. Tiger fressen oder Elefanten duschen. Tierpfleger und Tierpflegerinnen beantworten während der Präsentationen alle Fragen. Viele Details erfährt man auf den **Rundgängen** und an Infotischen aus erster Hand.

Öffentliche **Fütterungen** finden täglich bei mehreren Tierarten statt; ein am Eingang erhältliches Faltblatt informiert über Details. Die Fütterungszeiten der Raubkatzen wechseln jedoch permanent: Die Erfahrungen mit dem Amur-Tiger haben gezeigt, dass ein ständig wiederkehrender Futterservice dafür sorgt, dass die Tiger in das typische gelangweilte Hin- und Hergehen verfallen. Daher wird nun Futter an wechselnden Stellen und zu wechselnden Zeiten ausgelegt, sodass die Tiger und Löwen erst eine ganze Weile auf Beutezug gehen müssen – fast wie in der freien Wildbahn.

An verschiedenen Punkten gibt es einen **Download-Service**: Per Handy mit Bluetooth-Funktion können hier Infos und Fotos kostenlos gespeichert werden. Mehrere schöne **Kinderspielplätze**, darunter das Zoolino, und eine Kamelreitstation machen den Zoobesuch noch attraktiver.

Madagaskar auf dem Zürichberg: die Masoala-Regenwaldhalle

Löwenhaus

Unter den vielen bemerkenswerten Gehegen sticht das 2007 eröffnete Löwenhaus besonders hervor, das indischen Gebäuden nachempfunden ist und den Schriftzug »Schützt unsere Löwen« geschrieben auf Hindi und Gujarati trägt. Löwen sind auch zu sehen, falls der König der Tiere eine Audienz gewährt und sich nicht im Verborgenen hält. Zürich würdigt sein Wappentier zudem auch mit einer kleinen, aber feinen **kulturhistorischen Schau**. So wird u. a. die Verehrung des Menschen für den Löwen thematisiert, die schon in der Jungsteinzeit begann, wie eine menschliche Figur mit Löwenkopf zeigt, die auf der Schwäbischen Alb in Süddeutschland gefunden wurde.

Masoala-Regenwald

Seit seiner Eröffnung 2003 ist der Masoala-Regenwald ein Renner. In einem gewaltigen »Gewächshaus« wurde ein 11 000 m² großer Ausschnitt aus dem **Regenwald Madagaskars** angelegt, ohne jede Trennwand, ohne Gitter. Im Dschungel raschelt es, farbenprächtige winzige Vögel fliegen auf, Fledermäuse hängen von den Ästen, und Makis blicken mit schwarzen Augen aus dem Dickicht hervor, das rund 20 000 Pflanzen bilden.

Pantanal

Ständig wird der Zoo erweitert: Das 2012 eröffnete »Pantanal«, neue Heimat der Totenkopfäffchen, Tapire und Nasenbären, zeigt mit einem Mosaik aus Feuchtgebieten und Grasländern die Lebensräume **Südamerikas**. Auch hier können sich viele Tiere frei bewegen. Die zehn Millionen Franken teure Anlage konnte allein über Spenden finanziert werden.

Kaeng Krachan Kaeng Krachan, eine Parkanlage mit einem seitlich offenen, futuristisch gestalteten Kuppeldach für die **Elefanten**, ist seit Juni 2014 in Betrieb und schlägt so ziemlich alles, was Zoos bislang in der Elefantenhaltung zu bieten haben. Ihr Futter müssen sich die Elefanten suchen, statt es mundgerecht serviert zu bekommen. Sie haben die Möglichkeit, durch ein riesiges 10 000 m² großes Areal frei zu streifen. Besucher können aus Unterwasserperspektive beobachten, wie die Elefanten im Wasserbecken schwimmen und tauchen. Den Namen erhielt die Elefantenanlage vom gleichnamigen thailändischen Nationalpark. Der Zürcher Zoo unterstützt dort ein Elefantenprojekt mit Mitteln aus dem hauseigenen Naturschutzfonds.

* Zürichberg

J/K 5/6

Kreis: 7, Fluntern
Tram: Zoo (6), Rigiblick (Seilbahn)

Im Osten der Stadt steigt der Zürichberg (679 m) an, ein bewaldeter Höhenrücken mit einigen Gaststätten und bester Aussicht. Hauptattraktion auf dem Berg ist der ►Zoo. Am Fuß des Zürichbergs erstreckt sich das Quartier Fluntern, die nobelste Wohnlage der Stadt.

Der Zürichberg gehört zu den beliebtesten Naherholungsgebieten der Stadt zum Spazierengehen, Hundeausführen, Joggen und Radeln. Mit der Tram erreicht man bequem das östliche Ende (Haltestelle Zoo), und ans westliche Ende des Höhenzugs geht es mit den Tram-Linien 9 und 10 mit Umstieg in die Seilbahn Rigiblick.

Friedhof Fluntern Unmittelbar an den Zoo grenzt der Friedhof Fluntern an. Hier ist das Grab des 1941 in Zürich verstorbenen irischen Schriftstellers **James Joyce** (► Berühmte Persönlichkeiten) zu finden. Eine Gedenkstatue an seiner Grabstätte zeigt Joyce sinnierend und rauchend, ein aufgeschlagenes Buch in der Hand. Zwei Grabstellen weiter wurde **Elias Canetti** (►Berühmte Persönlichkeiten) bestattet. Seine markante Unterschrift ziert die unscheinbare Grabplatte. Zu den Berühmtheiten, die auf dem Friedhof Fluntern ihre letzte Ruhe fanden, gehören auch die Schauspielerin **Therese Giehse** (►Berühmte Persönlichkeiten), der Biochemie-Nobelpreisträger Paul Karrer und die beiden deutschen Frauenrechtlerinnen Lida Gustava Heymann (1868 – 1943) und Anita Augspurg (1857–1943). Die Lebensgefährtinnen hatten sich öffentlich gegen Hitler ausgesprochen und gingen nach der

Machtergreifung der Nationalsozialisten 1933 ins Exil. In der Friedhofskapelle befindet sich ein Fresko von Paul Bodmer (1933).

Orelliweg

An der Tramhaltestelle Zoo beginnt ein Weg, der sich wunderschön am Waldrand entlangzieht und **herrliche Ausblicke** bietet – zunächst mit dem Namen Orellistrasse, dann Orelliweg. Heiß begehrt sind die Aussichtsplätze am Orelliweg alle drei Jahre beim Zürichfest bzw. immer dann, wenn es Feuerwerk in Zürich zu bestaunen gibt. Nicht minder prächtig ist die Aussicht vom Sorell Hotel Zürichberg (►S. 124) in der Orellistrasse. Das ungewöhnliche runde Holzlamellengebäude neben dem Altbau gehört ebenfalls zum Hotel.

FIFA-Hauptsitz

Gegenüber von Friedhof und Zoo befindet sich der 2007 eröffnete Hauptsitz des Weltfußballverbands FIFA (Fédération Internationale de Football Association). Das topmoderne, 140 Millionen Euro teure »Home of FIFA« konzipierte die Schweizer Architektin **Tilla Theus**. Die meisten Räumlichkeiten der Kommandozentrale liegen unter der Erde, und nur ein Teil der Räumlichkeiten ist öffentlich zugänglich. In der Empfangshalle befindet sich ein kleiner Souvenir-Shop, eine Ausstellung mit den FIFA-WM-Pokalen und den Fußbällen der früheren FIFA-Fußball-Weltmeisterschaften

❶ FIFA-Strasse 20, Mo. – Fr. 8.00 – 18.00 Uhr, www.fifa.com

* Zürichhorn

G – J 9/10

Lage: Bellerivestrasse; Kreis 8, Seefeld
Tram: Höschgasse (2, 4)
Bus: Chinagarten (912, 916)

Einst ergoss sich der Wildbach völlig ungestört in den Zürichsee, und niemand interessierte sich für das kleine Delta am östlichen Seeufer. Heute ist das Zürichhorn genannte Gebiet die mit Abstand meistbesuchte Parkanlage der Stadt, vorbildlich gepflegt, voller Blumen und gespickt mit kleinen, feinen Sehenswürdigkeiten.

1876 bis 1881 nahm man die umfassende Korrektur des Wildbachs in Angriff, der zuvor immer wieder für Überschwemmungen gesorgt hatte. Heute nennt sich der untere Teil des Bachs Hornbach und strömt nun durch die Anlagen ganz brav in den Zürichsee. Den alten Baumbestand hat man erhalten und eine sehr gefällige Parklandschaft geschaffen, die Zug um Zug eine **Liberalisierung** erfuhr: 1977 fielen die »Rasen betreten verboten«-Schilder, seit 1988 ist Baden erlaubt, und seit 2001 darf man sogar die Promenaden entlangradeln.

Hier ist gut sein, fern der Hektik der Stadt.

So verwandelt sich das Zürichhorn heute an schönen Tagen in eine muntere Sommerfrische, wenn Groß und Klein zum Flanieren und Sonnenbaden kommen. Im Juli und August gibt es Open-Air-Kino neben dem Anleger.

Chinagarten Seit 1993 hebt sich die rote Mauer des Chinagartens aus dem Grün des Parks hervor. Der Garten ist ein Geschenk der chinesischen Partnerstadt Kunming. Kleine Teiche, Bambushaine und ein bunter Wasserpalast mit Terrasse zaubern südchinesisches Flair in die Stadt.
ⓘ Bellerivestrasse 138, April – Okt. tgl. 11.00 – 19.00 Uhr, Eintritt: 4 CHF

»Landi« Anlässlich der Landesausstellung 1939, der »Landi«, wurden die Seeufer groß in Szene gesetzt, aufgeschüttet und umgestaltet. Während im Quartier Enge am linken Seeufer eine Ausstellung zur industriellen Schweiz ihren Platz fand, oblag es dem Riesbacher Seeufer, Geschichte und Landwirtschaft zu zeigen. Vor allem die hier aufgestellten Bauernhäuser hatten es den Zürchern sehr angetan. Geblieben ist nur das Gebäude der Fischerstube, das sich auf den prähistorischen **Pfahlbau** bezieht.
1959 war das Zürichhorn dann Schauplatz der Gartenbauausstellung G 59. Der japanisch inspirierte Sandsteinplattenweg entlang der Quaianlagen direkt auf Wasserhöhe ist ein besonders schönes Überbleibsel aus dieser Zeit.

Kunst am Zürichhorn Nahe dem Restaurant Fischstube steht die riesige Maschinenplastik **»Heureka«** (1964) von Jean Tinguely, die im Sommer zu bestimmten Uhrzeiten eine Viertelstunde lang mit Getöse die Zuschauer erschreckt und fasziniert. Die Bronzeplastik **»Sheep Piece«** von Henry Moore (1971) nutzen Kinder zum Spiel und Erwachsene zum Picknick. Eindeutigen Jugendstileinschlag zeigt das **»Schweizerpsalm-Denkmal«** (1910) von Franz Wanger. Das turmförmige Gebilde aus Kalkstein ist nicht zu übersehen und dient auch als Brunnen. In der Höschgasse (►Seefeld) am Nordrand des Zürichhorns sollten sich Kunstinteressierte ebenfalls umsehen. Hier stehen das Centre Le Corbusier, das Museum Bellerive und das Atelier Hermann Haller.

❶ Heureka in Aktion: 11,00, 15.00, 19.00 Uhr

Strandbad Tiefenbrunnen

Einen gelungenen Abschluss der Seepromenade bildet das Strandbad Tiefenbrunnen. Das aufgeschüttete Ufergelände stammt ebenfalls aus der Zeit der Landesausstellung 1939. 1954 eröffnete das heutige Bad, das besonders durch seine parkähnliche Anlage und den schön gestalteten Seezugang besticht. Hier geht es immer hoch her, sobald der Sommer lockt. Nicht zuletzt wegen der 62 Meter langen spiralförmigen Wasserrutsche, über die die Kids mit Karacho in den See rauschen. Auch das See-Trampolin ist nicht ohne, und auf dem Wasser treiben ein paar Pontons als Ausruhe- und Sonneninseln. Das Strandbad ist auch als Gay-Treffpunkt weithin bekannt.

❶ Bellerivestrasse 200, Mitte Mai – Mitte Sept. 9.00 – 11.00 bei jedem Wetter, 11.00 – 20.00 Uhr je nach Wetterlage, Eintritt: 7 CHF Uhr

* Zürichsee

✧ Ausflug

S-Bahn: Ostufer: S 6, S 7, Westufer: S 2, S 8
Zürichseeschiffe: ab Bürkliplatz

Seinen ganz besonderen Reiz erhält Zürich durch die Lage am Zürichsee. Schwimmen, Segeln, Spazierengehen und Schiffsausflüge bilden daher ein gutes Ergänzungsprogramm zum Stadtbesuch. Auch die oft herrlich gelegenen Gemeinden am See haben einiges zu bieten.

Das Bett des 39 km langen, bis 4 km breiten und 143 m tiefen Sees wurde in der letzten Eiszeit vom Linthgletscher geformt. Von 88 km² Fläche entfallen 20 km² auf den Obersee östlich des Rapperswiler Damms. Sein Hauptzufluss ist die Linth, die seit der großen Regulierung 1807 bis 1823 aus dem Glarnerland in den Walensee fließt, dann durch den Linthkanal in den Obersee; der Abfluss erfolgt bei Zürich durch die Limmat zur Aare. Rund 1 Mio. Menschen schätzen den See als Wohngegend. Daher ist nur noch etwa ein Drittel des Ufers allgemein zugänglich.

Wohnen und Erholen

Ohne den See wäre Zürich nur halb so attraktiv. Vorbildlich gepflegte Strandpromenaden und teure Wohnviertel säumen seine Ufer, Segelschiffe und Ausflugsboote drehen ihre Runden, Weinreben bedecken die Hänge. Größter Zufluss ist die Linth im Osten, während an der Nordwestspitze die Limmat den See verlässt und Zürich durchfließt.

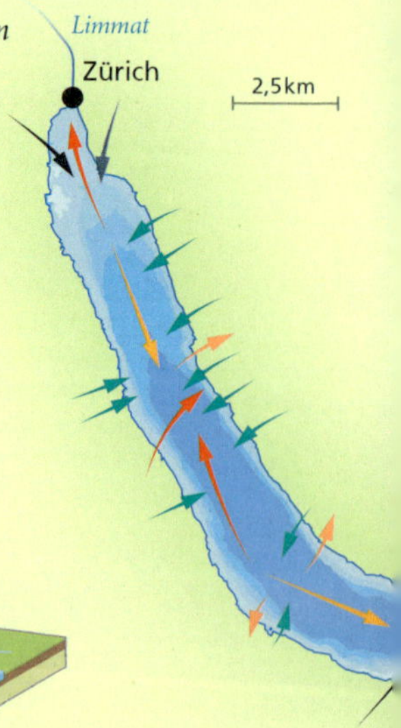

▶ Entstehung
Der eiszeitliche Rhein-Linth-Gletscher vertiefte und erweiterte bestehende Talmulden. Nach dem Rückzug des Eises blieben Schuttmassen, die der Gletscher vor sich hergeschoben hatte, als Moränenwall liegen und stauten den See auf.

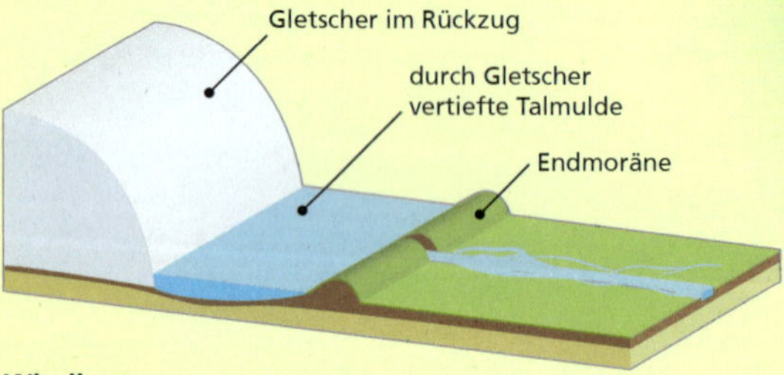

▶ Windkarte
Der Zürichsee ist durch seine vielseitigen Winde bei Seglern beliebt.

Föhn
Seewind
Bise
Unterwind
Grüninger
Bergwind
Chatze-Hölzer/ Bächler/Ruscher

▶ Schweizer Seen im Vergleich

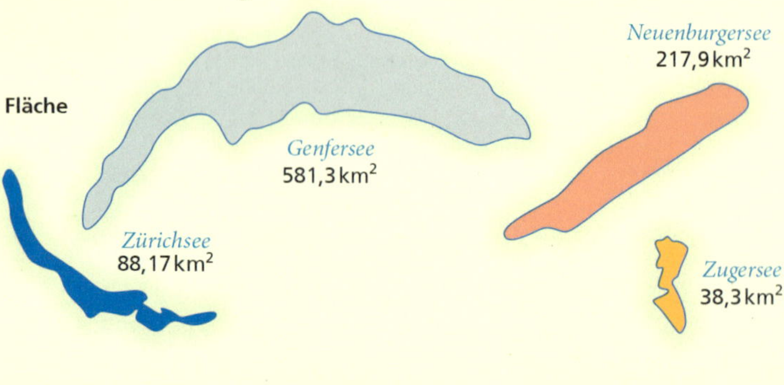

Schiffe auf dem Zürichsee

Warentransport
Ein typisches Ledischiff (Frachtschiff). Jedes Jahr werden auf dem Zürichsee 300 000 Tonnen Kies, Sand und Stein von diesen Schiffen transportiert.

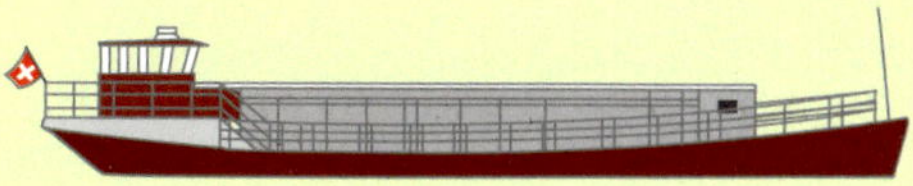

Raddampfer (DS Stadt Zürich)
Baujahr: 1909
Länge / Breite: 59,1 m / 13,5 m
Maschinenleistung: 368 kW
Personen: 750

Motordampfer (MS Helvetia)
Baujahr: 1964
Länge / Breite: 56,0 m / 12,3 m
Maschinenleistung: 632 kW
Personen: 1200

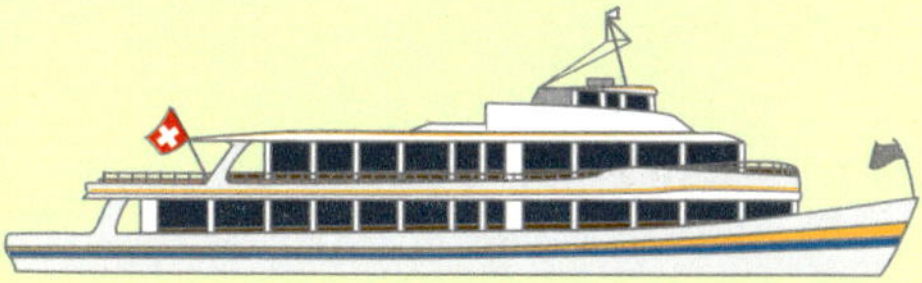

www.zsg.ch
Zürichsee-Schifffahrts-gesellschaft

zugelassene Schiffe im Kanton Zürich:

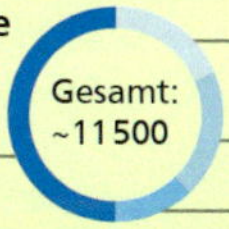

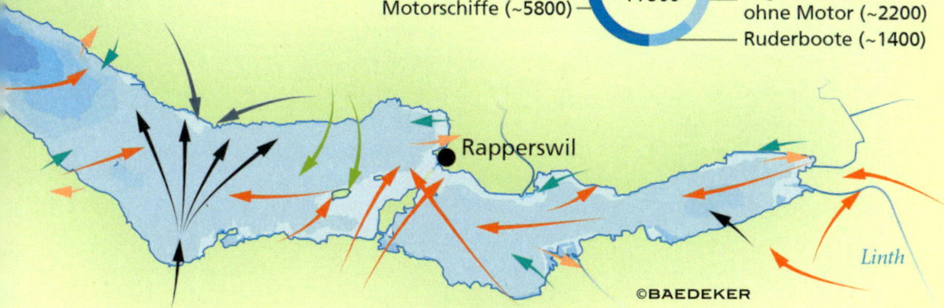

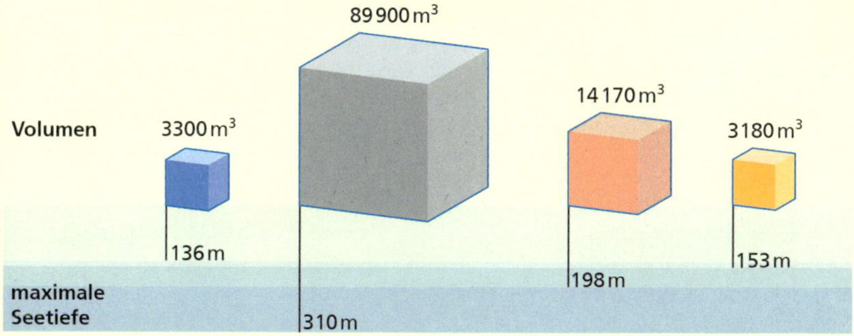

SEHENSWERTES AM OSTUFER

Das nördliche Ostufer schließt nahtlos an Zürich an und wird wegen der zahlreichen hier ansässigen Millionäre gerne als **Goldküste** bezeichnet. Weinberge, gepflegte Gärten, teure Villen prägen das Ambiente. Überall sind hübsche Strandbäder zu finden.

Küsnacht Küsnacht (nicht zu verwechseln mit Küssnacht am Vierwaldstätter See) gruppiert sich um die reformierte Kirche St. Georg aus dem 15. Jh., die im Chor beachtenswerte Fresken aufweist. Die beschauliche Lage am See schätzten viele Prominente, darunter Thomas Mann und Max Frisch sowie der Begründer der analytischen Psychologie, Carl Gustav Jung (1875 – 1961), der hier lebte und starb. Im Hornweg 28 hat das 1948 von ihm gegründete C. G. Jung-Institut seinen Sitz. Hier werden regelmäßig Vorträge veranstaltet (Infos unter www.junginstitut.ch). Sehenswert sind das Höchhus, im Spätmittelalter Wohnturm und heute Lehrerseminar, die Johanniterkomturei (heute Kantonsschule) und die Zehntenrotte mit Fresken (um 1410). Schwerpunkt des Ortsmuseums in der **Oberen Mühle** sind Sammlungen zur Ortsgeschichte und – recht ungewöhnlich – zu Mode und Coiffeurwesen. Ein ca. 30-minütiger schöner Spaziergang führt vom Bahnhof auf die Burgruine Wulp. Dabei passiert man den Bach Küsnachter Tobel mit seinen Gletscherfindlingen.

Obere Mühle: Tobelweg 1, Mi., Sa., So. 14.00 – 17.00 Uhr, Eintritt frei

> **! BAEDEKER TIPP**
>
> *Gepflegtes Einkehren am Seeufer*
>
> Für ein Diner am See empfiehlt sich das Restaurant des Hotels »Sonne«, in dem Thomas Mann seine Gäste gerne einquartierte, bei schönem Wetter kann man hier auch auf der Terrasse sitzen. Seestrasse 120, Küsnacht, Tel. 044 914 18 18, www.sonne.ch

Meilen Zwischen Meilen und Horgen pendeln Autofähren: eine gute Abkürzung für die, die ohne Umweg über Zürichs Innenstadt ans andere Seeufer gelangen wollen. Die Kirche am See, deren Vorgänger 965 von Kaiser Otto dem Großen dem Kloster Einsiedeln übertragen wurde, hat einen schönen spätgotischen Chor (1495). Im Seehof vollendete C. F. Meyer 1875 seinen Roman »Jürg Jenatsch«. Im Haus Mariafeld der Familie Wille arbeitete Richard Wagner an den »Meistersingern«. Ein steiles Sträßchen (5 km) führt zum **Pfannenstiel**. Der Höhenzug zieht sich zwischen Zürichsee und Greifensee entlang und misst an seiner höchsten Stelle, der Hochwacht, 853 m. Zahlreiche Wanderwege durchziehen das beliebte Naherholungsgebiet.

Stäfa Stäfa ist mit rund 46 ha Rebfläche die größte **Weinbaugemeinde** des Kantons Zürich. Zwei Weinwanderwege, in Sternenhalde und Lattenberg, machen mit Rebsorten und Zürcher Weinkultur bekannt.

Frisch aus dem Wasser für die Restaurants rund um den Zürichsee

Die Anfänge der hoch gelegenen reformierten Pfarrkirche (1689/1788) reichen bis ins Mittelalter zurück. Auf dem Friedhof ist der deutsche Schriftsteller Ernst Wiechert (1887 – 1950) bestattet. Dan Rubinstein, ein aus Israel stammender Glaskünstler, gestaltete 2003 die Fenster in der katholischen Kirche St. Verena. Im 3 km östlich gelegenen **Uerikon am See** stehen zwei sehenswerte Ritterhäuser (um 1520) und eine Kapelle aus dem 14. Jahrhundert.

▸ Rapperswil

Rapperswil

SEHENSWERTES AM WESTUFER

Kilchberg

In Kilchberg wohnte der Dichter C. F. Meyer ab 1875, verbrachten Thomas Mann (beide ▸ Berühmte Persönlichkeiten) und seine Frau Katia (1883 – 1980) ihre letzten Lebensjahre. Begraben sind sie, wie der deutsche Psychologe Ludwig Klages (1872 – 1956), auf dem stimmungsvollen Friedhof der Peterskirche. Die »Kilche auf dem Berg« wurde 1248 erstmals erwähnt und 1408 an das Kloster Kappel veräußert; sie besitzt drei Glasfenster von Augusto Giacometti. Das Ortsmuseum (Alte Landstrasse) erinnert an Thomas Mann und Conrad Ferdinand Meyer sowie an die einst renommierte Porzellanmanufaktur im Schooren.

Rüschlikon Rüschlikon ist durch das **IBM-Laboratorium** nahe der Autobahn Zürich – Sargans bekannt, dessen Forscher 1986 und 1987 mit dem Nobelpreis für Physik ausgezeichnet wurden (Rastertunnelmikroskop, Supraleitung). Auf dem Friedhof ruht der 1962 verstorbene **Gottlieb Duttweiler**, der 1925 die Migros gründete (▶Berühmte Persönlichkeiten). Südlich von Rüschlikon liegt Thalwil mit traditionsreicher Seidenindustrie. Weithin sichtbar ist die protestantische Kirche von 1847.

Horgen Horgen ist jedem Archäologen ein Begriff, ist doch das Städtchen namengebend für die »Horgener Kultur«: Emil Vogt, Direktor des Schweizerischen Landesmuseums, zeigte 1934 auf, dass die jungsteinzeitlichen Funde der Pfahlbausiedlung bei Horgen eine eigene Epoche bilden. Diese dauert von ca. 3500 bis 2800 v. Chr. und ist auch am Bodensee nachzuweisen.

Im Mittelalter und der Neuzeit war Horgen eine wichtige Zwischenstation auf dem Handelsweg zwischen Zürich, Zug und Gotthard, der Italien mit den bedeutenden Märkten etwa in Augsburg und Flandern verband. Die Horgener beteiligten sich mit Woll-, Leinen- und Seidenprodukten aktiv am Geschehen.

Ungewöhnlich: Die protestantische Saalkirche (J. J. Haltiner, 1780 – 1782) besitzt einen ovalen Grundriss und vorzüglichen Rokoko-Stuck des Vorarlbergers Andreas Moosbrugger. Der Taufstein (1782) steht hier in der Kirchenmitte, die Bestuhlung ist auf ihn orientiert. Im **Ortsmuseum Sust** sind die prähistorischen Funde der Ufersiedlung ausgestellt sowie Arbeiten des lokalen Handwerks. Von Horgen aus setzt die **Autofähre** nach Meilen über.

Ortsmuseum: Bahnhofstrasse 27, So. 14.00 – 17.00 Uhr

> ! BAEDEKER TIPP
>
> *Schokolade-Outlet*
>
> Schokoladenfreaks finden im Lindt Chocolate Shop das ganze Sortiment des Confiserie-Unternehmens Lindt & Sprüngli zu günstigen Preisen. Kilchberg, Seestrasse 204, Mo.– Fr. 10.00 – 18.00, Sa. bis 17.00 Uhr, www.lindt.ch

Halbinsel Au Zwischen den Gemeinden Käpfnach und Wädenswil liegt der Landvorsprung Au mit einem interessanten **Weinbaumuseum.** Angeschlossen ist ein Versuchsbetrieb der Versuchsanstalt Wädenswil. Herz der Ausstellung rund um den Weinbau ist eine 13 m lange Baumpresse von 1761.

● April – Okt. So. 14.00 – 16.00 Uhr, Mitte Juli – Mitte Aug. geschl., Eintritt: 5 CHF

Wädenswil Im Industrieort Wädenswil hat im oberhalb gelegenen Neuen Schloss (1818) die Eidgenössische Versuchsanstalt für Obst-, Wein- und Gartenbau ihren Sitz. Die von J. U. Grubenmann 1764 – 1767 errichtete Kirche, ein querrechteckiger Saalbau, war Vorbild für die protestantischen Predigtkirchen im Kanton Zürich (Rokokostuck von P. A. Moosbrugger).

Von Wädenswil führt die Straße in Richtung Zug hinauf auf den ***Hirzel** (750 m). Hier hat man einen fantastischen Blick über Zürichsee, Zuger und Vierwaldstätter See. In Hirzel hat **Johanna Spyri**, die Autorin der berühmten Heidi-Romane, ihre Jugend verbracht (▶ Berühmte Persönlichkeiten). Das Johanna-Spyri-Museum präsentiert in einem schönen Fachwerkhaus von 1660 Erinnerungsstücke an die Schriftstellerin und ihre Romanwelt.

Spyri-Museum: Dorfstrasse 48, So. 14.00 – 16.00 Uhr, Eintritt frei

Richterswil

Richterswil, reizvoll in einer Bucht gelegen, wird von zwei Kirchen überragt, von deren Terrassen sich eine schöne Aussicht bietet. Ein hübscher Ausflug führt über Wollerau (507 m) mit seiner klassizistischen Kirche (1787) steil hinauf nach **Schindellegi**: herrliche Aussicht auf Zürich- und Sihlsee sowie die Zentralschweizer Alpen. Die **Wanderung** vom Bahnhof Schindellegi über Etzel (1098 m) und Stöcklichrüz (1247 m) nach Willerzell (▶Einsiedeln) gehört zu schönsten Wanderungen in der Schweiz (Gehzeit etwa fünf Stunden, mittelschwere Wanderung).

Pfäffikon

Pfäffikon liegt am Südende des Seedamms. Die trutzige, aufwendig sanierte Wasserburg am See diente einst dem Kloster Einsiedeln als Verwaltung. Mit schönem Blick auf den See kann man gegenüber der

Frühlingserwachen am Zürichsee bei Richterswil

Burg im Hotel Schiff frischen Fisch genießen (Unterdorfstrasse 21, Tel. 055 416 17 18). Nebenan liegt das Strandbad. Das ganze Jahr über lockt das **Alpamare** mit diversen Thermalbecken, Rutschbahnen und Wellnessangebot. Am Südende liegt die Halbinsel **Hurden**. Die Kapelle von 1497 war einst vor allem Anlaufstelle der Pilger nach ►Einsiedeln. In Hurden endet bzw. beginnt die moderne Holzbrücke hinüber nach ►Rapperswil. Eine schönes Sträßchen führt von Pfäffikon über den ***Etzel** nach ►Einsiedeln.

Alpamare: tgl. 10.00 – 22.00, Fr., Sa. bis 23.00, So. bis 21.00 Uhr, Eintritt: ca. 40 CHF, www.alpamare.ch

OBERER ZÜRICHSEE

Östlich des Damms zwischen Rapperswil und Pfäffikon heißt der See »Oberer Zürichsee« oder »Obersee«.

Altendorf Sehenswert ist im Ort die Ende des 18. Jh.s **barockisierte Pfarrkirche** mit schöner Stuckverzierung. Über der Straße nach Lachen thront die spätgotische Kapelle St. Johannes mit drei geschnitzten Flügelaltären, errichtet im 15. Jh. auf den Trümmern der 1350 zerstörten Burg Alt-Rapperswil.

Lachen Lachen ist hübsch an einer Bucht des Obersees gelegen. Der Ortsname leitet sich vom lateinischen »ad lacum«, »am See«, ab. Die zweitürmige Kirche zum Hl. Kreuz wurde 1707 – 1710 von J. Peter und G. Thumb im Vorarlberger Schema erbaut. Bemerkenswert ist die Ausstattung mit Hochaltar von J. Kasper (1738) und Chorgestühl von F. J. Brägger (1715); die Deckengemälde entstanden 1883.

Uznach Sehenswert in Uznach, das östlich von Schmerikon etwas abseits des Zürichsees liegt, sind die Kreuzkirche (1505) und die Friedhofskapelle von 1679. Nördlich über dem Ort steht das moderne Benediktinermissionskloster St. Otmarsberg. Der Ort liegt an der einst sumpfigen Linthebene, einer trockengelegten Zone zwischen Walen- und Zürichsee, die bis 1937 vom Flüsschen Linth durchströmt wurde. Trotz der Eingriffe schätzen Störche dieses meist als Grasland genutzte Gebiet.

Kaltbrunner Ried Im östlich gelegenen Nachbarort Kaltbrunn lohnt sich für Naturfreunde ein Abstecher ins **»Kaltbrunner Ried«**, ein letzter Rest der Sümpfe der Linthebene. Heute steht es unter Naturschutz. Am Möventeich und Entensee sind Beobachtungstürme aufgebaut, von denen aus man Wasservögel entdecken kann. Auch Riedführungen werden angeboten.

ℹ Riedführungen: www.pronatura.ch

Schmerikon

Am äußersten Zipfel des Obersees liegt Schmerikon. Das Dorf war früher eine wichtige Station für die Pilger, die sich auf den Weg nach Einsiedeln gemacht hatten. Heute wandern vor allem Jakobspilger von Schmerikon aus durch die Linthebene (Kaltbrunn, s. o.) nach Lachen und steigen von hier nach St. Meinrad am Etzel auf.

Wurmsbach

Östlich vor Rapperswil ist am See das **Zisterzienserinnenkloster** Wurmsbach interessant, das heute Internat ist. Die malerische Gebäudegruppe aus dem 16./17. Jh. mit Kirche und Kreuzgang steht am Platz eines Klosters von 1250. Heute leben 15 Zisterzienserinnen hier und bieten auch Menschen, die eine Auszeit wünschen, eine Aufenthaltsmöglichkeit im Kloster an. Der Klosterladen verkauft eigene Produkte, darunter »Friedas Mandelschnitten«.

ⓘ Klosterladen Di. – Sa. 14.00 – 17.00, So. nach dem Gottesdienst bis 11.45 Uhr, Tel. 055 225 49 00, www.wurmsbach.ch

Zürich-West

C–E 5/6

Kreis: 5, Industriequartier
Tram: Sihlquai/HB – Escher-Wyss-Platz (4, 13, 17)

Noch überwiegt in weiten Teilen von Zürich-West ein herber Baustellencharakter. Mit dem »Schiffbau« als Bühne des Zürcher Schauspielhauses und »Puls 5« zeigt sich, wie die ersten Umnutzungen der ehemaligen Industrieareale gelingen. Noch präsentiert sich das Viertel als buntes Gemisch aus urbanen Investorenträumen und subkulturellen Biotopen.

Wie ▶Aussersihl gehört Zürich-West, allgemein auch Industriequartier genannt, zu den **ehemaligen Arbeitervierteln** westlich der Innenstadt. Bis ins 18. Jh. diente das fruchtbare Gebiet südlich der Limmat als Ackerland. 1780 gründete die Firma Esslinger eine Kattundruckerei und gab den Startschuss für die Entwicklung als Industriequartier der Stadt. 1913 folgte die Zahnradfabrik der Firma **Maag**. Zu den ganz großen Ansiedlungen zählte auch die der Firma **Escher Wyss**, die 1889 ihre Maschinenbauhallen aus der engen Altstadt hinaus auf die grüne Wiese verlegten.

Im Fokus der Städtebauer

Nur 100 Jahre später, ab ungefähr 1990, mussten sich die großen Industrieunternehmen diversen Krisen stellen, ein tiefgreifender **Strukturwandel** setzte ein. Standortverlagerungen und Rationalisierungen sorgten dafür, dass ein Areal nach dem anderen aufgegeben wurde. Nun, da die Schlote nicht mehr rauchen, soll Zug um Zug ein urbaner Stadtteil entstehen, in dem Wohnen, Freizeit und Arbeiten miteinander verbunden und die Industriebrachen gekonnt umgenutzt werden – eine städtebauliche Herkulesaufgabe. Was sich auf dem Weg vom hässlichen Entlein zum stolzen Schwan schon getan hat, zeigt Tour 4 (► S. 143.; dort auch Freitag-Shop, Steinfels-Areal, und Technopark).

***Museum für Gestaltung**

Das Museum für Design und visuelle Kommunikation ist den vielfältigen Möglichkeiten der Umweltgestaltung gewidmet. Neben Ausstellungen sind Zeichnungen und Druckgrafik vom 16. Jh. bis zur Gegenwart und eine Plakatsammlung zu sehen.

ℹ Ausstellungsstrasse 60, Di. – So. 10.00 – 17.00, Mi. bis 20.00 Uhr, Eintritt: 7 CHF, www.museum-gestaltung.ch

Flussbad Oberer Letten

Zwischen Industriequartier und Zürich-Letten bzw. -Wipkingen warten in der Limmat gleich zwei Flussbäder auf Schwimmfreudige: Flussbad Oberer Letten bei der Kornhausbrücke, bestehend aus einer Betonplattform auf der einen Seite des Kanals und einer Holzterrasse auf der anderen, erstrahlt nach der Renovierung zur Saison 2011 in neuem Glanze. Man nutzt die Limmat zum Schwimmen oder besser gesagt, um sich treiben zu lassen, denn die Strömung nimmt flussabwärts alle Mühe ab. Optisch wirkt die eine Seite mit ihrer Betonplattform nicht sehr einladend, dafür aalt man sich gegenüber auf einer historischen Holzterrasse.

ℹ Lettensteg 10, Tram: Limmatplatz (4, 13), Bus: Nordstrasse (46) Mitte Mai – Mitte Sept. 9.00 – 11.00 bei jedem Wetter, 11.00 – 20.00 Uhr je nach Wetterlage, Eintritt frei

Flussbad Unterer Letten

Die zweite Adresse, das Flussbad Unterer Letten, liegt in der Nähe des Lettenviadukts. Dieses Flussbad öffnete 1909 seine Tore und besitzt noch immer die hübschen historischen Holzlauben. Verlockend ist hier vor allem die schnelle Strömung, die in der Limmat herrscht und für viel Schwimmspaß sorgt. Ein Gitterrost verhindert, dass Ermüdete über den 100-m-Schwimmkanal hinaus abtreiben. Wer mag, springt vom Dreimeterbrett ins kühle Nass. Wenige Quadratmeter Grün am Rand des Kanals bieten zusätzlich schattige Liegefläche.

ℹ Wasserwerkstrasse 141, Tram: Dammweg (4, 13), Bus: Nordstrasse (46), S-Bahn: Bahnhof Wipkingen (S2, S8, S14), Öffnungszeiten wie Flussbad Oberer Letten, Eintritt frei

Langstrasse, Josefstrasse

Die Langstrasse verbindet die Kreise 4 (Aussersihl) und 5 (Industriequartier). Einst war sie Sündenbabel mit Rotlichtviertel und viel Halbwelt. Das Schmuddelimage ist noch nicht ganz abgelegt, aber die Langstrasse wurde inzwischen durch viele **extravagante Läden** und ein lebendiges Multikulti-Flair aufgewertet. Rechtwinklig zur Langstrasse durchzieht die Josefstrasse den Kreis 5. Sie gilt als beliebteste **Shoppingmeile** der Gegend mit hoher Dichte an Boutiquen und schrillen Läden vor allem im östlichen Abschnitt zwischen Lang- und Hafnerstrasse. Westlich der Langstrasse öffnet sich an der Josefstrasse die **Josefswiese**, einer der wenigen grünen Plätze des Quartiers mit Kinderspielplatz, Beachvolleyballfeld, boulespielenden Herren und einem Kiosk. Seit sich in den angrenzenden Viaduktbögen flippige Läden ansiedeln, geht ein wenig die Angst bei den Anrainern um, dass sich die Josefswiese in eine »Schickimicki«-Zone verwandeln könnte.

Zwischen 1882 und 1884 wurden das **Letten- und das Wipkinger-viadukt** gebaut, sodass anstelle von Bahndämmen nun eine durchgängige Struktur entstand, die die Stadt nicht mehr zerschnitt, sondern verbinden konnte. Die Bögen messen ca. 8 m, sind ca. 15 m hoch und aus Kalkstein erbaut. 53 von ihnen werden nun einer gekonnten Umnutzung zugeführt und Stück für Stück zu Ladenflächen umgebaut. Das Gemisch ist bunt: Neben Designer- und Musikshops, Ateliers und Coffee Bars finden sich eine Kindertagesstätte, die Caritas und das »Jenseits«, ein Raum der Kirche.

BAEDEKER WISSEN ?

Teures Pflaster

So trendig das ehemalige Arbeiterviertel auch sein mag, kann es sich nicht jeder leisten, in die neu geschaffenen Lofts auch einzuziehen. Für rund 120 m^2 Wohnfläche müssen teils 2 Millionen Franken für eine Eigentumswohnung auf den Tisch gelegt werden. Entsprechend zögerlich gestaltet sich der Absatz so mancher Eigentumswohnung in den Wohneinheiten von Zürich-West. Mieten kommt ebenfalls teuer: 100 m^2 können mit 4000 bis 5000 CHF zu Buche schlagen. Das Ergebnis: ein erstaunlicher Leerstand, obgleich Zürichs Wohnungsmarkt völlig aus den Fugen ist.

In den Bögen zwischen Heinrich- und Limmatstrasse entstand zudem die **größte Markthalle der Schweiz**. Auch an Spaziergänger und Radler wurde gedacht: Auf dem ehemaligen **Lettenviadukt** führt ein Schotterweg über die Limmat, von dort aus auf dem Limmatuferweg wahlweise stadteinwärts bis zur Quaibrücke am See oder in die andere Richtung zum Kloster Fahr. Nordwestlich des Viadukts befindet sich das ►Löwenbräu-Areal.

Markthalle: Mo. – Do. 10.00 – 20.00, Fr., Sa. 8.00 – 20.00 Uhr
Läden, Restaurants im Viadukt: www.im-viadukt.ch

Escher-Wyss-Platz

Ein weiteres städtebauliches Großprojekt ist die Umgestaltung des Escher-Wyss-Platzes unmittelbar an der Limmat. Einst erstreckt sich ringsum das größte Industrieareal der Schweiz, Produktionsstandort der Maschinenfabrik Escher-Wyss. Heute zeigt sich der Platz als turbulenter Verkehrsknotenpunkt mit drei Straßenbahnlinien, über den sich die mächtige Hardbrücke spannt. Seit Jahren schon tobt der Kampf um das »**Nagelhaus**«, das dem Straßenausbau im Wege steht. Der Besitzer wehrt sich gegen den Abriss, bislang mit Erfolg.

Schiffbau Bereits 2001 hat die **alte Schiffbauhalle** ihre Metamorphose abgeschlossen. Hervorgegangen aus einer Werft von Escher-Wyss, bietet die Halle nun dem Hallentheater (eine Bühne des Schauspielhauses), mehreren Probebühnen, der Gourmetrestaurant LaSalle und der Jazzbar Moods ein gelungenes Dach über dem Kopf. An die alte Zeit erinnert eine mächtige Schiffsschraube vor dem Eingang.

ⓘ Schiffbaustrasse 4; Schiffbau Bühne: www.schauspielhaus.ch, Jazzclub Moods: www.moods.ch; Restaurant LaSalle: www.lasalle-restaurant.ch

Turbinenplatz Gleich nebenan öffnet sich mit 14 000 m² der größte Platz Zürichs, der Turbinenplatz, den die Firma Sulzer 2003 der Stadt geschenkt hat. Nur spärliches Grün ziert ihn – Birken und Gräser –, doch das ist gewollt und soll den Pioniercharakter unterstreichen. Er wird eingeschlossen von mehreren Großbauten: dem Schiffbau, einem Hotelkomplex, dem Technopark und Puls 5. An der Stelle, an der heute **Puls 5** steht, war früher die 1893 erbaute Gießerei der Escher Wyss AG. Ummantelte Backsteine blitzen hinter Glaslamellen hervor, im Inneren erinnern, schick in Szene gesetzt, ein alter Förderkorb und mächtige Kranelemente an die Vergangenheit. Noch immer riecht es nach Metall, Öl und Hochofen. So bildet der selbst ernannte »Dorf-

Metamorphosen in Zürich-West: Im »Schiffbau« wird kein Schiff mehr gefertigt, sondern Theater gespielt.

platz von Zürich-West« einen interessanten Rahmen für ein paar Läden, Restaurants, Kunstausstellungen und Events. Und statt der Gießer schwitzen hier heute die Gäste des Fitnessstudios.

➊ Giessereistrasse 18, Escher-Wyss-Platz

Prime Tower

Auf dem Areal der ehemaligen Maag-Zahnräder AG beim heutigen S-Bahnhof Hardbrücke kratzt heute das höchste Haus der Schweiz an den Wolken, der Prime Tower mit 126 m Höhe, 36 Stockwerken und dem Restaurant Bar Clouds (s. Tipp). Die Hardbrücke, die den S-Bahnhof überspannt, wird nachts mit interessanten Lichtinstallationen aufgehübscht.

➊ Hardstrasse 201

> **! BAEDEKER TIPP**
>
> *In der Wolken*
>
> Dinieren mit Traumaussicht über Stadt und See bis zu den Alpen? Das bietet das Restaurant Clouds im Prime Tower. 35 Stockwerke über der Stadt serviert man eine köstliche mediterrane Küche mit katalanischem Einschlag. Auch ein vegetarisches Menu wird geboten. Reservieren empfohlen. Wer die Aussicht genießen, aber nicht speisen möchte, besucht die Bar. Hardstrasse 201, So. Ruhetag, Tel. 044 404 30 00, www.clouds.ch

81 m Höhe misst der **Mobino Tower**. Die unteren Stockwerken belegt das Mariotts Renaissance Tower Hotel Zürich, die oberen sind luxuriöse Eigentumswohnungen. Der mächtige Brocken, der vor dem Mobimo-Hochhaus liegt, ist ein Kunstwerk, kein Rest der Bauarbeiten. Der Engadiner Künstler Not Sent hat ihn geschaffen; im Inneren befindet sich Sand aus dem Brunnenaushub von Agadez. Das Objekt soll die Verbindung zu einem Brunnenprojekt in Niger darstellen.

➊ Turbinenstrasse 20

Hardturm

Ein Fremdkörper in all dem Schaffen und Bauen: Der mittelalterliche Hardturm markiert die Westgrenze des Quartiers. Vermutlich wurde er von seinen Besitzern, der **Familie Manesse**, zum Schutz des Limmatübergangs an dieser Stelle genutzt. Ins 12./13. Jh. datiert der Sockel, der Dachstuhl stammt aus der Zeit um 1465, die vier markanten Erker in den Ecken ließ der damalige Besitzer um 1693 anfügen.

➊ Hardturmstrasse 136

3

PRAKTISCHE INFORMATIONEN

Wie reist man an? Welche Vergünstigungen gibt es? Wer gibt Auskunft? Alle wichtigen Fragen werden auf den folgenden Seiten beantwortet.

Anreise · Reiseplanung

ANREISEMÖGLICHKEITEN

Auto Bei Zürich kommen die A 1, A 3 und A 4 zusammen. Wer **aus Deutschland** auf der A 5 durch das Rheintal anreist, fährt bei Basel über die Grenze und weiter auf der A 3 nach Zürich; weiter östlich auf der A 81 kommend, bei Schaffhausen in die Schweiz und weiter auf der A 4 nach Winterthur. Von dort an sind die A 1 und die A 4 identisch ausgeschildert und führen beide nach Zürich. Aus Bayern Anreise via A 96 über Bregenz (Vignette!). Diese Anfahrt bietet sich auch für die Anreise **aus Österreich** an.

In der Schweiz braucht man für Autobahnen und einige autobahnähnlich ausgebaute Straßen eine **Vignette**, die es in der Schweiz u. a. an Grenzübergängen und Tankstellen, in Deutschland beim ADAC oder online unter www.myswitzerland.com gibt. Die Vignette kostet 40 CHF und ist 14 Monate gültig, jeweils vom 1. Dezember bis zum 31. Januar des übernächsten Jahres.

Telefonnummern
Gebührenpflichtige Servicenummern sind mit einem Stern gekennzeichnet: *0180…

Bahn Zürich ist per Bahn sehr gut angeschlossen. Der **Zürcher Hauptbahnhof** liegt zentral in der City. Mit dem ICE braucht man von: Hamburg ca. 7,5 Std., Berlin ca. 8,5 Std., Köln und München ca. 5 Std., Stuttgart 3 – 4 Std., Wien 8 – 9 Std. Eine angenehme Art des Reisens ist die City Night Line (Liege-, Schlafwagen).

Sowohl der Zürcher Hauptbahnhof als auch der Flughafen sind **Shopping-Paradiese**, in denen 365 Tage im Jahr eingekauft werden kann. Sowohl Sprüngli als auch Migros betreiben hier Filialen.

Flug Lufthansa, Austrian und Swiss unterhalten Direktverbindungen nach Zürich. Günstiger fliegt man mit Air Berlin und Germanwings. Der **Flughafen Zürich-Kloten** liegt nördlich der Stadt.

AUTO
Autobahn-Vignette
www.myswitzerland.com

BAHN
Deutsche Bahn
Tel. *018 05 99 66 33
www.bahn.de

Schweizerische Bundesbahn
Tel. *0900 300 300
www.sbb.ch

Österreichische Bundesbahn
Tel. 05 17 17
www.oebb.at

FLUGHAFEN ZÜRICH

Kontakt

8058 Zürich-Flughafen
Auskünfte: Tel. *0900 300 313
www.flughafen-zuerich.ch

An- und Abreise

S-Bahn: Vom Flughafen-Bahnhof erreicht man mit der S-Bahn (Linie 2) in ca. 13 Min. den Zürcher Hauptbahnhof in der Innenstadt, Züge fahren etwa im 10-Minuten-Takt.
Einfache Fahrt: 3,30 CHF; Inhaber der ZürichCARD fahren umsonst

Tram: Die Straßenbahnlinie 10 fährt durch die nordöstlichen Stadtteile in ca. 35 Min. zum Zürcher Hauptbahnhof.
Einfache Fahrt: 3,30 CHF; Inhaber der ZürichCARD fahren umsonst.

Taxi: Eine Taxifahrt in die Zürcher Innenstadt dauert je nach Verkehrslage etwa 20 Min. und kostet ca. 70 CHF.
Tel. 0848 850 852

ZOLL

Deutschland: www.zoll.de
Schweiz: www.zoll.ch
Österreich: www.bmf.gv.at/zoll

REISEDOKUMENTE

Personalpapiere

Seit dem Beitritt der Schweiz zum Schengener Abkommen gibt es keine Personenkontrollen mehr, Zollkontrollen allerdings durchaus. Zur Einreise in die Schweiz brauchen Deutsche und Österreicher bei bis zu dreimonatigem Aufenthalt einen gültigen Personalausweis oder Reisepass. Kinder von 0 bis 12 Jahren müssen einen Kinderreisepass mit sich führen, später dann wie Erwachsene einen Pass oder Personalausweis.

Haustiere

Hund und Katze müssen mit einen Chip gekennzeichnet sein und einen EU-Heimtierausweis besitzen inkl. Tollwutimpfzeugnis. Die letzte Tollwutimpfung muss mindestens 21 Tage zurückliegen.

Fahrzeugpapiere

Wer mit dem Auto nach Zürich fährt, muss den nationalen Führerschein und den Kraftfahrzeugschein dabeihaben; die Mitnahme der grünen Internationalen Versicherungskarte ist ratsam. Kraftfahrzeuge ohne EU-Nummernschild müssen das ovale Nationalitätskennzeichen tragen.

ZOLLBESTIMMUNGEN

Einreise in die Schweiz

In die Schweiz können Gegenstände für den persönlichen Gebrauch zollfrei eingeführt werden. Abgabenfrei für Personen ab 17 Jahre sind 200 Zigaretten oder 50 Zigarren oder 250 g Rauchtabak, an alkoholischen Getränken 2 l mit bis zu 15 Vol.-% Alkohol und 1 l mit mehr als 15 Vol.-% Alkohol. Überschreitet der Gesamtwert der mitgeführten Waren 300 CHF, sind alle Waren abgabenpflichtig. Für Nahrungsmittel, besonders Fleisch, bestehen eigene Vorschriften. Auskunft erteilt die Eidgenössische Oberzolldirektion.

Ausreise Bei der Ausreise in die EU-Länder Deutschland und Österreich sind Reiseandenken bis zu einem Wert von 175 € (gilt für Reisende bis zu einem Alter von 15 Jahren) bzw. 300 € (Reisende über 15 Jahre) zollfrei; ferner für Personen über 15 Jahre zollfrei sind 500 g Kaffee oder 200 g Pulverkaffee, 100 g Tee, 50 g Parfüm und 0,25 l Eau de Toilette sowie für Personen über 17 Jahre 200 Zigaretten oder 100 Zigarillos oder 50 Zigarren oder 250 g Rauchtabak sowie 1 l Spirituosen über 22 % Alkoholgehalt oder 4 l nicht schäumende Weine.

Geld Bargeld und Fremdwährungen dürfen in die Schweiz unbegrenzt eingeführt werden. Bei Reisen zurück in die EU müssen Werte von über 10 000 Euro bei der EU-Zollstelle schriftlich angemeldet werden – sowohl bei der Ein- wie bei der Ausreise.

Auskunft

Zürich Tourismus Zürich Tourismus ist bestens aufgestellt und hält jegliche Informationen über Stadt und Region bereit. Zudem bietet Zürich Tourismus Stadtrundfahrten und Ausflüge an und verkauft die **ZürichCARD** und Tickets für öffentliche Verkehrsmittel. Auch Hotelreservierungen kann man über Zürich Tourismus vornehmen.

Schweiz Tourismus Auch Schweiz Tourismus, die Tourismusorganisation der Eidgenossenschaft, unterhält ein umfassendes Informationssystem. Dazu gehört ein **Call Center**, das weltweit gebührenfrei Auskunft gibt, Prospekte versendet und Buchungen für Hotels etc. tätigt.

ZÜRICH TOURISMUS

Tourist Service, Im Hauptbahnhof
CH-8001 Zürich
Mai – Okt. Mo.–Sa. 8.00 – 20.30,
So. 8.30 – 18.30, Nov. – April Mo.–Sa.
8.30 – 19.00, So. 9.00 – 18.00 Uhr
Information und Tickets:
Tel. 0041 44 215 40 00
Kostenlose Hotelreservierung:
Tel. 0041 44 215 40 40
www.zuerich.com

SCHWEIZ TOURISMUS

Call Center
Tel. 00 800 100 200 30
www.myswitzerland.com

BADEN

Info Baden
Stadt Baden, Bahnhofplatz 1
CH-5401 Baden
Tel. 056 200 87 87
www.baden.ch

EINSIEDELN

Einsiedeln Tourismus
Hauptstrasse 85
CH-8840 Einsiedeln
Tel. 055 418 44 88
www.einsiedeln.ch

RAPPERSWIL-JONA

Verkehrsverein Rapperswil-Jona
Fischmarktplatz 1
Postfach 1006
CH-8640 Rapperswil
Tel. 055 220 57 57
www.vvrrj.ch

WINTERTHUR

Winterthur Tourismus
Im Hauptbahnhof
CH-8401 Winterthur
Tel. 052 267 67 00
www.winterthur-tourismus.ch

ZÜRICHSEE

Zürichsee Tourismus
Hintergasse 16
CH-8640 Rapperswil
Tel. 084 881 15 00
www.zuerichsee.ch

KONSULATE IN ZÜRICH

Deutschles Konsulat
Witikonerstrasse 15
CH-8032 Zürich
Tel. 044 201 72 22
www.honorarkonsul-zuerich.de

Österreichisches Generalkonsulat
Alfred-Ulrich-Strasse 2
CH-8702 Zollikon-Zürich
Tel. 044 395 44 49
www.oe-konsulat-zh.ch

INTERNET

www.zuerich.com
Offizielle Website des Zürich Tourismus mit einem breiten Spektrum an Informationen: Hotel, Restaurants, Stadtführungen, Autovermietern und Waschsalons.

www.stadt-zuerich.ch
Website der Stadt Zürich mit allen nur erdenklichen Informationen zur Stadt Zürich.

www.coolcapitals.com
Zürichs klassische und trendige Locations: Kunst, Kultur, Übernachten, Essen, Einkaufen

www.nzz.ch
Neue Zürcher Zeitung: Aktuelle Nachrichten, Hintergrundartikel, Kultur- und Restauranttipps.

www.kulturinfo.ch
Aktuelle Informationen zu Oper, Theater, Konzerten und Kino in Zürich

www.usgang.ch
Musik, Ausgehen, Party in Zürich (und anderen Städten in der Schweiz)

www.myswitzerland.com
Website von Schweiz Tourismus, auf der es u. a. auch gute Informationen zu Zürich und der Region Zürich gibt.

APPS

ZüriPlan
►Stadtbesichtigungen
WC Finder (nur für Android)

City Guide Zürich
Gratis-App von My Switzerland, die Infos zu Sehenswürdigkeiten, Hotels, Veranstaltungen und mehr bietet

Mit Behinderung unterwegs

Zürich Tourismus (►Auskunft) gibt ausführliche Informationen für Stadtbesucher mit Behinderungen. Zu Fragen wie barrierefreies Anreisen, öffentliche Verkehrsmittel, Fahrdienste, Behindertenparkplätze, öffentliche Toiletten, Hotels, Stadtführungen für Gehörlose und Sehbehinderte und Ausflüge in der Region Zürich stehen unter www.zuerich.com/behinderung entsprechende Adressen und Kontakte. Auch der Verein Mobility International Schweiz bietet umfassende Reiseinformationen und Hilfestellungen (Rötzmattweg 51, 4600 Olten, Tel. 062 212 67 40, www.mis-ch.ch).

Elektrizität

Das Stromnetz führt 220 Volt Wechselstrom. Deutsche Schukostecker passen nicht in die Schweizer Steckdosen; einen Adapter erhält man im Fachhandel. Auch verleihen die Hotels Adapter.

Etikette

Trinkgeld In Restaurants und Hotels ist der Service inbegriffen, dennoch ist es üblich, gute Bedienung mit einem Trinkgeld zu belohnen. In Restaurants und im Taxi rundet man den Betrag auf. In Hotels erhalten Kofferträger 1 – 2 CHF pro Gepäckstück, Zimmermädchen dieselbe Summe pro Tag.

Dresscode In Firstclass-Restaurants ist für Herren ein Jackett und evtl. auch ein Schlips angezeigt; in manchen sind Jeans unerwünscht. Genaue Vorstellungen hat man im Casino Zürich, wo Jacket und Krawatte Pflicht sind.

Rauchverbot Öffentliche Verkehrsmittel und Räume sind rauchfrei, ebenso Restaurants etc. »Fumoirs«, also separate Raucherräume, besitzen einige Lokalen. Also ggf. nachfragen.

»Deutsche Art« Was in der Schweiz am häufigsten an Besuchern oder Arbeitskräften aus dem »Großen Kanton« bekrittelt wird, ist zu forsches, zu »direktes« Auftreten bis hin zur arroganten Besserwisserei. Ein Gutteil dieses Bildes ist einfach dem nicht-schweizerischen, »hochdeutschen« Tonfall des Gastes geschuldet, was man durch freundlich-höfliches Verhalten leicht wettmachen kann.

Fundbüros

Städtisches Fundbüro
Werdmühlestrasse 10
Tel. 044 4 12 25 50
Mo. – Fr. 7.30 – 18.30 Uhr

Bahn (SBB)
Hauptbahnhof
Tel. *0900 300 300
Mo. – Fr. 7.00 – 18.00 Uhr

Online Plattform (schweizweit)
www.fundbuero.ch

Geld

Währung

Die Währung in der Schweiz ist der **Schweizer Franken** (CHF). Es gibt Banknoten zu 10, 20, 50, 100, 200 und 1000 Franken, Münzen zu 1, 2 und 5 Franken sowie zu 5, 10, 20 und 50 Rappen.

Euro

Die meisten Hotels, Restaurants, Geschäfte und Verkehrsbetriebe akzeptieren auch **Euros**, der Kurs liegt jedoch in der Regel über dem der Banken. Insofern empfiehlt es sich, mit Schweizer Franken zu zahlen. 1 CHF entspricht ca. 0,82 €, 1 € ca. 1,22 CHF. Die tagesaktuellen Kurse findet man online unter www.oanda.com, Stichwort Währungsrechner.

In- und ausländische Zahlungsmittel dürfen in unbeschränkter Höhe ein- und ausgeführt werden.

In Zürich bereitet es nun wirklich keine Probleme, eine Bank mit Geldautomat zu finden. Außer in Banken kann man am Bahnhof und am Flughafen sowie an den Rezeptionen großer Hotels Geld tauschen. Es wird zum offiziellen Tageskurs getauscht, allerdings mit unterschiedlichen Gebühren.

? BAEDEKER WISSEN

Karte verloren?

Unter Tel. + 49 116 116 kann man von der Schweiz aus Bank- und Kreditkarten, Handys und Krankenkassenkarten sperren lassen (www.sperr-notruf.de).
Weitere Sperr-Rufnummern: Visa Tel. 0800 901 179 (gebührenfrei, nur Festnetz). Mastercard: Tel. 0800 901 387. American Express: Tel. + 49 69 97 97 20 00

Öffnungszeiten

Die Öffnungszeiten der Banken liegen in der Regel Mo.– Fr. zwischen 8.30 und 16.30 Uhr. Längere Öffnungszeiten haben die Wechselstellen am Bahnhof (tgl. 6.30 – 21.30 Uhr) und am Flughafen (tgl. 6.15 bis 22.00 Uhr).

KRANKENHÄUSER

Stadtspital Waid
Tièchestrasse 99
Tel. 044 366 22 11
24 Std. täglich

Kinderspital
Steinwiesstrasse 75
Tel. 044 266 71 11

APOTHEKE

Bellevue Apotheke
Theaterstrasse 14
Tel. 044 266 62 22
tgl. 24 Std. geöffnet

Gesundheit

Apotheken, Ärzte, Kliniken

Apotheken sind in der Regel Mo.– Fr. 8.00 –12.00, 13.30 –18.30, Sa. bis 17.00 Uhr geöffnet. Außerhalb dieser Zeiten geöffnete Apotheken werden Aushang bei den anderen Apotheken und in den Tageszeitungen genannt. Wegweiser zu den Krankenhäusern sind mit einem »H« gekennzeichnet. Notrufe ▶ dort.

Krankenversicherung

Versicherte gesetzlicher Krankenkassen haben Anspruch auf kostenfreie Behandlung nach Schweizer Recht, jedoch nur bei Notfällen und chronischen Krankheiten. Zahnärztliche Behandlungen müssen selbst bezahlt werden. Als Anspruchsnachweis ist beim Arzt/Krankenhaus die Europäische Krankenversicherungskarte (EHIC) vorzulegen. Wenn Arzt/Krankenhaus eine Bezahlung verlangen, lassen Sie sich eine Rechnung mit genauer Leistungsbeschreibung geben, die Sie Ihrer Krankenkasse vorlegen. Verordnete Medikamente müssen meist bezahlt werden, auch diese Rechnungen reichen Sie ein. (Wer sich in grenznahem Gebiet aufhält, kann sich evtl. ins Heimatland begeben, das ist einfacher.) Da Behandlungen immer mit mehr oder minder hohen Kosten verbunden sind und ein Rücktransport nicht erstattet wird, ist der Abschluss einer Auslandsreise-Krankenversicherung dringend geboten. **Privatversicherte** sollten sich über die Konditionen bei Schweiz-Reisen informieren und ggf. ebenfalls eine Reisekrankenversicherung abschließen.

Literaturempfehlungen

Starter

Ideal für einen Überblick: die Sammlung des Zürcher Tages-Anzeigers, in der nicht weniger als 50 Autoren vorgestellt werden, die in Zürich gelebt haben, die Stadt besucht haben, über sie geschrieben haben oder sich von ihr haben inspirieren lassen: **»Nackt gebadet,**

gejauchzt bis zwölf, Weltliteratur in Zürich – 50 Porträts«, herausgegeben von Martin Ebel, Nagel & Kimche 2007.

Im Trend

Beat Losenegger, Michael Zürcher: Zürich – einfach wandervoll. Werde Verlag 2013. Dieser Reise-, Wander- und Städteführer bringt Leser und Gäste auf zehn Etappen zu bekannten und unbekannten Ecken von Stadt und Umland.

Ursula Bauer, Jürg Frischknecht, Marco Volken: Wandern in der Stadt Zürich. Rotpunktverlag 2012. Spannend und interessant aufbereitet werden hier 16 Wanderungen zwischen zwei und sechs Stunden vorgestellt. Sie führen auch an viele unbekannte und teils kuriose Plätze und erhöhen dadurch den Genuss eines Stadtbesuches beträchtlich.

Spezielle Stadt(an)sichten

Nicole Quint: Zürich – vertraut und ganz anders: Vom Bruaer bis zum Bergwerk. Gmeiner Verlag 2013. Die Autorin stellt 66 Lieblingsplätze und 11 Zünfte vor, angereichert mit allerlei Anekdoten, und gibt einen Einblick auch in die ungewöhnlichen Seiten der Stadt.

Susann Sitzler: Überleben in Zürich. 365 Dinge, die man über diese Stadt wissen sollte. Ch. Links Verlag 2010. Als Deutsche neu in Zürich – Erwartetes und vor allem Unerwartetes über die Stadt und ihre Bewohner. Wichtige Informationen für den Umgang mit Vermietern und neuen Kollegen, Tipps zum Einkaufen, Telefonieren, für den Restaurantbesuch, etwas über Partys und Clubs, Theater, Musik, Parks, Flohmärkte.

Monika Stocker: He, dich kenne ich doch. Limmat Verlag, Zürich 2010. Ein Blick auf ein anderes Zürich: 55 Geschichten, in denen Begegnungen mit Zürichs sozial Schwachen geschildert werden – Alkoholiker, Flüchtlinge, Drogenabhängige. Einfühlsam und mit Humor erzählt von der früheren Vorsitzenden des Sozialdepartements der Stadt.

Geschichte

Stefan Ineichen: Zürich 1933–1945. 152 Schauplätze. Limmat Verlag, Zürich. 17 Kapitel, in denen die 152 Plätze vorgestellt werden, an denen sich Zürcher Geschichte während des Zweiten Weltkriegs abspielte – Häuser, in denen Flüchtlinge lebten, Orte, an denen sie versorgt wurden, das Metropol, in dem Lale Andersen auftrat, Architektur und Kunst, die in jenen Jahren entstanden. Mit Plänen und gut geeignet für Spaziergänge durch die Stadt.

Christoph Braendle: »Zür(e)ich brennt«, Europa Verlag AG Zürich 2010. Das Buch widmet sich den heftigen sozialen Unruhen und bietet eine Chronik der Opernhauskrawalle im Sommer 1980

Zürich literarisch

Ute Kröger: Zürich, du mein blaues Wunder. Literarische Streifzüge durch eine europäische Kulturstadt. Limmat Verlag, Zürich 2004. Von berühmten Schriftstellern, schreibenden Emigranten und Liebespaaren: Elias Canetti, Max Frisch, Hugo Ball, Thomas Mann und viele andere – wo sie arbeiteten, veröffentlichten, zusammenkamen und was sie über Zürich schrieben.

Esther Scheidegger: Spaziergänge durch das Zürich der Literaten und Künstler, Arche Verlag 2008. Sieben Spaziergänge auf den Spuren von James Joyce, Friedrich Dürrenmatt, Gottfried Keller, der Familie Mann ... Mit sieben Plänen und Tipps für Cafés und Restaurants, die am Weg liegen.

Comic

Mike van Audenhove: Zürich by Mike. Verlag Edition Moderne. Zürich aus der Sicht des beliebtesten Comic-Zeichners der Stadt gibt es seit 1997 in jährlich erscheinenden Sammelbänden, die teilweise schon vergriffen sind. Der Amerikaner zeichnete Szenen der Stadt für verschiedene Zürcher Zeitungen, Zeitschriften und Magazine. Zu haben sind seine Comics auch als Wandkalender.

Belletristik

Max Frisch: Stiller, Suhrkamp 2004. Der Roman »Stiller«, der mit den Worten »Ich bin nicht Stiller« beginnt und in dem es um Fragen von Identitäten geht, erschien 1954. Der Protagonist wird bei der Einreise in die Schweiz verhaftet und sitzt in Zürich im Gefängnis. Teile der Handlung sind in Zürich angesiedelt.

Martin Suter: Der letzte Weynfeldt, Diogenes 2008. Dieser Roman, der in einer Schweizer Stadt spielt, die als »zum Beispiel Zürich« bezeichnet wird, handelt von einem Kunstmäzen, der mitten in der Ruhe seines Daseins mit der Liebe, einem Diebstahl und einem Kunstbetrug konfrontiert wird.

DVD

Downtown Switzerland: Unter diesem Titel erschien eine Filmdokumentation, eine Momentaufnahme der Stadt Zürich im Herbst 2003, als DVD. Vier Filmemacher zeigen sehr unterschiedliche Lebensrealitäten – die von Finanzakteuren und Trendsettern ebenso wie die von Straßenbahnfahrern, Künstlern und Asylsuchenden.

Medien

Tageszeitungen

Nicht nur regionale Bedeutung hat die **Neue Zürcher Zeitung (NZZ)**. In der NZZ erfährt man das Neueste aus der Stadt und dem Land, sie ist aber auch in ihrem breiten internationalen Themenspektrum von Interesse. Jeden Donnerstag liegt der Veranstaltungsplan

NZZ Ticket bei, dem man alle aktuellen Hinweise auf Konzerte, Theater, Tanz, Ausstellungen etc. entnehmen kann.
Der **Tages-Anzeiger** erscheint in Zürich, ist aber überregional ausgerichtet. Nach dem **Blick**, einer auflagestarken Boulevardzeitung, und **20 Minuten** (s. u.) ist er die drittgrößte Tageszeitung der Schweiz. Die wöchentliche Veranstaltungsbeilage des Tages-Anzeigers, der **ZüriTipp**, erscheint donnerstags und ist in der Touristeninformation auch separat und gratis erhältlich.
Die Gratiszeitung **20 Minuten** ist eine Schweizer Tageszeitung, die in den Städten ausliegt und sich allgemeiner Beliebtheit erfreut. Sie enthält einen Veranstaltungskalender. Für Zürich gibt es eine regionale Ausgabe.

Sonntagszeitungen

Sonntags erscheinen die jeweiligen Sonntagsausgaben: »Sonntags Zeitung«, »Sonntags Blick« und die »NZZ am Sonntag«.

Notruf

Internationale Notrufnummer
Tel. 112

Polizei
Tel. 117

Krankenwagen
Tel. 144

Feuerwehr
Tel. 118

Straßen-Pannenhilfe TCS
Tel. 0800 140 140

Ärztlicher Notfalldienst Zürich
Tel. 044 421 21 21

Universitätsspital Zürich
Tel. 044 255 11 11

IN DEUTSCHLAND
ADAC-Notrufzentrale
Tel. +49 89 22 22 22 (Unfall)
Tel. +49 89 76 76 76 (Med. Beratung)

IN ÖSTERREICH
ÖAMTC
Tel. +43 1 251 20 00

Post · Telekommunikation

Post

Briefe bis 20 g und Postkarten nach Deutschland und nach Österreich kosten 1,40 CHF (Priority), die langsamere Variante (Economy) 1,30 CHF. Die Postämter sind meist Mo. – Fr. 7.30 – 12.00, 14.00 – 18.00, Sa. 8.00 – 11.00 Uhr geöffnet. Längere Öffnungszeiten hat die Sihlpost.

Telefon Die meisten öffentlichen Telefonzellen funktionieren mit Taxcards, die man für 5, 10, und 20 CHF bei der Post, in Bahnhöfen, Tankstellen oder an Kiosken kaufen kann.

Telefonnummern In der Schweiz sind die dreistelligen Ortsvorwahlen in der Telefonnummer enthalten und werden automatisch mitgewählt. Alle Telefonnummern in Zürich fangen mit 044 oder 043 an. Bei Gesprächen aus dem Ausland wird zunächst die Ländervorwahl gewählt und dann die Teilnehmernummer ohne die 0.

Mobiltelefone Mobiltelefone – schweizerisch »Natel« – wählen sich automatisch in das Netz des Partner-Providers ein (Swisscom, Sunrise, Orange). Achtung: Roaming ist sehr teuer! Vieltelefonierer besorgen sich besser eine Schweizer SIM-Card auf Prepaid-Basis, angeboten von den Providern, von Coop und Migros. Beim Autofahren ist Telefonieren nur mit Freisprechanlage erlaubt (bei Verstoß beträgt die Strafe 100 CHF).
Wer mit seinem Mobiltelefon Gespräche innerhalb der Schweiz führen will, muss die Ländervorwahl mitwählen und die 0 vor der Teilnehmernummer weglassen.

Internet Die meisten Hotels, zumal die größeren, bieten Internet-Zugang per Modem oder WLAN. Internet-Cafés sind relativ teuer.

POSTÄMTER

Sihlpost (Hauptpost)
Kasernenstrasse 95/97
Mo.–Fr. 6.30–22.30,
Sa. 6.30–20.00,
So. 10.00–22.30 Uhr

Post im Hauptbahnhof
Bahnofsplatz 15
tgl. 7.00–21.00 Uhr

LÄNDERVORWAHLEN

In die Schweiz
Tel. 00 41
Die 0 vor der Teilnehmernummer entfällt. Die Ortsvorwahl ist Bestandteil der Teilnehmernummer.

Aus der Schweiz
nach Deutschland
Tel. 00 49
nach Österreich
Tel. 00 43

Die 0 vor der Ortsvorwahl entfällt.

AUSKUNFT

Schweiz
Tel. 1812 (Automat)
Tel. *1811 (Gebühr)
www.tel.local.ch

Gebührenfreie Servicenummern beginnen mit 0800. Ortstarif gilt bei Nummern m it der Vorwahl 0848. Schweizer Mobilfunknummern beginnen mit 076 bis 079.

Preise · Vergünstigungen

Teures Pflaster

Zürich ist generell ein teures Pflaster – man muss mit einem Preisniveau rechnen, das 30 – 40 Prozent höher ist als in deutschen oder österreichischen Städten. Wer kurz zum Ausspannen ins Café geht, wird sich über die kostspielige Pause wundern, im Restaurant wird man ein kleines Vermögen los, und auch der Preis für den Weingenuss ist bemerkenswert. Insofern lohnt es sich, sich schon vor der Reise ein paar Gedanken zu machen, wie sich das Stadterlebnis an dem einen oder anderen Punkt etwas günstiger gestalten lässt.

ZürichCARD

Einiges sparen kann man mit der ZürichCARD, die 24 bzw. 72 Stunden gültig ist. Preise Erwachsene: ca. 24/48 CHF, Kinder 6 – 16 Jahre ca. 16/32 CHF , Kinder unter 6 erhalten sie gratis.
Mit der Karte fährt man in allen **öffentlichen Verkehrsmitteln** der Tarifzonen 110, 111, 121, 140, 150, 154, 155 gratis, so auch vom Flughafen in die City, so dass es sich lohnen könnte, sie schon vorab zu kaufen. Außerdem hat man freien Eintritt in alle **Museen**, die teilweise sehr teuer sind. In einigen Restaurants bekommt man ein kostenloses Getränk, bei Stadtführungen, Ausflügen, in einigen Clubs – so den Bars in den See- und Flussbädern – und beispielsweise im Zoo gibt es Ermäßigungen.
Erwerben kann man die ZürichCARD online (www.zuerich.com), in der Touristeninformation im Hauptbahnhof, am Flughafen (Service Center Parkhaus 2, Switzerland Info bei Ankunft 1 und Ankunft 2), an den Ticketstellen der öffentlichen Verkehrsmittel, in größeren Hotels sowie am Bürkliplatz bei der Zürichsee Schifffahrtsgesellschaft.

Übernachten

Bei der Übernachtung in Zürich kann man unter Umständen sparen, wenn man über einen Reservierungsservice im Internet bucht. Mehr zum Thema siehe ►Übernachten.

Essengehen

In Restaurants kann man einen Tagesteller oder ein Tagesmenü (Business Lunch o. ä.) wählen, die relativ preisgünstig sind. In kleineren Lokalen, Bistros und Cafés werden auch Kleinigkeiten angeboten. Pizza und Fastfood sind vergleichsweise günstig und entsprechend verbreitet, eine Bratwurst zwischendurch – die größte gibt es beim Sternen Grill am Bellevueplatz – ist beliebt und bezahlbar.
In den **Selbstbedienungsrestaurants** von **Supermärkten** und **Kaufhäusern** gibt es normalerweise gute, günstige Mahlzeiten und kleine Menüs. Auch in der Mensa der Universität oder in der ETH (Eidgenössische Technische Hochschule) bekommt man preiswerte Mahlzeiten. Wer unterwegs Durst bekommt, kann Wasser aus den zahlreichen **Trinkwasserbrunnen** schöpfen, die es überall in der Stadt gibt.

Sehenswürdigkeiten Eintrittspreise für Museen liegen zwischen 5 und 25 CHF. Mit der **ZürichCARD** kommt man in die meisten Museen der Stadt kostenlos. Einige kleinere Museen kosten gar keinen Eintritt, so das Reformationsmuseum im Grossmünster, das Spielzeugmuseum, das Völkerkundemuseum, das Architektur Forum, die Helmhaus-Ausstellung, das Money Museum, die Graphische Sammlung der ETH, die Sammlungen der Zürcher Universität, die Stadthaus-Ausstellungen, das Stadtarchiv, die Zentralbibliothek oder das Arbeitszimmer Thomas Manns im Thomas-Mann-Haus.

Kunst Kirchen, Galerien und Auktionshäuser kosten keinen Eintritt und bieten größtenteils anspruchsvolle Kunst. Kunstobjekte unter freiem Himmel gibt es überall in der Stadt (►Touren).

Montags günstiger **Kinotag** ist in Zürich am Montag, d. h. man bezahlt etwas weniger für ein Ticket als an den anderen Wochentagen. Dasselbe gilt für das **Theater**; Vorstellungen in einer der Spielstätten des Schauspielhauses sind ebenfalls am Montag etwas günstiger.

Toiletten

Exakt 99 öffentliche Toilettenanlagen betreibt die Stadt. Diese sind an dem blauen kreisrunden Logo mit der Aufschrift »ZüriWC« gut erkenntlich, doch nicht alle sind behindertengerecht. Die größten Anlagen – Shopville im Hauptbahnhof, Bellevue und Paradeplatz – kosten 1 CHF bzw. 1 Euro, die anderen sind gratis. Unter www.stadt-zuerich.ch ist unter dem Stichwort ZüriWC ein link zum Stadtplan mit allen Toiletten abrufbar. Wer ein Smartphone mit Android hat, findet mit der App »Zürich WC Finder« schnell das nächste WC.

Verkehr

ÖFFENTLICHE VERKEHRSMITTEL

ZVV Der ZVV (Zürcher Verkehrsverbund) unterhält in Zürich ein sehr gut funktionierendes öffentliches Verkehrsnetz. Man fährt mit dem Tram, mit Bussen, S-Bahnen, Schiffen (Limmat und Zürichsee) und Berg- bzw. Seilbahnen (►Übersichtsplan Umschlagklappe). Das gesamte Streckennetz des ZVV geht weit über Zürich hinaus und ist in verschiedene Tarifzonen eingeteilt; es schließt Zürich (Zone 10), Winterthur (Zone 20) und den Zürichsee ein.

Das (!) Tram fährt ein: Szenerie vor dem Hauptbahnhof

Verkehrsmittel

Innerhalb der Stadt und vor allem direkt im Zentrum ist das **Tram** das am häufigsten benutzte und unkomplizierteste Verkehrmittel. **Buslinien** decken alle Zwischenräume zwischen den Straßenbahnlinien ab. Aus der Stadt ins weitere Umland fahren **S-Bahnen**. An drei Stellen führen **Seilbahnen** von der City hinauf auf die Zürich umgebenden Höhen: auf den Zürichberg (die Seilbahn »Rigiblick«), auf den Adlisberg (die »Dolderbahn«) und zur ETH (die »Polybahn«). Mit den Seilbahnen kann man auf sehr einfache Weise kleine Ausflüge in die grüne Umgebung der Stadt machen und herrliche Ausblicke genießen.

Zu Wasser wird ein Linienverkehr mit **Schiffen** angeboten. Auf der Limmat fahren Schiffe im 30-Minuten-Takt. Über den Zürichsee verkehren die Schiffe ab Bürkliplatz zu beiden Ufern und bis ans untere Ende des Sees. Auf dem Zürichsee gibt es das ganze Jahr über einen **Linienverkehr**, der von der Zürichsee Schifffahrtsgesellschaft (ZSG) bzw. vom Zürcher Verkehrsverbund (ZVV) unterhalten wird; im Winter ist der Linienverkehr eingeschränkt. Insbesondere im Sommer sind Schiffsausflüge eine schöne Art, Zürich und Umgebung vom Wasser aus zu erkunden (►Stadtbesichtigungen).

Tickets

In den unterschiedlichen Verkehrsmitteln gelten einheitlich die ZVV-Tickets, man kann also mit einem Ticket Schiff, Bus, Tram und S-Bahn benutzen. Tickets muss man vor Fahrtbeginn lösen, man erhält sie an Verkaufsstellen oder Automaten an den Haltestellen, nicht im Bus oder Tram. Auch online sind Tickets erhältlich.

Für Touristen interessant sind **Einzelfahrscheine, Mehrfahrtenscheine** mit 6 Einzelfahrten auf einer Karte, **Tageskarten** mit 24

ÖFFENTLICHE VERKEHRSMITTEL

Zürcher Verkehrsverbund
Tel. 0848 988 988
www.zvv.ch

Zürichsee Schifffahrtsgesellschaft
Tel. 044 487 13 33
www.zsg.ch

AUTO

Parken / Bewilligungsstelle
Tel. 044 411 89 16
www.parkkarten.ch
Parkbewilligung online

TAXI

Taxi 444
Tel. 044 444 44 44
www.taxi444.ch

Alpha-Taxi
Tel. 044 777 77 77
www.alpha-taxi.ch

Taxiboot
Tel. 079 518 90 11
www.taxiboot.ch

CITY-BIKES

Verleih ganzjährig:
Hauptbahnhof
8.00–21.30, Sa., So. ab 9.00 Uhr

Verleih saisonal:
ab Ende April–Okt.
9.00–21.30 Uhr
Bellevue
Pestalozziwiese / Globus City
Bürkliplatz

10.00–21.30 Uhr
Bahnhof Altstetten
Bahnhof Enge

11.00–21.30 Uhr
Viadukt / Josefstrasse

Stunden Gültigkeit und **Tageswahlkarten** mit 6 frei wählbaren Tagen auf einer Karte. Außerdem gibt es die **ZürichCARD** (►Preise · Vergünstigungen) mit 24- bzw. 72-Stunden-Gültigkeit, mit der man in allen Verkehrsmitteln in Zürich und einem bestimmten Gültigkeitsbereich im Umland (nicht in Winterthur, Zürichsee nur teilweise) gratis fährt.

Mobiler Fahrplan Sowohl für Android wie für iPhone stehen Apps zur Verfügung, mit denen man den Fahrplan abrufen und Tickets online kaufen kann. Unter mobile.zvv.ch können alle Besitzer von internetfähigen Handys auf den Fahrplan zugreifen.

Betriebszeiten Der Tram- und Busverkehr startet gegen 5.30 und stellt gegen 24.00 Uhr den Betrieb ein. Fr./Sa. und Sa./So. greift das **Nachtnetz** ab ca. 1.00 Uhr bis in die frühen Morgenstunden. Hier muss man zu dem normalen Ticket noch einen Nachtzuschlag in Höhe von 5 CHF lösen. Nacht-Bahnen und -Busse fahren im Halbstundentakit innerhalb von Zürich, stündlich in Winterthur und von Zürich in die wichtigsten Regionen.

AUTO

Auto stehen lassen!

Autofahren in der City ist nicht ratsam. Abgesehen davon, dass man mit öffentlichen Verkehrsmitteln überall hinkommt, ist der Verkehr nicht nur in den Stoßzeiten extrem dicht. Das Zentrum ist weitgehend Fußgängerzone, und Busse und Straßenbahnen haben grundsätzlich Vorfahrt. Zudem ist es schwierig, einen Parkplatz zu finden, und teuer ist Parken noch dazu.
Die **Parkhäuser** in der City sind durch ein Parkleitsystem zu finden, das die jeweils freien Plätze anzeigt. Parken am Straßenrand oder auf Parkplätzen ist ebenfalls verhältnismäßig teuer. Normalerweise sind **Parkplätze** markiert und mit Nummern versehen. Parktickets kann man an Automaten ziehen und muss dazu die Parkplatznummer angeben. In den **blau markierten Parkzonen** kann man nur mit Genehmigung parken. Für Touristen könnten Tagesbewilligungen interessant sein, die man bei der Polizei der Stadt Zürich oder per Internet erhält.

TAXI

Taxifahren gehört in Zürich nicht unbedingt zum Alltag, da die Distanzen nicht groß sind und das öffentliche Verkehrsnetz gut ist. Die Zürcher Taxis haben kein einheitliches Aussehen, wie man es aus anderen Städten kennt. **Taxistandorte** gibt es an den wichtigsten Plätzen wie Hauptbahnhof, Central, Bellevue und Rathausbrücke. Für Fahrten auf der Limmat und auf dem Zürichsee kann man auch ein Taxiboot bestellen.

CITY-BIKES

Unter dem Motto »Züri rollt« stellt die Stadt an mehreren Standorten Fahrräder zur Verfügung. Tagsüber ist der Veloverleih gratis, es muss lediglich ein Pfand von 20 CHF entrichtet werden. In der Nacht kostet die Ausleihe 10 CHF. Ein Elektrovelo kostet 20 CHF pro Tag. Die Räder können an jeder beliebigen Velostation in Zürich zurückgegeben werden.

Zeit

In der Schweiz gilt wie in Deutschland während des Winters die Mitteleuropäische Zeit (MEZ), von Ende März bis Ende Oktober die Sommerzeit (MEZ + 1 Std.).

Register

Bildnachweis

25hours-hotel S. 122
akg-images S. 33, 49, 51, 57, 58, 59, 62, 63, 200
Culinarium/R. Kuehne S. 74
fotolia/Oberfrank-List, Doris S. 84
Freitag Zurich S. 10, 117
glow images S. 4 u., 42
huber images/van Hoorick Reto S. 269
huber images/Eigstler S. U3 M., 87
huber images/Kaos02 S. 69
huber images/R. Schmid S. 85, 120
laif/Bally/Keystone Schweiz S. 193, 267
laif/Yann Guichaoua/Hoa-Qui S. 2, 169 M., 169 u., 169 o., 170
laif/Georg Knoll S. S. 3 M., 13, 77, 88, 91, 211
laif/Keystone Schweiz S. 5 M., 27, 37, 94
laif/Keystone Schweiz/Ruetschi S. 24
laif/Kierok S. 66
laif/Isolde Ohlbaum S. 54
laif/Wuermli/Keystone Schweiz S. 1
LOOK-foto/Hans Georg Eiben S. 168
LOOK-foto/Ingolf Pompe S. 112, 216
LOOK-foto/Quadriga Images S. 4 o., 8, 46, 118, 177, 204, 209, 215, 224, 234, 262, 274
LOOK-foto/travelstock44 S. U8, 7, 26, 84, 148, 158, 165, 237, 240, 247, 276
mauritius images/age S. 22, 125
mauritius images/ib/Olaf Krüger S. 28
mauritius images/imagebroker/Thomas Sbampato S. 102
mauritius images/Image Source S. 2, 179
mauritius images/United Archives S.U3 o., 14
mauritius images/Marcel Chassot S. 5 o., 109
mauritius images/Westend S. U2, 61, 92, 185
Schweizerisches Nationalmuseum S. 196, 197 (3x)
Sonderegger S. U3 u., 2, 6, 12, 97, 101, 130, 147, 152, 203, 242, 255, 291
Victorinox S.116
Winterthur Tourism S. 3 o., 252
Zunfthaus Zimmerleuten S. 80
Zürich Tourismus/Gaetan Bally S. U4 M., 50, 221
Zürich Tourism/Caroline Minjolle S. 5 u., 40, 72, 198, 228
Zürich Tourism/Andreas Omvik S.79
Zürich Tourism/Martin Rütschi S. U4 o., U7, 27, 64, 84, 85, 106, 183,
Zürich Tourismus/Meinrad Schade S. 259
Zürich Tourismus/Zoo Zürich S. 3 u.

Titelfoto: huber images/R. Schmid

Verzeichnis der Karten und Grafiken

Impressum

Ausstattung:
123 Abbildungen, 20 Karten und grafische Darstellungen, ein großer Cityplan
Text:
Dina Stahn, Dr. Eva Missler
Mit Beiträgen von Dr. Bernhard Abend, Wolfgang Liebermann, Anja Schliebitz, Reinhard Strüber
Bearbeitung:
Baedeker-Redaktion (Dina Stahn, Dr. Eva Missler)
Kartografie:
Christoph Gallus, Hohberg;
Franz Huber, München
MAIRDUMONT Ostfildern (Reisekarte)
3D-Illustrationen:
jangled nerves, Stuttgart
Infografiken:
Golden Section Graphics GmbH, Berlin
Gestalterisches Konzept:
independent Medien-Design, München
Chefredaktion:
Rainer Eisenschmid, Baedeker Ostfildern

2. Auflage 2014
Völlig überarbeitet und neu gestaltet

Anzeigenvermarktung:
MAIRDUMONT MEDIA
Tel. 0049 711 4502 333
Fax 0049 711 4502 1012
media@mairdumont.com
http://media.mairdumont.com

Printed in China

Trotz aller Sorgfalt von Redaktion und Autoren zeigt die Erfahrung, dass Fehler und Änderungen nach Drucklegung nicht ausgeschlossen werden können. Dafür kann der Verlag leider keine Haftung übernehmen.
Kritik, Berichtigungen und Verbesserungsvorschläge sind jederzeit willkommen. Schreiben Sie uns, mailen Sie oder rufen Sie an:

Verlag Karl Baedeker / Redaktion
Postfach 3162
D-73751 Ostfildern
Tel. 0711 4502-262
info@baedeker.com
www.baedeker.com

FSC
www.fsc.org
MIX
Paper from responsible sources
FSC® C011918

Die Erfindung des Reiseführers

Als **Karl Baedeker** (1801 – 1859) am 1. Juli 1827 in Koblenz seine Verlagsbuchhandlung gründete, hatte er sich kaum träumen lassen, dass sein Name und seine roten Bücher einmal weltweit zum Synonym für Reiseführer werden sollten.

Das erste von ihm verlegte Reisebuch, die 1832 erschienene **Rheinreise,** hatte er noch nicht einmal selbst geschrieben. Aber er entwickelte es von Auflage zu Auflage weiter. Mit der Einteilung in die Kapitel »Allgemein Wissenswertes«, »Praktisches« und »Beschreibung der Merk-(Sehens-)würdigkeiten« fand er die klassische Gliederung des modernen Reiseführers, die bis heute ihre Gültigkeit hat. Der Erfolg war überwältigend: Bis zu seinem Tod erreichten die zwölf von ihm verfassten Titel 74 Auflagen! Seine Söhne und Enkel setzten bis zum Zweiten Weltkrieg sein Werk mit insgesamt 70 Titeln in 500 Auflagen fort.

Bis heute versteht der Karl Baedeker Verlag seine große Tradition vor allem als eine Kette von Innovationen: Waren es in der frühen Zeit u. a. die Einführung von Stadtplänen in Lexikonqualität und die Verpflichtung namhafter Wissenschaftler als Autoren, folgte in den 1970ern der erste vierfarbige Reiseführer mit professioneller Extrakarte. Seit 2005 stattet Baedeker seine Bücher mit ausklappbaren 3D-Darstellungen aus. Die neue Generation enthält als erster Reiseführer Infografiken, die (Reise-) Wissen intelligent aufbereiten und Lust auf Entdeckungen machen.

In seiner Zeit, in der es an verlässlichem Wissen für unterwegs fehlte, war Karl Baedeker der Erste, der solche Informationen überhaupt lieferte. In der heutigen Zeit filtern unsere Reiseführer aus dem Überfluss an Informationen heraus, was man für eine Reise wissen muss, auf der man etwas erleben und an die man gerne zurückdenken will. Und damals wie heute gilt für Baedeker: Wissen öffnet Welten.

Baedeker Verlagsprogramm

- Ägypten
- Algarve
- Allgäu
- Amsterdam
- Andalusien
- Argentinien
- Athen

- Australien
- Australien • Osten
- Bali
- Barcelona
- Bayerischer Wald
- Belgien
- Berlin • Potsdam
- Bodensee
- Brasilien
- Bretagne
- Brüssel
- Budapest
- Burgund
- China
- Costa Brava
- Dänemark
- Deutsche Nordseeküste
- Deutschland
- Deutschland • Osten
- Dominik. Republik
- Dresden
- Dubai • VAE
- Elba
- Elsass • Vogesen
- Finnland
- Florenz
- Florida
- Franken
- Frankfurt am Main
- Frankreich
- Frankreich • Norden
- Fuerteventura
- Gardasee
- Golf von Neapel
- Gomera
- Gran Canaria
- Griechenland
- Großbritannien
- Hamburg
- Harz
- Hongkong • Macao
- Indien
- Irland
- Island
- Israel
- Istanbul
- Istrien • Kvarner Bucht
- Italien
- Italien • Norden
- Italien • Süden
- Italienische Adria
- Italienische Riviera
- Japan
- Jordanien
- Kalifornien
- Kanada • Osten
- Kanada • Westen
- Kanalinseln
- Kapstadt • Garden Route
- Kenia
- Köln
- Kopenhagen
- Korfu • Ionische Inseln
- Korsika
- Kos
- Kreta
- Kroatische Adriaküste • Dalmatien
- Kuba
- La Palma
- Lanzarote
- Leipzig • Halle
- Lissabon
- Loire
- London
- Madeira
- Madrid
- Malediven
- Mallorca
- Malta • Gozo • Comino

- Marokko
- Mecklenburg-Vorpommern
- Menorca
- Mexiko
- Moskau
- München
- Namibia
- Neuseeland

- New York
- Niederlande
- Norwegen
- Oberbayern
- Oberital. Seen • Lombardei • Mailand
- Österreich
- Paris
- Peking
- Polen
- Polnische Ostseeküste • Danzig • Masuren
- Portugal
- Prag

- Provence • Côte d'Azur
- Rhodos
- Rom
- Rügen • Hiddensee
- Ruhrgebiet
- Rumänien
- Russland (Europäischer Teil)
- Sachsen
- Salzburger Land
- St. Petersburg
- Sardinien
- Schottland
- Schwarzwald
- Schweden
- Schweiz
- Sizilien
- Skandinavien
- Slowenien
- Spanien
- Spanien • Norden • Jakobsweg

- Sri Lanka
- Stuttgart
- Südafrika
- Südengland
- Südschweden • Stockholm
- Südtirol
- Sylt
- Teneriffa
- Tessin
- Thailand
- Thüringen
- Toskana
- Tschechien
- Tunesien
- Türkei
- Türkische Mittelmeerküste
- USA
- USA • Nordosten
- USA • Nordwesten
- USA • Südwesten
- Usedom
- Venedig
- Vietnam
- Weimar
- Wien
- Zürich
- Zypern

Viele Baedeker-Titel sind als E-Book erhältlich: shop.baedeker.com

Kurioses Zürich

Erdbeben, Frühlingsbräuche und kulinarische Finessen – Zürich hat auch Kurioses und Merkwürdiges zu bieten.

▸Hausgemachte Erdbeben
Im Museum focus terra der ETH Zürich wackeln auf Knopfdruck nicht nur die Wände. Ein Erdbebensimulator macht es möglich, dass das Publikum Werte bis Magnitude 8 am eigenen Leib spüren kann.

▸Historisches Grabmal mieten
Mehrere Hundert historische Grabmäler stehen auf den Friedhöfen von Zürich. Was tun mit den künstlerisch wertvollen Stücken, wenn die Besitzerfamilien endgültig ausgestorben sind? Die Stadt Zürich vermietet verwaiste Denkmäler einfach weiter. Die neuen Mieter sparen den Grabstein und erhalten eine Liegestätte in schönster Lage, die eine oder andere berühmte Persönlichkeiten womöglich gleich nebenan.

▸Ritt um den Böögg
Jedes Jahr begeistern sich die Zürcher und andere Schweizer an der Feier des »Sechseläutens«: Dann reiten gestandene Männer um einen künstlichen Schneemann auf einem brennenden Scheiterhaufen. Der Böögg, so der Name der weißen Puppe, ist prall gefüllt mit Feuerwerkskörpern. Die Zeitdauer, bis er in die Luft fliegt, soll eine Aussage über das Wetter im Sommer treffen. Und das Fernsehen ist live dabei.

▸Ein Hauch von Bayern
Jedes Jahr im Oktober feiert Zürich ein Oktoberfest. Keineswegs so opulent wie in München, doch ein ordentlicher Hauch von Wiesn-Luft schwebt dann über dem Bauschänzli, wenn bei Weißbier, Weißwurst, Brezen und Hendl die Maßkrüge kreisen und zünftige Schrammel-Musi spielt.

▸Heidnische Relikte
Christliche Kirchen sind im Normalfall von Ost nach West ausgerichtet, wobei im Osten der Altar steht. Die Mittelachse des Grossmünsters, immerhin die wichtigste Kirche der Stadt, markiert hingegen den Sonnenaufgangspunkt bei Wintersonnwend, die Achse des Kreuzgangs die Sommersonnwend. Ebenfalls ein Anhauch aus vorchristlicher Zeit: der Findling in der Krypta der Wasserkirche, der als heidnisches Relikt bis heute überdauert hat.

▸Metzgerei ohne Fleisch
Veggi ist in. Das erkannte Ambrosius Hiltl schon 1898 und eröffnete in Zürich das erste vegetarische Restaurant der Welt. Urenkel Rolf legt nun nach und hat die erste vegetarische Metzgerei der Schweiz eröffnet. Fleischfreie Würste, Hamburger, Cordon bleus und vieles mehr gehen dort über den Tresen.